中华经典直解

管子直解

周瀚光　朱幼文　戴洪财 ◎ 撰

复旦大学出版社

目 录

前言 1

一、牧民 1
二、形势 13
三、权修 28
四、立政 46
五、乘马 65
六、七法 91
七、五辅 111
八、枢言 127
九、法禁 157
十、重令 169
十一、霸言 184
十二、君臣上 204
十三、君臣下 227
十四、心术上 252
十五、心术下 270
十六、白心 280
十七、水地 303
十八、明法 315
十九、治国 322
二十、内业 333
二十一、弟子职 354
二十二、巨乘马 368

二十三、乘马数 ……………………………………… 378

二十四、事语 ………………………………………… 390

二十五、海王 ………………………………………… 398

二十六、国蓄 ………………………………………… 406

二十七、山权数 ……………………………………… 430

二十八、地数 ………………………………………… 453

二十九、国准 ………………………………………… 468

参考书目 ……………………………………………… 475

前言

《管子》一书是我国古代的一部重要典籍。其内容之丰富,诚如20世纪20年代罗根泽先生在《管子探源》中所指出:"《管子》八十六篇,今亡者才十篇,在先秦诸子,衷为巨帙,远非他书所及。……诚战国秦汉学术之宝藏也。"用现代学科体系来解释,这部内容丰富的典籍,涉及哲学、政治学、经济学、军事学以及管理科学和自然科学等多个方面。因此,它在中国思想史上占有极为重要的地位。本书的宗旨,就是要通过解题、注释、今译和评析等方法,把《管子》书中的思想精华充分展示和挖掘出来,从而为今天的社会主义思想文化建设和精神文明建设提供借鉴。

《管子》一书,旧传为春秋时齐国管仲所撰。但近代研究《管子》的学者,多认为此书并非由管仲本人所作,且非作于一人,也非作于一时。它大率是春秋战国时期一派推崇管仲思想的学者们的著作汇编,其中可能附益秦汉时期的文字。不过书中确实保存有管仲本人的思想和事迹,这也是一致公认的事实。我们基本上同意以上意见,且倾向于把此书看作是《管子》学派的共同成果,是一个既有一定主旨而又自成系统的整体。至于其中各篇的作者和时代,学者们见仁见智,争论未定,我们将不复妄加评议。

现存的《管子》一书是在西汉末由刘向编定的。共存目八十六篇,实存七十六篇。可能由于全书内容丰繁的缘故,刘向按当时编书的分类方法,将《管子》八十六篇分为八个部分,其排列次序如下:(1) 经言九篇:自《牧民》第一至《幼官图》第九;(2) 外言八篇:自《五辅》第十至《兵法》第十七;(3) 内言九篇:自《大匡》第十八至《戒》第二十六(其中佚亡一篇,有目无文);(4) 短语十八篇:自《地图》第二十七至《九变》第四十四(其中佚亡一篇,有目无文);(5) 区言五篇:自《任法》第四十五至

《内业》第四十九;(6)杂篇十三篇:自《封禅》第五十至《问霸》第六十二(其中佚亡三篇,有目无文);(7)管子解五篇:自《牧民解》第六十三至《明法解》第六十七(其中佚亡一篇,有目无文);(8)轻重十九篇:自《巨乘马》第六十八至《轻重庚》第八十六(其中佚亡三篇,有目无文)。

《管子》的八个部分,又由多种不同的体裁所组成。综观全书,主要有论文、问答、记述、疏解四类文体。其中论文体在全书中占大多数,有"经言""外言""短语""区言"的大部分篇章。其次为问答体,主要为假托桓公与管子问答构成的篇章。记述体多集中在"内言",以记载管仲言行为主。"管子解"诸篇和《宙合》等则属疏解体。此外,书中还有格言体(如《弟子职》)和纲目体(如《问》篇)等。《管子》一书竟包含如此丰富的体裁,也堪称先秦诸子书之冠。

《管子》书中有深邃的哲学思想。在其有关哲学的篇章中,对当时许多哲学问题进行了阐释和探讨。其说与儒家、道家和法家有同有异,并提出自己的哲学思想,在当时可谓独树一帜。《管子》书中哲学的最高范畴是"道":"道也者,通乎无上,详乎无穷,运乎诸生"(《宙合》);"虚而无形谓之道,化育万物谓之德"(《心术上》);"不见其形,不闻其声,而序其成,谓之道"(《内业》)。这"道"是无形无声的,因而超越了有形有声的万物,而为贯通万物的统摄一切的绝对。这一观点与老子、庄子所谓的"道"相同。不仅如此,《管子》还认为"道"即气,气既内在于身,又外在于天地之间,这是先秦时代许多思想家的共识。《管子》独特的贡献是进而提出了"精气"说:"凡物之精,此则为生。下生五谷,上为列星。流于天地之间,谓之鬼神。藏于胸中,谓之圣人。"(《内业》)又云:"凡人之生也,天出其精,地出其形,合此以为人。"它认为"精"是构成世界万物的元素,而所谓"精",其实就是精气,就是变化多端的气。"精也者,气之精者也"(《内业》);"一气能变曰精"(《心术下》)。这是哲学上的一个重要命题。在中国古典哲学中,气是表示物质存在的范畴。"精气"说的一个重要特点,是以气来解释道,赋予道以物质的意义,这使我国的本体论哲学水平提高了一大步。此外,在认识论上《管子》也有独到的贡献。它提出"所知"与"所以知"的观点:"人皆欲知而莫索之,其所知,彼也;其所以知,此也。不修之此,焉能知彼?"(《心术上》)强调重视认识主体的修养,力求排除主观的好恶,从而达到对于客体的正确认识。

《管子》的哲学思想还对古代自然科学的发展产生了重要影响,这主要表现在它的阴阳五行说的思想体系中。阴阳说与五行说最初为两个不同的体系,至《管子》开始将阴阳说和五行说相互融合,建立了一个以气为本原,以阴阳为"天地之大理",融阴阳说与五行说于一体,并配以四时(春、夏、秋、冬)和五方(东、南、中、西、北)的阴阳五行说体系。《管子》把阴阳五行说与地学、生物学、农学、医学等自然科学紧密结合在一起,用阴阳五行来解释土壤、气候、动物、人体等现象,从而发展了古代科学。《管子》的阴阳五行说,经过《吕氏春秋》《黄帝内经》以及《春秋繁露》等著作的不断论述与发展,得到了进一步的完善。当时的思想家们不仅用阴阳五行说解释自然,也用于考察社会历史的演变规律。如齐国思想家邹衍所提出的"五行相胜""天人感应"的历史观,就是阴阳五行思想的产物。在中国古代社会,阴阳五行说对于解释自然和社会现象产生了深远的影响,它代表了中国思想发展的一个阶段,在哲学史中占有重要的地位。

《管子》的政治思想,实际上也就是关于当时如何治理好国家、从而进一步统一天下的管理学说。《管子》的管理学说融合了儒、法、道三家的观点,特别是儒、法两家的观点,又有自己鲜明的特点,提出了兼重"德礼"与"法治"的全面管理思想。《管子》认为,"故善为政者,田畴垦而国邑实,朝廷闲而官府治,公法行而私曲止,仓廪实而囹圄空……上下和同,而有礼义,故处安而动威,战胜而守固"(《五辅》)。既要"公法行",又要"有礼义",法礼兼重,才是善为政者,这个学说可以说达到了先秦政治思想的最高水平。《管子》认为,管理的对象有人和物两方面,而人的因素重于物。"霸王之所始也,以人为本。本理则国固,本乱则国危"(《霸言》),从而把得人、用人和育人看成是管理好国家的决定因素。"以人为本",就是现代管理学讲的人本主义原则。《管子》还认为,要贯彻这一原则,最为重要的是顺民心,兴民德,对百姓施仁政,关心民众的疾苦,使其生活无后顾之忧。"政之所兴,在顺民心;政之所废,在逆民心。"(《牧民》)《管子》把政事的兴废与民心的顺逆联系起来,具有非常深刻的意义。同时,即使民众的生活有了保障,还要对全体成员进行道德教育,从精神上保证社会生活的安定。据此,《管子》以"礼义廉耻"为国之"四维",强调"四维不张,国乃灭亡"(《牧民》),肯定道德与政治的统一,把通晓礼义廉耻看成是维系群体生活的支柱。《管子》虽然重视民心,但认为"法"比民更重要:"社稷先于亲戚,法重于民,威权贵于爵禄。故不为重宝轻号令,不为亲戚后社稷,不为爱民枉法律。"(《法法》)即应以法治国,不以爱民而曲解法律。《管子》之所以重视法、教统一,是因为认识到两者对治国有相互补充、相互促进的作用。"法者,立朝廷者也"(《权修》);"法者,存亡治乱之所以出"(《任法》)。法是管理国家的总纲原则,当道德规范不能约束人们的行为时,法治要承担惩治违法犯罪的责任,以法治促使"百姓皆说(悦)为善,则暴乱之行无由至矣"(《权修》)。《管子》认为依法治国,就要做到坚持公正,故提出"君臣上下贵贱皆从法"(《任法》)这一极具价值的观点。法律高于一切,无论是作为国家管理者的君臣,还是被管理者,都必须遵守国家法律,违反了都应该受到法律的制裁。这一观点,比商鞅提出的"刑无等级"更加彻底。因为商鞅把君主排除在外,而《管子》并不承认君主的法律特权。在这个前提下,《管子》又提出"上下和同"说,作为治理国家的基本准则。《管子》认为,要管理好国家,管理者首要的任务是善于调整上下矛盾和对立,使其不走向破裂。"上失其位,则下逾其节,上下不和,令乃不行。"(《形势》)如果居上位者为官不正,则上行下效,政令必行不通。又说:"臣下赋敛竞得,使民偷壹,则百姓疾怨,而求下之亲上,不可得也。"(《权修》)为官的贪求赋敛,以饱私囊,必然引起百姓的怨恨,不可能实现上下同德。因此,管理者的行为必须奉公守法,廉洁勤政,不谋私利,为百姓除害兴利,方能协调好君、臣、民三者关系,做到"上下和同",国泰而民安。《管子》的这一关于礼、法并用的政治思想,为战国后期的荀子所接受而又有发展,后来一直被历代封建统治者所袭用,作为治理国家的基本模式。

《管子》的军事思想具有丰富的内涵。首先在战争观的问题上,《管子》明确认为:"兵"就是"刑",是一种依靠众力组织起来的暴力,是辅王成霸的工具,是"尊王安国之经"。在"天下不顺"、你争我夺的形势下,军备是不可废除的,但亦不可热衷于扩军备战,必须坚持战争的正义性。它提倡"举之必义""胜敌有理"(《侈靡》),认为不符合道义和正义的战争,即使通过军事上的胜利暂时得到一些好处,也不意味着就是好事。这与《孙子》仅提出"兵者,国之大事"的认识相比较,显然深刻得多。同时,用兵必须懂得"道",要按照战争的客观规律办事,全面考虑战争的利弊得失。战争的胜利虽是敌人的失败,但自己也得付出一定的代价,所以,进行战争必须懂得进退屈伸,不可超越客观规律允许的范围,即所谓"成功之道,嬴缩为宝。毋亡天极,究数而止"(《势》)。可见,《管子》既认识到战争是一种实现政治目的的手段,强调军备不可废,又主张坚持战争的正义性,反对穷兵黩武,防止滥用兵力给国家和百姓带来的灾难。这是《管子》在战争观上的一个卓见。《管子》还提出一些带有普遍指导意义的军事思想,主要有以下四大军事思想原则。(1) 恃己原则。强调把战争胜利的立足点放在依靠自己力量的基础上,而不能把希望寄托在外力上,但不排除外援的帮助。(2) 先富原则。要"兵强"首先要"国富",经济是军事的物质基础。只有富国才能强兵,只有富国才能战胜穷国。"国贫而用不足,则兵弱而士不励。兵弱而士不励,则战不胜而守不固。"(《七法》)(3) 先人原则。王霸之业,"以人为本","争天下者,必先争人"(《霸言》)。必须先搞好政治,对百姓"取之有制,用之有止"(《君臣上》),争取百姓的支持和拥护。(4) 先备原则。要在战争中取胜,必须在战备方面事先做好充分准备,否则"事无备则废"(《霸言》)。如战争的规模必须与国情国力相适应,战备必须高度重视先进武器与技术在战争中的地位与作用,采取最先进的武器与技术武装军事,等等。在《管子》看来,战争的抗争,不仅要以经济和军事实力为基础,而且要斗智斗勇,所以,《管子》非常重视谋略在战争中的重要作用。它提出一系列战略方法,如政治战、经济战、颠覆战和思想战等不同形式,即不通过军事形式,运用政治、经济、外交、思想方面的手段,来达到"不战而胜"的目的。先秦齐国是我国古代军事理论的发祥地之一,曾相继出现过吕尚、孙武、孙膑等军事家,以及《孙子兵法》《孙膑兵法》和《司马兵法》等军事名著。《管子》的军事思想不仅从一个侧面丰富了齐国的军事理论,同时也为中国古代军事思想的发展作出了可贵的贡献。

《管子》一书的突出特点,是极为注重经济问题。书中对当时出现的几乎所有的经济现象,均进行了探究。全书有三分之二以上的篇幅讨论经济,有二十余篇更是集中讨论经济问题。这不仅在先秦各学派中绝无仅有,即使在整个中国古代经济思想史上,也极为罕见。《管子》经济思想大体可分为两部分内容,一部分讨论自然经济,另一部分讨论商品经济。从东汉以迄清末的将近两千年间,对于《管子》的经济思想(包括《管子》书中其他方面的思想),都没有受到学者们的重视。直到20世纪,梁启超于1909年作《管子评传》,其中论述了《管子》的经济思想,才开创了研究《管子》经济思想之先河。《管子》经济思想受到学术界注重,是在中华人民共和国成立以后,尤其是在1979年以后,迄今为止,已涌现出大量新的研究成果。在中国古代经济思想史中,《管子》经济思想之丰富首屈一指。

在自然经济方面,《管子》首先肯定经济对人们的思想起决定作用,在第一篇《牧民》中就明确提出"仓廪实则知礼节,衣食足则知荣辱"的卓越论断。治理国家必须先从经济入手,《管子》强调要以富民治国为目标,指出:"凡治国之道,必先富民。民富则易治也,民贫则难治也。"(《治国》)同时,《管子》把礼义廉耻定为巩固统治的四条原则,提出:"四维不张,国乃灭亡"(《牧民》),重视道德文教的社会作用,是其法、礼兼重观念在经济思想方面的体现。《管子》把农业生产作为富国富民的根本途径,认为农业是人们的衣食来源,是国家财政收入的源泉,是战争能否取胜的主要物质基础。因此,它强调以农为本,要实行利农政策,提高农民的积极性。指出让农民分得一部分劳动果实,是使他们全家自觉劳动的必要条件。"重本"的同时还要"抑末",《管子》所谓的"末"是指奢侈品生产。《管子》认为当时贫富悬殊的主要原因在于富商兼并,主张以国家行政力量,通过商业政策来抑制富商的兼并,这同时能获取利润充实国家财政,做到"利出一孔"(《国蓄》)。《管子》书中还有一个十分特殊的观点。同时代的思想家一般都主张节用,而《管子》既主张节用,也指出奢侈的积极作用,认为富人的奢侈有使穷人增加就业机会的作用。《管子》与多数思想家一样,主张实行薄税敛,认为这一政策有利于生产力的发展,能维护百姓经济利益并得到百姓的拥戴。它说:"故取于民有度,用之有止,国虽小必安;取于民无度,用之不止,国虽大必危"(《权修》),高度强调税收适"度"的重要性。

在商品经济方面,《管子》提出了轻重理论。轻重论主要包括价格论、货币论、贸易论等,均属商品流通领域的问题。《管子》认为市场上商品的价格高低,取决于这种商品的供应量多少:"夫物多则贱,寡则贵;散则轻,聚则重。人君知其然,故视国之羡不足而御其财物。……视物之轻重而御之以准。故贵贱可调而君得其利。"(《国蓄》)根据这一思路,国家可以根据国内市场物资的余缺情况,通过发布行政法令来改变这种情况,从而达到改变商品价格,控制市场财物的目的。即国家运用政权的力量,利用价格,经商盈利。这叫作"不求于万民而籍于号令"(《国蓄》),也是尽量用工商业利润来代替直接征税的隐蔽税的方法。因为"民予则喜,夺则怨",只有采取"见予之形,不见夺之理"(《国蓄》)的做法,才能避免引起纳税人对政权的不满情绪。《管子》把货币看成流通手段,认为"币重而万物轻,币轻而万物重"(《山至数》),货币和商品具有相反的重轻关系。如何运用商品、货币关系来调节商品供求、调整市场价格和充实国家财政,是《管子》轻重论的基本思想。而实现这一目标的具体做法,需要国君垄断铸币权,并控制商品流通中的货币数量,这有利于国家在经营商品时形成垄断价格。《管子》说:"五谷食米,民之司命也。黄金刀币,民之通施也。故善者执其通施,以御其司命,故民力可得而尽也。"(《国蓄》)国家经营的商品以粮食最为重要。掌握了货币,通过行政干预,控制粮食并形成粮食的垄断价格,高价出售,国家就能获取厚利。经营其他商品(如著名的盐铁官营政策),也同样要形成垄断价格,这比直接向百姓征税效果更好。《管子》书中还谈到如何用经济斗争来降服邻国的方法等等。总之,《管子》在经济思想方面的超前意识,特别是其中不少具有首创性的见解,使《管子》一书成为中国经济思想史上一部杰出的著作。

本书选择《管子》书中二十九篇具有代表性的文章,经整理研究后推荐给读者。我们在每篇开头先提供一个"解题",概括介绍本篇的主要内容,然后再分段对原文进行今译、注释和评析。其中今译力求通畅,注释力求准确,评析力求抓住主要观点,展示其在历史上的作用和影响,以及在现实生活中的启示和价值。

本书所著录的《管子》原文,系采用《四部备要》中明人赵用贤的本子作为校点的底本。校勘则主要参考郭沫若、闻一多、许维遹的《管子集校》(科学出版社,1955年)。原文凡有校改之处,我们均加注释予以说明。

本书由周瀚光、朱幼文和戴洪财三人合作完成。其中从《牧民》篇到《立政》篇由周瀚光完成,从《乘马》篇到《君臣下》篇由戴洪财完成,从《心术上》篇到《国准》篇由朱幼文完成。另外,研究生赵建军、李伟平、黄兴英、何流星、王皓、陆晖也协助做了许多整理和研究的工作。

本书在写作过程中,除参阅了历代学者治《管子》的有关著述外,也吸取了近人和时贤的大量研究成果,谨在此一并说明并致以谢意。

限于学力,书中错误和粗疏之处在所难免,敬请学长和读者们指正为盼。

作者
2000 年 1 月

一、牧　　民

【解题】

本篇是《管子》的第一篇。篇名"牧民",即是要探讨统治人民、管理百姓的基本方法。全篇共分五个部分。第一部分是"国颂",是关于治国治民之道的一个总论。以下分"四维""四顺""十一经"和"六亲五法"四个方面展开。第二部分是"四维",即把礼、义、廉、耻这四条准则视为治理国家的四个纲要。第三部分是"四顺",指出政事的推行在于顺应民心,因此要从四个方面去满足百姓的要求,使人民得到快乐、富贵、存安和生育。第四部分是"十一经",提出治国安民的十一种具体方法,那就是:(1) 授有德;(2) 务五谷;(3) 养桑麻、育六畜;(4) 令顺民心;(5) 使民各为其所长;(6) 严刑罚;(7) 信庆赏;(8) 量民力;(9) 不强民所恶;(10) 不偷取一时;(11) 不欺其民。第五部分是"六亲五法",提出管理宗族百姓的五条基本法则,那就是:(1) 要根据不同情况选择正确的管理方法;(2) 要博采广纳,无私无偏;(3) 要以身作则,树立榜样;(4) 要开诚布公,恪守正道;(5) 要抓住时机,善于用人和善于用财。

凡有地牧民者①,务在四时②,守在仓廪③。国多财则远者来,地辟举则民留处④。仓廪实则知礼节,衣食足则知荣辱。上服度则六亲固⑤,四维张则君令行⑥。故省刑之要,在禁文巧⑦;守国之度,在饰四维⑧;顺民之经⑨,在明鬼神,祇山川⑩,敬宗庙,恭祖旧。不务天时则财不生,不务地利则仓廪不盈。野芜旷则民乃荒⑪,上无量则民乃妄,文巧不禁则民乃淫,不障两原则刑乃繁⑫。不明鬼神则陋民不悟,不祇山川则威令不闻,不敬宗庙则民乃上校⑬,不恭祖旧则孝悌不备。四维不张,国乃灭亡。右国颂⑭。

【今译】

　　凡拥有国土治理百姓的君主,务必要重视四时农事,确保粮食储备。国家财力充足,远方的人民就会自动迁来;土地开垦普遍,本国的人民就会安心留居。仓库里粮食充满,百姓才知道遵守礼节;百姓的衣食丰足,才会懂得什么是光荣和耻辱。君主的行为能顺服法度,宗族六亲才能牢固团结;治理国家的四种大纲(礼、义、廉、耻)能发扬光大,君主的法令才能够得到贯彻执行。所以,减少刑罚的关键,在于禁止一切奢靡的行为;巩固国家的准则,在于整饬和发扬礼、义、廉、耻四纲;使人民顺服的基本办法,在于尊明鬼神,祭祀山川,敬重宗庙,恭奉祖先。不注重天时,则财富不会增生;不注重地利,则粮食不会充足。田野荒芜废弃,百姓就会懈怠懒惰;君主挥霍无度,百姓就会胡作妄为;不禁止奢靡行为,百姓就会放纵淫荡;不堵住上述这两个使百姓胡作妄为和放纵淫荡的根源,犯罪的人一多,刑罚也就繁多了。不尊明鬼神,下层的百姓就不能感悟;不祭祀山川,君主的威令就不能远播;不敬重宗庙,百姓就会犯上作乱;不恭奉祖先,孝悌等道德观念也就不复存在了。治国的四种大纲礼、义、廉、耻不能得到整饬和发扬,国家也就灭亡了。以上是为"国颂"。

【注释】

　　① 牧民:古时指统治人民,管理百姓。　② 四时:指春耕、夏耘、秋收、冬藏这四时农事。　③ 仓廪:这里指储存粮食的仓库。　④ 辟:开辟,开垦。举:尽或全的意思。　⑤ 六亲:谓父母兄弟妻子,这里泛指宗族。固:这里是牢固团结的意思。　⑥ 四维:原意为系在

网四角上的绳索,这里指礼、义、廉、耻这四种治理国家的大纲。
⑦ 文巧:指文饰、伎巧等奢靡行为。　⑧ 饬:通"饬",整治、整顿的意思。　⑨ 顺民:使人民顺服。经:常规,常法。　⑩ 祗:恭敬,这里是祭祀的意思。　⑪ 荒:怠荒,懒惰。原文为"萱",据《管子集校》改。　⑫ 障:障碍,堵塞。原文为"璋",据《管子集校》改。两原:指上文所说的"上无量"和"文巧不禁"这两个令"民乃妄"和"民乃淫"的根源。　⑬ 校:轻侮,抗拒。　⑭ "国颂"为本段小标题。因原文自右至左竖排,标题在文后,故标题前有"右"字。下同。

【评析】

本段称为"国颂",是关于治国治民之道的一个总论。《管子》认为,治国治民的根本原则,是"务在四时,守在仓廪",即务必要重视春耕、夏耘、秋收、冬藏这四时农事,确保粮食有充足的准备。只有这样,才能够国力强大,近悦远来;百姓也才能懂得礼节,遵守规范。所谓"仓廪实则知礼节,衣食足则知荣辱",即是说人的第一需要,是要吃饱穿暖,有了这个基础,才可能谈到礼节和荣辱。这个思想,是《管子》管理哲学的一个基本观点。我们知道,现代西方有一种理论,叫"需要层次理论",是美国的心理学家马斯洛提出来的。他认为,人的需要按轻重缓急,可由低级到高级划分为五个层次:第一个层次是生理的需要,即衣、食、住、行等基本生活要求的满足;第二个层次是安全的需要,即现在的就业安全、劳动安全、人身安全以及将来的生活安全保障;第三个层次是感情的需要,即希望在社会生活中受到别人的注意、接纳、关心、友爱和同情,等等,在感情上有所归属;第四个层次是尊重的需要,即希望有自尊心并受到他人的尊重,包括取得成就后得到他人的承认;第五个层次是自我实现的需要,这是最高层次的需要,即希望在工作上有所成就,在事业上有所建树,实现自己的理想和抱负。一般的人都是先要求满足最低层次的需要,然后再向着更高层次的需要而去努力。显然,《管子》所说的"仓廪实则知礼节,衣食足则知荣辱",与现代管理心理学有很多相通的地方。正因为吃饱穿暖是百姓的第一需要,所以对管理国家的统治者来说,抓好农事、备足粮食就是第一要务了。在这个基础上,《管子》认为还必须做到以下三点:(1) 禁止一切奢靡的行为,即使是君主也不能挥霍无度;(2) 整饬和发扬礼、义、廉、耻这四个纲要;(3) 尊明鬼神,祭祀山川,敬重宗庙,恭奉祖先。这三条也都是管理国家的统治者所不能不做的,否则的话就很可能导致国家灭亡。《管子》学派是我国春秋战国时期的一个重要的管理哲学学派。它把"务在四时,守在仓廪"作为治国治民的根本原则,充分体现了其以农为本、以粮为本的宏观管理思想。这一思想,在中国历史上具有极其重大的影响。以后如商鞅所谓"圣人知治国之要,故令民归心于农"(《商君书·农战》),韩非所谓"富国以农"(《韩非子·五蠹》),等等,都是这一思想的继承和弘扬。不过《管子》重农却并不轻商,它对商业经济也有许多很好的研究和论述,这些论述我们将会在后面的文章中慢慢读到。

　　国有四维。一维绝则倾①,二维绝则危,三维绝则覆,四维绝则灭。倾可正也,危可安也,覆可起也,灭不可复错也②。何谓四维?一曰礼,二曰义,三曰廉③,四曰耻④。礼不逾节⑤,义不自进,廉不蔽恶,耻不从枉⑥。故不逾节则上位安,不自进则民无巧诈,不蔽恶则行自全,不从枉则邪事不生。右四维。

【今译】
　　一个国家有四条准则,就好像四根绳索维系着国家的安全。断了一维,国家就要倾斜;断了两维,国家就有危险;断了三维,国家就要颠覆;断了四维,国家就要灭亡。倾斜了还可以把它扶正,危险了还可以使它平安,颠覆了还可以使它再起,灭亡了就无法重新确立了。那么维系国家的四条准则是什么呢?一是礼,二是义,三是廉,四是耻。礼能使人不逾越规矩,义能使人不擅自妄进,廉能使人不掩饰过错,耻能使人不跟从恶人。所以,不逾越规矩,统治者的地位就可以安定;不擅自妄进,人们就没有机巧欺诈;不掩饰过错,人们的行为就自然周全;不跟从恶人,邪乱的事情就不会发生了。以上是为"四维"。

【注释】

①绝:断绝。 ②错:通"措",安置,确立的意思。 ③廉:行为方正。 ④耻:羞愧之心。 ⑤节:规矩等级。 ⑥枉:这里指邪曲、不正之人。

【评析】

礼、义、廉、耻是中国几千年来传统的道德标准。所谓"礼",就是礼节,就是要求人们遵守一定的社会规范和等级制度。所谓"义",就是道义、正义,就是思想行为要符合正确的原则。所谓"廉",就是行为方正,廉洁自守。所谓"耻",则是要求对所犯的错误和过失有羞愧之心,有改过自新的勇气。在《管子》看来,一个社会有了礼,人们的行为就不会逾越规矩和等级,国家就可以确保安定了;有了义,人们就不会唯利是图,妄自求进,也就不会有什么机巧和欺诈的行为了;有了廉,人们行为方正,廉洁自守,就不会掩饰过错,行动也就自然周全了;有了耻,人们对错事和过失有羞恶之心,就不会跟从坏人,这样,邪乱的事情也就不会发生了。《管子》把礼、义、廉、耻这四条行为准则看作是维系国家生死存亡的四大纲要,体现了它用道德教化来治理天下的宏观管理思想。这四条行为准则在中国历史上具有极其重大的影响,对于今天的社会生活仍应有其重要的借鉴意义。

政之所兴,在顺民心;政之所废,在逆民心。民恶忧劳,我佚乐之①;民恶贫贱,我富贵之;民恶危坠,我存安之;民恶灭绝,我生育之。能佚乐之,则民为之忧劳;能富贵之,则民为之贫贱;能存安之,则民为之危坠;能生育之,则民为之灭绝。故刑罚不足以畏其意,杀戮不足以服其心。故刑罚繁而意不恐,则令不行矣;杀戮众而心不服,则上位危矣。故从其四欲,则远者自亲;行其四恶,则近者叛之。故知予之为取者,政之宝也。右四顺。

【今译】

政事之所以兴盛,在于顺应民心;政事之所以废弛,在于违背民心。人民厌恶忧劳,我就要使他们快乐;人民厌恶贫贱,我就要使他们富贵;人民厌恶危难,我就要使他们安定;人民厌恶灭绝,我就要使他们生育。能使人民快乐的,人民就愿意为他承受忧劳;能使人民富贵的,人民就愿意为他承受贫贱;能使人民安定的,人民就愿意为他承受危难;能使人民生育的,人民就愿意为他牺牲。所以,单靠刑罚是不足以使人民害怕的,单靠杀戮是不足以使人民诚服的。刑罚繁重而人民不怕,法令就无法推行了;杀戮众多而民心不服,统治者的地位就危险了。因此,顺从人民的这四种愿望,即使是疏远的也自会来亲附;而强行这四种人民厌恶的事情,即使是亲近的也会叛离。所以,懂得"给予就是取得"这个道理,这才是治国的法宝啊。以上是为"四顺"。

【注释】

① 佚:通"逸",安逸。

【评析】

《管子》在这一段中提出了治国的一个重要原则,那就是政令的推行一定要顺应民心。具体而言,就是要从四个方面去满足人民的愿望和要求,使人民得到快乐、富贵、安定和生育。因为光靠刑罚和杀戮是无法让百姓心悦诚服地接受统治和管理的,所以统治者必须首先想办法去满足百姓基本的物质和精神需求,然后才可能使百姓心甘情愿地拥护你,支持你,向你交纳租税,甚至为你上战场打仗而不惜牺牲。要想有所获取,必先有所给予;如若不想给予,必然无所获取。这就叫

"知予之为取者,政之宝也"。这就是统治的艺术,管理的辩证法。道家的老子也曾经说过类似的话:"将欲取之,必固予之",也是深谙其中精妙的道理的。这种管理的辩证法,无论是在古代还是当代,无论是对于国家管理还是企业管理,都是有其重要价值的。试想,如果一个企业能够充分地关心员工的生活,满足员工物质利益和精神生活的需要,使员工的经济收益能和其所做出的贡献成比例提高,那么,员工的积极性就一定会充分地发挥出来,企业的凝聚力就一定会不断地增强,劳动生产力就一定会大大地提高,企业的利润和效益也就一定会成功地增长了,这不正是"予之为取"的管理艺术所带来的理想效果吗?

错国于不倾之地①。积于不涸之仓②。藏于不竭之府。下令于流水之原③。使民于不争之官④。明必死之路。开必得之门。不为不可成。不求不可得。不处不可久。不行不可复。错国于不倾之地者,授有德也。积于不涸之仓者,务五谷也。藏于不竭之府者,养桑麻、育六畜也。下令于流水之原者,令顺民心也。使民于不争之官者,使各为其所长也。明必死之路者,严刑罚也。开必得之门者,信庆赏也⑤。不为不可成者,量民力也。不求不可得者,不强民以其所恶也。不处不可久者,不偷取一时也⑥。不行不可复者,不欺其民也。故授有德则国安,务五谷则食足,养桑麻、育六畜则民富,令顺民心则威令行,使民各为其所长则用备,严刑罚则民远邪,信庆赏则民轻难,量民力则事无不成,不强民以其所恶则诈伪不生,不偷取一时则民无怨心,不欺其民则下亲其上。右十一经。

【今译】

要把国家建立在不容倾覆的稳固基础上。要把粮食积存在取之不尽的粮仓中。要把财货贮藏在用之不竭的府库里。要把政令下达在流水的源头上而让它顺畅通达。要把人民安排在毋庸置疑的岗位上。要向人们指明犯罪必死的道路。要向人们敞开立功必赏的大门。不要去干那些办不成的事。不要去求那些得不到的利。不要使自己处于那种不能持久的地位。不要去做那种不可重复和不可持续的事情。所谓把国家建立在不容倾覆的稳固基础上,就是要把管理国家的责任授予那些有道德的人。所谓把粮食积存在取之不尽的粮仓中,就是要努力从事五谷的生产。所谓把财货贮藏在用之不竭的府库里,就是要植养桑麻,饲育六畜。所谓把政令下达在流水的源头上而让它顺畅通达,就是要做到政令顺乎民心。所谓把人民安排在毋庸置疑的岗位上,就是要使人民各得其所,各尽所长。所谓向人们指出犯罪必死的道路,就是要严格执行刑法的惩罚。所谓向人们敞开立功必赏的大门,就是要使奖赏信实,言必兑现。所谓不要去干那些办不成的事,就是要度量民力,量力而行。所谓不要去求那些得不到的利,就是不强迫人民去做他们厌恶的事情。所谓不要使自己处于那种不能持久的地位,就是不贪图一时的侥幸和短期的功效。所谓不要去做那种不可重复和不可持续的事情,就是不要去欺骗人民。这样,把管理国家的责任授予那些有道德的人,国家就能够安定;努力从事五谷的生产,粮食就能够充足;植养桑麻并饲育六畜,人民就能够富裕;政令顺乎民心,君主的威信和命令就能够畅行;使人民各得其所并各尽所长,各种用品就都能够齐备;严格执行刑法的惩罚,人民就会远离坏事;使奖赏信实而言必兑现,人民就会不怕死难;度量民力且量力而行,就没有不能干成的事情;不强迫人民去做他们厌恶的事情,欺诈作伪的行为就不会发生;不贪图一时的侥幸和短期的功效,人民就不会有怨恨的心情;不欺骗人民,人民就会亲附并拥戴君主了。以上是为"十一经"(十一种具体方法)。

【注释】

① 错:措置、处置的意思。本书《度地》篇云:"故圣人之处国者,

必于不倾之地。"倾:倾覆,倾危。不倾即稳固之意。　②涸:干枯,枯竭。　③原:通"源",源头。此句意为:下令当如下达在流水的源头一样通行无阻。　④不争:毋庸争议、理所当然之意。官:这里是职务、职位的意思。　⑤信:信实,不欺。庆赏:奖赏。　⑥时:原文为"世",音近而误,据《管子集校》改。《韩非子·难一》篇云:"以诈遇民,偷取一时,后必无复。"《史记·苏秦列传》云:"偷取一时之功而不顾其后。"均为其证。偷取一时:指贪图一时的侥幸和功效。

【评析】

《管子》在这里提出了十一条治国安邦的基本方法。这些基本方法既是其治国经验的高度总结,也是其管理理论的具体体现,可以说条条都有其重要意义。其中第一条是对统治者和管理者的要求,要求统治者和管理者必须是有道德的人。这里的所谓"德",也就是前面"四维"中所说的礼、义、廉、耻四项准则。第二条"务五谷"和第三条"养桑麻、育六畜",反映了《管子》重视农业生产和副业生产的基本思想。第四条"令顺民心",再次强调了前一段"四顺"中所说的"政之所兴,在顺民心"。第五条是《管子》的安民政策,其目标是要使国内的人民都能够各得其所,安居乐业。第六条"严刑罚"和第七条"信庆赏",是法家治国的基本手段,直到今天仍被证明是行之有效的管理方法。第八条"不为不可成"和第九条"不求不可得",反映了《管子》量力而行、实事求是的哲学思想。最后两条要求统治者从长远着眼,不要去贪图一时的侥幸和短期的功效,而应该以政策的连贯性和可持续性来获取人民的信任和拥戴,这更是精妙深刻之论。这对于当今的一些急功近利、热衷于短期行为的人们,无疑是具有现实的教育意义的。

以家为乡①,乡不可为也;以乡为国,国不可为也;以国为天下,天下不可为也。以家为家,以乡为乡,以国为国,以天下为天下。

毋曰不同生②,远者不听;毋曰不同乡,远者不行;毋曰不同国,远者不从。如地如天,何私何亲;如月如日,唯君之节③。

御民之辔④,在上之所贵;道民之门⑤,在上之所先;召民之路,在上之所好恶。故君求之则臣得之,君嗜之则臣食之,君好之则臣服之,君恶之则臣匿之。毋蔽汝恶⑥,毋异汝度⑦,贤者将不汝助。

言室满室,言堂满堂⑧,是谓圣王。城郭沟渠不足以固守,兵甲强力不足以应敌,博地多财不足以有众,唯有道者能备患于无形也,故祸不萌。

天下不患无臣,患无君以使之;天下不患无财,患无人以分之。故知时者可立以为长⑨,无私者可置以为政。审于时而察于用,而能备官者,可奉以为君也。缓者后于事⑩,吝于财者失所亲⑪,信小人者失士。

右六亲五法。

【今译】

　　用治家的方法来治理乡,乡是治理不好的;用治乡的方法来治理国家,国家是治理不好的;用治国的方法来治理天下,天下是治理不好的。应该用治家的方法来治家,用治乡的方法来治乡,用治国的方法来治理国家,用治天下的方法来治理天下。

　　不要因为他不是与你同一家族,就疏远他而不听他的意见;不要因为他不是你的同乡,就疏远他而不行他的主张;不要因为他不是你的同国人,就疏远他而不听从他的劝告和建议。应该像天地日月一样无私无偏,这才是君主应有的气度。

　　驾御百姓奔什么方向,看君主重视什么;引导百姓进哪一个门,看君主先做什么;号召百姓走哪一条道路,看君主的好恶是什么。君主所追求的,臣下就想得到;君主所爱吃的,臣下就想尝尝;君主所喜欢的,臣下也就喜欢;君主所厌恶的,臣下就把它藏匿起来。因此,君主不应该掩饰你的错误,不应该擅改你的法度,否则的话,贤者将无法给你帮助。

在室内讲话,就要让满室的人都知道;在堂上讲话,就要让满堂的人都知道;这样才算是圣明的君王。单靠城郭沟渠,不一定能够固守;单靠兵力武器,不一定能够御敌;单靠地大财多,不一定能够得到民众的拥护。只有有道的君主能防患于未然,才能避免灾祸的萌生。

天下不怕没有能臣,怕的是没有君主去使用他们;天下不怕没有财货,怕的是没有人去分享它们。所以,懂得天时并能抓住时机的人,可以任用他们为官长;没有私心的人,可以安排他们管理政事。能够懂得天时、抓住时机并贯彻应用,而且还能建立和完备官制的,这样的人就可以奉为君主了。处事迟钝者总是落后于形势,吝啬财物者总是无人亲近,偏信奸邪小人者必将失去贤能的人才。

以上是为"六亲五法"。

【注释】

① 以家为乡:用治家的方法来治理乡。因为乡的规模远大于家,所以用治家的方法来治理乡,乡一定治理不好。所以下一句说:"乡不可为也。"下文"以乡为国,国不可为也"和"以国为天下,天下不可为也",其道理与此句相同。　② 同生:指出生于同一家族。　③ 节:节操,气度。　④ 辔:御马的缰绳,这里喻指对百姓的导向。　⑤ 道:通"导",引导。　⑥ 蔽:遮掩。汝:你。　⑦ 异:变异,改变。度:规矩,法度。　⑧ 言室满室,言堂满堂:这两句意为:在室内讲话,就要让满室的人都知道;在堂上讲话,就要让满堂的人都知道。即要求圣明的君王应做到开诚布公,光明正大。　⑨ 时:这里指天时和时机。　⑩ 缓:这里指处事迟钝,不能抓住时机。　⑪ 丢:通"吝",吝啬。

【评析】

这一段主要讲如何管理和团结以六亲为纽带的宗族百姓。本篇第一段"国颂"中说："上服度则六亲固"，是说君主的行为要顺服一定的法度，这样六亲宗族才能够牢固团结。本段就是具体阐述这方面的法度，共提出了五条基本原则。

（一）首先要明确，不同的管理对象和管理范围应该有其不同的管理方法，也就是说，应该要做到"以家为家，以乡为乡，以国为国，以天下为天下"。这里尤其要防止一种以小治大的狭隘做法，即用治家的方法去治理乡，用治乡的方法去治理国家，用治国的方法去治理天下。这种以小治大的狭隘做法的结果，必然是乡不能治，国不能治，天下不能治。

（二）与此同理，统治者必须要做到胸襟宽阔，要广泛地听取各方面的意见和建议，绝不能有宗族偏见、乡土偏见乃至于国家偏见。应该如天地日月一样无私无偏。

（三）对于自己的臣下和宗族百姓，君主应该要充分认识到自己的行为对于影响民风的重大责任，所以一定要以身作则，树立良好的榜样。既不要掩饰过错，也不要擅改法度，否则的话将造成严重恶果而无法挽回。

（四）对于重大的原则问题，君主一定要开诚布公，光明正大，做到"言室满室，言堂满堂"。这样做，才算是有道的圣王，而有道的圣王才能够防患于未然，避免各种灾祸的萌生。

（五）最后，圣明的君主还应能审时度势，能抓住时机并付诸行动。同时，要善于用人并善于用财，绝不因亲信奸邪小人而使人才流失，也不因自己的私心贪财而导致众叛亲离。

以上这五条基本原则，既有超越宗族六亲之上的高瞻远瞩，又有处理宗族内部关系的具体做法，确实是使宗族百姓牢固团结的治世良方。其中特别是以身作则、开诚布公、审时察用等原则，更值得各级管理者认真玩味。

二、形　　势

【解题】

本篇篇名"形势",其中"形"指的是事物存在的外在形态,"势"指的是事物发展的必然趋势。文中列举了自然界和人类社会的大量事例,说明事物之所以表现为这样的形态,以及它以后又会发展为怎样的形态,都是由其内在的必然趋势和规律所决定的,都有着其客观自然的因果联系。文章又提出了"道""天""天道"等一系列哲理性概念,并用这些概念范畴来阐发治理国家、处理人事的基本原则和具体方法。本文的主旨与道家思想比较接近,其中提出的一些基本原则,如遵循规律、效法自然、顺势而动、无为而治、摒弃虚浮、追求实际,等等,至今读来仍有启发。

本篇又称《山高》,取第一句"山高而不崩"中的头两个字为名。《史记·管晏列传》说:"太史公曰:吾读管氏《牧民》、《山高》、《乘马》、《轻重》、《九府》及《晏子春秋》,详哉其言之也。"其中所言《山高》一篇即此。刘向《别录》指出:"《山高》一名《形势》。"

山高而不崩,则祈羊至矣[1];渊深而不涸,则沈玉极矣[2]。天不变其常,地不易其则,春秋冬夏不更其节,古今一也。蛟龙得水,而神可立也;虎豹得幽,而威可载也。风雨无乡[3],而怨怒不及也[4]。贵有以行令,贱有以忘卑,寿夭贫富,无徒归也[5]。衔命者,君之尊也[6];受辞者,名之运也[7]。上无事则民自试,抱蜀不言而庙堂既修[8]。鸿鹄锵锵[9],唯民歌之;济济多士[10],殷民化之[11]。飞蓬之问[12],不在所宾[13];燕雀之集,道行不顾。牺牲圭璧[14],不足以飨鬼神[15]。主功有素[16],宝币奚为?羿之道非射也[17],造父之术非驭也[18],奚仲之巧非斫削也[19]。召远者,使无为焉;亲近者,言无事焉。唯夜行者独有也[20]。

【今译】
　　山高而不崩塌,人们就会用羊来祭祀它;水深而不涸竭,人们就会投玉来祈求它。天不改变它的常道,地不改变它的法则,春夏秋冬不改变它的节气,从古到今都是一样的。蛟龙在深水里才能显露神力,虎豹在幽谷里才能施展威风。风雨没有既定的方向,不是人的怨怒所能决定和改变的。地位高贵的人有他发号施令的理由,地位低下的人有他忘掉卑贱的道理。长命、短命、贫穷、富有,都不是平白无故才这样的。君主因为衔受天命而地位尊贵,臣下接受指示则是因为名分的要求。君王不去无事生事,老百姓自己也会试着去做;手执祭器而不多说话,朝政也能普遍修明。鸿鹄在天上锵锵鸣叫,是因为受到了人们歌唱的感染;西周的人才济济一堂,使殷朝的遗民也受到了感化。没有根据的言论,君主不必听从;就好像燕雀小鸟聚集在路边,行道之人不必理它。光用牛羊玉石,并不足以祭献鬼神。君主只要功业有据,又何必使用珍贵的祭品呢?后羿的射箭本领并不仅在射箭的动作,造父的驾驭技术并不仅在驾车的姿势,奚仲的造车技巧也并不仅在木材的砍削。要招纳远方的贤人,单靠使者是没有用的;要团结国内的贤人,光说空话也无济于事。只有内心行德之君主,才能广纳人才,卓有成效。

【注释】
　　① 祈羊:向神灵祈祷时所用的羊。　② 沈:同"沉",沉没。沈玉:投入水中祭神的玉石。　③ 乡:通"向",方向。无乡:没有固定的

方向。 ④怨怒不及:指风雨的方向是不以人的怨怒而改变的。《庄子·齐物论》说:"夫大块噫气,其名为风。是唯无作,作则万窍怒号。……吹万不同,而使其自己也。咸其自取,怒者其谁邪?"意谓风的吹万不同,均为其自己如此,并没有什么怒者使然。其义与此相近。 ⑤无徒归:指事物的发展都不是空无所据、无因而至、徒然而归的,其中均有不得不如此之"势"。 ⑥衔命:奉命。此句谓君主奉天命而治天下,所以才有尊贵的地位。 ⑦受辞:接受指示。名:名分。此句谓臣下接受指示是因为君臣名分的缘故。 ⑧蜀:祭器。此句与上文"上无事则民自试"用意相同,均反映了作者"无为而治"的思想。 ⑨锵锵:象声词,此处指鸿鹄发出的声音。 ⑩济济:众多而美好的样子。此句引自《诗经·大雅·文王》:"济济多士,文王以宁。" ⑪此句承上文"济济多士",谓西周人才济济,感化了殷商的遗民。原文在"殷民化之"后,有"纣之失也"四字,据《管子集校》删。 ⑫飞蓬:指随风飞动、没有根柢的蓬草。飞蓬之问:比喻没有根据的言论。 ⑬宾:听从。本书《形势解》:"蜚(飞)蓬之问,明主不听也。" ⑭牺牲:祭神用的猪、牛、羊三牲。圭璧:祭祀时所执的玉器。 ⑮飨:祭献。 ⑯功:功业。素,平素。 ⑰羿:后羿,我国古代传说中的射箭能手。 ⑱造父:我国古代传说中的驾车驭马能手。 ⑲奚仲:我国古代传说中的造车能手。斫削:砍削。 ⑳夜行者:此处指能做到内心行德而不露声色之人。本书《形势解》:"所谓夜行者,心行也。能心行德,则天下莫能与之争矣。"

【评析】

本段以自然界和人类社会的各种事物为例,论述了事物的"形"和"势"的关系。这里的所谓"形",指的是事物的外在形态;所谓"势",指的是事物的必然趋势。在《管子》看来,一切事物之所以发展成一定的形态,必有其内在的原因,也就是说,一定有它势所必然的道理。比如,人们祭山,是因为山高而不崩的缘故;祭水,是因为水深而不涸的缘故;蛟龙得水,才会有神;虎豹得幽,才能生威,如此等等。推而广之,人类社会的贵贱、尊卑、寿夭、贫富等,也都有其必然的道理在里面。这个必然的道理,就是"势",就是客观的趋势和规律。而且这个客观的趋势和规律又是"怨怒不及"的,是不以人的主观意志为转移的。所谓"天不变其常,地不易其则,春秋冬夏不更其节",就是指的这种趋势和规律的客观性。因此,对于统治者和管理者来说,就必须要效法自然,顺势而动,遵循规律,无为而治。所谓"上无事则民自试,抱蜀不言而庙堂既修",就是"无为而治"的理想状态。

"无为而治"是中国古代道家管理思想的最高境界。《老子》说"无为而无不为","为无为则无不治矣",即把"无为"看作是手段,而把"无不为"和"无不治"看作是最终目标。有人读《老子》的这两句话觉得奇怪,觉得不理解:既然要达到"无不为"和"无不治"的目的,那就应该去积极努力,去有所作为才对,怎么反叫人"无为"呢?无所作为怎么能达到"治"的目的呢?这实际上是对《老子》所说的"无为"二字的真正含义没有搞清楚。道家"无为而治"的"无为"二字,绝不是无所作为,放弃管理,而是要求遵循事物的自然规律,不做违反事物自然本性的傻事,不强求妄动,胡作非为,拔苗助长,弄巧成拙。在道家看来,最完美的管理境界,应该像天地生成万物一样自然。天地阴阳,四时代谢,这一切都是自然而然地发生的,没有一点人为强加的因素,而草木、禽兽、人类以至万物都在这自然而然的环境中生成发展,各得其所。天地并没有刻意去追求什么,但万物却都在天地中茁壮成长,这就是最好的效果,就是最佳的境界。社会的管理也应该是这样。管理者所做的一切都顺乎自然,合乎规律,被管理者在其中各得其所,努力尽各人的本分,这一切是那样的和谐与自然,被管理者丝毫不感到有管理的压力,甚至感觉不到管理过程的存在,感觉不到管理者的存在,这才是管理的最高境界。这样一种管理的最高境界,便是道家所说的"无为而治"。

道家"无为而治"在管理国家方面的一个重要表现,就是精简政令,清静少事,以不扰动百姓、与民休息为原则。《老子》有一句名言,叫

"治大国如烹小鲜"。"小鲜"就是小鱼。我们知道,烹煮小鱼的时候,绝对不能多炒、多翻,不然的话,小鱼就要被翻炒得不成样子。在道家看来,治理大国也要像烹煎小鱼一样,绝对不能政令繁多,无事生事。如果今天一个政令,明天一个政令,一个政令还没有贯彻到底,下一个修改的政令又发布出台,朝令夕改,名目繁多,那就会使老百姓无所措手足,不知道怎么办才好。这就好比把老百姓放在锅子上翻炒,炒来炒去,炒得国家不得安定,人民不能正常生活。因此,真正高级的管理水平,应该是"指约而易操,事少而功多",即政令非常简约且非常容易操作,政事不多举行而效果却很理想,这样才能真正达到"无为而治"的境界。

《管子》在这一段中所说的要把握趋势和遵循规律,要"无事"和"不言",与上述道家"无为而治"的思想非常接近。在《管子》看来,趋势和规律是内在的,形态和现象是外在的,而外在的形态和现象又是由内在的趋势和规律决定的,所以内在的趋势和规律就比外在的形态和现象要重要得多。后羿的射箭技术也好,造父的驭马技术也好,奚仲的造车技术也好,其要点都不在表面的动作,而在于掌握内在的规律和道理。对管理国家的统治者来说,道理也是一样的。光靠表面的功夫和虚浮的形式是不能取得近悦远来的效果的,只有遵循规律,内心行德,才能获得最终的成功。这个观点,便是《管子》在这一段中通过对"形"和"势"的分析和论述,所引发出来的重要思想。

  平原之隰①,奚有于高?大山之隈②,奚有于深?訾謷之人③,勿与任大。譕臣者可以远举④,顾忧者可与致道⑤。其计也速而忧在近者,往而勿召也。举长者⑥,可远见也;裁大者⑦,众之所比也⑧;美人之怀⑨,定服而勿厌也⑩。必得之事,不足赖也;必诺之言,不足信也。小谨者不大立,訾食者不肥体⑪。有无弃之言者⑫,必参之于天地也。坠岸三仞⑬,人之所大难也,而猿猱饮焉⑭。故曰,伐矜好专⑮,举事之祸也。

【今译】

　　平原上的田陇,怎么能算高呢?大山旁的弯沟,怎么能算深呢?专门诽谤贤者和称誉恶人的人,是不能够委以大任的。计虑深远之人,可与他共同图谋大事;正视忧患之人,可与他共同探讨大道。对那些贪图速效而眼光短浅之人,走了也就不要再召他回来了。注重长远利益的人,其影响也就深远;材器伟大的人,大家都愿意与他亲近;希望人们感怀归附,就要坚持服行道德而不能厌烦自满。肯定成功的事情,并不足以值得依赖;满口承诺的语言,并不足以完全相信。过分小心谨慎是成不了大事的,这就好比吃东西挑食不能使身体胖起来一样。以上这些言论如果能记住并做到的话,那就一定能与天地相媲美了。从三仞高的崖岸上跳下去,人是很难做到的,而猿猴却能轻而易举地跳下去喝水。所以说,自以为是,独断专行,是干大事的祸患呵。

【注释】

　　① 隰(xí):开垦的田地。　② 隈:弯曲的地方。　③ 訾:诽谤贤人。讆(wèi):称誉恶人。　④ 譕:通"谋"。此句意为可与谋臣计虑远大的事业。本书《形势解》:"明主之虑事也,为天下计者谓之譕臣。"　⑤ 顾忧:正视忧患。　⑥ 举长:举动符合长远利益。本书《形势解》:"举一而为天下长利者,谓之举长。"　⑦ 裁:通"材"。裁大:材器伟大。　⑧ 比:亲近。　⑨ 美:欣赏,喜欢。　⑩ 定服:这里指坚定不移地服行道德。　⑪ 訾:通"餈"。餈食:挑食。　⑫ 无弃之言:指不抛弃以上这些言论,亦即能照以上这些言论去做。　⑬ 仞:古时长度单位。七尺为一仞。　⑭ 猱(náo):猿类动物。此句意为,从三仞高的岸上跳下去,对人来说是很困难的,而猿猴却能很轻松地跳下去饮水。喻指天下不乏身怀绝技之人才。　⑮ 伐矜:骄傲自大,自以为是。好专:独断专行。

【评析】

本段虽然说的是人事问题,但实际上蕴含了作者关于"形"和"势"的思想,即用"形"和"势"的观点去认识并处理人事。一个人的外在表现是"形",而什么样的"形"又必然体现什么样的"势"。因此,我们就可以从一个人的外在表现上看到其内在的趋势,从而明智地作出判断和取舍。例如一个人专门喜欢诽谤贤者和称誉恶人,那么这种行为的结果,必然会使贤者受压而恶人得逞,必然会给事业的发展带来严重的影响。所以对这样的人,就一定不能委以重任。而那些计谋远大又能够正视忧患的人,其举动一定能赢得群众的拥护并给事业带来长久的利益,因此对他们就一定要充分信任,与他们同心同德,共谋大业。至于那些自以为是、独断专行的人,他们的行为的结果一定是排斥贤者,主观盲动,其最终成为事业的祸害而导致失败就是必然的趋势了。

不行其野,不违其马①。能予而无取者,天地之配也②。怠倦者不及,无广者疑神③;神者在内,不及者在门;在内者将假④,在门者将待⑤。曙戒勿怠,后稺逢殃⑥。朝忘其事,夕失其功。邪气入内,正色乃衰。君不君则臣不臣,父不父则子不子,上失其位则下逾其节⑦。上下不和,令乃不行。衣冠不正则宾者不肃⑧,进退无仪则政令不行。且怀且威⑨,则君道备矣。莫乐之则莫哀之,莫生之则莫死之⑩。往者不至,来者不极⑪。

【今译】
　　即使不到野外赶路,也不要把马丢弃。能够做到给予别人好处而不索取报答,那就能与天地媲美了。懈怠懒散的人总是落后,而遵循道理的人则行事如神。如果说行事如神的人已经进到了屋子里,那么落后的人就还在房门外;在屋子里的人可以从容不迫,在房门外的人则将疲惫不堪。黎明时虽然没有懈怠,但后来骄傲也还要遭遇祸殃。如果早上就忘掉了应做的事情,那么晚上就必然一无所得。一个人体内邪气入侵,其正气就要减弱。君主如果不像君主的样子,那么臣下也就不像臣下的样子;父亲如果不像父亲的样子,那么儿子也就不像儿子的样子;君主的行为如果不符合他的身份地位,那么做臣下的就会不守法度,逾越礼节。君主和臣下如果不能和谐相处,那么朝廷的政令就无法贯彻实施。君主的衣冠不端正,臣下和宾客就会不肃敬;君主的举止不合乎礼仪,政策和法令就没法贯彻。对臣下和百姓既要安抚感化,又要树立威严,这样的为君之道才算完备。君主不能使臣民安乐,臣民就不会为君主分忧;君主不能使臣民生存繁衍,臣民就不会为君主效死卖命。给予的东西不到位,回报的东西也就不会是尽心尽力的了。

【注释】

① 违:丢弃。　② 配:匹配,媲美。　③ 无广:这里指不越出理的范围。疑神:拟神,谓可与神明相比拟。本书《形势解》:"以规矩为方圜则成,以尺寸量短长则得,以法数治民则安。故事不广于理者,其成若神。"　④ 假:通"暇",闲暇。　⑤ 待:通"殆",疲惫。　⑥ 稺(zhì):骄。　⑦ 节:礼节,法度。　⑧ 肃:严肃恭敬。　⑨ 怀:安抚。　⑩ 这两句意谓:君主不能使臣民安乐,臣民就不会为君主分忧;君主不能使臣民生存繁衍,臣民就不会为君主效死卖命。　⑪ 极:极力,尽力。

【评析】

上一段是用"形"和"势"的观点去认识并处理人事问题,这一段则是要分析君主与臣下、统治者与老百姓之间的关系了。第一句"不行其野,不违其马"是一个比喻,意谓即使你不到田野里去行走,也不要把马丢弃。也就是说,待人处世不能有事有人,无事无人,用得着的时候当它是宝,用不着了就当它是草,一脚踢开,丢弃不顾。汉代贾谊的

《新书·春秋》篇里记载了这样一个故事:卫懿公非常喜欢玩鸟养鹤,花了很多钱为鹤鸟披锦挂彩、造笼盖房,而对百姓却横征暴敛,赋役繁多,根本不顾人民的死活。他又非常喜欢听歌观舞,对艺人百般恩宠,赏赐有加,而对朝中的大臣们则不屑一顾。大臣们多次劝谏都无济于事,反被他骂得狗血淋头。后来翟国出兵来攻打卫国,眼看就要攻进城来,这时候卫懿公急了,一边哭一边跪在大臣和百姓的面前说:"情势危急,务必请大家拼死退敌。"可是大臣和百姓们却说:"你就派你的鹤鸟和艺人去杀敌好了。我们都是被你丢弃的人,怎么能为你去守城呢?"说完打开城门都逃走了。最后翟国的军队打进城来,卫懿公被杀死,卫国也就灭亡了。贾谊在说了这个故事以后总结道:《管子》说过,"不行其野,不违其马",这就是把马丢弃以后所造成的结果呵!

按照《管子》的"形势"观点,任何事物之所以表现为这样的形态(形),都是有其内在的必然趋势(势)的。也就是说,事物的发展都有其因果的联系。自然是如此,人事是如此,君主与臣下、统治者与老百姓之间的关系也是如此。君主如果不像君主的样子,臣下也就自然不像臣下的样子;父亲如果不像父亲的样子,儿子自然也就不像儿子的样子;君主的行为超越了法度,臣下自然也就不顾什么礼节不礼节了。统治者应该给予老百姓的东西如果不到位,那么要指望老百姓尽心尽力地支持你拥护你,也就是不可能的事了。所以统治者要想管好国家,治好天下,归根结底还在于你自己如何去做,在于你按照做君主的道理(君道)去行事。那么"君道"又是什么呢?《管子》在这里提出了两条原则:一条是"怀",即施恩于人、安抚感化的怀柔政策;再一条是"威",即通过刑罚来树立君主的权威。恩威并施,软硬兼用,这就是《管子》开出的治理天下的良方。

道之所言者一也①,而用之者异。有闻道而好为家者,一家之人也。有闻道而好为乡者,一乡之人也。有闻道而好为国者,一国之人也。有闻道而好为天下者,天下之人也。有闻道而好定万物者,天地之配也②。道往者其人莫来,道来者其人莫往③。道之所设,身之化也。持满者与天④,安危者与人。失天之度,虽满必涸;上下不和,虽安必危。欲王天下而失天之道,天下不可得而王也。得天之道,其事若自然;失天之道,虽立不安。其道既得,莫知其为之;其功既成,莫知其释之⑤。藏之无形,天之道也。疑今者察之古,不知来者视之往。万事之生也,异趣而同归⑥,古今一也。

【今译】

　　关于"道"的言论虽然都是一样的,但实际运用起来却各有不同。有的人懂得道而喜欢治家,那就是治家的人才;有的人懂得道而喜欢治乡,那就是治乡的人才;有的人懂得道而喜欢治国,那就是治国的人才;有的人懂得道而喜欢治天下,那就是天下的人才。还有的人懂得道而能使万物各得其所,那就可以与天地相媲美了。失道的人,人民不肯来投奔他;得道的人,人民不肯离他而去。道所存在的地方,自身就应该与之同化。事业能获得持满而成功,是因为顺从了天道;国家能得到安定而去危,是因为顺从了人心。违背了天的法度,即使持满也会变得干涸;君臣上下不和,即使安定也将变得危险。想要称王天下却又违背天道,天下是不可能让他称王的。得到了天道,其事业成功就好像自然而然一样;失去了天道,即使有所确立也不能安定。已经得到天道的,往往不知道是怎样做成的;已经成功了的,又不知道道是怎样化去的。隐藏在无形当中,这就是天道的特征呵。对今天的事情有疑惑,可以考察历史;对将来的发展不清楚,可以回顾过去。万事万物的生成发展,虽然其趋向不同,但其归之于道则是相同的。其中的道理和规律,从古到今都是一样的。

【注释】

① 一:同一,一样。　② 天地:原文为"天下",据《管子集校》改。③ 道往:指失去道。道来:指得到道。两句意谓:失道者民不来归,得道者民不离去。本书《形势解》说:"故有道则民归之,无道则民去之。故曰道往者其人莫来,道来者其人莫往。"　④ 与:这里是顺从、效法的意思。　⑤ 释:这里是消除、融化的意思。《老子》:"涣兮若冰之将释。"　⑥ 趣:趣向,趋向。

【评析】

这一段在前面讲"形"讲"势"的基础上,又提出了一个新的范畴,那就是"道"。每一个事物都有它的表现形态,这是"形"。事物之所以表现为这样的形态,以及它以后还会发展成其他的形态,都体现了一种必然的趋势,这是"势"。而这种趋势之所以成为必然,又是由其中的客观规律所决定的。这种决定事物必然趋势的客观规律,就是"道",或者叫"天之道"。

《管子》在这一段中从三个方面论述了"道"。首先,"道"具有统一性和多样性。"道之所言者一也,而用之者异。"即从其作为普遍规律而言,它是统一的;而具体落实到应用,则体现出各个不同的多样性。比如治家有治家的道,治乡有治乡的道,治国有治国的道,治天下有治天下的道,定万物有定万物的道,等等。其次,"道"对于事业的成败得失具有极其重大的意义。得道者得人,失道者失人,得道者多助,失道者寡助。尤其是想要称王天下者,"失天之道,天下不可得而王也"。最后,"道"的存在是没有具体形象的,它就体现在事物的发展过程中。"藏之无形,天之道也。"因此,考察历史可以看清现在,回顾过去可以预测未来。这是因为具体的事件可以不同,但蕴藏在其中的道(规律)却是普遍适用的,是异趣同归,古今一致的。

以上关于"道"(规律)的论述无疑是非常深刻的。规律是客观的,是不以人的主观意志为转移的。无论是自然规律也好,社会规律也好,经济规律也好,人们都只能去掌握它,遵循它,而不能去改变它,违背它。否则的话,就一定会受到它的严厉惩罚。人类在过去已经做了许多违背规律的傻事,比如一味向大自然索取,不注意生态保护,破坏平衡,污染环境,等等,如现在再不转变认识,正视现实,遵循规律,回归自然,其结果必将酿成苦酒,悔之晚矣。

生栋覆屋①,怨怒不及②。弱子下瓦③,慈母操箠④。天道之极,远者自亲;人事之起,近亲造怨⑤。万物之于人也,无私近也,无私远也。巧者有余,而拙者不足。其功顺天者天助之,其功逆天者天违之⑥。天之所助,虽小必大;天之所违,虽成必败。顺天者有其功,逆天者怀其凶⑦,不可复振也⑧。

【今译】

用新伐的木材做栋梁必然会导致房屋倒塌,人们再怎么怨恨也没有用。小孩子淘气拆下屋瓦,连慈爱的母亲也会操起木棍来惩罚他。按照自然的规律去做事,即使是远方的人也会来亲近;由于人为的因素而产生事端,即使是亲近的人也要怨恨。万物对于人来说,是没有远近亲疏之分的。灵巧的人用起来绰绰有余,笨拙的人用起来就觉得不足。功业的建立,如果顺着天道去做,天就会帮助他;如果背着天道去做,天就会远离他。得到了天的帮助,即使暂时弱小也必将变得强大;离开了天的帮助,即使一时成功也必将归于失败。顺应天道的一定能建成功业,违背天道的则一定会导致灾祸而无可挽救。

【注释】

① 生栋:指用新伐而未干的木材做栋梁。覆屋:因用新伐未干之木材做栋梁,日久干裂弯曲,必导致房屋倒塌。《吕氏春秋·别类》篇:"高阳应将为室家,匠对曰:未可也,木尚生,加涂其上,必将挠。"意与

此同。　②怨怒不及:指用新木为栋而导致房屋倒塌是必然的趋势和规律,人们怨它怒它都无济于事。　③弱子:幼小的孩子。④箠:通"棰",棍子。　⑤这两句是说:由人为而产生的事端,即使是亲近的人也会怨恨。　⑥违:避开,离开。　⑦怀:导致。凶:灾祸。⑧振:挽救。

【评析】

这一段又提出了一个"天"的概念。这里的"天"不是神灵之天,而是自然之天、自然之道。它与"天道"的概念是可以互换的,都是指的客观的自然规律。本篇第一段中说:"风雨无乡而怨怒不及",这一段中又说:"生栋覆屋,怨怒不及",都是要说明客观规律是不以人的意志为转移的,无论是自然界的气象规律还是人世间的造房规律,无一不是如此。因此,只有顺从和遵循客观规律才能取得成功,反之则必将导致灾祸而无可挽救。

乌鸟之狡①,虽善不亲;不重之结②,虽固必解。道之用也,贵其重也。毋与不可③,毋强不能④,毋告不知⑤。与不可,强不能,告不知,谓之劳而无功。见与之友⑥,几于不亲⑦;见爱之交⑧,几于不结;见施之德⑨,几于不报。四方所归,心行者也⑩。独王之国⑪,劳而多祸;独国之君,卑而不威;自媒之女,丑而不信⑫。未之见而亲焉,可以往矣。久而不忘焉,可以来矣。日月不明,天不易也。山高而不见,地不易也。言而不可复者⑬,君不言也。行而不可再者⑭,君不行也。凡言而不可复,行而不可再者,有国者之大禁也。

【今译】

乌合之众的交往,即使看上去友善,其实并不亲密;单个而不重叠的绳结,即使打得很牢,也一定能被解开。所以道的运用,一定要非常慎重。不要去与那些不可交往的人交往,不要去强行做那些不可能做到的事情,不要去传播那些不应该告知的消息。与不可交往的人交往,强行做不可能做到的事情,传播不应该告知的消息,这就叫劳而无功。表面上显示友好,其实就与不亲密差不多了;表面上和睦亲爱,其实就与不结好差不多了;表面上施与恩德,其实也就与无所回报差不多了。四面八方众望所归的,是那些能在内心遵道而行德的人。独断专横的国家,必然疲于劳苦而祸患多端;独断专横的君主,必然地位低下而没有威望。这就好比自己议定婚姻的女子,一定名声不好而没有信誉。而对于那些不显露自己却使人感到亲近的君主,就应该去投奔他;对于那些时间长久也令人难忘的君主,就应该来辅佐他。日月有不明的时候,但天是不变的;山高有看不见的时候,但地是不变的。那种只说一次而不可重复的言论,君主是不说的;那种只做一次而不可重复的事情,君主是不做的。凡是那些不可重复的言论和不可重复的事情,都是一国之君的最大禁忌。

【注释】

① 乌鸟:乌鸦之类的鸟。狡:同"交",交往。 ② 不重之结:指单个而不重叠的绳结。 ③ 与:交结,交往。不可:指不可交往之人。 ④ 强:强求,强行。不能:指不可能办到的事情。 ⑤ 不知:指不应被告知的消息。 ⑥ 见:通"现",显示于外。见与之友:指表面上友好的朋友。 ⑦ 几于:接近于。因为真正亲密的朋友是不需要把友谊显露在外的,所以表面上显露友好,其实就与不亲密差不多。 ⑧ 原文"爱"作"哀","交"作"役",据本书《形势解》改。见爱之交:指表面上亲密的友谊。 ⑨ 见施之德:指表面上施与的恩德。 ⑩ 心行者:指内心遵道而行德的人。 ⑪ 独王:独断专横。 ⑫ 丑:这里指名声不好。 ⑬ 言而不可复者:指只说一次而不可再说的话,即指那种没有信义的言论。 ⑭ 行而不可再者:指只做一次而不可再做的事,即指那种不讲信义的事情。

【评析】

　　这是本篇的最后一段。在论述了"形""势""道""天"这一些带有哲理性的概念之后,作者最后还是落实到了"道"的应用,落实到了人事和管理的问题上来。首先,作者提出了一个原则,那就是"道之用也,贵其重也",即道的应用贵在慎重,千万不可草率从事。然后从三个方面提出了具体的要求:第一,要遵循规律,顺应自然,不要强求妄动,弄巧成拙。比如,不要去与那些不可交往的人交往,不要去强行做那些不可能做到的事情,不要去传播那些不应该传播的消息等,否则的话,就会劳而无功。岂止是劳而无功,甚至会画蛇添足,弄巧成拙。第二,要真正地、踏踏实实地按照规律办事,要多做实在的、发自内心的工作,而不要去追求那些表面的和虚浮的东西。表面的友谊和恩德都是靠不住的,只有那些内心遵道而行德的人,才能众望所归,真正得到天下百姓的拥戴。第三,说话做事要有信义,要有连续性,要经得起时间和历史的考验,不要今天说了明天就反悔,今天做了明天就改变。那些只能说一次而不能再重复的言论,只能做一次而不能再重复的事情,有道的君主千万不要去说,也千万不要去做。以上这三条,都是《管子》从分析事物的形势、因果、虚实、内外等各个方面的关系中总结出来的经验教训,确实是带有普遍性和规律性的东西,值得深思。

三、权　　修

【解题】

本篇篇名"权修",意谓修重权力,即加强和巩固君主的政权。作者在文中详细论述了如何修重权力、巩固政权、治理国家的方法和途径,强调要重视农业,禁止奢侈;要爱惜民力,藏富于民;要教化百姓,培育人才;要建立法度,防微杜渐;要量能授官,赏罚必行,等等,充分体现了作者重农和重法的思想倾向。其中有些论述,如"十年树木,百年树人",已成为流传至今的著名格言。

万乘之国①,兵不可以无主;土地博大,野不可以无吏;百姓殷众②,官不可以无长;操民之命③,朝不可以无政。

【今译】

　　拥有万辆兵车的大国,军队不能没有统帅;土地广博,田野不能没有官吏;百姓众多,官员不能没有首长;掌握着民众的命运,朝廷不能没有政令。

【注释】

　　① 万乘:指万辆兵车。古时以"百乘""千乘""万乘"来表示一个国家的军队数量和实力。　② 殷众:众多。　③ 操:操持,掌握。

【评析】

本段开门见山,论述加强统治、修重权力的必要性和重要性。无论是军队也好,农田也好,百姓也好,都必须有人管理,有人统治,有人领导,不然的话,国家也就不成其为国家了。

地博而国贫者,野不辟也;民众而兵弱者,民无取也①。故末产不禁则野不辟②,赏罚不信则民无取。野不辟,民无取,外不可以应敌,内不可以固守。故曰:有万乘之号而无千乘之用③,而求权之无轻,不可得也。

地辟而国贫者,舟舆饰,台榭广也;赏罚信而兵弱者,轻用众④,使民劳也。舟车饰,台榭广,则赋敛厚矣;轻用众,使民劳,则民力竭矣。赋敛厚,则下怨上矣;民力竭,则令不行矣。下怨上,令不行,而求敌之勿谋己⑤,不可得也。

【今译】

土地广博而国家贫穷,那是因为土地没有得到很好开垦的缘故;人民众多而兵力薄弱,那是因为没有使人民趋于农事的缘故。因此不禁止那些生产奢侈品的工商业,土地就得不到开垦;赏罚没有信用,人民就不会趋于农事。土地得不到开垦,人民不趋于农事,那么对外就不能战胜敌人,对内就不能固守国家。所以说,光有万乘大国的虚名而没有千乘兵车的实力,要想求得政权的不被削弱,那是不可能的。

土地开垦而国家仍然贫穷,那是因为君主的舟车过于豪华,楼台亭阁造得过多的缘故;赏罚能有信用而兵力仍然薄弱,那是因为轻易地兴师动众,使人民过度劳苦的缘故。舟车过于豪华,楼台亭阁造得过多,就一定会加重赋税;轻易地兴师动众,过度地役使百姓,就一定会使民力枯竭。赋税加重,人民就会对朝廷不满;民力枯竭,政令就无法推行。人民怨恨满腹,政令无法推行,而要想求得敌国不来图谋自己,那是不可能的。

【注释】

① 取：通"趣"，趋向，这里是使民趋向于农的意思。　② 末产：这里指为统治者生产奢侈品的工商业。　③ 用：这里指财用，费用。　④ 轻：轻易。　⑤ 谋：图谋，算计。

【评析】

在这一段中，《管子》提出了如何修重权力、巩固统治的两条基本原则：一条是开垦土地，再一条是爱惜民力。前者是要开源，后者则是要节流，这两条都是使国家富强起来、免于贫穷的基本方法。中国历来是一个以农业生产为主要生产方式的国家，重农思想有着悠久的历史传统。所谓"手中有粮，心中不慌"，就是这一思想的很好概括。所以开垦土地，重视农业，成了以后历代统治者治理天下的一条基本国策。至于爱惜民力，主要是反对为营造豪华的舟车和楼阁以及其他奢侈品而滥用民力，滥征赋税，这也是中国古代清醒的政治家在治国实践中总结出来的一条重要经验，并且已经被历史所反复证实。在中国历史上，因滥用民力、横征暴敛而导致垮台的最典型的代表，当数以显赫的武力雄霸天下的秦王朝了。汉代的陆贾曾经写过一部书叫《新语》，其中总结秦王朝灭亡的原因，很重要的一条就是"疲民之力"。所谓"疲民之力"，用现在的话来说，就是统治者对于老百姓的榨取，大大超过了老百姓的承受能力。这种榨取表现在两个方面：一方面，秦王朝征收的田租和赋税非常之高，老百姓一年辛劳所得，绝大部分被朝廷征收去了，剩下的微小部分根本不够养家糊口；另一方面，秦王朝又征发了大批的劳动力为朝廷去服无报酬的劳役。据历史学家估算，当时征发的劳役，大约有30万在北方抵御匈奴，有40万在修筑长城，有50万在岭南屯戍，有70万在修筑阿房宫，再加上其他各种工程，服劳役的总数约有200万人之多。当时秦朝的总人口不过2 000万，服劳役的就占了十分之一以上，而且都是强壮的劳动力。这样，从事生产的劳动力非常之少，征收的租税又非常之高，老百姓生活艰难，怨声载道。遇到灾荒,则更是卖儿卖女,饿尸遍地。这种"疲民之力"的结果,必然是民不聊生,民心背离,老百姓被逼得活不下去了,当然就只有起来造反。所以陈胜、吴广揭竿而起,振臂一呼,立刻得到了老百姓的热烈响应,并很快星火燎原,把秦王朝埋葬在农民起义的狂风激浪之中了。从这个历史的反面教训中,我们不难看出《管子》所说的这条基本原则的积极意义。

欲为天下者,必重用其国①;欲为其国者,必重用其民;欲为其民者,必重尽其民力。无以畜之②,则往而不可止也;无以牧之,则处而不可使也。远人至而不去,则有以畜之也;民众而可一,则有以牧之也。见其可也,喜之有徵③;见其不可也,恶之有形④。赏罚信于其所见,虽其所不见,其敢为之乎⑤?见其可也,喜之无徵;见其不可也,恶之无形。赏罚不信于其所见,而求其所不见之为之化,不可得也。厚爱利足以亲之,明智礼足以教之。上身服以先之⑥,审度量以闲之⑦,乡置师以说道之⑧。然后申之以宪令⑨,劝之以庆赏⑩,振之以刑罚⑪,故百姓皆说为善⑫,则暴乱之行无由至矣。

【今译】
　　要想治理好天下,就必须珍惜本国的国力;要想治理好国家,就必须珍惜国内的人民;要想治理好人民,就必须珍惜民力以防耗尽。君主没有办法养活人民,人们就要离开而无法阻拦;君主没有办法管好人民,人们即使留下也无法使用。远方的人来而不走,是因为这里能养活他们;人民众多而又能统一指挥,是因为这里的君主治理有方。见到人们做好事,君主不但感到高兴,而且要有实际奖赏;见到有人做坏事,君主不但感到厌恶,而且要有实际惩罚。奖赏和惩罚在当事人身上都得到了实际的体现,那么其他的人还敢胡作非为吗?如果对人们做好事只是感到高兴而没有实际奖赏,对人们做坏事只是感到厌恶而没有实际惩罚,奖赏和惩罚对于当事人都没有实际兑现,那么要指望其他的人感化就是不可能的事了。给予厚爱和厚利足以使人民亲附,申明知识和礼节足以使人民教化。君主要以身作则来引导人民,审定规章制度来约束人民,设置基层官吏来教导人民,然后再向人民申明法令,用奖赏来加以鼓励,用刑罚来进行震慑,这样老百姓都乐于向善,暴乱的行为也就不会发生了。

【注释】

① 重:珍重,珍惜。　② 畜之:这里是养活百姓的意思。③ 徵:徵验。　④ 形:表现,体现。原文为"刑",据《韩非子·难三》篇引"管子曰"改。下文"恶之无形"与此同。　⑤ 这三句的意思是说,赏罚对于当事人已经得到了具体的体现,那么对于其他人来说,他们还敢胡作非为吗?　⑥ 身服:以身作则。　⑦ 审:明确。度量:这里泛指法规制度。闲:木栅栏,引申为防范、控制。　⑧ 师:乡师,乡的长官。本书《立政》篇说:"分国以为五乡,乡为之师。"　⑨ 申:申明。宪令:法令。　⑩ 劝:鼓励,勉励。　⑪ 振:同"震",震慑。　⑫ 说:通"悦",高兴。

【评析】

在这一段中,《管子》又提出了一个重要的管理原则,那就是"赏罚信于其所见",即奖赏和惩罚必须确实地兑现,并让老百姓们都能亲眼看见。老百姓做了好事,光有口头的称赞是不够的,必须要有实际的奖赏;老百姓做了坏事,光有厌恶的表示也是不够的,必须要有实际的惩罚。老百姓看到当事人得到了实际的奖赏和惩罚,于是大家也就会乐于向善而耻于为恶,就会遵守制度而不敢胡作非为了。

《管子》的这个思想以后成为法家治国的一条重要原则。例如战国中期在秦国变法的商鞅,就是一个善于运用这条原则的典范。商鞅在法令制定好尚未颁布之前,为了取得百姓的信任,特意想了一个办法。他让人在国都的南门口立了一根三丈高的木头,然后发布了一个命令:如果谁能把这根木头移到北门去,就奖赏他十两黄金。开始老百姓搞不清这是怎么回事,所以没有人出来搬那根木头。商鞅见没人来搬,又把赏金加到了五十两黄金。这时有一个人出来,没费太大气力就把木头从南门搬到了北门。商鞅立刻把五十两黄金奖赏给了他。这件事传开以后,秦国的百姓都说商鞅说话是算数的,国家颁布的法令是可以信赖的。在这样的基础上,商鞅才把他制定好的一整套法令制度颁布全国,从而使他的变法改革措施能够在全国顺利地推行开来。后来,商鞅又对破坏变法的秦国太子进行了惩罚,更进一步确保了法令制度的严肃性和权威性,并最终取得了变法的成功和国家的大治。商鞅的这些做法,可以说正是《管子》"赏罚信于其所见"的思想原则的具体体现。

地之生财有时①,民之用力有倦,而人君之欲无穷。以有时与有倦,养无穷之君,而度量不生于其间,则上下相疾也②。是以臣有杀其君、子有杀其父者矣。故取于民有度,用之有止③,国虽小必安;取于民无度,用之不止,国虽大必危。

【今译】

　　土地的生产财富要受时令的限制,百姓的劳力使用会有疲倦的时候,但君主的欲望却是无止境的。以有限的财产和有限的劳力去供养欲望无穷的君主,这其中如果没有合理的尺度,上下之间就会互相怨恨。于是臣杀君、子杀父的情况就会产生了。因此,对人民的索取要有尺度,财力和劳力的使用要有节制,这样国家虽小也能确保安宁;如果对人民的索取超过了一定的尺度,财力和劳力的使用又毫无节制,那么国家即使再大也会有灭亡的危险。

【注释】

①时:时令,季节。 ②疾:怨恨。 ③止:节制。

【评析】

这一段主要是讲取民有度的问题。因为财力和民力都是有限的,所以统治者在使用的时候就一定要有所节制,绝不能穷奢极欲,贪得无厌。否则的话,老百姓不堪负担,就会产生怨恨情绪。长此以往,一旦到了人民无法忍受的时候,人民就会起来斗争,起来造反,国家的统治也就岌岌可危了。前面我们已经讲过,秦王朝之所以灭亡,其中一条重要的原因就是疲民之力,取民无度。可惜秦始皇没有好好地读一读《管子》的这段话,或者读了以后没有好好地照着去做,结果使秦朝落了个二世而亡的短命下场。许多道理,往往是要到付出一定的代价、经历惨痛的教训之后才能明白,这恐怕也是一条令人遗憾而又无可奈何的规律吧。

地之不辟者,非吾地也;民之不牧者,非吾民也。凡牧民者,以其所积者食之①,不可不审也。其积多者其食多,其积寡者其食寡,无积者不食。或有积而不食者,则民离上②;有积多而食寡者,则民不力;有积寡而食多者,则民多诈;有无积而徒食者,则民偷幸③。故离上、不力、多诈、偷幸,举事不成,应敌不用。故曰,察能授官,班禄赐予④,使民之机也⑤。

【今译】

未能开辟的土地,等于不是自己的土地;未能治理的人民,等于不是自己的人民。凡治理百姓者,对于按功绩给予赏禄的问题,不可不谨慎从事。功绩多的就应该赏禄多,功绩少的就应该赏禄少,没有功绩的则不应该给予赏禄。如果有功绩而无赏禄,人们就会与统治者离心离德;功绩多而赏禄少,人们就不再努力工作;功绩少而赏禄多,人们就会弄虚作假;无功绩而得赏禄,人们就会心存侥幸。如果大家都离心离德、工作不力、弄虚作假、贪图侥幸,那么办任何事情就都不会成功,对敌作战时也无人可用了。所以,根据能力的大小授予官职,按照功绩的多少赐予禄赏,这是使用和管理百姓的关键啊。

【注释】
① 积:通"绩",功绩,功劳。食:此处用作动词,指给人以食物,泛指俸禄和赏赐的给予。 ② 离上:指百姓与统治者离心离德。
③ 偷幸:贪图侥幸。 ④ 班:排列等级。 ⑤ 机:关键。

【评析】
这一段主要讨论赏禄颁发的原则和方法。在《管子》看来,颁发赏禄的标准只有一条,那就是看功绩的有无和大小。也就是说,应该做到有功给赏,无功不赏,大功大赏,小功小赏。《管子》列举了四种错误的赏禄颁发的方法:一是有功不赏,其结果将导致百姓离心;二是功大赏小,其结果则是民不尽力;三是功小赏大,其结果将导致弄虚作假;四是无功而赏,其结果则是鼓励人们心存侥幸。以上这四种情况,都是管理者必须彻底杜绝的,否则将必然导致举事不成、应敌失败的下场。《管子》把赏禄颁发的正确与否视为能否使用和管理好百姓的关键问题,可以说正是其长期管理实践的经验总结,即使在今天亦不失为一个正确的认识和重要的原则。在今天的一些管理混乱的企业中,有功不赏、无功偏赏、大功小赏、小功大赏的情况,奖励的原则不是以功绩为标准而是以亲疏为标准的情况,我们难道不是经常可以看到的吗?

野与市争民①,家与府争货②,金与粟争贵③,乡与朝争治④。故野不积草,农事先也;府不积货,藏于民也;市不成肆⑤,家用足也;朝不合众⑥,乡分治也。故野不积草,府不积货,市不成肆,朝不合众,治之至也。

【今译】

　　农田与市场往往争夺劳力,民家与官府往往争夺财货,货币与粮食往往争夺贵贱,地方与朝廷往往争夺治理权。所以,要使田野不积满野草,就必须把农事放在首位;要使官府不积蓄财货,就必须把财富藏于民间;要使市场不过于放任,就必须做到家用自足;要使朝廷不整天聚众议事,就必须做到分权到乡。若能做到田野无杂草,官府无囤积,市场不放任,而朝廷又不用整天聚众议事,这才是治国的最高水平啊。

【注释】

　　① 野:指农田。市:指市场。争民:指争夺劳动力。　② 家:指民家。府:指官府。争货:指争夺财货。　③ 金:指货币。粟:指粮食。争贵:指争夺地位的贵贱。　④ 乡:指地方政权。朝:指中央政权。争治:指争夺治理权。　⑤ 肆:这里是放任过度的意思。　⑥ 合众:这里是聚众议事的意思。

【评析】

这一段首先提出了治理国家的四大矛盾,即:(1) 农田与市场争夺劳力的矛盾;(2) 民家与官府争夺财货的矛盾;(3) 货币与粮食争夺贵贱的矛盾;(4) 地方与朝廷争夺管理权的矛盾。然后提出四条原则来作为解决这四大矛盾的方法,那就是:(1) 重视农业;(2) 藏富于民;(3) 家用自足;(4) 分权到乡。《管子》认为如能做到以上四条,便能达到"治之至也"的理想境界,体现了它对自己从实践中总结出来的管理经验和管理思想的充分自信。

　　人情不二①,故民情可得而御也②。审其所好恶③,则其长短可知也;观其交游④,则其贤不肖可察也。二者不失,则民能可得而官也⑤。

【今译】

　　人的本性都是一样的,因此百姓的性情是可以了解和掌握的。观察他喜欢什么和厌恶什么,就可以知道他的长处和短处;观察他同什么样的人交往,就可以判断他是贤人还是不肖的坏人。把握住这两点,百姓中的能人就能够为我所得而任其为官了。

【注释】

　　① 情:性情,本性。　② 御:驾驭,控制。　③ 审:审视,仔细观察。　④ 交游:指交往的朋友。　⑤ 民能:这里指百姓中的能人。

【评析】

本段主要从把握人性的角度来讨论管理问题。《管子》认为,人的本性都是一样的,因此可以通过了解和掌握人们的性情来识别人才并进行管理。了解性情的方法有二:一是看其本身,看这个人的好恶,即他喜欢什么和厌恶什么,那就可以了解他的优缺点了;二是看其交往的朋友,如果交的都是些狐朋狗友,则此人的本质也可想而知;如果交往的都是君子,那此人多半也是一位贤人。人们常说"物以类聚,人以群分",说的就是这个意思。《管子》从"审其好恶"和"观其交游"这两个方面来了解人情并识别人才,应该说是颇有道理的。

　　地之守在城①,城之守在兵,兵之守在人,人之守在粟。故地不辟则城不固。有身不治,奚待于人? 有人不治,奚待于家? 有家不治,奚待于乡? 有乡不治,奚待于国? 有国不治,奚待于天下? 天下者,国之本也②;国者,乡之本也;乡者,家之本也;家者,人之本也;人者,身之本也;身者,治之本也。故上不好本事③,则末产不禁④;末产不禁,则民缓于时事而轻地利⑤;轻地利而求田野之辟、仓廪之实,不可得也。

【今译】

　　国土的保障在于城池,城池的保障在于军队,军队的保障在于人民,人民的保障在于粮食。因此,土地不开辟,城池也就不能得到巩固。如果身体也不能治理好,又怎能治理好人呢？人不能治理好,又怎能治理好家呢？家不能治理好,又怎能治理好国呢？国不能治理好,又怎能治理好天下呢？天下以国为根本,国以乡为根本,乡以家为根本,家以人为根本,人以身体为根本,身体又以能否吃饱为治理的根本。所以,君主若不重视农业,奢侈品的生产就不能得到禁止。奢侈品的生产得不到禁止,人们就会延误农时农事而轻视土地之利。在轻视土地之利的情况下,要指望田野开辟、仓廪充实,那是办不到的。

【注释】

　　① 守:保卫,保障。　② 之:这里是"是"的意思。此句意谓天下之本是国。下五句的"之"字义与此同。　③ 本事:这里指农业。　④ 末产:这里指奢侈品的生产。　⑤ 时事:指农时和农事。

【评析】

本段也是论述农业生产对于修重权力、治理国家的重要性,与本文的第一段遥相呼应。在《管子》看来,治国的根本在于治人,而治人的根本则在重视农业。这个思想,是《管子》的一个最基本的思想。如在《管子》首篇《牧民》中,一开头就说:"凡有地牧民者,务在四时,守在仓廪。"又说:"仓廪实则知礼节,衣食足则知荣辱。"都把农业生产和粮食问题放在治理国家的首要地位。

　　商贾在朝,则货财上流[①]；妇人言事[②],则赏罚不信；男女无别,则民无廉耻。货财上流,赏罚不信,民无廉耻,而求百姓之安难、兵士之死节,不可得也。朝廷不肃,贵贱不明,长幼不分,度量不审,衣服无等,上下凌节③,而求百姓之尊主政令,不可得也。上好诈谋间欺,臣下赋敛竞得,使民偷壹④,则百姓疾怨,而求下之亲上,不可得也。有地不务本事,君国不能一民⑤,而求宗庙社稷之无危,不可得也。上恃龟筮⑥,好用巫医,则鬼神骤祟。故功之不立,名之不章⑦,为之患者三:有独王者⑧,有贫贱者⑨,有日不足者⑩。

【今译】

　　商人在朝中掌权,财货就通过贿赂而流往上层;妇人干预朝政,赏罚就得不到切实的执行;男女没有礼节的限制,百姓就会不知廉耻。在货财上流、赏罚不信、民无廉耻的情况下,要百姓为国家甘冒危难、兵士为国家献身死节,是办不到的。朝廷不整肃,贵贱不明辨,长幼无区别,度量无审核,服制无等级,上下越礼节,在这样的情况下,要求百姓尊重君主的政令,是办不到的。君主好搞阴谋欺诈,官吏争收苛捐杂税,役使人民只图一时之功,那么百姓就会怨声载道,在这样的情况下,要求人民亲近君主,是办不到的。拥有土地而不注重农业,统治国家而不能统一号令人民,在这样的情况下,要求国家社稷不发生危机,是办不到的。君主行事依靠求神问卜,喜欢任用巫医,那么鬼神就会得到推崇。所以,君主功业不成,名声不显,其原因有三种情况:一种是自以为是、独断专横的君主,一种是国内贫穷、地位卑贱的君主,一种是政务混乱、疲于奔命的君主。

【注释】

　　① 货财上流:指财货通过贿赂流向上层。　② 妇人言事:指后宫嫔妃干预朝政。原文为"妇言人事",据《管子集校》改。　③ 凌节:指超越一定的礼节和规范。　④ 偷壹:指偷取一时之功。　⑤ 君国:统治国家。一民:统一号令人民。　⑥ 龟筮:龟甲和蓍草,均为古代求神问卜之物。　⑦ 章:同"彰",显。　⑧ 独王者:指自以为是、独断专行的君主。　⑨ 贫贱者:指国内贫穷、地位低贱的君主。　⑩

日不足者：指政务繁乱而时间不够、疲于奔命的君主。

【评析】

本段主要论述修重权力、治理国家的一些具体措施，其中特别提出了建立各项礼节制度的重要性。在《管子》看来，商贾在朝、妇人言事、男女无别、朝廷不肃、贵贱不明、长幼不分、度量不审、衣服无等、上下凌节，等等，都是缺乏礼节制度的表现，都会导致法令失效、国家衰弱、社稷危难的严重后果。《管子》的这种重视建立礼制和法度的观点，是春秋战国时期法家思想的重要内容之一。

一年之计，莫如树谷①；十年之计，莫如树木；终身之计，莫如树人。一树一获者，谷也；一树十获者，木也；一树百获者，人也。我苟种之，如神用之，举事如神，唯王之门。

【今译】

作一年的打算，最好是种植粮食；作十年的打算，最好是种植树木；作终身的打算，最好是培育人才。种植粮食，是种一收一；种植树木，是种一收十；培育人才，则是种一收百。如果我们能注重培育人才，并且像神明那样使用人才，那么举事就能收到神效，这是王者之门才能做到的事情。

【注释】

① 树：这里是种植、培育的意思。

【评析】

本段论述培养人才对于治理国家的重要意义。在《管子》看来，培育人才尽管所需要的时间较长，不像种谷子那样一年就可以收获，种树木那样十年就可以收获，它需要百年的时间，经几代人的努力才能够见效，但从长远的利益来看，这样的努力是完全值得的，而且将取得百倍的收获和回报。这种对于人才培育的高度重视，充分体现了中国古代管理思想家的深谋远虑和高瞻远瞩。"十年树木,百年树人",现在已经成为人才培养和人才管理方面的一句著名格言。我们知道,现代管理越来越深刻地认识到人才对于事业成败的重要意义,认识到人才的有无,直接关系到国家的存亡、民族的安危、战争的胜负以及企业的兴衰。这已经成为政治家、军事家、企业家和管理学家们的一个共识了。毛泽东说:"政治路线确定之后,干部就是决定的因素。"邓小平说:"改革经济体制,最重要的,我最关心的是人才。改革科技体制,我最关心的,还是人才。"美国钢铁大王卡耐基说:"你可以将我所有的工厂、设备、市场、资金全夺去,但只要保留我的组织和人员,四年以后,我将仍是一个钢铁大王。"日本"经营之神"松下幸之助说:"松下电器公司必须调整方向,把重点转移到培养人才的方面来。出产品是重要,但是为了出产品需要做些什么呢?这就需要人,并且是有正确思想方法的人。这样,为了出重要产品,首先就要在怎样培养人才的问题上动脑筋。我相信这样做了之后,我们的理想必定实现。"从这些论述中,我们不是可以清楚地看到《管子》这一思想的现实意义了吗?

凡牧民者,使士无邪行,女无淫事。士无邪行,教也;女无淫事,训也。教训成俗而刑罚省,数也①。凡牧民者,欲民之正也。欲民之正,则微邪不可不禁也。微邪者,大邪之所生也。微邪不禁,而求大邪之无伤国,不可得也。凡牧民者,欲民之有礼也。欲民之有礼,则小礼不可不谨也。小礼不谨于国,而求百姓之行大礼,不可得也。凡牧民者,欲民之有义也。欲民之有义,则小义不可不行也。小义不行于国,而求百姓之行大义,不可得也。凡牧民者,欲民之有廉也。欲民之有廉,则小廉不可不修也。小廉不修于国,而求百姓之行大廉,不可得也。凡牧民者,欲民之有耻也。欲民之有耻,则小耻不可不饰也②。小耻不饰于国,而求百姓之行大耻,不可得也。凡牧民者,欲民之谨小礼、行小义、修小廉、饰小耻③、禁微邪,此厉民之道也④。民之谨小礼、行小义、修小廉、饰小耻、禁微邪,治之本也。

【今译】
　　凡治理人民,当使男士没有邪僻行为,女子不做淫乱事情。使男士不行邪僻,要靠教育;使女子不事淫乱,要靠训诲。教训形成风气,刑罚就会减少,这是自然的规律。凡治理人民,都要求人民走正道。要求人民走正道,就不能不禁止小的邪恶。因为小邪恶是大邪恶产生的根源。不禁止小邪恶,而要想没有大邪恶来危害国家,这是办不到的。凡治理人民,都要求人民有礼。要求人民有礼,就不能不重视小礼。小礼得不到重视,而要求百姓能守大礼,这是办不到的。凡治理人民,都要求人民有义。要求人民有义,就不能不实行小义。小义不能实行,而要求百姓能行大义,这是办不到的。凡治理人民,都要求人民有廉。要求人民有廉,就不能不整修小廉。小廉得不到整修,而要求百姓能行大廉,这是办不到的。凡治理人民,都要求人民有耻。要求人民有耻,就不能不整饬小耻。小耻得不到整饬,而要求百姓行大耻,这是办不到的。凡治理人民,当要求人民谨小礼,行小义,修小廉,存小耻,并禁止小的邪恶,这就是教育人民的正确方法。百姓能做到谨小礼,行小义,修小廉,饬小耻,并杜绝小的邪恶,这才是治国的根本所在。

【注释】
　　① 数:天数,这里有自然规律的意思。　② 饰:通"饬",整饬。③ 谨小礼、行小义、修小廉、饰小耻:原文为"修小礼、行小义、饰小廉、谨小耻",据《管子集校》改。下句同此。　④ 厉:通"励",鼓励,劝勉。

【评析】

这一段体现了《管子》重视从小事抓起的管理哲学思想。《管子》把礼、义、廉、耻看作是"国之四维"(见《牧民》篇),看作是维系国家安危的四种大德,但同时又认为,要发扬这四种大德,必须从小事做起,即必须从培养百姓的小礼、小义、小廉、小耻着手。同样地,对于邪恶的事情,也必须从微小处加以禁止和杜绝,所谓防微杜渐,才不至于酿成大祸。这反映了《管子》已具有大小转化、质量互变的辩证思想萌芽。《老子》曾说过:"天下大事必作于细。"又说:"合抱之木,生于毫末;九层之台,起于累土;千里之行,始于足下。"《荀子》也说过:"不积跬步,无以至千里;不积小流,无以成江海。"这都是说的欲成大事必须从小事做起。《韩非子》说过:"千丈之堤以蝼蚁之穴溃,百尺之室以突隙之烟焚。"这则是说的小过失会酿成大灾祸。所以三国时刘备说:"勿以恶小而为之,勿以善小而不为。"以上这些思想,与《管子》的说法都是一脉相通的。

凡牧民者,欲民之可御也。欲民之可御,则法不可不审。法者,将立朝廷者也。将立朝廷者,则爵服不可不贵也①。爵服加于不义,则民贱其爵服;民贱其爵服,则人主不尊;人主不尊,则令不行矣。法者,将用民力者也。将用民力者,则禄赏不可不重也②。禄赏加于无功,则民轻其禄赏;民轻其禄赏,则上无以劝民;上无以劝民,则令不行矣。法者,将用民能者也。将用民能者,则授官不可不审也。授官不审,则民闲其治③;民闲其治,则理不上通;理不上通,则下怨其上;下怨其上,则令不行矣。法者,将用民之死命者也。用民之死命者,则刑罚不可不审。刑罚不审,则有辟就④;有辟就,则杀不辜而赦有罪;杀不辜而赦有罪,则国不免于贼臣矣。故夫爵服贱,禄赏轻,民闲其治,贼臣首难⑤,此谓败国之教也。

【今译】

　　凡治理百姓的,都希望百姓能服从管理。希望百姓服从管理,就不能不对"法"进行仔细的探究。首先,法是用来树立朝廷威信的。要树立朝廷威信,就不能不重视爵位。如果把爵位授予不义的人,百姓就会轻视爵位;百姓轻视爵位,君主就没有威信;君主没有威信,命令就无法推行了。其次,法是用来让百姓出力的。要让百姓出力,就不能不重视禄赏。如果把禄赏授予无功的人,百姓就会轻视禄赏;百姓轻视禄赏,君主就无法激励百姓;君主无法激励百姓,命令就无法推行了。再次,法是用来任用能人的。要任用能人,就不能不慎重地委派官吏。如果委派官吏不慎重,百姓就会脱离各级政府的管理;百姓脱离政府的管理,下情就不能上达;下情不能上达,百姓就会怨恨君主;百姓怨恨君主,命令就无法推行了。最后,法是用来让百姓为国家效死命的。要让百姓为国家效死命,就不能不审慎地使用刑罚。如果刑罚使用不审慎,就会使坏人逍遥而好人蒙冤;坏人逍遥而好人蒙冤,就会出现杀无辜而赦有罪的情况;杀无辜而赦有罪,国家就会落入贼臣之手。所以说,爵位遭到鄙视,禄赏又被看轻,百姓脱离统治,贼臣发动叛乱,这些都是亡国的教训呵。

【注释】

　　① 爵服:爵位。　② 禄赏:俸禄和赏赐。　③ 闲:同"间",间隔,背离。　④ 辟:同"避"。避就:指有罪避刑,无辜就戮。　⑤ 首难:首先发难。

【评析】

　　在这一段中,《管子》对"法"的作用和内容进行了详细的讨论。在《管子》看来,法的作用有四个方面:一是可用来树立朝廷的威信,二是可让百姓出力,三是可用来任用能人,四是可让百姓为国家效死命。法的内容也有四个方面:一是颁发爵位,二是赐予禄赏,三是委派官吏,四是行使刑罚。这些论述,都是春秋战国时期法家学派重视法治的思想体现。《商君书》说:"法令者,民之命也,为治之本也。"这是商鞅对法的作用的充分肯定。《韩非子》说:"法者,宪令著于官府,刑罚必于民心,赏存乎慎法,而罚加乎奸令者也。"这是说,由官府制定并颁布法令,让刑法的惩罚办法使老百姓都清楚明白,对那些谨慎地遵守法令的人给以奖赏,对那些违反和破坏法令的人则严惩不贷。这是韩非对法的内容的高度概括。《管子》在详细讨论法的作用和内容的基础上,明确提出凡治理国家者对于"法"均"不可不审",否则将导致政令无法推行甚至贼臣篡夺国政的严重后果。这些都反映了《管子》学派在政治上重视法治的思想倾向。

四、立　　政

【解题】

　　本篇篇名"立政",即确立政事之意,亦即要讨论有关国家重大政务的确定和设立。《尚书》也有《立政》篇,其中记载了西周时周公与成王关于重大国政的讨论。《管子》此篇的篇名,或许是仿效《尚书》而来。本篇论述了有关国家重大政务的九个方面的问题:一是"三本",即国家在授官用人上的三项根本原则;二是"四固",即在任命四种最重要的官职岗位时必须坚持的标准和要求;三是"五事",即国家要富强起来所必须注重的五项经济要务;四是"首宪",即国家的根本宪令制度以及如何公布和执行这些宪令制度的方法;五是"首事",即国家在办理具体事务之前所发布的有关赏罚的法令;六是"省官",即对国家的五种重要官吏的职责作出规定并进行检查和考核;七是"服制",即对不同阶层的服饰制度作出规定并制定出与此相应的各种礼制;八是"九败",即对九种令国家败亡的言论进行批判和禁止;九是"七观",即提出七个方面的预期目标来作为观察一个国家治理水平高低的标准。以上这九个方面,确实是国家治理所必须确定和设立的重大政事。

　　国之所以治乱者三,杀戮刑罚,不足用也。国之所以安危者四,城郭险阻,不足守也。国之所以富贫者五,轻税租、薄赋敛,不足恃也。治国有三本,而安国有四固,而富国有五事①。五事,五经也②。

君之所审者三③：一曰德不当其位④，二曰功不当其禄，三曰能不当其官。此三本者，治乱之原也。故国有德义未明于朝者，则不可加于尊位；功力未见于国者，则不可授以重禄；临事不信于民者，则不可使任大官。故德厚而位卑者谓之过，德薄而位尊者谓之失。宁过于君子，而毋失于小人。过于君子，其为怨浅；失于小人，其为祸深。是故国有德义未明于朝而处尊位者，则良臣不进；有功力未见于国而有重禄者，则劳臣不劝⑤；有临事不信于民而任大官者，则材臣不用。三本者审，则下不敢求⑥。三本者不审，则邪臣上通，而便辟制威⑦。如此则明塞于上⑧，而治壅于下⑨，正道捐弃⑩，而邪事日长。三本者审，则便辟无威于国，道涂无行禽⑪，疏远无蔽狱⑫，孤寡无隐治⑬。故曰刑省治寡，朝不合众⑭。右三本。

【今译】

国家之所以治理或是混乱，取决于三个因素，光靠杀戮刑罚是不够用的。国家之所以安定或是危险，取决于四个因素，光靠城郭险阻是守不住的。国家之所以贫穷或是富强，取决于五个因素，光靠减轻租税赋敛的方法也是不够的。这就是说，治理国家有"三本"，安定国家有"四固"，而要使国家富强起来则有"五事"。所谓"五事"，也就是五项根本性的措施。

君主需要慎重考察的问题有三个：一是大臣的品德与其地位是否相称；二是大臣的功劳与其俸禄是否相称；三是大臣的能力与其官职是否相称。这三个根本问题，是国家治乱的根源。所以在一个国家里，对那些德义未能显明于朝廷的人，不能授予尊高的爵位；对那些功劳未能显现于全国的人，不能给予优厚的俸禄；对那些主持政事却未能取信于百姓的人，不能任用他做大官。所以，我们把德义深厚而授爵低微,叫作"过";把德义浅薄而授爵过高,叫作"失"。宁可有过于君子,而不可有失于小人。因为,有过于君子,带来的怨恨浅;有失于小人,带来的祸乱深。因此,在一个国家里,如果德行未能显明于朝廷的人身居高位,那么贤良的臣子就得不到晋升;如果功劳未能显现于全国的人享有重禄,那么勤劳的臣子就得不到鼓励;如果主持政事却未能取信于百姓的人做了大官,那么有才能的臣子就得不到重用。只有把这三个根本问题加以审慎地考察,做臣子的才不敢无德无功而妄求官禄。如果对这三个根本问题不加以注意,那么奸臣就会得到提升和通达,君主身边的宠幸之人就会假威而专权。这样一来,君主耳目闭塞而不能明察下情,政策法令得不到贯彻执行,正道被废除和舍弃,邪恶之事就一天天地多起来了。如果能处理好这三个根本问题,那么君主身边的宠幸之人就不能假威而专权,道路上就看不到被押运的犯人,即使是地疏路远的百姓也不会蒙受冤屈,孤苦无亲的人也就不会有隐藏于胸中而得不到申诉的冤情了。这就叫作刑罚减少而政务精简,朝廷也就不用整天召集群臣来议事了。以上是为"三本"。

【注释】

① 这里所说的"三本""四固""五事",下文均有详细的论述。② 经:这里指根本性的措施。 ③ 审:审察,细究。 ④ 当:相称。 ⑤ 劝:鼓励。此句意为有功劳的大臣得不到鼓励。 ⑥ 求:这里指无功德而妄求官禄。 ⑦ 便辟:同"便嬖",君主左右受宠的近臣。 ⑧ 明塞于上:指君主不能明察事物。 ⑨ 壅:堵塞,不通。治壅于下:指政策法令不能贯彻下去。 ⑩ 捐弃:废除,舍弃。 ⑪ 涂:同"途",道路。禽:同"擒",指被捕押的犯人。 ⑫ 蔽狱:受蒙蔽之冤狱。 ⑬ 治:这里指讼事,讼辞。孤寡无隐治:意为孤寡之人没有隐藏于胸中而得不到申诉的讼事。 ⑭ 朝不合众:指朝廷政务清静而不用整天集合群臣议事。

【评析】

《管子》在这一段中论述了关于用人方面的三个根本问题,那就是当君主在任用官吏时,必须特别注意:(1) 被任用者的德行与其爵位是否相称;(2) 被任用者的功劳与其赏禄是否相称;(3) 被任用者的才能与其官职是否相称。也就是说,君主必须根据臣下在德行、功劳和才能这三方面的实际表现,来授予相应的爵位、赏禄和官职。《管子》把这三条原则称为"三本",认为能否把握这三条原则,是一个国家能否治理得好的关键。这三条做得不好,则贤臣不能任用,法令不能贯彻,国家就要陷入混乱之中;这三条做好了,就可以达到政务清静、刑罚减省、无为而治的境地了。

《管子》的这三条用人原则,从现代管理学的角度看,实际上就是一种要根据实绩来任用干部的人才管理思想。美国管理学家德鲁克说:"只有经得起绩效考验的人,才是可以提升的。这应该是一条用人的铁则。"(《有效的管理者》)日本管理学家占部都美说:"如果把实际工作的贡献大小作为选拔干部的标准,并且当成一项制度固定下来,那么公司职工们相互嫉妒的心理便会消失,代之以光明磊落地进行合理竞争的精神状态。"(《怎样当企业领导》)《管子》的"三本"思想所表达的正是这样一种用人原则,其现代意义于此可见。

　　君之所慎者四:一曰大德不至仁①,不可以授国柄②;二曰见贤不能让,不可与尊位;三曰罚避亲贵,不可使主兵;四曰不好本事③,不务地利,而轻赋敛④,不可与都邑⑤。此四务者,安危之本也。故曰卿相不得众,国之危也;大臣不和同,国之危也;兵主不足畏,国之危也;民不怀其产⑥,国之危也。故大德至仁,则操国得众;见贤能让,则大臣和同;罚不避亲贵,则威行于邻敌;好本事,务地利,重赋敛⑦,则民怀其产。右四固。

【今译】

　　君主要谨慎处理的事务有四项：一是对于那些虽有大德但尚未达到仁的境界的人，不可以授予国家大权；二是对于那些妒贤嫉能、见贤不让的人，不可以授予尊高爵位；三是对于那些赏罚不公、行使刑罚时包庇亲属和贵戚的人，不可以让他统帅军队；四是对于那些不重视农事、不注重地利而又轻率地征收赋税的人，不可以委以地方行政长官。这四项事务，是国家安危的根本。所以说，卿相得不到众人拥护，国家就危险了；大臣不能和睦同心，国家就危险了；军队统帅不足以令人畏服，国家就危险了；百姓不怀恋自己的家园田产，国家就危险了。因此，只有道德高尚且真正能达到仁的境界的人，才能主持国家大事而取得众人拥护；只有授予高位给爱才让贤的人，大臣们才能和睦同心；只有让行使刑罚不避亲贵的人统帅军队，才能够威震邻敌之国；只有让那些重视农业、注重地利、不轻易征收赋税的人担任地方行政长官，才能使百姓怀恋自己的家园田产。以上是为"四固"。

【注释】

　　① 大德不至仁：指虽有大德但尚未达到仁的境界。孔子以仁为人生追求的最高道德境界，它体现多方面的伦理道德原则，是各种善的品德的概括。此句的表述显然与儒家思想较为接近。　② 授国柄：指授予处理国家大事的全部权力，亦即委以下文所说的卿相的职权。　③ 本事：这里指农事。　④ 轻：轻率，轻易。轻赋敛：指轻率地动辄征收赋税。　⑤ 都邑：地方行政中心。与都邑：授予治理地方行政事务的权力。　⑥ 怀：关怀，怀恋。怀其产：怀恋自己的家园田产。　⑦ 重赋敛：与前文"轻赋敛"义正相反，指重惜民力，不轻易征收赋税。

【评析】

　　本段论述了君主在用人方面特别需要注重的四种人才及其基本标准和条件。第一种是主持国家大事的卿相，其标准是要求道德高尚且达到仁的境界。因为这是管理国家的最高级人才，权重一国，非同小可，所以一般的道德高尚还不足以胜任，一定要达到最高的仁的境界才能够服众。第二种是在朝廷中地位尊高的大臣，其标准是要求能够尊贤爱才，见贤而让。因为大臣们若不能尊贤爱才，见贤而让，反而妒贤嫉能，排斥异己的话，那么朝廷上就会勾心斗角，互相诽谤，大家也就无法和睦相处，同心协力了。第三种是统帅军队的将才，其标准是要求能赏罚公正，执法必严，法不阿亲，法不阿贵。因为若不能执法公正，不避亲贵，则将帅就无法树立威信，严肃纪律，号令全军，威震敌国。第四种是管理地方行政事务的长官，其标准是要求重视农业，注重地利，重惜民力，不轻易征收赋税。因为只有这样，百姓们才能安居乐业，怀恋家园，才能视国如家，自觉地遵守国家法令。《管子》把这四种人才的选择和任用称为"四固"，认为"安国有四固"，即把它们视为安定国家和巩固统治的四项最基本的事务，这充分体现了其重视人才以及对不同岗位建立不同标准的人事管理思想。

君之所务者五：一曰山泽不救于火①，草木不殖成，国之贫也；二曰沟渎不遂于隘②，障水不安其藏③，国之贫也；三曰桑麻不殖于野，五谷不宜其地，国之贫也；四曰六畜不育于家，瓜瓠荤菜百果不备具④，国之贫也；五曰工事竞于刻镂⑤，女事繁于文章⑥，国之贫也。故曰山泽救于火，草木殖成，国之富也；沟渎遂于隘，障水安其藏，国之富也；桑麻殖于野，五谷宜其地，国之富也；六畜育于家，瓜瓠荤菜百果备具，国之富也；工事无刻镂，女事无文章，国之富也。右五事。

【今译】
　　君主必须注意解决的事务有五项：一是山泽不能防救火灾，草木不能种植生长，国家就会贫穷；二是沟渠不能通畅，蓄水泛出堤坝，国家就会贫穷;三是桑麻不能在田野里繁殖,五谷不能因地制宜而种植,国家就会贫穷;四是农家不饲养牲口六畜,蔬菜瓜果也不齐备,国家就会贫穷;五是工匠热衷于刻木镂金等奢侈品的生产,女工也追求纹饰花样的繁多艳丽,国家就会贫穷。所以说,山泽能防救火灾,草木能繁殖茂盛,国家就会富足;沟渠到处畅通,蓄水不致泛滥,国家就会富足;桑麻能繁盛于田野,五谷的种植能因地制宜,国家就会富足;牲口六畜能饲养于农家,蔬菜瓜果也样样具备,国家就会富足;工匠不热衷于刻木镂金等奢侈品的生产,女工也不追求纹饰花样的繁多艳丽,国家就会富足。以上是为"五事"。

【注释】

① 救:这里是防救、防止的意思。 ② 遂:通畅。陘:这里指沟渠的狭窄和险要之处。 ③ 障:土障,堤坝。藏:蓄藏。 ④ 瓠(hù):葫芦一类的瓜果。荤:葱蒜一类的蔬菜。 ⑤ 刻镂:古时雕木称刻,雕金称镂,这里指工艺奢侈品的生产。 ⑥ 女事:古代劳动妇女的工作,如纺织、刺绣等。文章:纹饰花样,这里也是指工艺奢侈品的生产。

【评析】

《管子》在这一段中所说的"五事",涉及山林、水利、农业、畜牧业和手工业五个方面,其要义还是在于强调农事(相当于我们今天所说的包括农林牧副在内的大农业概念)的重要性。第五事虽然是讲的手工业,但主旨却在反对奢侈品的生产,其目的也是为了保证农业生产的正常进行。正如《淮南子·齐俗训》所谓"夫雕琢刻镂,伤农事者也"。在《管子》看来,有关农业的这五件大事处理好了,国家就富足强盛;处理得不好,就会导致火灾毁林、洪水泛滥、五谷不殖、六畜不养的严重后果,国家也就贫穷卑弱了。正因为这"五事"直接关系到国家的贫富,所以作者在本篇的第一段中就说:"五事,五经也。"把"五事"称为五条根本性的措施。

分国以为五乡,乡为之师。分乡以为五州,州为之长。分州以为十里,里为之尉。分里以为十游,游为之宗。十家为什,五家为伍,什伍皆有长焉。筑障塞匿①,一道路,抟出入②。审闾闬③,慎管键④,管藏于里尉。置闾有司⑤,以时开闭。闾有司观出入者,以复于里尉⑥。凡出入不时,衣服不中,圈属群徒不顺于常者⑦,闾有司见之,复无时⑧。若在长家子弟、臣妾、属役、宾客⑨,则里尉以谯于游宗⑩,游宗以谯于什伍,什伍以谯于长家。谯敬而勿复⑪。一再则宥⑫,三则不赦。凡孝悌、忠信、贤良、俊材,若在长家子弟、臣妾、属役、宾客,则什伍以复于游宗,游宗以复于里尉,里尉以复于州长,州长以计于乡师⑬,乡师以著于士师⑭。凡过党⑮,其在家属,及于长家;其在长家,及于什伍之长;其在什伍之长,及于游宗;其在游宗,及于里尉;其在里尉,及于州长;其在州长,及于乡师;其在乡师,及于士师。三月一复,六月一计,十二月一著。凡上贤不过等,使能不兼官,罚有罪不独及,赏有功不专与。

孟春之朝⑯,君自听朝,论爵赏校官⑰,终五日。季冬之夕⑱,君自听朝,论罚罪刑杀,亦终五日。正月之朝⑲,百吏在朝,君乃出令,布宪于国⑳。五乡之师,五属大夫㉑,皆受宪于太史㉒。大朝之日,五乡之师,五属大夫,皆身习宪于君前。太史既布宪,入籍于太府㉓,宪籍分于君前。五乡之师出朝,遂于乡官㉔,致于乡属㉕,及于游宗,皆受宪。宪既布,乃反致令焉㉖,然后敢就舍。宪未布,令未致,不敢就舍;就舍谓之留令,罪死不赦。五属大夫,皆以行车朝㉗,出朝不敢就舍,遂行。至都之日㉘,遂于庙,致属吏,皆受宪。

宪既布,乃发使者致令,以布宪之日,早宴之时。宪既布,使者以发,然后敢就舍。宪未布,使者未发,不敢就舍;就舍谓之留令,罪死不赦。宪既布,有不行宪者,谓之不从令,罪死不赦。考宪而有不合于太府之籍者,侈曰专制㉙,不足曰亏令,罪死不赦。首宪既布㉚,然后可以行宪㉛。右首宪。

【今译】

把国家的都城地区分为五个乡,乡设乡师。把乡分为五个州,州设州长。把州分成十个里,里设里尉。把里分成十个游,游设游宗。十家为一什,五家为一伍,什和伍都设什长和伍长。要修筑围墙以阻塞和防止邪恶之事发生,只定一条进出的道路,只设一个进出的门户。要细心看管里门,注意关锁,钥匙由里尉掌管。设置闾有司的职位,负责按时开闭里门。闾有司要负责观察出入的人们,向里尉报告情况。凡是进出不遵守时间,穿戴不合时宜,城内百姓中有异常行迹的,闾有司发现后,要随时上报。如果问题出在本里家长的子弟、臣妾、仆役和宾客身上,那么里尉要训诫游宗,游宗要训诫什长和伍长,什长和伍长要训诫家长。训诫和警告以后则不必上报。初犯和再犯者可以宽恕,第三次则不能赦免。凡发现孝悌、忠信、贤良和优秀人才,如是本里家长的子弟、臣妾、仆役和宾客,那么就要由什长和伍长上报游宗,游宗上报里尉,里尉上报州长,州长再汇总上报给乡师,最后由乡师著录上报给士师。凡处罚犯罪的党徒,问题出在家属的,要连带治罪家长;问题出在家长的,要连带治罪什长和伍长;问题出在什长和伍长的,要连带治罪游宗;问题出在游宗的,要连带治罪里尉;问题出在里尉的,要连带治罪州长;问题出在州长的,要连带治罪乡师;问题出在乡师的,要连带治罪士师。每年要三个月上报一次,六个月汇总一次,十二个月著录一次。凡推举贤才都不能越级,使用能臣都不能兼职。惩罚有罪的人,不仅仅惩罚犯罪者自身;赏赐有功的人,也不仅仅赏赐立功者本人。

　　在春季第一个月的开始,国君要亲自临朝听政,评定爵赏和官职,一共用五天的时间。在冬季的最后一个月末尾,国君也要临朝听政,议定罚罪和刑杀,也用五天的时间。正月初一那天,百官上朝,国君发布命令,向全国公布宪令。都城内五乡的乡师和都城外五属的大夫都在太史那里领受宪令典籍。在百官上朝那天,五乡的乡师和五属的大夫都要在国君面前学习宪令。太史发布宪令以后,将宪令底册存入太府,将宪令典籍分发下去。五乡的乡师出了朝之后,要即刻到乡师的办事之处,将宪令传布于本乡所属官吏,一直到游宗,都要来领受宪令。宪令传布以后,要及时返回报告,然后才能回到住所。宪令没有传布,情况没有回报,不能到住所休息。否则叫作"留令",那是死罪而不能赦免的。五属大夫都是乘车上朝的,散朝后也不能回到住所休息,要立即出发。到达都邑的当天,就要在祖庙传布宪令,所属官吏都要来领受宪令。宪令传布以后,要派遣使者及时回报朝廷。派遣使者要在传布宪令的当天早宴的时候。宪令传布了,使者派出了,然后才敢到住所休息。宪令尚未传布,使者尚未派出,不能到住所休息。否则也叫"留令",也是死罪而不能赦免的。宪令公布后,有不执行宪令的,叫作"不从令",是死罪而不能赦免的。考核检查各地传布的宪令,其内容如有与太府所存底册不相符的,其内容多了叫作"专制",内容少了叫作"亏令",也是不能赦免的死罪。这个首要的宪令公布以后,各地就可以执行了。以上是为"首宪"。

【注释】

　　① 匿:同"慝",邪恶之事。《逸周书·大戒》:"克禁淫谋,众匿乃雍。"(雍,通"壅",阻塞。)筑障塞匿:意为修筑围墙以阻塞和防范邪恶之事。　② 抟:同"专",专一。原文为"博",据《管子集校》改。　③ 闬(hàn):里门。　④ 管:开门的钥匙。键:关门的插销。　⑤ 闾有司:看守里门的小官。　⑥ 复:回告,报告。　⑦ 圈属群徒:泛指国内百姓。本书《幼官》篇云:"强国为圈,弱国为属。"　⑧ 无时:没有固

定时间,即随时的意思。 ⑨ 长家:为长之家。 ⑩ 谯(qiào):同"诮",责备,训斥。 ⑪ 敬:同"儆",警告。 ⑫ 宥:宽恕,赦罪。 ⑬ 计:总计,汇总。 ⑭ 著:这里是著录上报的意思。士师:执掌刑狱之官。 ⑮ 过党:犯罪的党徒。 ⑯ 孟春:春季的第一个月。 ⑰ 校:军队中的官职。 ⑱ 季冬:冬季的最后一个月。 ⑲ 朔:朔日,每月的第一日。 ⑳ 宪:宪法,宪令。 ㉑ 五属:都城以外的地区分为五属。 ㉒ 太史:古代官职,负责掌管典籍,记录史事,颁布历法。《周官》:"太史掌建邦之六典,正岁年以序事,颁告朔于邦国。" ㉓ 太府:太史办事机构。 ㉔ 遂:这里是即刻而不停顿的意思。乡官:同"乡馆",即乡师办事之处。 ㉕ 乡属:本乡所属官吏。 ㉖ 反:同"返",返回。致令:向朝廷回报传布宪令的情况。 ㉗ 以行车朝:乘车上朝。 ㉘ 都:都邑,城镇。 ㉙ 侈:多余,过分。 ㉚ 首宪:首要的宪令制度。 ㉛ 行:原文为"布",据《管子集校》改。

【评析】

《管子》把治理国家的一些根本的法令制度称为"首宪",其内容包括了行政组织、社区管理、人才举荐以及赏罚、报告、连坐等一系列重大的行政管理制度。这些制度不仅在当时齐国的统治管理上起到了重要的作用,而且在整个中国两千多年的封建社会中得到了长期的沿用。同时,《管子》又详细规定了国家如何向全国公布这些法令制度的具体办法,要求国君亲自发令,臣下即刻传布,不得延误,不得走样,务必使各级官吏清楚明白,坚决执行,否则罪死不赦,这又充分体现了《管子》对这些法令制度的极端重视。

　　凡将举事,令必先出。曰事将为,其赏罚之数①,必先明之。立事者谨守令以行赏罚,计事致令②,复赏罚之所加。有不合于令之所谓者,虽有功利③,则谓之专制,罪死不赦。首事既布④,然后可以举事。右首事。

【今译】

　　凡将要举办一件事情,一定要先公布法令。这就是说,在将要办事之前,一定要把赏罚的办法和政策明令公布。负责办事的人要严守法令以施行赏罚,在谋划和检查所办之事并向朝廷报告的时候,必须同时报告执行赏罚的情况。如有不符合法令精神的,哪怕有功效和利益,那也叫"专制",也是死罪而不能赦免的。这个举事之前关于赏罚的法令发布以后,事情才可以正式举办。以上是为"首事"。

【注释】

　　① 数:通"术",方法,政策。　② 计事致令:谋划和检查所举之事并向朝廷报告。　③ 功利:功效,利益。　④ 首事:举事之前所发布的法令,亦即赏罚的办法和政策。

【评析】

《管子》把举事之前发布关于赏罚的法令称为"首事",意即首位重要之事,体现了其重法令、重赏罚的法家管理思想。它在《任法》篇中曾说:"遵主令而行之,虽有伤败,无罚;非主令而行之,虽有功利,罪死。"在本段中也强调:"有不合于令之所谓者,虽有功利,则谓之专制,罪死不赦。"这些都反映了它把法令放在第一重要地位,坚持有法必依、执法必严的思想特点。这种有法必依、执法必严的思想对于今天的行政管理和企业管理来说,也是必不可少的;但过于强调集中和专制,又不利于充分发挥组织中个人的积极性和创造性,这也是需要加以注意和防止的。

　　修火宪,敬山泽林薮积草①,天财之所出②,以时禁发焉,使足于宫室之用③,薪蒸之所积④,虞师之事也⑤。决水潦,通沟渎,修障防,安水藏,使时水虽过度,无害于五谷,岁虽凶旱,有所秎获⑥,司空之事也⑦。相高下,视肥硗⑧,

观地宜,明诏期⑨,前后农夫,以时钧修焉⑩,使五谷桑麻皆安其处,申田之事也⑪。行乡里,视宫室,观树艺,简六畜⑫,以时钧修焉,劝勉百姓,使力作毋偷,怀乐家室,重去乡里⑬,乡师之事也。论百工,审时事,辨功苦⑭,上完利⑮,监壹五乡,以时钧修焉,使刻镂文采⑯,毋敢造于乡,工师之事也⑰。右省官⑱。

【今译】

制定防火的法令,敬养山林、沼泽和草木,根据不同的时节对自然资源进行封禁或开发,从而使建筑材料和柴草燃料有足够的贮备,这是虞师的职责。排泄积水,疏通沟渠,修整堤坝,保证蓄水安全,从而使雨水过多也无害于粮食生产,年岁干旱也能够有所收成,这是司空的职责。察看地势的高下和土质的肥瘦,观测土地宜于何种作物的生长,确定朝廷下诏安排农事的日期,根据时令对农田生产的先后作全面的统筹,从而使五谷桑麻等各种农作物的种植都能够各得其所,这是申田的职责。巡行乡里,视察宫室,观看并检查树木园艺及牲畜饲养的状况,根据时令作合理的安排,鼓励百姓努力耕作而不偷懒,怀恋家园而不轻易离开家乡,这是乡师的职责。考核各种工匠,审定时令工事,分辨产品优劣,提倡质量完好,对五乡的工事进行统一的管理和合理的安排,从而使那些刻金镂玉、文饰彩织等奢侈品的生产不敢在各乡进行,这是工师的职责。以上是为"省官"。

【注释】

① 敬:这里是敬养的意思。《荀子·王制》说:"修火宪,养山林薮泽草木鱼鳖百索,以时禁发。"义与此同。薮:水少草多的沼泽之地。
② 天财:这里指自然资源。天,原文为"夫",据《管子集校》改。
③ 足:原文为"民",据《管子集校》改。　④ 蒸:细柴。薪蒸:统指柴薪。　⑤ 虞师:主管山林湖泽的官员。　⑥ 妢(fèn)获:收割,收获。
⑦ 司空:主管水利及建筑工程的官员。　⑧ 硗(qiāo):土地坚硬而瘠

薄。 ⑨ 明诏期:确定朝廷下诏安排农事的日期。 ⑩ 钧:同"均"。以时钧修:根据不同的时节来进行合理的安排。 ⑪ 申:原文为"由",据《管子集校》改。申田:司田,主管农业的官员。 ⑫ 简:检查。 ⑬ 重去乡里:指不轻易离开乡里。 ⑭ 功:指器物精好。苦:指器物滥恶。 ⑮ 上:同"尚",提倡。完利:完美利好。 ⑯ 刻镂文采:指刻金镂玉和文饰彩织等奢侈品的生产。 ⑰ 工师:主管工匠技艺的官员。 ⑱ 省:察看,检查。

【评析】

这一段"省官",相当于现代的一个"干部考核表"或"岗位职责表"。所谓"省",就是检查、考核的意思。要对所属的官员进行检查和考核,首先就必须明确各类官员的职责。所以《管子》在这里对"虞师""司空""申田""乡师"和"工师"这五种官吏的职责作了详细的规定,其内容涉及资源保护、水利工程、农业生产、地方行政和工艺技术这些有关国家行政管理的五个最基本的和重要的方面。有意思的是,《管子》把资源和环境保护放在这五种基本的行政管理的首位,强调要敬养山林、沼泽和草木,要有节制地开发和利用自然资源,这可以说是中国早期的环保意识,对于我们今天推行走可持续发展道路的国策也具有值得借鉴的意义。

度爵而制服,量禄而用财。饮食有量,衣服有制,宫室有度,六畜人徒有数,舟车陈器有禁。生则有轩冕、服位、谷禄、田宅之分①,死则有棺椁、绞衾、圹垄之度②。虽有贤身贵体,毋其爵不敢服其服;虽有富家多资,毋其禄不敢用其财。天子服文有章③,而夫人不敢以燕以飨庙④。将军大夫以朝⑤,官吏以命⑥,士止于带缘⑦。散民不敢服杂采,百工商贾不得服长鬈貂⑧。刑余戮民不敢服丝⑨,不敢畜连乘车⑩。右服制。

【今译】

　　按照爵位的高低来制作衣服,根据俸禄的多少来使用财物。饮食有一定的标准,衣服有一定的制度,宫室有一定的限度,牲口和奴仆有一定的数量,车船和陈设也都有一定的限制。活着的时候,在乘车、戴帽、制服的等级以及俸禄和田宅等方面均有一定的区别;死了以后,在棺木、衣被和坟墓等方面也有一定的限度。即使身份高贵,不到那个爵位也不敢穿那样的衣服;即使家富钱多,没有那些俸禄也不敢做那样的花费。天子衣服的纹饰有一定的章法,而夫人也不能穿着闲居时的常服去祭祀宗庙。将军大夫要穿朝服,各级官吏要穿命服,而士只能在衣服的带子和边缘上配有纹饰。平民不能穿五彩的衣服,工匠和商人不能穿带有长卷毛的貂皮衣服。受过刑的人不能穿丝料衣服,其家中不能蓄车,出门也不能坐车。以上是为"服制"。

【注释】

① 此句的开头原有一"修"字,据《管子集校》删。轩:古代一种前顶较高而有帷幕的车子,供大夫以上乘坐。冕:古代帝王、诸侯及卿大夫所戴的礼帽。服位:衣服的等级。　② 绞衾(qīn):殓尸的衣被。圹(kuàng)垄:坟墓。　③ 服文:穿着带有纹饰的衣服。　④ 燕:燕居,闲居,这里指平时闲居时所穿的衣服。飨(xiǎng):祭献,祭祀。⑤ 朝:这里指大夫上朝时所穿的衣服。　⑥ 命:命服,指朝廷命官按等级规定应穿的衣服。　⑦ 缘:衣服的镶边。　⑧ 鬈:卷曲。⑨ 丝:原文为"绋",据《管子集校》改。　⑩ 畜:同"蓄"。连:同"辇",古代卿大夫以上乘坐的车子。

【评析】

服装的穿着要体现一定的等级制度,这在中国古代有着严格的规定。什么等级的人该穿什么样的衣服,既不能混淆,更不能僭越,这就叫"服制"。再配以饮食、宫室、牲口、奴仆、舟车、俸禄、田产以至棺椁、坟墓等各方面的规定,就形成了整个社会的所谓"礼制"。这种"礼制"

明显地体现了人与人之间的不平等,但它对于巩固中央集权的国家统治而言,却有其存在的理由。正因为如此,它在中国历史上才得以延续了两千年之久。《管子》的这一段"服制"对后世影响极大,如汉代董仲舒所著《春秋繁露·服制》篇,其文字几乎全录于此。

寝兵之说胜①,则险阻不守。兼爱之说胜②,则士卒不战。全生之说胜③,则廉耻不立。私议自贵之说胜④,则上令不行。群徒比周之说胜⑤,则贤不肖不分。金玉货财之说胜,则爵服下流。观乐玩好之说胜,则奸民在上位。请谒任举之说胜⑥,则绳墨不正⑦。谄谀饰过之说胜,则巧佞者用。右九败⑧。

【今译】

　　废止战争的言论得胜,城防关隘就不能固守。泛爱天下的言论得胜,将士兵卒就不愿作战。保全生命的言论得胜,廉耻之风就不能建立。私议自高的言论得胜,君主的政令就无法推行。结党营私的言论得胜,贤人和恶人就无法分清。喜好金玉货财的言论得胜,爵位官职就滥流于下。热衷观乐玩好的言论得胜,奸邪之辈就攀援而上。请托保举的言论得胜,用人标准就不会正确。阿谀奉承、文过饰非的言论得胜,巧语奸佞之人就要出来干政了。以上是为"九败"。

【注释】

　　① 寝:罢息,停止。寝兵之说:指战国时以宋钘为代表的一派反对战争、主张罢息战事的学说。《庄子·天下》篇谓宋钘"以禁攻寝兵为外,以情欲寡浅为内"。　② 兼:全部,整体。兼爱之说:指战国时墨家学派主张泛爱天下的学说。《墨子·兼爱中》说:"凡天下祸篡怨恨,其所以起者,以不相爱生也。是以仁者非之。既以非之,何以易之?子墨子言曰:以兼相爱、交相利之法易之。"　③ 全生之说:指战国时

杨朱一派主张保全生命、贵己为我的学说。《列子·杨朱》篇载杨朱语："古之人,损一毫利天下,不与也;悉天下奉一身,不取也。人人不损一毫,人人不利天下,天下治矣。" ④ 私议自贵:指私下议论并以此自高。 ⑤ 群徒比周:指互相勾结,植党营私。《荀子·臣道》："朋党比周,以环主图私为务。" ⑥ 请谒任举:指用请托保举的手段来谋取官职。 ⑦ 绳墨:木工用来确定平直的工具,这里指用人的标准。 ⑧ 九败:这里指九种令国家败亡的言论。

【评析】

本段是《管子》对九种在它看来是错误的言论所进行的批评。这九种言论,包括了宋钘、墨子、杨朱等战国时各个学派的思想和主张,因此也可以说,这一段论述表达了《管子》对当时百家争鸣中各家学说的一个总的批判性的态度和立场。也许是《管子》学派觉得这一段所要表达的思想还需要作进一步的强调,因此在《管子》一书中另外又有一篇《立政九败解》,专门对这一段文字作了详细的解释。其中对寝兵之说、兼爱之说、全生之说、私议自贵之说、群徒比周之说、金玉货财之说、观乐玩好之说、请谒任举之说、谄谀饰过之说这九种言论所必然造成的后果,都作了详细的分析和解剖,从而说明了为什么要彻底摒弃的理由。当然,《管子》的观点都是站在巩固统治、富国强兵并进而称霸天下的立场上来论述的。从这个立场上看,它对这九种言论的批判无疑都是极有道理的。但从思想文化发展的总体上看,这九种言论中的有些思想,比如宋钘的寝兵思想、墨子的兼爱思想、杨朱的全生思想等,也不是一无是处的,其中也有许多值得玩味、值得肯定的内容,不可一概而论,全盘否定。

期而致①,使而往,百姓舍己,以上为心者,教之所期也②。始于不可见,终于不可及,一人服之,万人从之,训之所期也。未之令而为,未之使而往,上不加勉,而民自尽竭,俗之所期也。好恶形于心,百姓化于下,罚未行而民畏恐,赏未加而民劝勉,诚信之所期也。为而无害,成而不议,得而莫之能争,天道之所期也。为之而成,求之而得,上之所欲,小大必举,事之所期也。令则行,禁则止,宪之所及,俗之所被③,如百体之从心,政之所期也。右七观④。

【今译】
　　约定了就一定会来,派出了就一定会去,百姓舍弃自己的利益而甘心为君主着想,这是教化所期望的结果。开始时毫无迹象,到最后无人能及,一人行事,万人相从,这是训导所期望的结果。不加命令就主动办事,不加派遣就主动前往,不用上面勉励而人民自己尽心竭力,这是树立风俗所期望的结果。君主的好恶才在心里形成,百姓就已经化为行动;刑罚还未实施而人民就已恐惧,奖赏还未兑现而人民就已努力,这是讲求诚信所期望的结果。做事没有恶果,成事也不议论,所得到的成果没有人能够与之争夺,这是奉行天道所期望的结果。行事即成,有求必得,君主想得到的,大小事情都能实现,这是办事所期望的结果。有令就能推行,有禁就能制止,凡是法令和习俗所能影响到的地方,就好像身体四肢服从思想意志一样,这是为政所期望的结果。以上是为"七观"。

【注释】
　　① 期:约定,约会。　② 期:这里是期望、预期的意思。　③ 被:波及,覆盖。　④ 观:这里指通过观察结果来判断一个国家的治理水平。一说"观"当为"期"。

【评析】
　　《管子》在本篇的最后一段,提出了七个方面的预期目标,来作为衡量一个国家管理水平高低的标准。也就是说,通过教化、训导、树立风俗、讲求诚信、奉行天道、办事及为政这七个方面的努力,最终必须达到这里所说的七个标准，如此才算是真正的治国有方，治国有道。这可以说是中国古代最早的"目标管理法"了。同时我们也可以看到，这七个方面的目标和标准其实都是定得很高的，它需要国家的管理者去做长期而不懈的努力和追求。从这里面，我们是否还可以体会到《管子》学派"追求卓越"的理想主义精神呢？

五、乘　　马

【解题】

本文篇名"乘马","乘"是计算的意思,《周礼·天官·宰夫》:"乘其财用之出入",即今算法之称谓。"马"指计算时用的筹码。"乘马"连文,即计算筹划之意。本篇以"乘马"为题,用以说明计算筹划国家的一些重大的经济、政治问题。另有一说认为:"乘马"一词的本义是军赋单位,古代兵农合一,行政编制与军事编制结为一体,要确定一个诸侯国能负担多少,就要把握以军赋为标准的一整套体系,故以"乘马"为标题。

本篇分为立国、大数、阴阳、爵位、务市事、士农工商、圣人、失时、地里九节。"立国"从选择地势出发谈营建都城问题;"大数"即大计、大局,概述帝业、王业、霸业的为政方针和君道、臣道的重要原则;"阴阳"主张整顿土地制度,以强化治国的根本;"爵位"论述朝廷爵列尊卑的筹划及其重大意义;"务市事"强调要重视国内市场;"士农工商"讨论金价贵贱、军务规模和确定地赋问题;"圣人"主张要"托业于民",不要与民争利;"失时"论述时的重要性,强调要不失时机;"地里"计算土地等级及负担能力。总之,本篇提出了一个比较系统的治理国家的经济纲领。

凡立国都①,非于大山之下,必于广川之上。高毋近旱而水用足,下毋近水而沟防省②。因天材③,就地利,故城郭不必中规矩,道路不必中准绳。右立国。

【今译】

　　凡是营建都城,即使不建在大山之畔,也必须建在开阔的平原上。建在高处的不能靠近干旱地区,以保证水源充足;建在低处的不要靠近水潦,以免修筑沟堤之劳。总之,要凭借天然资源,依据有利地形。所以,城郭的建造并非一定要符合方圆的规范,道路也不一定要拘泥平直的标准。以上为"立国"。

【注释】

　　① 国都:都城、城市。　② 沟防:指防水设施。　③ 天材:指自然资源。

【评析】

这是《管子》建国立都选择地望的总原则。古代立都兴城,多取军事用意,其经济、文化的发展当也在其中。近山傍水、备旱防涝、物资来源、有利地势、城郭形制、道路铺设等,首先服务军事,而经济、文化也受军事的制约。若上述条件不具备,就不是建国立都的理想地方。应用这个标准,我们可以看出,齐国都城临淄确实是符合上述原则的。临淄位于山东北部,地处泰山之阴,跨鲁中丘陵和鲁北平原接壤的边缘,又是淄河近入海口之冲积扇面的前缘,地形向北微微倾斜;西与西北部,地势低洼,地下潜水常年溢出地表,形成群泉,以避旱涝之灾;南近丘陵山地;北面和东面则是一望无垠的原野,既宜农作,又便渔猎,自然条件更为优越;同时,淄河由南面北切墙基而过,成为东面的天然屏障,西有系水(俗称泥河),涉系水而去,即是乌河(时水)。齐国的都治中心,从地理看,虽然在原来的土地上向东推移了不过十公里,然而,这一地望的选择,却充分体现了《管子》这里所提出的原则。

此外,临淄故城在布局上也是遵循都城修建原则的。整个大城的墙垣轮廓,东面城垣和其他三面截然不同,它不是尽量取直,而是随处凹凸，极不规则。根据当地地形考察，可以判断这种不规则的凸出或凹入，并非漫无目的，而是有意设计的。

临淄作为春秋战国时期齐国经济文化的中心之一，能够保持长期繁荣而不衰的局面，深刻说明建国立都因地而异，科学规划，合理布局，主动运用天、地、人三者关系是极重要的。《管子》的城市择地理论，是有其合理性的。

无为者帝①，为而无以为者王②，为而不贵者霸③。不自以为所贵，则君道也④；贵而不过度，则臣道也。右大数⑤。

【今译】

能做到"无为而治"的，可以成就帝业。为政而无须亲自操劳的，可成王业。为政不妄自尊大的，可成霸业。不自以为贵是为君之道，贵而不逾等级名分是为臣之道。以上是"大数"。

【注释】

① 无为：无为而治。　② 无以为：虽然有为，但不做具体事。　③ 不贵：不自以为贵，不妄自尊大。　④ 君道：此君道与下之臣道，皆指行为准则而言。　⑤ 大数：此节提出为政的总原则，故曰"大数"。

【评析】

帝、王、霸三者的层次是不同的，而它们的区别就在于为政方针的不同。帝是最高层次，要成就帝业，在为政方针上就要实行无为而治。这里很显然有着老子思想的影子。所谓无为而治，并非无所作为，而是顺应天道，合乎民心，自然而然，不求有所作为。能够做到无为而治就可以成就帝业了。如尧舜就是无为而治的典型。无为而治的实质，不是说统治者无所作为就能达到治的目的。无为是一种手段，而不是指没有手段，治是通过无为这一手段要实现的目标。像历史上的"萧规曹随",就是无为而治的典型事例。成就王业是为政的第二层次,它的要求是"为而无以为",就是要抓大政方针,而不用去做具体的政事,具体的事由臣子们去做。能做到这样,就可以成就王业。等而下之就是称霸。要称霸,在为政方针上就要甘为人下,不妄自尊大。如春秋五霸即是。战国时期,帝、王、霸三者已是很难达到了。因此,君道、臣道成了讨论的中心。为君者要不自以为所贵,要以谦卑的面貌出现在臣民面前,这样,臣民就会奉其为贵。为人臣子者虽然尊贵,但不可逾越等级名分,这样才能善始善终。如果君臣都能善守其道,那国家就会治理好了。

地者政之本也①,朝者义之理也②,市者货之准也③,黄金者用之量也④,诸侯之地千乘之国者器之制也⑤。五者其理可知也,为之有道。

【今译】

土地问题是国家政事的根本,朝廷的爵禄制度是等级名分的体现,市场是衡量商品多寡的尺度,黄金是国家财用出入的计量标准,诸侯国拥有兵车千辆,是军备的制度。这五个方面的道理是可以理解的,实行起来也是有一定法则的。

【注释】

① 政:政事。"地者政之本",谓解决土地问题为国家政事的根本。 ② 朝:朝廷。"朝者义之理",谓朝廷爵位体制体现了等级名分。 ③ 市:市场。货:商品。"市者货之准",言市场是商品多寡的标志。 ④ 用:财用,财政支出。量:度量,标准。黄金是计算国家财用的尺度。 ⑤ 器:军备。器之制,谓军备制度。

【评析】

治理国家要从哪些方面入手呢?《管子》提出就是地、朝、市、黄金、器制五个方面,这也是《管子》治国的要点。《管子》认为,土地是一国的根本,土地政策是一国政治的根本,这种思想是中国传统实用原则较早的总结。有土地才能进行生产,然后才能讲其他的问题,所以《管子》把地作为治国首需解决的问题。朝廷是一国礼法制度的外在反映,更是直接管理人民的工具,"工欲善其事,必先利其器",这也是要首先解决的。《管子》非常重视商品和市场对经济发展的作用。在中国古代普遍重农轻商的氛围下,更显得突出。《管子》并没进步到大力提倡发展市场经济,但它已注意到市场以及货币在经济管理上的作用,并且有意加以利用,并形成了自己的一套理论,其中的一些内容如今还值得借鉴。军事总是国家的大事,《管子》更着重从军备、从一国的军事实力来看这个问题。

地者政之本也,是故地可以正政也。地不平均和调①,则政不可正也。政不正,则事不可理也②。春秋冬夏,阴阳之推移也;时之短长,阴阳之利用也③;日夜之易,阴阳之化也。然则阴阳正矣,虽不正,有余不可损,不足不可益也,天也④,莫之能损益也。然则可以正政者,地也,故不可不正也。正地者,其实必正⑤,长亦正,短亦正,小亦正,大亦正,长短大小尽正。地不正则官不理⑥,官不理则事不治,事不治则货不多。是故何以知货之多也?曰事治。何以知事之治也?曰货多。货多事治,则所求于天下者寡矣。为之有道。右阴阳⑦。

【今译】

土地是国家政事的根本,因此可利用土地以调整政事。土地的分配和租税不合理,国家政事就得不到整治。国家政事得不到整治,就无法管理农业生产。春秋冬夏是阴阳不断运动的结果,农时长短是阴阳作用的结果,日夜的更替是阴阳变化的结果。阴阳的运动是正常的,即使有时失常,多余时不能减少,不足时也无法增加。这是自然现象,没有什么力量可加以损益。但政事却是可以通过土地调整的。所以,对土地不可不加以整顿。整顿土地问题,一定要核正土地的实际情况。肥沃的要核正,贫瘠的要核正,大面积的要核正,边角的小地块也要核正,长短大小都要核正准确。土地没有核正准确,官府就无法管理;官府无法管理,农业生产就搞不好;农业生产搞不好,物资就不会增多。因此,怎样知道物资是否丰富呢?回答是农事搞得好。怎样才能知道农事搞得好呢?回答是物资丰富。物资丰富,农事得以顺利进行,那么求助于别国的地方就少了。这工作做起来也是有规律可循的。以上是"阴阳"。

【注释】

① 平均和调:指土地的分配和租税合理,管理完善。 ② 事:在此指农业生产。本节以下诸"事",皆与此同义。 ③ 利用:作用。 ④ "天也",原文为"天地",据《管子集校》改。 ⑤ 其实必正:谓对土地的实际面积和收益必须加以核实。 ⑥ 地不正则官不理:原文作"正不正则官不理",据《管子集校》改。 ⑦ 阴阳:本节论述地乃为政之本,名"阴阳",取文内二字名之耳,殆与阴阳无关。

【评析】

《管子》很重视土地的占有使用对民力的影响,并认为这是国家为政之本。明确指出土地占有使用不均、赋役不平是国家为政不清的结果,如果土地占有不均平,不仅生产得不到发展,国家政权也不会真正巩固。影响生产发展的春夏秋冬、雨雪水旱等自然条件,在当时是人们无法改变的。但土地的占有和分配制度,封建国家却不是无能为力的。国家可以确定最适合生产发展的土地制度,使全国所有土地通过"均地""正地"而为劳动者所合理占有。使劳动者能均平地占有一块足以实现其劳动力的土地,就可以调动起劳动者的生产积极性,从而极大地促进生产的发展。

土地乃是为政之根本,所以,为政必先"正地",使土地长短大小都平整划一,燥湿相宜,肥瘠适中,在不同的土地上种植不同的农作物。在"正地"的基础上,才能理顺国家的政治,社会的各项工作才能处理得当。社会的政治安定了,就能生产出更多的财货而无敌于天下。在农业社会,土地乃是最重要的生产资料,农业生产是最重要的经济活动,它们确实是为政的关键、立国的根本。《管子》的这一思想也是符合物质生活决定政治生活这一唯物主义历史观的基本原则的。这一思想,不仅在先秦时期,而且在中国整个古代社会中,一直是一些先进思想家的基本观念之一,也是中国古代社会历史观的基本特征之一。

朝者,义之理也。是故爵位正而民不怨①,民不怨则不乱,然后义可理。不正则不可以理也②。故一国之人不可以皆贵,皆贵则事不成而国不利也。为事之不成③,国之不利也;使无贵者,则民不能自理也。是故辨于爵列之尊卑,则知先后之序、贵贱之义矣。为之有道。右爵位。

【今译】
　　朝廷爵位是等级名分的体现。所以爵位安排合适,百姓才不会怨恨;百姓不怨恨,就不会犯上作乱;这样,等级名分就可以体现出来。如果爵位制度不合理,就不能体现等级名分。所以一国之内不能人人都尊贵,都尊贵就无人从事生产活动,这对国家不利。因为无人从事生产活动,显然对国家不利;而假若没有少数尊贵者,百姓就不能自己管理自己。因此,分清爵位排列的高低,才能使人们知道先后的次序和贵贱的区别。这项工作是有自身的方法和规律的。以上是"爵位"。

【注释】
　　① 爵位:此处泛指等级名分制度。　② 不正则不可以理也:原

文为"理不正则不可以治,而不可不理也",据《管子集校》改。 ③为:因为。人人皆贵则无人务农。

【评析】

本段《管子》提出了管理体制的级差,不可"一国之人皆贵",也不能"无贵者",两者都是行不通的。的确如此。大到一国,小到一家一厂,要管理得当,首先要订立制度,要有良好的领导体制,在上者要有权威,然后才可能正常运转。所谓"爵位正而民不怨,民不怨则不乱,然后义可理"还包含另一层意思,就是说:"义"不是一个既定的抽象概念,而是取决于"正爵位","爵位"实际是国家整个的一套礼法典制,换句话说,就是社会的意识形态。《管子》已经认识到,社会的意识形态是治国的重要内容,是可以"为之有道"的统治的工具,相对别的为政者大谈"祖宗之法是不是可改"而言,这份清醒是难能可贵的。

市者,货之准也。是故百货贱则百利不得①,百利不得则百事治②,百事治则百用节矣③。是故事者生于虑,成于务,失于傲。不虑则不生,不务则不成,不傲则不失。故曰:市者,可以知治乱,可以知多寡,而不能为多寡。为之有道。右务市事。

【今译】

　　市场是货物多寡的尺度。因而市场上物价低平,就没有超额利润可得,商人得利少,各项产生都能得到均衡良好的发展,各行各业发展均衡有序,则各方面的需求可以适度解决。因此说,事业都是产生于周密谋虑,成功于辛勤努力,失败于骄傲懈怠。不谋虑就不会产生,不努力就不能成功,不骄傲就不会失败。所以说:通过市场可以看出国家的治乱,可以了解物资的多寡。当然,市场本身并不能使物资多或少。这项工作做起来是要遵循一定规律的。以上是"务市事"。

【注释】

  ① 百利不得：货贱，商人就得不到各种超额利润。 ② 百事治：郭沫若云：货物贱则利润少，不能作超额剥削。剥削少则市场稳定，人民安居乐业。 ③ 百用节：各方面物资需求都能得到调节平衡。节，适度。

【评析】

  齐国地处冲积平原，向擅山海盐铁之利，手工业发达，手工业劳动者众多。因此，《管子》十分强调国家机器对于督促和引导农业、手工业两大产业间商品流通的功能。只有使产品进入社会流通，才可以测得社会成员除生产自用那部分外，可用于社会流通的剩余产品有多少，从而可以了解社会生产能力的大小和社会物质财富的多寡。由于物资供应丰富易使天下太平，而物资不足易致动乱，由此也可看出一个国家的治乱情况。所以，促使社会产品流通，在政治上可以"知治乱"，在经济上可以"知多寡"。即无论商品在流通中价格发生怎样的升落，其社会价值亦即国家财富却是"多寡"不变的。就是说，市场流通不能使商品本身增值。交换只能知道商品流通量的多少，而不能使商品的数量在流通中增加，商品的多少是由生产决定的。但并不是说市场流通对社会商品生产没有促进作用，恰恰相反，国家促进商品流通，可以增加社会物质财富，而运用之妙，在于"有道"。

  《管子》对市场是非常了解的，尤其是明了市场调节生产的作用。《管子》从百货贱、百利不得可以得到百事治、百用节的结果，实际上掌握了"市场是宏观调节经济的手段"这一原则，由此，《管子》提出了一个著名论断："市者，可以知治乱，可以知多寡，而不能为多寡。"可见《管子》对于市场有着透彻清楚的认识。同时，《管子》又提出了一个均衡发展的概念，所谓"百事治则百用节"，各项事业都能平衡发展，各项资源都能做到适度分配，这实际上用市场调控解决经济发展中的瓶颈，这个概念是非常先进的，无论《管子》的作者是否就是这样实践的，仅仅提出这个理论就足够了。

黄金者,用之量也。辨于黄金之理则知侈俭①,知侈俭则百用节矣。故俭则伤事②,侈则伤货③。俭则金贱,金贱则事不成,故伤事。侈则金贵,金贵则货贱,故伤货。货尽而后知不足④,是不知量也;事已而后知货之有余⑤,是不知节也。不知量,不知节,不可。为之有道⑥。

【今译】
　　黄金是财货出入的计量标准。懂得黄金的这个作用,就可以知道奢侈和俭省的含义。懂得了奢俭的道理,各项用度就能调节平衡。国用过于节俭,就会抑制生产;过于奢侈,就会浪费物资。因为过于节俭,黄金价格就低廉,就会抑制百姓的生产积极性,不利于生产发展。国用过于奢侈,则金价高、物价贱,因而会浪费物资。物资用光了才知道货物不够,这是不了解所需的数量;一个生产周期结束才发现货物过剩,这是不懂得物资的合理调节。不了解所需的数量,不懂得合理的调节,国家是治理不好的。这项工作也是有自身规律的。

【注释】
　　① 侈俭:国家财用的奢侈或节俭。　② 伤事:抑制生产。　③ 伤货:浪费物资。　④ 货尽:物资用光。　⑤ 事已:一个生产周期结束。　⑥ 为:原文为"谓",据《管子集校》改。

【评析】
这里提出了用黄金这个"硬通货"来衡量奢侈和节俭,从而调节国家侈和俭的观点。国家过于省俭,对国家举办事业不利。因为国家太省俭,黄金价格就低,如果黄金价格太低,即使花费很多也兴办不了什么事业。反过来,国家过于奢侈浪费,就不利于商品货物。因为太奢侈了,黄金价格就会提高,黄金价格过于高,商品货物就会相应便宜,从而影响商品流通。所以应该懂得调节,使黄金价格保持在一定水平上。而要使黄金价格相对稳定,就要调节侈俭,既不能太奢侈,也不能太俭省。这种思想,显然有利于士农工商的正常生产和生活。

这一段集中体现了《管子》经济管理思想的重要内容。一方面,《管子》指出:"辨于黄金之理则知侈俭",认识到黄金作为一种特殊的商品所具有的特性。另一方面,《管子》所讲的"俭则伤事,侈则伤货"是对商品经济进行了深入研究之后的高度总结。当然,《管子》的时代,还不能称为商品经济时代,但《管子》所提出的理论,却实实在在是发达的商品经济时代的重要经济原理。《管子》说:"俭则金贱,金贱则事不成,故伤事。侈则金贵,金贵则货贱,故伤货。"这里的"侈俭",是国家开支的"侈俭",具体表现在黄金的消费量的多少。国用俭则黄金消费少,用于流通的黄金就多,金价相对货物就低,物价相对就高;物价较高,人们的消费量就相对较小,导致需求相对较少,从而生产相对减少,所以妨碍生产。反之,国用侈则黄金消费多,用于流通的黄金就少,金价相对较高,物价相对较低;物价较低,人们的消费量就相对较大;消费量大,则商品消耗较多,所以浪费货物。现代宏观经济学的开创者、西方著名的经济学家凯恩斯也提出了与此相似的理论,他的理论大致的意思是:在社会总供给量无限的情况下,社会的生产发展取决于社会的总需求,因此,增加消费可以刺激生产,相反,减少消费则对发展生产不利。现在针对发展中国家的实际情况,对这一理论进行补充的结果是,在资源有限的国家,低物价虽然可以刺激消费,却并不能刺激生产,反而会造成浪费,导致资源短缺。这又与《管子》不谋而合。可见,在宏观经济管理方面,《管子》是达到了一个相当高的理论层次的。下面,《管子》又提出了"不知量"与"不知节"的概念,指出国用开支应遵循适宜的原则,为政者在宏观管理上应能适度把握,不能"货尽而后知不足","事已而后知货有余"。

天下乘马服牛①,而任之轻重有制②。有一宿之行,道之远近有数矣。是知诸侯之地千乘之国者,所以知器之小大也③,所以知任之轻重也④。重而后损之,是不知任也;轻而后益之,是不知器也。不知任,不知器,不可。为之有道⑤。

【今译】
　　天下都驾牛驭马,但负担轻重,却有一定的限度。有一宿的行程,道路的远近就可心中有数了。因此,知道一国拥有的土地和兵车数量,就可以知道军备规模的大小,也可以算出人民负担的轻重。负担过重然后再削减,这是不知道民众的负担能力;负担过轻然后又增加,这是不了解应有的军备规模。不了解承担能力,不了解军备需要,都是治国所不允许的。而要掌握这些,也是有道可循的。

【注释】
　　① 乘马服牛:驾驭牛马以代人力。　② 任:负荷、负担,承担能力。　③ 器:原文为"地",据《管子集校》改。本节"器"字三见,皆指军备而言。　④ 任之轻重:百姓负担的轻重。　⑤ 为:原文为"谓",据《管子集校》改。

【评析】
在这里《管子》指出,一国的军备取决于国家的大小、人民的产出。人民的负担有一定的限度,同时也强调国家应该有与自身的规模相适应的军备,而这一点经常是忽视的。一般情况下,国家往往是征收过重,穷兵黩武,所以大家注意的是减轻人民的负担。但是,合理的军备也是一个国家不可缺少的和平保障。如果一个国家、一个民族资源丰富,生产发达而军备落后,必然会遭受外来入侵;而军备超过了人民的负担能力和卫国的需要,也必然要向外扩张,发动侵略战争。所以,保持一个规模适中的军备是保障和平的必要条件。

地之不可食者①,山之无木者,百而当一②。涸泽,百而当一。地之无草木者,百而当一。楚棘杂处③,民不得入焉,百而当一。薮,镰缳得入焉④,九而当一。蔓山⑤,其木可以为材,可以为轴,斤斧得入焉,九而当一。汎山⑥,其木可以为棺,可以为车,斤斧得入焉,十而当一。流水⑦,网罟得入焉⑧,五而当一。林,其木可以为棺,可以为车,斤斧得入焉,五而当一。泽,网罟得入焉,五而当一。命之曰:地均以实数⑨。

【今译】

不生五谷的土地和不长树木的山地,百亩折合一亩。干枯的沼泽地,百亩折合一亩。不生草木的土地,百亩折合一亩。荆棘丛生、无法进入的荒地,百亩折合一亩。水浅草茂,可带镰绳进去采伐的沼泽地,九亩折合一亩。丘陵山地,其树木可以作木料,可以做车轴,且可带刀斧进去采伐的,九亩折合一亩。高山地区,其树木可以做棺,可以做车,而且人们可以带上刀斧进去采伐的,十亩折合一亩。可以下网捕鱼的江河,五亩折合一亩。森林地带,其树木可以做棺,可以做车,而且人们可以带上刀斧进去采伐的,五亩折合一亩。可以下网捕鱼的湖泽,五亩折合一亩。以上就叫作按实际产出情况,将各类土地折算成实际耕地面积。

【注释】

① 不可食:谓不生长五谷。　② 百而当一:每百亩土地相当于一亩土地。　③ 楚棘:意同荆棘。原文为"樊棘",据《管子集校》改。　④ 薮:植物繁茂的沼泽。　⑤ 蔓山:丘陵山地。　⑥ 汎山:指高山。　⑦ 流水:江河。　⑧ 网罟:渔网。　⑨ 地均以实数:各类地形都要按正常土地或实际可耕面积公平折算。

【评析】

以下几段具体论述上面提出的为政原则在实际中的应用,包括订立地制、器制、税制的具体方法,中心是如何取之于民。有所取,先要有所予,这就是均地。《管子》指出:"地均以实数",也就是说,在均地的时候,不能只简单地按一定的数量分配土地,还要根据土地的质量、土地的产出情况合理地划分土地,所以才有"百而当一""十而当一""五而当一"。而合理地划分土地是有效保证国家税收的先决条件。本节讨论按实际产出,将山林河泽等各类土地折算成耕地面积的标准。据《国语·齐语》记载,管仲相齐后,曾察看土地美恶,分等级确定应该征收的租税,其事与此大体相合。

方六里命之曰暴①,五暴命之曰部,五部命之曰聚。聚者有市,无市则民乏②。五聚命之曰某乡,四乡命之曰方,官制也③。官成而立邑。五家而伍,十家而连,五连而暴,五暴而长,命之曰某乡,四乡命之曰都,邑制也④。邑成而制事⑤。四聚为一离,五离为一制,五制为一田,二田为一夫,三夫为一家,事制也⑥。事成而制器⑦。方六里为一乘之地也。一乘者,四马也。一马,其甲七⑧,其蔽五⑨。一乘⑩,其甲二十有八,其蔽二十,白徒三十人奉车两⑪,器制也。

【今译】

方圆六里的区域称为暴,五暴称为部,五部称为聚。聚要有集市,没有集市,百姓的日用需求就会缺乏。五聚称为乡,四乡称为方。这是行政组织编制。行政体制确立后,就可以建立居民点了。把五家编成一伍,十家编成一连,五连编成一暴,五暴组成一长,称为乡,四乡称为都。这是居民组织体制。居民组织建立后,就可以组织生产活动了。四聚作为一离,五离作为一制,五制作为一田,二田作为一夫,三夫作为一家。这是生产组织体制。生产体制确立后,就可以承担军赋了。方圆六里的土地承担一辆兵车的军赋。一辆兵车有四匹马,每匹马配备甲士七人,盾手五人。则一乘兵车需配备甲士二十八人,盾手二十人,还要有不执兵器的民夫三十人负责后勤保障。这就是军备制度。

【注释】

①暴:与下文的部、聚、乡、方皆为地方行政组织名称。 ②乏:原文为"之",据《管子集校》改。此谓无市场则百姓用品缺乏。 ③官制:行政组织编制。 ④邑制:居民组织编制。 ⑤制事:指确定生产活动。 ⑥事制:生产组织编制。 ⑦制器:指确定承担军赋的数量。 ⑧甲:甲士。 ⑨蔽:指护卫兵车的盾牌兵。 ⑩一乘:原文为"四乘",据《管子集校》改。 ⑪白徒:未经军事训练的民夫。奉:跟随。两:同"辆"。

【评析】

均地之后,就要组织和管理,这就需要有相应的制度保障,官制、邑制、事制和器制,这实际上是从不同的角度来看同一个问题。官制是从土地的管理来讲组织制度,邑制是从户口管理出发,事制着重于生产管理,器制则关注国家的军备保障。

方六里,一乘之地也;方一里,九夫之田也。黄金一镒①,百乘一宿之尽也②。无金则用其绢,季绢三十三制当一镒③。无绢则用其布,经暴布百两当一镒④。一镒之金,食百乘之一宿。则所市之地六步一斗⑤,命之曰中岁。

【今译】

方圆六里的地区要承担一辆兵车的军赋,方圆一里的土地是九个农夫的土地。一镒黄金可以供百辆兵车一宿的费用。没有黄金可以用细绢代替,细绢三十三制折合黄金一镒。没有绢可以用布,一百匹细布折合黄金一镒,一镒的黄金即为百乘兵车一宿的食用。以土地折算,在征收布匹的地方,相当于六步之地征粮一斗。这是中等年成的税率。

【注释】

① 镒:重量单位,二十四两为一镒。 ② 尽:通"赆",费用。谓百乘一夜当费金一镒。 ③ 季绢:绢之轻细疏薄者。"季"读为"穗"。制:布长一丈八尺为一制。 ④ 绖,原文为"经",据《管子集校》改。《管子集校》云:绖暴布,谓以荃葛织成之薄布。 ⑤ 市:当作"布"。斛(dǒu):同"斗"。六步一斗,似指六步土地征粮一斗。周制六尺为一步。

【评析】

《管子》特别讨论了土地负担能力与军备规模的关系,并以此作为税收的重要根据。

有市,无市则民乏矣①。方六里名之曰社,有邑焉,名之曰央。亦关市之赋。黄金百镒为一箧②,其货一谷笼为十箧③,其商苟在市者三十人,其正月、十二月,黄金一镒。命之曰正分④。春曰书比⑤,立夏曰月程⑥,秋曰大稽⑦,与民数得亡⑧。

【今译】

要有集市,没有集市则百姓日用供给会缺乏。方圆六里的地区称为"社",那里有居民居住的地方,叫作"央"。也要征收关税和市场税。按黄金百镒为一箧来算,一谷笼货物算十箧。集市上的商人如果有三十人,在正月、十二月分别征收黄金一镒,这就叫作征税率。春天公布税率,叫作"书比";夏天按月核实,叫作"月程";秋天统计总的征税情况,叫作"大稽";同时要统计入市交易人数。

【注释】

① 民乏:原文为"民不乏",据《管子集校》删"不"字。　② 原文"箧"下有"其"字,据《管子集校》删。"箧",小箱子。此处指征税数量单位。　③ 谷笼:盛谷的筐,此指货物数量单位。　④ 正分:征税率。　⑤ 书比:公布税率。　⑥ 立夏:孙诒让曰:"夏上'立'字疑衍。"月程:按月核实征税情况。　⑦ 大稽:汇总统计。　⑧ 与:通"举"。得亡:即得失,引申为增减。"举民数得失",谓记录市场中百姓人数的增减。也可指经商人数的增减。

【评析】

以上是根据土地收取租税的情况,而针对商业管理来说,要收取"关市之赋"。而"关市之赋"的根据就是货物的多少和从业人员的数量。春秋战国时期,齐国商品经济已经有相当程度的发展。不仅五谷是重要商品,其他财物也进入市场成为贱买贵卖的商品;不仅有一般商人,更有"乘民之不给百倍其本"的富商大贾。私商已发展为商业活动的重要力量和主角。因此,想要治理国家,不懂得轻重之术,就不能有效地控制市场,就不能运用市场机制来调剂民间财物,就谈不上以法度来实现大治。市场是天下人物集聚之地,百姓的生活必需品都必须依赖于市场进行交换,没有市场就无法满足百姓的需求。

三岁修封①,五岁修界②,十岁更制③,经正也④。一仞见水不大潦,五尺见水不大旱。一仞见水轻征⑤,十分去一,二则去二⑥,三则去三,四则去四,五则去半,比之于山。五尺见水,十分去一,四则去二,三则去三,二则去四⑦,尺而见水,比之于泽。

【今译】

三年修整一次田埂,五年修整一次田界,十年重新划定田界,这是常例。一仞深方见水的土地,不会大涝;五尺深能见水的土地,不会发生大旱。一仞见水的土地,要减轻租税十分之一,二仞见水则减轻十分之二,三仞见水减十分之三,四仞见水减十分之四,五仞见水则减半,按山地标准征收。地下五尺见水的土地易涝,减税十分之一;四尺见水减十分之二,三尺见水减十分之三,二尺见水减十分之四;一尺见水的土地,就比照沼泽地征税。

【注释】

① 修封:修整田埂。　② 修界:修整田界。　③ 更制:重新划定田界。　④ 经正:同"经政",谓常例也。　⑤ 一仞:原文为"十一仞",据《管子集校》改。　⑥ 十分去一,二则去二:原文作"十分去二三,二则去三四",据《管子集校》改。　⑦ 四则去二,三则去三,二则去四:原文为"四则去三,三则去二,二则去一三",据《管子集校》改。

【评析】

最后,《管子》重申了赋税要依据实际情况来制定的原则,一方面,要经常核实土地的状况;另一方面,特殊情况特殊处理,所谓"一仞见水轻征",是举了一个例子来说明怎样在实际中灵活运用公正均平的原则。均地的思想在中国古代是很流行的,它包含两方面的内容:一是把国家的土地分给人民,收取租税,这从商鞅"开阡陌,废井田"就成为封建制的基础内容,重在"分";二是平均分配土地,反对土地的过分集中,重在"平均"。而《管子》均地的思想则更注重实际,这与《管子》全篇的实用思想是一致的。

距国门以外①,穷四竟之内②,丈夫二犁③,童五尺一犁,以为三日之功④。正月令农始作,服于公田农耕⑤。及雪释,耕始焉,芸卒焉⑥。士,闲见、博学、意察,而不为君臣者⑦,与功而不与分焉⑧。贾,知贾之贵贱⑨,日至于市,而不为官贾者⑩,与功而不与分焉。工,治容貌功能⑪,日至于市,而不为官工者,与功而不与分焉。不可使而为工⑫,则视贷离之实⑬,而出夫粟。

【今译】

　　从都城门以外,到全国所有地区,成年男子要按两犁耕作面积的定额,未成年男子要按一犁耕作面积的定额,为君主服役三天。正月就命令农民开始劳作,到公田农耕,从雪化春耕时起,直到夏锄为止。见识广、博学、处事精明的"士",凡是没有成为国家官吏的,也要无偿服劳役三天。熟悉物价行情、每天在集市上交易的商人,凡不是官商的,也要无偿服劳役三天。那些能工巧匠,讲求器物的样式功能,每天在集市上交易而不是官工的,也要无偿服劳役三天。不能完成劳役的人,就要依照其所欠的差额,交纳粮食来代替劳役。

【注释】

　　① 距:从。国门:国都大门。　② 竟:通"境"。　③ 丈夫:成年男子。二犁:两副犁的耕作面积。　④ 功:劳役、服役。　⑤ 服:从事。公田:国家的土地。　⑥ 芸:同"耘"。　⑦ 闲见:原文为"闻见",据《管子集校》改。闲见,多见也。意察:断事精明。不为君臣:指不当官。　⑧ 与:参与。下同。分:参加收益分配。　⑨ 知贾:知价。　⑩ 官贾:官商。　⑪ 治:讲究。容貌功能:物品的式样功用。　⑫ 工:同"功"。　⑬ 贷离:指差别、亏欠数。

【评析】

　　土地分配以后,还有一个怎样交租的问题。《管子》提出"与民分货"。"货"在这里指劳动成果。"与民分货"就是国家根据农民所种土地收获量的多少,收取一定比例的成果,留一部分给农民。无论丰年歉年均是如此不变,目的是使农民能清楚地知道自己能得到多少,从而努力辛勤去耕作,充分体现多劳多得的原则。总之,"均地分力""与之分货"就是根据土地的好坏与收获多寡,对土地实行的是等级差额税收制度,变劳役地租为实物地租。这种土地赋税制度从统治者的利益出发,改善统治者与百姓之间的紧张关系,减轻对百姓的剥削,提高他们的地位,改善生活环境,使他们牢牢地固定在土地上辛勤耕耘,使国家得到更大的利益。这种状况表明,当时齐国的土地属于国家所有制,还没有私田出现。

是故智者知之,愚者不知,不可以教民;巧者能之,拙者不能,不可以教民。非一令而民服之也,不可以为大善①;非夫人能之也②,不可以为大功。是故非诚贾不得食于贾,非诚工不得食于工,非诚农不得食于农,非信士不得立于朝。是故官虚而莫敢为之请③,君有珍车珍甲而莫之敢有④。君举事,臣不敢诬其所不能⑤。君知臣,臣亦知君知已也。故臣莫敢不竭力俱操其诚以来。

【今译】

　　只有聪明人能明白而愚笨人不能明白的道理,不可用来教育百姓。只有心灵手巧的人才能做到而笨人做不到的事,也不能用来要求一般百姓。不是一声令下百姓就遵照执行,就不能使国家大治;不是人人都能做到,就不能建立大功。因此,不是诚实的商人,不得依靠经商为生;不是诚实的工匠,不得依靠做工为生;不是诚实的农夫,不得依靠务农为生;不是诚信的士人,不能在朝中任官。这样,即使官位空缺,也无人敢于冒请补缺;君主有珍车、珍甲的待遇,也无人敢于妄求享有;君主举办大事,臣下就不敢诬称他们能做力所不及的事情。君主了解臣下,臣下既了解君主也了解自己,所以臣下没有敢不尽心竭力、老老实实来受君主驱使了。

【注释】

　　① 为大善:指使国家大治。　② 夫人:众人。　③ 官虚:官职有

缺额。莫:原文为"其",据《管子集校》改。　④ 敢有:敢于享有。
⑤ 诬:谎称。

【评析】

君主的一个基本要素是要能够知人善任,就是说,要了解臣子的长处和才能,给予他合适的工作,以充分发挥他的长处和才能,这样,臣子才会乐于被驱使。汉高祖刘邦在起兵时,不过是一个亭长,又没有多高的政治军事才能,但他头脑灵活,善于使用人才,在秦末起义的诸军中,不仅能首先攻下咸阳,最后还消灭了比自己强大得多的项羽,建立了汉朝。刘邦得胜后,曾大宴群臣。席间,他总结自己所以取胜的原因说:"张良、韩信、萧何三人都是人杰,我能恰当使用,所以能取天下。项羽有一范增而不能用,所以为我所败。"臣子们都认为刘邦说得很有道理。当然,知人善任只是手段,如果倒行逆施,照样要失败(此时所用的能人也必然不会太多)。东汉末年,董卓进京,文有李儒,颇有头脑,武有吕布,英勇善战,又招揽了名士蔡邕为官,可以说是很重视人才的。但他残害朝野百姓,天人共愤,最后终于被杀。

那么,怎么知人呢?诸葛亮曾经提出考察人才的七种办法。现代心理学、人才学也提出了识别人才的一些办法。当然,现代社会比古代要复杂得多,不同的领域需要不同类型的人才,不可一概而论。

道曰①:均地分力②,使民知时也。民乃知时日之蚤晏③,日月之不足,饥寒之至于身也。是故夜寝蚤起,父子兄弟不忘其功,为而不倦,民不惮劳苦。故不均之为恶也,地利不可竭,民力不可殚。不告之以时而民不知,不道之以事而民不为④。与之分货⑤,则民知得正矣⑥;审其分⑦,则民尽力矣。是故不使而父子兄弟不忘其功。右士农工商。

【今译】

　　俗话说，把土地分给农民单独经营，可使他们不误农时。他们会懂得时令的早晚、光阴的紧迫和饥寒的威胁。这样，他们就会晚睡早起，父子兄弟共同关心生产，不辞疲倦，不辞辛劳。不把土地分配给农民的坏处在于，地利不能充分利用，人力不能充分发挥。不告知农时，百姓就不会抓紧；不告诉农事安排，百姓就不干活。实行国家与民分货的制度，百姓就知道自己有得、国家有征，再适当地确定这两者的标准，百姓就会尽力生产了。这样，不必督促，父子兄弟都会不忘关心生产。以上是"士农工商"。

【注释】

　　① 道曰：同"语曰"。　② 均地分力：将土地分给农民，实行一家一户的个体生产。　③ 蚤晏：蚤通"早"，早晚。　④ 道：告知。事：此指农事。　⑤ 分货：分取财货。一种实物地租形式。　⑥ 得：自己应得的收益。正：同"征"，应纳的租税。　⑦ 分：指分货标准与得征比例。

【评析】

　　均分地力，就是把土地平均分配给农民，实行一家一户的个体经营。土地有肥沃、贫瘠之别，有水泽、平地和山丘之分。把这些不同质量的土地统一折算，平均分配给农民。这里说的"平均"，不是指土地的数量，而是指收获的数量。因为土质不同，收获相同的粮食，土地的数量就不相等，这就叫"地均以实数"。如果土地不能正确分配，就会影响到国家的治理，这是不能等闲视之的。由于土地分配合理，农民在自己分得的土地上进行耕种，不再受劳役剥削，就可以充分调动农民的生产积极性和主动性。

　　只要建立起土地私有制度，具体生产活动，统治者就不用去多过问，劳动者自己就会把生产搞好，农业生产的管理问题就从根本上解决了。所以，土地占有制度方面的调整和管理，是封建经济管理最根本的问题。

此外,上古时代,研究历法、颁布历法的权力集中在统治阶层手中,所以远古起就实行"授民以时"的方针,这是传统的劝民生财之法。齐国除此之外,还实施"均地以尽民力""审分以尽民力"的政策,刺激百姓致力于生产。按土质好坏分配土地,从而按土质优劣征收赋税。分田均地,可殚民力,可尽地利;制订合理的赋税比例,可调动百姓的生产积极性,使"父子兄弟不忘其功"而尽力劳作。这是《管子》经济管理思想的一个重要方面。

圣人之所以为圣人者,善分民也①。圣人不能分民,则犹百姓也。于己不足,安得名圣?是故有事则用②,无事则归之于民,唯圣人为善托业于民③。民之生也④,辟则惠⑤,闭则类⑥。上为一,下为二。右圣人。

【今译】

圣人之所以成为圣人,是因为他善于分利于民。圣人不能分利于民,就同普通百姓一样了。自己总是贪心不足,怎么能称作圣人呢?因此,国家有事就取用于民,无事则藏富于民,只有圣人才善于把产业托寄于民。人的本性是,开导就通情达理,堵塞则悖逆暴戾。为君者给百姓一分,百姓就会回报两分。以上是"圣人"。

【注释】

① 分民:分利于民。　② 用:征用。　③ 托业于民:将产业托付给百姓。　④ 生:性也。　⑤ 辟:开导。惠:原文为"愚",据《管子集校》改。　⑥ 类:通"戾",悖逆。

【评析】

要发展经济,必须善于管理经济。所谓"分",就是善于分配和安排生产资料和劳动力于各个经济部门,善于调节各种经济活动,也就是善于管理社会经济活动。如果不善于管理经济活动,就不能达到富国富民的目的。贤圣的君主,就在于他善于管理国家的经济,善于安排百姓的生产事业。

本段名为"圣人",实际上是借"圣人"讲"分民",所谓"分民",就是分利于民,这是《管子》治理国家的理论体系的基础。这里的"圣人",也不是一般意义上的圣人,而是广义上的统治者和管理者。《管子》对圣人提出了几个要求:第一就是要能够分利于民,如果不能分利于民,就跟普通老百姓没什么区别了,分利于民,一是要把土地公平地分给人民,让人民自己管理生产;二是要分得于民,土地上的产出,国家收取一部分,还要留给人民一部分,使民有所得,不能总是自己贪得无厌;三是藏富于民,国家无事之时,国家的富裕应表现在民间,而不是看国家掌握的财货有多少。在国家需要的时候,则取用于民,也只有这样,才能够有所取。因为人民是这样的:统治者对人民有一点好,人民就会加倍报答。以上这些要求也就是治理国家所要求的。《管子》所讲的"有事则用,无事则归之于民",不能狭隘地理解为把国家的财物分给百姓,到用的时候再收归国有。有一个笑话就讲,有一个国王在不打仗时把军用的马匹分给百姓使用,普通百姓用来拉磨,时间一长,这些战马就习惯了原地转圈,等到战时,国王把马匹收上来参战,结果这些马由于只会原地打转,导致战争失败。《管子》的"用"与"归"是指普遍意义上的财富,比如,税率的制订不要太高,使民众税后的收入除维持生活与生产之外,还能进行扩大再生产和提高自身素质,这样,一方面,国家越来越富强,另一方面,在国家有事的时候,民众能够提供更多的财货,尽更大的力。所谓"上为一,下为二",实际是一种投资,投入越多,收益也就越大。这种思想在今天依然有积极意义。

时之处事精矣①,不可藏而舍也②。故曰:今日不为,明日亡货③。昔之日已往而不来矣。右失时。

【今译】

　　农时对农事是非常宝贵的,不能留滞而使之停止不前。所以说,今天不劳作,明日就没有物资可用。过去的时光一去不复返。以上是"失时"。

【注释】

　　①时:农时。事:农事。精:宝贵。　②藏:留。舍:止。　③亡货:无货。

【评析】

《管子》在强调人力对发展农业重要性的同时,很重视天时等自然条件的变化对农业的影响。它认为,虽然天时的运转和气候的变化有其固定的规律,人们无法抗拒和改变,但人们可以掌握和运用季节的变化对发展农业所提供的有利条件,不失时机地从事各个季节所适宜的农业劳动,加强田间管理,夺取农业丰收。《管子》认为,机不可失,时不再来,许多时候正是由于人们坐失良机,失去了生财和理财的有利条件。"今日不为,明日无货",《管子》用一个简单的事实表达了一个深刻的思想。时间是一维的、单向的。"昔之日已往而不来矣",过去的时光一去不再回返,所以,对于生产来说,要准确及时地把握农时,才能不误农时,正常顺利地完成生产。对于治国强国,也要抓紧时间,不能偷懒。因为大家都在发展,如果不抓紧时间,迅速强大起来,就要落在别人的后面,就要被动挨打。

　　上地方八十里①,万室之国一②,千室之都四。中地方百里,万室之国一,千室之都四。下地方百二十里,万室之国一,千室之都四。以上地方八十里与下地方百二十里,通于中地方百里。右地里。

【今译】

　　上等土地方圆八十里，就可满足一座万户城市和四座千户城镇的需要。中等土地方圆百里，才可满足一座万户城市和四座千户城镇的需要。下等土地却要方圆一百二十里，才能满足一座万户城市或四座千户城镇的需要。所以，方圆八十里的上等土地和方圆一百二十里的下等土地，相当于方圆百里的中等土地。以上是"地里"。

【注释】

　　① 上地：上等土地，相对"中地""下地"而言。　② 室：户，家。国：与下之"都"，皆指城市。

【评析】

这一段讲一定的土地所能负载的城市规模，其中贯穿了前面讲到的"地均以实数"的思想，所谓"土地""中地""下地"，是就土地的出产能力而言的，不同的出产也就决定了不同的负载能力，所以要负担同样规模的城市就要有地里多少的不同。同时，这一段也为我们了解当时的生产能力和水平以及当时的社会状况提供了线索。

六、七　　法

【解题】

篇名"七法",实际上是取篇中一节的小标题作为全篇的篇名。七法是指治国、治军所要掌握的七个方面的内容,即文中所讲的则、象、法、化、决塞、心术、计数。全篇所讲内容,多涉及治军、用兵之道,可以当军事论文来读。治军必然要以治国、养民为基础,所以文中也有许多有关为政治民的论述,而其行文的落脚点是在"为兵""胜敌国"和"正天下",即依靠军事力量战胜敌国,征服天下。全篇共分五部分。第一部分是引论,提出:"治民有器,为兵有数,胜敌国有理,正天下有分。"也就是说,不论治民、治军还是用兵、征伐天下,都是有其内在的规律的,是受各方面条件制约的,不能只注重一点而不顾其他方面。以下分"七法""四伤""为兵之数""选陈"四个方面展开论述。第二部分是"七法",主要讲七法的概念及其重要性,即七法是治国治民必须掌握的,同时也是治军所需要的。第三部分是"四伤",即"百匿伤上威,奸吏伤官法,奸民伤俗教,贼盗伤国众"。与四伤相应的是国有四经,即常令、官爵、符籍、刑法,这四者是要慎重对待的。同时还提出四项原则:令贵于宝、社稷亲于戚、法爱于人、威重于爵禄。这些都是治军的最重要原则,所谓"为兵之极也"。第四部分是"为兵之数",讲治军与用兵的道理,先是要从增强自身的军事实力着手,最后归为"明于机数",即制定正确的战略战术。另外,成功立事,还要"必顺于礼义"。第五部分是"选陈",讲谋略是用兵的关键,制定谋略的根据是要全面了解敌国的情况;谋略之外,本国的政治、经济、人事、军备是战争能取胜的根本。

言是而不能立，言非而不能废，有功而不能赏，有罪而不能诛，若是而能治民者，未之有也。是必立，非必废，有功必赏，有罪必诛，若是安治矣①？未也。是何也？曰：形势器械未具②，犹之不治也③。形势器械具，四者备④，治矣。不能治其民，而能强其兵者，未之有也。能治其民矣，而不明于为兵之数⑤，犹之不可。不能强其兵，而能必胜敌国者，未之有也。能强其兵，而不明于胜敌国之理，犹之不胜也。兵不必胜敌国，而能正天下者，未之有也。兵必胜敌国矣，而不明正天下之分⑥，犹之不可。故曰：治民有器⑦，为兵有数，胜敌国有理，正天下有分。

【今译】

主张正确而不能采纳，主张错误而不能废弃，有功绩得不到奖赏，有罪错而不受惩罚。这种状况而能治理好百姓的，从来没过。正确的坚决采用，错误的坚决废止，有功必赏，有罪必罚，这样就能治理好了吗？还不行。为什么呢？因为客观环境和具体措施还不具备，仍然不能治理好。等到客观环境和具体措施都已具备，而正确必立、错误必废、有功必赏、有罪必罚也已做到，就可以治理好了。不能治理好百姓，却能使军队强大，这是从来没有过的；能治理好百姓，而不懂用兵之道，仍然不行。没有强大的军事力量，而能战胜敌国，也是从来没有过的。但是，能建立强大的军队，但不懂得能战胜敌国的道理，仍然不能战胜。军事上不能必胜敌国而能匡正天下，是从来没有过的。军事上有必胜的把握而不明白匡正天下的纲领，依然是不行的。所以说：治理百姓要有方法，用兵要有策略，战胜敌国要有道理，匡正天下要有纲领。

【注释】

①安:则也。 ②形势:客观环境。器械:工具,引申为具体措施。 ③犹:仍然。 ④四者:指上述立是、废非、赏功、诛罪。 ⑤数:通"术",方法。 ⑥分:条理,引申为纲领。 ⑦器:指形势、器械等治民条件。

【评析】

这一段是本篇的引论。《管子》认为,想要征服天下,必须先战胜敌国;要战胜敌国,必须以强大的军事实力为后盾;强大的军事实力又离不开国内人民的安治与战略战术的掌握与运用。这里提出的"器、数、理、分",也正是本篇所要论述的主要问题。从中不难看出,《管子》的治军是与治国治民紧密联系的,在《管子》看来,战争的胜负,不是取决于某一个出色的将军,也不是取决于某一场战役的结果,战争胜负的根本在于一个国家的经济实力和政治环境,其中,战略的制定、战术的运用也起到一定的作用,但这只能是一个方面。要想征服天下,成就霸业,就要兼顾国家与百姓的治理与军事的建设,这种思想是符合历史实际的。无数事实说明,战争不但是政治的和军事的竞赛,还是经济的竞赛。只有国富民安,才能有强大的军事实力。春秋末期的吴楚之战,吴所以能以少胜多,最主要的原因是当时的吴国工商业逐渐发达,尤其是铁制工业有了长足的进步,使兵器发展很快。而楚国连年遭侵,岁无宁日,经济发展受到很大制约,所以败给了比自己小的吴国。这种例子实在是很多的。

则、象、法、化、决塞、心术、计数。根天地之气①、寒暑之和、水土之性、人民鸟兽草木之生,物虽甚多②,皆有均焉③,而未尝变也,谓之"则"。义也、名也、时也、似也、类也、比也、状也④,谓之"象"。尺寸也、绳墨也、规矩也、衡石也、斗斛也、角量也⑤,谓之"法"。渐也、顺也、靡也、久也、服也、习也[6],谓之"化"。予夺也、险易也、利害也、难易也、开闭也、杀生也[7],谓之"决塞"。实也、诚也、厚也、施也、度也、恕也,谓之"心术"。刚柔也、轻重也、大小也、实虚也、远近也、多少也,谓之"计数"。不明于则,而欲措仪画制[8],犹立朝夕于运均之上[9],摇竿而欲定其末[10]。不明于象,而欲论材审用,犹绝长以为短,续短以为长。不明于法,而欲治民一众,犹左书而右息之[11]。不明于化,而欲变俗易教,犹朝揉轮而夕欲乘车[12]。不明于决塞,而欲欧众移民,犹使水逆流。不明于心术,而欲行令于人,犹倍招而必射之[13]。不明于计数,而欲举大事,犹无舟楫而欲经于水险也。故曰:错仪画制[14],不知则不可;论材审用,不知象不可;治民一众[15],不知法不可;变俗易教,不知化不可;驱众移民,不知决塞不可;布令必行,不知心术不可;举事必成,不知计数不可。右七法。

【今译】

七法指规律、形象、规范、教化、决塞、心术和计数。探索天地间的元气,寒暑的协调,水土的特性以及人类、鸟兽、草木的生长,世间万物虽然繁多,但都有一个不变的共同性,这就叫"则"。事物的外形、名称、时间、相似、类属、位次、状态等等,叫作"象"。尺寸、绳墨、规矩、衡石、斗斛、角量等等,叫作"法"。渐进、和顺、琢磨、熏陶、适应、习惯等等,叫作"化"。予与夺、险与易、利与害、难与易、开与闭、死与生等等,叫作"决塞"。忠实、诚信、宽厚、施舍、度量、容让等等,叫作"心术"。刚柔、轻重、大小、虚实、远近、多少等等,叫作"计数"。不明白则,而想要立法定制,就好比把测时标竿插在转动的陶轮上,摇着竹竿而想使其末端定住一样。不明白象,而想量材用人,就如同把长材截短、短材接长一样。不明白法,而想要治理百姓、统一民众,就好比用左手写字,而闲着右手一样。不明白化,而想要移风易俗,就好像早上才制造车轮,晚上就要乘车一样。不明白决塞,而想驱使和调动人民,就好比让水倒流一样。不明白心术,而想对人们发号施令,就好比背向靶子射箭而希图一定命中一样。不明白计数,而想要举办大事业,就好比没有舟楫而想渡过湍急的河流一样。所以说:立法定制不知则不行;量才用人,不知象不行;治理百姓,统一民众,不知法不行;移风易俗,不知化不行;驱使和调遣人民,不知决塞不行;发令必行,不知心术不行;举办大事,保证成功,不知计数不行。以上是"七法"。

【注释】

① 根:事物的本源、依据,此处作动词用。 ② 物虽甚多:原文为"物虽不甚多",据《管子集校》删。 ③ 有均:原作"均有",据《管子集校》改。均:共同性。 ④ 义:同"仪",外形。 ⑤ 衡石:古代对衡器的通称。石,重量单位。斗斛:量器。角量:疑为平斗斛的用具。 ⑥ 靡:通"磨",磨炼。久:通"灸",熏灸,引申为熏陶。服:适应。 ⑦ 杀生:杀死与使生。 ⑧ 措仪画制:原文为"出号令",据《管子集校》改。 ⑨ 朝夕:一种古代计时器。均:制陶器所用的转轮。 ⑩ 摇竿:原作"檐竿",据《管子集校》改。 ⑪ 息:闲也。 ⑫ 揉轮:弯曲直木以制车轮。 ⑬ 倍:同"背"。招:箭靶。射:原文为"拘",据《管子集校》改。 ⑭ 错仪画制:制定法令制度。 ⑮ 治:原文为"和",据《管子集校》改。

【评析】

这一段名为"七法",是《管子》总结的治国安民所涉及的七个方面的理论范畴,之所以称为"法",是因为它们对于君主来说是不可不知的,是可以作为常法来认识和执行的。如"错仪画制,不知则不可","则"指的是事物内在的规律,"错仪画制"是指制定仪法制度,这就是说,政策的制定、仪法的推行应符合事物发展的客观规律,而不是凭一时的心血来潮,更不能因某一个人的天真想象就人为地实行什么。统治者应当通过学习与调查研究，了解和把握国家的实际情况，认识国家的未来走势并顺应这一趋势，然后才能制定有效的方针政策，才真正能够保证有益于国家。所以说，政策的制定推行是关系国家命运的大事，一定要慎之又慎，而制定政策是要有对客观现实充分的认识为依据的。大到治国，小到管理一个企业、一个工厂，都是如此。

"决塞"，《管子》的解释是"予夺也、险易也、利害也、难易也、开闭也、杀生也"，《管子》所要表述的概念用现在的名词来说就是矛盾，所谓"驱众移民，不知决塞不可"，意思是驱使和调动民众做事，不能不懂得运用矛盾。我们知道，矛盾是事物发展运动的内在推动力，《管子》对此也有了一定的认识，因而要求统治者要利用这种内在的推动力来治理人民，而不是以强制的力量实行高压统治，这样就会用力不多而见效显著。

在这一节中，《管子》还明确肯定了教育对改变社会风气、提高青年一代文化水平的作用，并指出这种教化作用有一个过程，是逐步渗透、逐渐扩大的。它还把教育人才看作是一个"终身之计"，是长远的谋略，从而揭示了教育的长期性和迟效性特点。

对百姓施行教育，达到预期的目的，一定要有一个过程，使受教育者通过自身的修养、锻炼，又接受外在的、长时间的熏陶、感染，在潜移默化中形成自觉的行动，思想上明辨荣辱，以"礼、义、廉、耻"为重点，并且注意做到"修小礼、行小义、饰小廉、谨小耻"，从小事做起，从根本上做起，社会风尚就会从根本上完美起来。

百匿伤上威[1]，奸吏伤官法[2]，奸民伤俗教，贼盗伤国众。威伤则重在下[3]，法伤则货上流[4]，教伤则从令者不辑[5]，众伤则百姓不安其居。重在下则令不行，货上流则官德毁[6]，从令者不辑则百事无功，百姓不安其居则轻民处而重民散[7]。轻民处，重民散，则地不辟；地不辟则六畜不育；

六畜不育,则国贫而用不足;国贫而用不足,则兵弱而士不厉⑧;兵弱而士不厉,则战不胜而守不固;战不胜而守不固,则国不安矣。故曰:常令不审⑨,则百匿胜;官爵不审,则奸吏胜;符籍不审⑩,则奸民胜;刑法不审,则盗贼胜。国之四经败⑪,人君泄⑫,则危⑬。人君泄,则言实之士不进;言实之士不进,则国之情伪不竭于上⑭。

【今译】

官廷里的各种小人会损害君主的权威,奸吏掌权会破坏国家的法制,奸民会伤害风俗和教化,贼盗会危害国内百姓。君主的权威受到伤害,君权就会旁落;法制被破坏,贿赂的财货就会流进奸吏的腰包;风俗教化被破坏,臣民就不会和睦团结;普通百姓被伤害,就不能安居乐业。君权旁落,政令无法推行;财货上流,官员就会腐败;臣民不睦,各项事业就不能成功;百姓不得安居,做工经商的人和无业游民就会增多,务农者就会离散。这样就会使土地得不到耕种,六畜不能繁育,结果是国家贫穷、财用不足;国家贫穷、财用不足就导致军力衰弱、战士不猛;军力衰弱、战士不猛,则战不能胜、守不能固;战不胜而守不固,国家就不会平安。所以说,国家法制不严格,坏人就会当政;官爵升迁不严格,奸吏就会得逞;符籍制度不严格,奸民就无所顾忌;刑法不严格,盗贼就要横行。一个国家如果以上四种根本制度败坏了,君主又不重视,就很危险了。君主不重视,说真话的人就不肯进言;说真话的人不进言,君主就不能掌握国家的真实情况。

【注释】

① 匿:读如"慝",邪恶。百匿:众慝。 ② 官法:国家公法。 ③ 重在下:君权下移。 ④ 货上流:意谓贿赂公行。 ⑤ 辑:和协、团结。 ⑥ 官德:原文为"官徒",据《管子集校》改。官德毁:谓贿赂毁坏官吏德性。 ⑦ 轻民:指工商业者和游手好闲者。重民:指从事农业生产者。 ⑧ 厉:勇猛。 ⑨ 审:严格。 ⑩ 符籍:指各种凭证

和簿记册。　⑪ 四经：即前所言常令、官爵、符籍、刑法四者。　⑫ 泄：轻慢，不重视。　⑬ 则危：原文为"见危"，据《管子集校》改。　⑭ 诚伪：真实情况。

【评析】

本节内容承上启下，讲"百匿、奸吏、奸民、贼盗"会扰乱国家政治，使百姓不得安居乐业，进一步导致经济不能发展，因而出现国贫兵弱的局面，自然会"战不胜而守不固"，"则国不安矣"。这就是说，政治的好坏直接关系到军事的强弱，因而国之四经，即常令、官爵、符籍、刑法，是治理国家的根本措施，必须慎重对待。一个国家、一支军队、一个社会团体，都需要励精图治。只有严治，才能恶人畏惧，防止动乱；只有久治，才能国泰民安，人心归向。唯有以治待乱才是胜策。试图通过"天下大乱"达到"天下大治"，或是依赖临时应付，虽然可能暂时渡过难关，但人民是要付出许多血的代价的，只能是不得已而为之的下下之策。春秋时期的晋悼公治国有方。公元前564年，晋伐郑，郑求救于楚。楚军昼夜兼程，想趁晋军不备，借夜色掩护，直进至晋军营门，使晋军无法出营列队。面对不利局势，晋军丝毫不乱，从容于营内平灶掩井，排列阵势，并以"三分四军"之法对付楚军，使楚军疲惫。楚军本想出其不意进攻晋军，以造成晋军内部慌乱，却被晋军从容化解。如果没有平时的治理，是不可能这样的。

世主所贵者，宝也①；所亲者，戚也；所爱者，民也；所重者，爵禄也。明君则不然②。致所贵③，非宝也；致所亲，非戚也；致所爱，非民也；致所重，非爵禄也。故不为重宝亏其命④，故曰：令贵于宝。不为亲戚危其社稷⑤，故曰：社稷爱于亲⑥。不为爱人枉其法⑦，故曰：法爱于人。不为重禄爵分其威，故曰：威重于爵禄。不通此四者，则反于无有⑧。故曰：治人如治水潦，养人如养六畜，用人如用草木。居身论道行理⑨,则群臣服教,百吏严断,莫敢开私焉⑩。论功计劳,未尝失法律也。便辟、左右、大族、尊贵、大臣,不得增其功焉。疏远、卑贱、隐不知之人,不忘其劳。故有罪者不怨上,受赏者无贪心⑪。则列陈之士⑫,皆轻其死而安难⑬,以要上事⑭;为兵之极也⑮。右四伤。

【今译】

当代一般君主所看重的是珍宝,所亲近的是亲戚,所爱的是百姓,所贵惜的是爵禄。英明的君主却不是这样。他最看重的不是珍宝,最亲近的不是亲戚,最珍爱的不是百姓,最看重的不是爵禄。所以,他不会为贵重的宝物而损害政令,就是说"令贵于宝";不会为自己的亲戚而损害国家,就是说"社稷亲于戚";不会为爱护百姓而不行法律,就是说"爱法甚于爱人";不会为重惜爵禄而削弱权威,就是说"权威重于爵禄"。君主如不懂得这四条,就会变得一无所有。所以说:治人如同治洪涝,养人好比养六畜,用人就如用草木。君主自己能以身作则,按道理办事,群臣就会服从管教,百官就会断事严明,谁也不敢徇私。在评计功劳的时候,不能没有法律依据。宠臣、侍从、大族、权贵和大臣们,不得因地位特殊而增加功劳。关系疏的、地位低的、不知名的人物,他们的功劳也不被埋没。这样,犯罪受刑的人不会抱怨君上,受赏的人也不会滋长贪心。这样,冲锋陷阵的将士们就会舍生忘死,不避危难,以求为国立功了。这是治军最根本的原则。以上是"四伤"。

【注释】

① 世主:一般的君主。宝:原作"实",据《管子集校》改。　② 明君:原作"亡君",据《管子集校》改。　③ 致:通"至",最。　④ 亏:损害。命:政令也。　⑤ 亲戚:原作"爱亲",据《管子集校》改。　⑥ 爱于亲:当作"亲于戚"。　⑦ 爱人:爱民。　⑧ 反:通"返"。　⑨ 居:乃"君"之误。身:亲也。　⑩ 开私:枉法。　⑪ 受:原作"爱",据《管子集校》改。　⑫ 陈:同"阵"。　⑬ 安难:不怕危难。　⑭ 要:求取。

"以要上事",要求为国立功。　⑮ 为兵:治军。原作"本兵",据《管子集校》改。

【评析】

君主所崇尚的、所喜爱的、所提倡的、所重视的是什么,下面的臣民相应的反应也就不同,因此,《管子》提出四项身为明主所应遵循的原则:令贵于宝、社稷亲于戚、法爱于人、威重于爵禄。也就是不要因贪图财物而损害政令,不要因亲情而做有损国家利益的事,不要因身边的常侍而屈就法律,不要因爱惜爵位而损害君主的信誉。这些看起来都是小节,与治军用兵关系不大,实际上《管子》也正是从细微处着手,对君主的言行举动提出了严格的要求。以上四点也不能涵盖全部,却都是身为君主者容易产生过失的地方。《管子》强调,君主能够做到"居身论道行理",赏罚分明,则战士就能乐于和勇于为国尽忠尽力,这样自然会治理好军队,建立强大的军事力量。这些才是治军的最重要原则,即所谓"为兵之极也",不是简单地扩充军队数量,而是要从政治本身和执政者的作为入手。

如"法爱于人",是指执法要严,不论谁犯了法,都要处罚,绝不能法而不信,令而不行。如果有一次不严行赏罚,失信于人,那么一切法令就难以实行了。诸葛亮第一次出兵祁山失败后,不仅挥泪斩了失街亭的马谡,重赏有功的王平,而且引咎自责,上疏自贬三等。尽管诸葛亮非常赏识马谡的才能,但他爱法甚于爱人,所以只能这么做。正如陈寿在《三国志》中所说,诸葛亮对"尽忠益时者,虽仇必赏;犯法怠慢者,虽亲必罚……终于邦域之内,咸畏而爱之,刑政虽峻而无怨者,以其用心平而劝戒明也"。所以,诸葛亮死后,连受过他惩治的人也悲痛涕零。但能做到像诸葛亮这样,在任何社会都只能是凤毛麟角。

为兵之数:存乎聚财,而财无敌①;存乎论工②,而工无敌;存乎制器,而器无敌;存乎选士,而士无敌;存乎政教,而政教无敌;存乎服习③,而服习无敌;存乎遍知天下④,而遍知天下无敌;存乎明于机数⑤,而明于机数无敌。故兵未出境,而无敌者八⑥。是以欲正天下,财不盖天下⑦,不能正天下;财盖天下,而工不盖天下,不能正天下;工盖天下,而器不盖天下,不能正天下;器盖天下,而士不盖天下,不能正天下;士盖天下,而教不盖天下,不能正天下;教盖天下,而习不盖天下,不能正天下;习盖天下,而不遍知天下,不能正天下;遍知天下,而不明于机数,不能正天下。故明于机数者,用兵之势也⑧。大者时也,小者计也。王道非废也,而天下莫敢窥者,王者之正也。衡库者,天子之礼也⑨。是故器成卒选,则士知胜矣。遍知天下,审御机数,则独行而无敌矣。所爱之国,而独利之;所恶之国,而独害之,则令行禁止。是以圣王贵之。胜一而服百则天下畏之矣,立少而观多则天下怀之矣⑩,罚有罪、赏有功则天下从之矣。故聚天下之精材⑪,论百工之锐器;春秋角试以练⑫,精锐为右⑬。成器不课不用⑭,不试不藏。收天下之豪杰,有天下之骏雄。故举之如飞鸟,动之如雷电,发之如风雨,莫当其前,莫害其后,独出独入,莫敢禁圉⑮。成功立事,必顺于理义⑯。故不理不胜天下,不义不胜人。故贤知之君,必立于胜地,故正天下而莫之敢御也。右为兵之数。

【今译】

　　用兵之法:在于积聚财富,使财富的数量无敌于天下;在于选择工匠,使工匠的技巧无敌于天下;在于制造兵器,使兵器的质量无敌于天下;在于选拔士卒,使士卒的素质无敌于天下;在于管理教育,使管理教育水平无敌于天下;在于军事训练,使训练水平无敌于天下;在于全面掌握各国情况，使情报工作水平无敌于天下；在于懂得把握时机与运用策略，使时机把握和策略的运用无敌于天下。这样，军队还没有出国境，就已经保证八个方面天下无敌了。因此，要匡正天下，财力不压倒天下，不能匡正天下；财力压倒天下，而工艺技巧不压倒天下，不能匡正天下；工艺技巧压倒天下，而兵器质量不能压倒天下，不能匡正天下；兵器质量压倒天下，而士卒素质不能压倒天下，不能匡正天下；士卒素质压倒天下，而管理教育水平不能压倒天下，不能匡正天下；管理教育水平压倒天下，而训练水平不能压倒天下，不能匡正天下；训练水平压倒天下，而不能全面了解天下的情况，不能匡正天下；全面了解天下的情况，而不懂得时机策略，还是不能匡正天下。所以，时机和策略是用兵的关键。首要的是掌握作战时机，其次是作战谋略。因此，兵器铸成，士兵选定，就可以有必胜的信心了。全面了解天下的情况，善于运用时机谋略，就可以所向无敌了。对于友好国家，要注意扶持；对于敌对国家，要特别惩罚。这样就保证有令必行，有禁必止。因此，英明的君主重视这一点。战胜一国而使更多的国家臣服，天下都会畏惧；扶植少数而影响多数，天下都会怀德；惩罚有罪，赏赐有功，天下也就乐意服从了。因此，要聚集天下的精良材料，考察比较工匠制作的各种兵器，春秋两季以比试的方式进行试练，精锐的列为上等。制成的兵器未经检查不能使用，不试用合格不收入库藏。还要网罗天下豪杰，拥有天下的勇士。这样就可以做到举兵迅如飞鸟，调兵厉如雷电，发兵急如风雨，无人敢在前抵挡，无人能从后伤害，独出独入，无人敢于抵抗。当然，要成功立事，一定合乎正理与正义。不合于理的战争不能胜天下，不合于义的战争不能胜他人。贤明智慧的君主总是立于不败之地，所以才能征服天下而无人敢于抗拒。以上是"为兵之数"。

【注释】

① 财无敌：谓使财富的数量无敌于天下。　② 论工：选择工匠。　③ 服习：操练。　④ 遍知天下：掌握各国情报。　⑤ 机：时机。数：术也。机数：指战机与策略。　⑥ 无敌者八：指上所列八项克敌制胜

的因素。　⑦ 盖:超过,领先。　⑧ 势:此处意为关键。　⑨ 自"王道非废也"至"天子之礼也"二句,与上下文不连贯,疑为错简,故不注亦不译。　⑩ 观多:指给多数示范。怀:归附。　⑪ 材:原作"财",据《管子集校》改。　⑫ 角试:比较检验。练:选择。　⑬ 右:上等。　⑭ 课:检查。　⑮ 禁圉:同"禁御",抵抗。　⑯ 理义:原作"礼义",据《管子集校》改。

【评析】

战争是综合国力的较量。《六韬》认为,国家必须把大农、大工、大商这"三宝"掌握在中央政府手里,只有农业、手工业、商业发展了,国力充足了,军事实力才能得到加强,才有可能取得战争的胜利。公元前491年,越王勾践与范蠡等人在吴国拘役三年后回国。勾践向左右询问复兴越国之道,当时杰出的政治家、思想家范蠡作了极其精辟的论述,他向越王献了一条"富国强兵"之计,其要点是"尽人事,修政教,收地利",调动、保护百姓的积极性,发展生产,储蓄力量,富国强兵。勾践听了以后,好像久旱逢甘雨,马上命令文种主持国政,范蠡治理军旅,自己卧薪尝胆,发愤图强。到了公元前485年,越国府库充实,土地开垦,百姓乐为所用。公元前478年,越国人力物力愈益强盛,国富兵强,于是大起兵马,连续围困吴国数年。这时,吴国却因士民疲惫,财力虚耗,根本不是越国的对手。最后,吴军惨败于太湖边,不久就被越国灭掉了。

在中国传统的治国理论中,怎样提高国家的综合实力,始终受到高度的重视。《孙膑兵法》中就将此作为一个重大理论进行探讨,认为只有"富国"才是"强兵之急",从而保证"战胜而强立",实现天下统一。一本叫《投笔肤谈》的书中还提出了"国不富不可以兴兵"的论断,把国家的经济实力作为战略运筹的重要内容,认为战争不仅仅是战斗力与战斗力之间的较量,而且是指挥艺术与指挥艺术之间的较量、后勤保障与后勤保障之间的较量,是国家综合实力之间的较量,也就是国家的政治状况、经济状况、社会状况之间的较量。从历史事实看,这是被反复证明了的。汉代初年,其北部边境经常遭到匈奴军队的侵扰。由于秦汉之际的长期战争,社会经济遭到极大的破坏。因此,从汉高祖开始,经过文帝、景帝,直到汉武帝即位之初,均无法以武力彻底反击匈奴的侵扰。在这几十年的时间里,汉朝只能采取和亲政策,以缓和匈奴主的掠夺。但匈奴奴隶主既不放弃和亲的利益,又不放弃武力掠夺,所以汉朝虽然进行了八次和亲,但每次只能维持几年的和平。但是到了汉武帝时期,汉朝国力财力充裕,社会富庶。于是,从公元前129年到公元前119年的十年间,汉武帝采取集中兵力、主动出击的作战方针,在西起河套、东至辽西的广大地区,先后发起三次大规模的进攻战役,歼敌俘敌数十万之众,使匈奴远遁。从汉初采取和亲政策进行姑息,到汉武帝反击战的胜利,从不同角度说明了战争是国家综合实力的反映。

在当今世界上,衡量一个国家强大与否,仍然要看综合国力。综合国力的竞争战略将是新世纪国际性的总体战略。20世纪90年代初的海湾战争就充分说明:谁拥有综合国力的优势,谁就拥有战争的主动权。因此,在国际综合国力相较量的时代,我们要立足于世界民族之林,就要从国情国力出发,尽快地把我国的综合国力搞上去。

若夫曲制时举①,不失天时,毋圹地利②。其数多少,其要必出于计③。故凡攻伐之为道也,计必先定于内,然后兵出乎境。计未定于内而兵出乎境,是则战之自败④,攻之自毁也。是故张军而不能战⑤,围邑而不能攻,得地而不能实⑥,三者见一焉,则可破毁也。故不明于敌人之政,不能加也⑦;不明于敌人之情,不可约也⑧;不明于敌人之将,不先军也;不明于敌人之士,不先陈也。是故以众击寡,以治击乱,以富击贫,以能击不能,以教卒、练士击驱众、白徒,故十战十胜,百战百胜。

【今译】

用兵要注重时机,不要丧失天时,不要放弃地利。军队数量需要多少,重要的事项等一定要计划周密。所以,作为攻战的原则,必须先在国内计划周密,然后才能出兵进攻。计划还未确定就仓促出兵,攻战必然自取失败。因此,阵势列好了却不能交战,围住了敌城却不能攻取,占领了土地却不能据守,三种情况有一种,就会被击败毁灭。所以,事先不了解敌人的政治,不能出兵;不掌握敌人的军情,不能宣战;不了解敌人的将领,不先采取进攻行动;不了解敌人的士兵,不先摆列阵势。因此,必须以多数去进攻少数,以治国去攻击乱国,以富国去攻击穷国,以善用兵的将帅进攻不善用兵的将帅,以经过良好训练的士卒去攻击临时征集的乌合之众,这样才能做到十战十胜,百战百胜。

【注释】

① 曲制:军队建制,指军队。时举:应时而举。　② 圹:同"旷"。　③ 必出于计:原文"计"下有"数",据《管子集校》删。　④ 自败:原作"自胜",据《管子集校》改。　⑤ 张军:摆开阵势。　⑥ 实:巩固。　⑦ 加:加兵,出兵。　⑧ 约:约兵,宣战。

【评析】

高明的军事家在决定战争行动以前,都要将了解到的一切敌我双方的情况,如军事、政治、经济、外交、文化等方面的情况,进行研究、比较、分析、综合,去粗取精,去伪存真,由此及彼,由表及里,作出科学判断,根据敌我主客观条件的比较,来预见胜负,并相应作出战略决策。这就是先谋而后战,这样才能立于不败之地,否则就会受到惩罚。如朝鲜战争爆发前夕,西方著名的咨询机构——德林软件公司,集中了大量的财力和人力,研究了一个课题:"美国出兵朝鲜,中国态度将会如何?"就在战争爆发之前八天,得出了研究成果,主要结论只有七个字:"中国将出兵韩国。"另附有三百八十条的资料,详细地分析了中国的国情,正确地综合出:中国绝对不会坐视北朝鲜陷于危机而袖手旁观,中国一旦出兵,美国将会不体面地退出这场战争。德林软件公司打算以500万美元的价格卖给美国对华政策研究室。但是美国对华政策研究室官员竟把德林软件公司这项研究成果当作无稽之谈,一笑置之。后来,朝鲜战争爆发,中国果然出兵,最后美国不体面地被迫退出了这场战争。于是才有人想起了德林软件公司的这个研究成果。虽然悔之晚矣,但是美国政府仍以280万美元买下了这项过了时的研究成果,以亡羊补牢。朝鲜战场上的美军司令麦克阿瑟回国后,有记者问起他对此事的看法,他不禁感慨地说:"我国最大的失策是舍得几百亿美元和数万美国军人的生命,却吝啬一架战斗机的代价。"

故事无备,兵无主,则不蚤知敌①;野不辟,地无吏②,则无蓄积;官无常③,下怨上,则器械不功④;朝无政⑤,赏罚不明,则民幸生⑥。故蚤知敌则独行⑦,有蓄积则久而不匮,器械功则伐而不费,赏罚明则民不幸生,民不幸生则勇士劝矣⑧。故兵也者,审于地图⑨,谋于日官⑩,量蓄积,齐勇士,遍知天下,审御机数,兵主之事也⑪。

【今译】

对战争没有准备,军队没有主帅,就不可能预先掌握敌情。田野没有开垦,又无专人管理农业,就不可能有粮草的积蓄;官府行事无常规,工匠抱怨官吏,所造的兵器就不会精良;朝廷政令不修,赏罚不明,民众就会苟且偷生。因此,如果预先了解敌情,就能所向无敌;粮草积蓄充足,就能持久作战而不会匮乏;武器精良,就能连续作战而不易损坏;赏罚严明,百姓才不会侥幸偷生;百姓不侥幸偷生,勇士就会努力奋战了。所以,用兵的规律就是这样:事先要仔细研究地理,掌握天时,准确地计算物资储备,整饬勇猛的战士,全面掌握天下的情况,谨慎地把握时机,运用谋略,这些就是军中主帅的职责。

【注释】

① 原文无"敌",据《管子集校》补。 ② 地无吏:没有管理土地的官吏。 ③ 官无常:官无常法。 ④ 功:通"工",精巧、精良。 ⑤ 无政:政令不修。原文在"朝无政"下有"则赏罚不明"五字,据《管子集校》删。 ⑥ 幸生:侥幸偷生。 ⑦ 原文"敌"下有"人"字,"则"作"如",据《管子集校》删改。独行:谓如入无人之境。 ⑧ 原文两"幸"字下均无"生"字,"矣"原作"之",据《管子集校》补改。 ⑨ 地图:指地理形势。 ⑩ 谋于日官:原文为"谋十官曰",据《管子集校》改。日官:掌管天文之官。 ⑪ 兵主:军中主帅。

【评析】

军中主帅的任务有六项:明了地理,掌握天时,计量军备,训练勇士,遍知天下大势,谨慎运用机数。这里,我们着重谈谈运用机数。所谓机数就是谋略,就是要根据实际情况灵活决策。用兵作战有常规的战术,但没有一成不变的战术。必须根据敌情、我情和环境的变化,而随时更换制定新的作战计划和方法,随机应变,兵无常势,才能用兵如神,因敌制胜。如唐代李靖就深通此道。唐武德四年(公元621年),萧铣割据两湖流域,以湖北江陵为都。李靖随赵郡王李孝恭前往征讨。唐军从现在的重庆奉节出发,进攻江陵。当时正是秋季,江水上涨。一些将领要求等江水降落后再进军。李靖说:"兵贵神速。现在我们的军队刚刚集中,萧铣尚未得知,如能乘江水上涨之机,顺流而下,迅速抵其城下,便可攻其不备,一举获胜。"孝恭采纳了李靖的意见,发战舰两千艘顺江东下,向江陵进军。一路攻拔萧铣的据点。九月到达现在的湖北宜昌西北,打败了驻守清江的敌军。萧铣闻讯,大为惊慌,匆忙下令征集江南士兵抵抗。但由于交通不便,江南士兵一时到达不了,萧铣便把江陵附近所有兵力集中起来,对付唐军。李孝恭急于出兵攻打江陵城。李靖劝阻说:"萧铣的兵力,是为援救失败之师而集中起来的,其势不能持久。我们不如暂时停泊南岸,等他们兵力分散后,再发动进攻,就容易取得胜利。如果现在急于进攻,他们会拼力死战,是不容易取得胜利的。"但李孝恭不听。他让李靖留守营寨,自己率军出战,果然被打败。这时,萧铣士卒抢着收集唐军战败留下的军用物资,非常混乱。李靖看到进攻的时机已到,就命令部队出击,终于大败萧铣。

从这个例子中我们看到,在萧铣毫无防备的情况下,李靖率军以神速的动作,攻其不备,初战告捷,采用的是"兵贵神速"的谋略。但当敌人已有所准备,并集中兵力抵抗时,就应改变用兵战术,待机破敌。希望速战速决的李孝恭不听李靖劝告,结果遭到了挫败。最后,李靖审时度势,等到敌人混乱之机再令部队出击,从而大败敌军。这就是所谓"运用之妙存乎一心"。

有风雨之行①,故能不远道里矣。有飞鸟之举,故能不险山河矣。有雷电之战,故能独行而无敌矣。有水旱之功②,故能攻国拔邑矣③。有金城之守④,故能定宗庙、育男女矣。有一体之治⑤,故能出号令,明宪法矣。风雨之行者,速也。飞鸟之举者,轻也。雷电之战者,士不齐也⑥。水旱之功者,野不收,耕不获也。金城之守者,用货财,设耳目也。一体之治者,去奇说,禁雕俗也⑦。不远道里,故能威绝域之民⑧。不险山河,故能服恃固之国。独行无敌,故令行而禁止。攻国救邑⑨,不恃权与之国⑩,故所指必听。定宗庙,育男女,天下莫之能伤,然后可以有国。制仪法,出号令,莫不响应,然后可以治民一众矣。右选陈。

【今译】

军队像风雨般行进,因而能不怕路途遥远;有如飞鸟般轻捷,因而能不怕山河险阻;像雷电般的迅猛进攻,因而能所向披靡,无敌于天下;有水旱般的摧毁效果,因而能够攻人之国,拔人之城;有金城般的固守,因而能使国内安定,百姓繁育;有身体般的协调,因而能够发布号令,严明法制。所谓风雨般的行进,就是指速度飞快;飞鸟般的举动,就是要做到轻捷;雷电般的迅猛进攻,就是要使敌军不及布阵就仓促应战;水旱般的摧毁效果,就是使敌方土地无收,耕种无获。金城般的固守,就是使用财货,广设耳目;身体般的协调,就是要禁止邪说怪论和奢侈风俗。军队不怕路途遥远,就能威慑边远地区的臣民。不怕山河险阻,就能征服依险固守之国。所向无敌,就能做到令行禁止。不待盟国帮助,就能攻人之国,克人之邑,就必然是军队指向哪里,哪里就得听从。这样国家安定,人民繁育,天下没人能够伤害,国家牢固地掌握在手中。立法定制,颁布号令,天下莫不响应。然后就能治理百姓,统一天下了。以上是"选陈"。

【注释】

①"有"上原有"故"字,据《管子集校》删。 ②水旱之功:如同水灾旱灾般的破坏力。 ③"拔",原作"救","矣"字原文无,据《管子集校》改补。 ④金城:城池防守坚固。 ⑤一体之治:如一个人的身体般协调统一。 ⑥士不齐:指敌军阵势不齐。 ⑦雕俗:崇尚奢侈的风俗。 ⑧绝域:僻远地区。 ⑨"攻"上原有"故",字,据《管子集校》删。 ⑩权与之国:盟国。

【评析】

本节讲攻战之法。一个国家要取得战争的胜利,要立足于世界,就必须首先做好自己国内的事情,使自己强大起来。具体要做好以下几方面的工作:从进攻方面说,要不怕困难险阻,行动要迅捷,对敌国要实行"掠野";从防守方面说,要使自己不被攻破,要明布法令,统一国内百姓的思想。这实际上就是要使自己不可胜,然后才能去战胜敌人,与孙子这方面的思想是相当一致的。这方面的例子也是相当多的。公元618年,李世民和西秦薛仁杲作战。李世民的军队到达现在的陕西长武县北,薛仁杲派他的大将宗罗睺去抵御。他几次向唐军挑战,将官们都请求应战,李世民始终坚持不出,他说:"我们新打败仗,士气不高,敌人因为打过胜仗,很骄傲,有轻视我军的心理,所以应该坚守工事等待机会。敌人骄傲,我们奋勉,一战就可以击败敌人。"于是,他给部队下命令:"有敢于请求出战的,一定按军法从事。"当时,两军相持了六十多天,薛仁杲的粮食吃完了,一部分将士向唐军投降。李世民了解到敌人将士离心,有可胜的机会,就派一位大将梁实布阵诱敌,宗罗睺果然上当,用全部精锐部队向梁实进攻。梁实固守,宗罗睺连攻几天不下。李世民估计敌人已疲劳,就下令布阵进攻,宗罗睺大败。

上面这个例子说明,要想取得战争的胜利,就要靠主观努力,克服自己的弱点,修道而保法,施行能胜之政。高明的将帅要通过各种手段使敌人犯错误,而自己则善于发现和利用敌人的错误、弱点,战而胜之。

七、五　　辅

【解题】

本篇重在阐述德、义、礼、法、权等五项辅弼国政的措施及其内容。全篇可分三大部分。第一部分是提出并分析问题。从古之圣王明名广誉与今之有土之君身死国灭的对比中提出论点：为政务必得人。接着指明得人之道——利人，给人以利益。然后以善为政和不能为政的两种结果作对比，阐述了只有善政才可得人，才可称霸天下。第二部分是回答问题，解决问题。具体阐述善政的措施，其中德、义、礼、法、权五项是关键。德即兴举德政，义即教民行义，礼即教民行礼，法即依照法令安排人力，权即考度天、地、人三大因素，并就这五项措施逐个进行了详尽的论述，包括兴举德政的六种表现、行义的七种表现、行礼的八项内容、安排人力的五项法则、权衡轻重的三度标准。第三部分补充了善政的另外两个重要措施：除奸禁淫和禁止奢侈，从而完备地阐述了善政的方略。

古之圣王，所以取明名广誉①，厚功大业，显于天下，不忘于后世，非得人者，未之尝闻。暴王之所以失国家，危社稷，覆宗庙，灭于天下②，非失人者，未之尝闻。今有土之君，皆处欲安，动欲威，战欲胜，守欲固，大者欲王天下，小者欲霸诸侯，而不务得人，是以小者兵挫而地削，大者身死而国亡。故曰：人不可不务也，此天下之极也③。

【今译】

　　古代的明君所以能取得盛名广誉,建立丰功伟业,显赫天下并为后人铭记,不是因为深得人心的,还没有听说过。暴君之所以失去国家,危及社稷,倾覆宗庙,湮没无闻,不是因为失去人心,也从来没有听说过。当今拥有国土的君主,都希望生活安定,行动有威势,战争能胜利,防守能坚固,大国的君主,想要称王天下,小国的君主想要称霸诸侯,但都不重视争取人心。因此,祸小的兵败地割,祸大的身死国亡。所以说:人心不可不重视,这是得天下最重要的问题。

【注释】

　　① 明名:盛名。　② 灭:消失,不留痕迹。　③ 极:最,这里指最重要的事。

【评析】

　　春秋战国之际,我国已全面进入封建社会。生产关系的剧烈变化引起意识形态的变更。统治者开始把百姓地位、民心向背看成是自身统治是否稳定牢固的关键。当时的许多思想家对此都有过论述。除了《管子》在这里说"务得人",孟子更进一步提出"民为贵,社稷次之,君为轻"的观点。同时,在国家政治活动中,也体现了这一思想。《战国策·齐策》中记载了这样一件事:齐王派使者聘问赵威后,信还没打开,赵威后就问使者,齐国今年收成怎样,百姓怎样,最后才问齐王可好。使者感到迷惑,认为威后不先问王而先问岁与民,是把贵贱弄颠倒了。赵威后却说:"苟无岁,何以有民?苟无民,何以有君?故有舍本而问末者耶?"明确地申明,无民则无君,民是国家的根本。历史一再证明,得民心者,得天下;失民心者,失天下。在中国历史上,商灭夏,周灭商,都是在夏、商失去民心、怨声载道之时。我们看周平王东迁后的东周时期,王室衰微,五霸相继而出。五霸能够成功,一个很重要的原因就是,他们在图谋霸业的时期,都想方设法取得民众的信任。刘邦能够建立四百年基业,从动因来看,就是他以"伐无道,诛暴秦"为号召,采取与民生息、发展生产的政策。因此,可以说一个国家能否建立,建立后能否强大,关键的因素是能否得到民众的支持。有了民众的支持,就可以由小变大,由强变弱,夺取政权,并牢固地保持政权。失去民众支持的政权,其结局只能是灭亡。

曰:然则得人之道,莫如利之;利之之道,莫如教之①。故善为政者,田畴垦而国邑实,朝廷闲而官府治,公法行而私曲止②,仓廪实而囹圄空,贤人进而奸民退。其君子上中正而下诌谀③,其士民,贵勇武而贱得利,其庶人好耕农而恶饮食④,于是财用足而饮食薪菜饶。是故上必宽裕而有解舍⑤,下必听从而不疾怨,上下和同而有礼义,故处安而动威,战胜而守固,是以一战而正诸侯。不能为政者,田畴荒而国邑虚,朝廷凶而官府乱⑥,公法废而私曲行,仓廪虚而囹圄实,贤人退而奸民进。其君子上诌谀而下中正,其士民贵得利而贱武勇,其庶人好饮食而恶耕农,于是财用匮而饮食薪菜乏。上弥残苛而无解舍⑦,下愈覆鸷而不听从⑧,上下交引而不和同⑨,故处不安而动不威,战不胜而守不固。是以小者兵挫而地削,大者身死而国亡。故以此观之,则政不可不慎也。

【今译】
　　所以说,争取人心的方法,最好是让百姓得到利益。给人利益的方法,最好是对百姓进行教育。因此,君主善于治理的国家,田野就会得到开垦而国家富裕,朝廷安闲而地方政府治理有方,公法通行而私议禁止,粮库充实而监狱空虚,贤人进用而小人废退。上层人物崇尚公平正直而鄙视阿谀逢迎,中层士民看重勇武而鄙视财利,一般百姓喜好农业生产而厌恶吃喝铺张,于是财用富足而食用物品丰富。因此,君王也就能宽厚而赋役有所减免,百姓也能服从而毫无怨恨,上下和谐而遵守礼仪。这样才能做到居处安定,行动有威势,战必胜,守必固,从而一战就可以匡正诸侯。君主不善于治国,就会田园荒芜,国库空虚,朝廷惊扰,官府混乱,国法废弃,邪道风行。粮仓空虚而监狱爆满,贤人受排挤,奸人得重用。上层人物崇尚阿谀而鄙视正直,中层士民看重利禄而轻视勇武,一般百姓就贪吃贪喝而不愿从事农业生产,于是国家财用不足而食品短缺。君主就更加残暴苛刻而无所减免,百姓就固执凶顽拒不服从,上下争利而不协调。所以居处不安定,行动无威势,战不胜,守不固。祸小的兵败地割,祸大的国破身亡。由此看来,国家政事是不能不谨慎对待的。

【注释】

① "教之"下原有"以政"二字,据《管子集校》删。 ② 私曲:偏私阿法的行为。 ③ 上:同"尚"。下:鄙视。 ④ 恶饮食:厌恶大吃大喝。 ⑤ 解舍:弛舍,谓宽免赋役。 ⑥ 凶:通"讻",不安宁。 ⑦ 苛:原作"苟",据《管子集校》改。 ⑧ 覆骜:凶狠。 ⑨ 引:取。上下交引,谓上下相互争利。

【评析】

怎样才能得人心呢?《管子》认为得人之道在于善为政。从农业、政治、法律和道德几方面着眼,展示了一幅善政下的治世图:田畴垦,仓廪实,朝廷闲,官府治;上有解舍,贤人得进;公法得行,邪道被禁;贵族官僚注重中正、勇武的品行,百姓热爱农耕,等等,上下和谐有序;也展示了一幅不能为政而出现的乱世图。治乱对比,揭示出一个道理:得人者得天下。在利民得人的善政措施中鲜明表现了《管子》的人本思想。人本思想是儒家思想的核心。有的人认为这一思想可以在管仲的理论中找到相同之处。这一思想对后世产生了很大的影响。隋前期的繁荣正是基于文帝推行了一系列安民措施,加上统治的有所自律而成;比君为舟、比民为水的唐太宗深知"水能载舟,亦能覆舟",实行的是较为宽和的利民政治,开创了贞观年间的太平繁荣。古今中外大凡有所作为的帝王将相、政治家、实业家都不会忽略政治秩序中"民"这一重要环节,不会不重视管理过程中人的因素。

德有六兴,义有七体,礼有八经,法有五务,权有三度。所谓六兴者何?曰:辟田畴,制坛宅①,修树艺②,劝士民,勉稼穑,修墙屋,此谓厚其生。发伏利③,输瀡积④,修道途,便关市,慎将宿⑤,此谓输之以财。导水潦,利陂沟,决潘渚⑥,溃泥滞,通郁闭,慎津梁⑦,此谓遗之以利⑧。薄征敛,轻征赋,弛刑罚,赦罪戾,宥小过,此谓宽其政;养长老,慈幼孤,恤鳏寡,问疾病,吊祸丧,此谓匡其急。衣冻寒,食饥渴,匡贫窭⑨,振罢露⑩,资乏绝,此谓振其穷。凡此六者,德之兴也。六者既布,则民之所欲,无不得矣。夫民必得其所欲,然后听上;听上,然后政可善为也。故曰:德不可不兴也。

【今译】

德有"六兴",义有"七体",礼有"八经",法有"五务",权有"三度"。什么叫六兴呢?就是开垦土地,建造住宅,重视种植,勉励士民,勤修农耕,修葺房屋,这样做是为了丰富百姓的生活物资。开发潜在的财源,疏通囤积的物资,修筑道路,便利贸易,慎重送迎客商,这是为了给百姓输送财货。疏导滞留的积水,打通壅塞的水沟,挖通回流浅滩,清除淤积的泥沙,打通闭塞的河道,注意渡口桥梁,这是为了给百姓提供便利。轻徭薄赋,放宽刑罚,赦免罪犯,原谅小过失,这是对百姓实施宽厚政治。赡养老人,爱抚幼孤,抚恤鳏寡之人,关心人民疾病,吊慰祸丧,这是帮助百姓解救急难。送寒衣给受冻的人,送饮食给饥渴的人,救济贫穷的人,赈济破败人家,资助面临绝境的人。这是救济百姓的穷困。这六个方面,就是德政的表现。六项德政实施之后,那百姓的愿望就能得到满足了。百姓的愿望必须得到满足,才会服从君主。百姓能服从君主,国家政事才能处理好。所以说:德政是不可不兴的。

【注释】

①制:原文为"利",据《管子集校》改。坛宅:住宅。 ②树艺:栽种技能。 ③伏利:尚未开发的财利。 ④埒积:囤积,贮蓄。 ⑤将宿:送迎。 ⑥潘渚:水回旋为潘,水中陆地为渚。决潘渚,概指水利建设。 ⑦慎:读为"顺"。 ⑧遗:赠送。 ⑨窭(jù):即贫寒。 ⑩振:"赈"之本字。罢:通"疲"。露:衰败。

【评析】

所谓善为政,就是要行德政。施德政的对象是百姓,其具体内容有六项:厚其生,输之以财,遗之以利,宽其政,匡其急,振其穷。这六个方面做好了,老百姓的经济利益就得到了满足,他们就会拥护你,其他的政策措施也才能够得以施行。很显然,《管子》认为德政能使老百姓生活下去,能够生活得好一点。这完全是以经济为出发点的,很有点唯物主义的味道。民以食为天,温饱问题不能解决,一切都免谈,最基层的百姓最关心的就是自己的生存问题,所以满足他们的第一需要,统治者就赢得了他们的心,为兴办其他事业开创了一个良好的开端。

曰:民知德矣,而未知义,然后明行以导之义①。义有七体。七体者何?曰:孝悌慈惠,以养亲戚②;恭敬忠信,以事君上;中正比宜③,以行礼节;整齐撙诎④,以辟刑僇⑤;纤啬省用⑥,以备饥馑;敦懞纯固⑦,以备祸乱;和协辑睦,以备寇戎。凡此七者,义之体也。夫民必知义然后中正,中正然后和调,和调乃能处安,处安然后动威,动威乃可以战胜而守固。故曰:义不可不行也。

【今译】

百姓知道了德,但还不懂得义,就要身体力行地引导他们行义。义有"七体"。七体是什么?就是以孝悌慈惠来供养亲人,以恭敬忠信来事奉君上,以公正合宜实行礼节,以端正克制来避免犯罪,以俭省节约来防备灾荒,以敦厚纯朴来戒备祸乱,用协调和睦来防备敌寇。这七个方面,就是义的体现。百姓只有懂得了义,然后才能做到公正,行为公正才能和睦团结,和睦团结才能保证居处安定,居处安定才可以动而有威,动而有威才能保证战必胜,守必固。所以说,义是不可不行的。

【注释】

① 明行:显示于行动。 ② 亲戚:古指父母兄弟。 ③ 比宜:合宜,合适。 ④ 撙(zǔn)诎:约束,节制。撙,节也。诎,通"屈"。 ⑤ 辟:通"避"。僇:通"戮",杀戮。 ⑥ 纤啬:计较细微。 ⑦ 敦懞纯固:敦厚朴实。

【评析】

老百姓的经济生活得到了保障以后,就要对他们实施道德教化。这项工作怎样做呢?《管子》提出要"明行以导之义",就是要求统治者以身作则,用实际行动进行示范,引导百姓养成良好的道德品质。中国古代非常重视统治者的言传身教作用,老子、孔子都表述过类似思想。《老子》第二章说:"是以圣人处无为之事,行不言之教。"孔子说:"政者,正也。子帅以正,孰敢不正。"许多有作为的君王,也非常注重这一点。汉初,周代奉行的天子籍田劝农做法久已旷废。汉文帝执掌国政后,深知劝课农桑乃治国之本,就恢复籍田仪式。每年春耕之前,亲率大臣下田耕作。他还亲带大臣包耕一地,生产供祭之粮,连皇后也亲率宫女勤事桑蚕,生产蚕丝,以为祭服之料。汉文帝就这样坚持了十多年,终于使全国荒地得以开垦,粮食连年增产,为西汉王朝的经济繁荣打下了坚实的物质基础。

教民行义的具体内容就是引导人们以仁慈孝敬对待家庭成员及亲属,效忠君主,待人公正有礼节,克制检点不触犯法律,平常俭省以防备饥荒;敦厚纯朴,不惹事端;大家团结一致以抗敌御辱。这些就是立事为人的准则,如果人人都能严格自律,合乎这些准则,那么天下何愁不和谐稳定?有这么好的社会环境作后盾,霸业何愁不成?全社会都能遵循道德,那么上下、长幼、贫富、贵贱之间相安无事,和平共处,到处是秩序井然的景象。这样,天下也就太平了。

曰:民知义矣,而未知礼,然后饰八经以导之礼①。所谓八经者何?曰:上下有义②,贵贱有分,长幼有等,贫富有度。凡此八者,礼之经也。故上下无义则乱,贵贱无分则争,长幼无等则倍③,贫富无度则失④。上下乱,贵贱争,长幼倍,贫富失,而国不乱者,未之尝闻也。是故圣王饬此八礼以导其民。八者各得其义,则为人君者中正而无私,为人臣者忠信而不党,为人父者慈惠以教,为人子者孝悌以肃⑤,为人兄者宽裕以诲,为人弟者比顺以敬⑥,为人夫者敦懞以固,为人妻者劝勉以贞。夫然,则下不倍上,臣不杀君,贱不逾贵,少不凌长,远不间亲,新不间旧,小不加大⑦,淫不破义。凡此八者,礼之经也。夫人必知礼然后恭敬,恭敬然后尊让,尊让然后少长贵贱不相逾越,少长贵贱不相逾越,故乱不生而患不作。故曰:礼不可不谨也。

【今译】

百姓懂得了义,还不懂得礼,就要整顿"八经"以引导他们行礼。什么是八经呢?就是:上下有礼仪,贵贱有本分,长幼有次序,贫富有节度。这八个方面,就是礼的准则。上下之间没有礼仪就会发生混乱,贵贱没有本分就会发生争执,长幼没有次序就会发生背弃,贫富没有限度就会失去控制。上下混乱,贵贱相争,长幼相背,贫富失控,而国家不发生动乱的,从来没有听说过。因此,圣明君主总是整饬这八项礼制来引导百姓。这八个方面各得其宜,那么做君主的就会公正无私,做臣子的就会恪守忠信而不结党营私,做父母的就能以慈惠和顺的态度来教育子女,做子女的就会孝顺恭敬父母,做兄长的就会以宽厚的态度教诲弟妹,做弟妹的就会以和顺的态度来尊敬兄长,做丈夫的就会老实而专一,做妻子的就能劝勉而有操守。能做到这些,那么下不会叛上,臣不会杀君,低贱不会超越高贵,年少不会欺凌年长,疏远不会间隔亲近,新朋不会离间旧友,小的不凌驾到大的上面,淫邪不会破坏礼仪。这八方面,是礼的根本。所以,人必须是先懂得礼,然后才变得恭敬,恭敬了才会尊重谦让他人,懂得尊重谦让之后才会做到少长贵贱不相逾越,少长贵贱不相逾越,那么祸乱就不会发生。所以说:礼是不可不谨慎的。

【注释】

①饰:通"饬",整饬。　②义:"仪"之古字。仪,礼仪。　③倍:通"背",背离。　④失:失去节制。　⑤肃:恭敬。　⑥比顺:和顺。　⑦加:凌驾。

【评析】

礼和义是封建社会道德规范的内容,是人们行动的标准和约束力量。而礼实质上是一种等级限定。为了说明礼的重要性和合理性,《管子》列举了守礼与不守礼所招致的不同结果。不可否认,礼之中包含着赤裸裸的等级观念,但是也应该注意到礼的某些合理之处,它们对维护一个社会的稳定是有积极意义的。尤其《管子》所强调的礼,对最高统治者和最底层的小百姓提出了同等要求:"为人君中正无私,为人臣忠信不党,为人父慈惠以教,为人子孝悌以肃,为人兄宽裕以诲,为人弟比顺以敬,为人夫敦懞以固,为人妻劝勉以贞。"这样各种身份的人都名实相符。人们常说什么人就该有什么人的样子,自己的行动要符合自己的身份,要敬重自己的工作,要做好本职工作,分内的事情,既不能渎职,也不可越俎代庖,越职干权。只有这样,从家庭到社会,处处都呈现出整齐的面貌,为创造良好的社会环境和强大的国力开辟道路。古代的思想家们难免有等级观念,但有程度轻重的区别。《管子》学派把道德提到了事关治国成败的高度来提倡,对我们处理物质文明与精神文明建设的关系是有启发作用的。

曰:民知礼矣,而未知务①,然后布法以任力。任力有五务。五务者何?曰:君择臣而任官,大夫任官辩事②,官长任事守职,士修身功材③,庶人耕农树艺。君择臣而任官,则事不烦乱;大夫任官辩事,则举措时;官长任事守职,则动作和;士修身功材,则贤良发④;庶人耕农树艺,则财用足。故曰:凡此五者,力之务也。夫民必知务,然后心一,心一然后意专,心一而意专,然后功足观也。故曰:力不可不务也。

【今译】

百姓懂得礼,而不知道自己该干些什么,就应公布法令来安排人力,安排人力有五个方面的事务。哪五方面呢?就是:君主挑选臣子而任命官职,大夫任官治事,官吏任事守职,士人修养品德而学习才艺,百姓从事农业生产劳动。君主挑选臣子而任命官职,政事就不会烦乱;大夫任官治事,举措就会适时;官吏尽职尽责,动作就能协调一致;士人加强修身学艺,贤良人才就会产生;庶人耕田种植,财用就会富足。因此说:这五个方面是人力安排要做的事。百姓只有知道自己该干些什么,思想才会安定下来,思想安定才能意志专一。思想安定,意志专一,就会实现可观的功业。所以说:人力是不能不有所专务的。

【注释】

①《管子集校》云:"务"当作"法",涉下"五务"而误。 ②辩:治

理,办理。　③功:通"攻"。材:通"才"。功材:学习才艺。　④发:显现。

【评析】

本段是善政措施之四,前三项为举德政,重礼义,这项措施是说社会各个阶层的人应该分工合作,同心协力,这样国家才能强大起来。首先,君主要依照法令来分工,配备人力。社会成员分作五种,不同职位、不同职业的人员的专务不同:君主负责任官,大夫负责办事,官长任务在守职,士人要加强修身,庶人专工农耕。从任职角度强调要忠于职守,做好本职,比起"礼"所要求的名实相符更明确,五务旨在力求分工明晰,大家务尽其力,整个社会运作也就相应有条不紊。

曰:民知务矣,而未知权,然后考三度以动之。所谓三度者何?曰:上度之天祥,下度之地宜,中度之人顺,此所谓三度。故曰:天时不祥,则有水旱;地道不宜,则有饥馑;人道不顺,则有祸乱。此三者之来也,政召之。曰:审时以举事,以事动民,以民动国,以国动天下。天下动,然后功名可成也。故民必知权然后举错得①;举错得则民和辑,民和辑则功名立矣。故曰:权不可不度也。

【今译】

　　百姓知道自己该干什么,但不懂得权衡,就应考察"三度"来调动他们。什么是三度呢?就是:上考度天时,下考度地利,中考度人和,这就是三度。所以说:天时不吉,就有水旱之灾发生;地利不宜,就有饥荒发生;人道不和顺,就有祸乱发生。这三者的出现,都是政事导致的。因此,要审度时机来办事,以事来发动百姓,以百姓发动全国的力量,以全国来发动全天下的力量。天下都行动起来了,功业和名声就可以成就了。因此百姓必须懂得权衡轻重缓急,然后举措才会得当;

举措得当,百姓就能团结和谐;百姓团结和谐,君主就功成名就了。所以说:权衡是不能不认真审察的。

【注释】

① 错:通"措"。

【评析】

本段是五辅的最后一说。《管子》认为,凡举事都必须审时度势,要考虑三个因素:天时、地利、人和。考度人和又一次体现管仲的人本思想。"天时不如地利,地利不如人和",人是最重要的因素。兵家历来重视天时、地利、人和,指挥战争,要权衡各种利弊,选择有利时机。管仲考三度的思想包含有唯物主义的方法论。天时、地利代表着自然界中客观的规律和条件,不顾客观规律,在条件不具备时就盲目行动,即天时不祥,地利不宜,就会带来水旱灾害和饥荒。所谓知权,就是要在适宜的时机做适宜的事,举措不得时,就不可能成功。

例如,尽管说的是相同的事,掌握时机合适与否会导致对方完全相反的反应,这是人人熟知的经验,同样的事要取得最理想的效果,一定要合理选择时机。战国时楚国有个宠臣叫坛,既无特殊功绩,门第也不高贵,然而却登上了极高的地位。一天,有个名叫江乙的智者忠告他:"利用财物来结交的,财物用尽,交情也就断绝了;利用色相来结交的,色相一旦衰败,感情也就疏远了。所谓爱妾,所谓宠臣,这种人与人之间的关系都是短暂的。你只是现在可以夸耀权势,但君王的感情一旦变化,权势就再也没有了。为什么不进一步加强同君王的关系呢?"坛就问他应该怎么做,江乙说:"事先表示在君王去世时愿意殉死。这样,你就必定可以巩固在楚国的地位。"坛表示愿意听从这个主意。然而过了三年,他仍然没有提出殉死的事。江乙很不高兴,说:"我为您提出的建议,你至今没有兑现。你不用我的计策,我请求今后再也不要见您了。"坛解释说:"绝不敢忘记先生的教诲,只是还没有遇到好的时机。"不久,楚王前往云梦狩猎。其时驷车千乘,漫野驰骋,各色旌旗,遮天蔽日。楚王亲自引弓射杀野牛,高兴得仰天而笑,继而又感叹道:"乐矣,今日之游也!然而寡人万岁千秋之后,还能再享受这样的快乐吗?"这时,在旁侍候的坛满面泪水,上前说道:"臣今日得以在大王近旁服务,大王万岁千秋之后,愿以此身追随大王,试黄泉,蓐蝼蚁,尽职尽忠!"楚王一听大喜,立即赐给他领地,封为安陵君。

坛实施的其实是一个小小的骗局,然而在殉死风流行的当时,确实是抓住了最能打动楚王心思的最佳时机。如果安陵君的这一请求,是在楚王不快之时说出的,得到的反应就不会是这样了。所以,举措合时是做任何事情都要注意的。

五经既布①,然后逐奸民,诘诈伪②,屏谗慝③,而毋听淫辞,毋作淫巧。若民有淫行邪性,树为淫辞,作为淫巧,以上谄君上而下惑百姓,移国动众,以害民务者,其刑死流④。故曰:凡人君之所以内失百姓,外失诸侯,兵挫而地削,名卑而国亏,社稷灭覆,身体危殆,非生于淫谄者⑤,未之尝闻也。何以知其然也?曰:淫声谄耳,淫观谄目。耳目之所好,谄心。心之所好,伤民。民伤而不危者,未之尝闻也。曰:实圹虚⑥,垦田畴,修墙屋,则国家富;节饮食,撙衣服⑦,则财用足;举贤良,务功劳,布德惠,则贤人进;逐奸人,诘诈伪,去谗慝,则奸人止;备饥馑⑧,救灾害,赈罢露,则国家定。

【今译】

以上五项措施公布实施之后,还要驱逐奸民,追究伪诈,摒退谗言邪恶之徒,不准听淫乱言论,不准造淫奢物品。如果人们有淫行邪性,传播淫乱言论,制造淫巧之物,对上取悦君主,对下迷惑百姓,改变风俗,危害百姓不务正业的,就判处他们死刑或流放。所以说,大凡人君之所以内失百姓的信任,外失诸侯的遵从,兵败地削,名声狼籍而国家受损,社稷覆灭,生命危险,不是因为沉溺于淫辞所致,还从来没有听说过。凭什么这么说呢?淫邪的声音迷惑耳朵,淫邪的行为迷惑眼睛。耳目所好,往往迷惑心意。心被迷惑了,就伤害百姓。百姓受到伤害而君主自身不危险的,还从来没听说过。所以为政必须:移民垦荒,开辟田地,修筑房屋,国家才能富裕;节俭饮食,节制衣饰,财用才能充足;推举贤良,注重功业,施行德惠,贤人才会得到进用;罢黜奸人,追究伪诈,摒弃谗慝,奸人才会销声匿迹;防备饥荒,救助灾害,赈济破败人家,国家才会安定。

【注释】

①"五经"上原有"故曰"二字,据《管子集校》删。五经:指德、义、礼、法、权五者。 ②诘:查究。 ③屏:排除。谗慝:指邪恶之人。 ④死流:处死或流放。 ⑤淫谄:原作"谄淄",据《管子集校》改。谄:同"滔",滔,迷惑。 ⑥圹虚:空旷无人的地方。圹通"旷"。 ⑦搏:节省,节制。 ⑧备:原文为"修",据《管子集校》改。

【评析】

本段阐述了驱奸禁淫的必要性。《管子》历数了小人谗言的危害:欺骗君主,迷惑百姓,离散人心,妨碍生产和生活。一旦放任小人淫乱之言,必伤害人民,失去民心,招来亡国之险,管仲力主重惩,判死刑或流刑。足见他对谗言奸佞是深恶痛绝的。奸臣误国在当时并不少见。比如楚怀王听信郑袖和奸细张仪一伙小人谗言,中秦国离间之计,放逐了屈原,终于被秦所灭。历史上大凡有所作为的明君贤臣,都或多或少对此有所警戒。诸葛亮《出师表》声泪俱下,劝谏后主说:"亲贤臣,远小人,此先汉所以兴隆也;亲小人,远贤臣,此后汉所以倾颓也。"唐太宗深知"兼听则明,偏信则暗"。统治者要洁身自好,不为小人佞言所惑,不以耳目之好危害国事。但历史上,能做到此的君王是少之又少,而反面例子却不胜枚举。据《韩非子·内储说下》载,孔子在鲁国帮鲁哀公治理国家,百姓丰足,道不拾遗。齐景公想除掉孔子,大臣黎且献计说:"除掉孔子不费吹灰之力。您把一批善于音乐歌舞的美女献给鲁哀公,滋长鲁公骄傲虚荣的心理,他必定沉溺于声色而懒于政事。仲尼一定会劝谏,哀公不听,仲尼就会轻易地离开鲁国。"齐景公依计,派黎且把十六名歌妓美女送给鲁哀公。鲁哀公从此懒于国家政事。孔子劝谏,鲁哀公不听,孔子就离开鲁国到楚国去了。从历史上看,沉溺于声色玩好的国君没有一个不亡国的。因此,《管子》要求统治者对此要严加注意,确实是很有先见之明的。

明王之务,在于强本事,去无用①,然后民可使富;论贤人②,用有能,而民可使治;薄税敛,毋苛于民③,待以忠爱,而民可使亲。三者霸王之事也。事有本,而仁义其要也。今工以巧矣④,而民不足于备用者,其悦在玩好;农以劳矣,而天下饥者,其悦在珍怪⑤;女以巧矣,而天下寒者,其悦在文绣。是故博带梨⑥,大袂列⑦,文绣染,刻镂削,雕琢平⑧,关幾而不征⑨,市鄽而不税⑩。古之良工,不劳其智巧以为玩好。是故无用之物,守法者不生⑪。

【今译】

英明君主的要务,是加强农业生产,废除那些无用之物的生产,才可以使百姓富裕;选择贤才,任用能人,才可以使百姓得到治理;减少税收,对百姓不过分苛刻,以忠爱对待他们,才可以使百姓来亲附。这三者,是成就霸业的大事。做事情都要抓住根本,而仁义是成就霸业的关键。现在,工匠那么精巧,而百姓的用具仍不充足,是因为君主过分喜爱玩好之物;农民那么勤劳,但天下还有人挨饿,是因为君主过分喜爱珍奇美食;妇女的手已经够巧了,但天下还有受冻的人,是因为君主过分爱好华丽服饰。所以,现在应该把宽大的带子裁小,把肥大的袖子改瘦,把华丽文绣染成素色,把刻镂的图案削平,把雕琢的花纹磨平。关卡只是稽查而不收费,市场只是存放货物而不征税。古代良匠,不把自己的智慧、技能用于制造玩好之物。因而,守法的人是不会去生产毫无价值的奢侈品的。

【注释】

① 本事:指农桑。无用:指奢侈品的生产。 ② 论:通"抡",择也。 ③ 苛:原文为"苟",据《管子集校》改。 ④ 以:同"已",下文同。 ⑤ "其悦在珍怪"下原有"方丈陈于前"五字,据《管子集校》删。 ⑥ 梨:通"剺",裁割。博带梨:把宽大的衣带裁成瘦小。 ⑦ 列:通"裂"。大袂列:把肥大的衣袖改成窄小。 ⑧ 平:原作"采",据《管子集校》改。 ⑨ 幾:检查。 ⑩ 鄽:同"廛"。市鄽,市房。 ⑪ 生:原作"失",据《管子集校》改。

【评析】

去奢华,倡节俭,也是非常重要的。农民整日劳作,却还是难得温饱,忍冻受寒,究其原因,正是统治者的极端奢侈造成的。管仲明确要求君主把宽带裁窄,把肥袖改瘦,服饰染成单色,图纹抹平,告诫他们要节俭。民众有奢侈之风,社会将无以备荒,君主奢侈将耗尽民力,将民众推入贫困深渊。秦二世大兴土木,残害人民,暴秦终于被农民起义的风暴吞没;隋炀帝穷奢极欲,激起国人造反,自取灭亡。世界上有几个民族是不节俭的?日本,这个研究中国古代文化最深刻、从中受益最多的国家,它的节俭作风值得我们学习。二十世纪六七十年代,日本经济开始腾飞,国富民强,日本国民并没有在苦尽甘来后开始享受,他们提出了一个口号:高积累,低消费。国民手中的资金都集中起来,投入到规模更大的再生产中。

从《管子》的思想看,它认为减轻百姓负担,使他们富裕起来,并起用贤人进行治理,这就是仁义,这才能国泰民安。这一点与儒家思想是完全一致的。

八、枢　　言

【解题】

枢言指关键性的、重要的言论。本篇是《管子》中较为散乱难解的一篇,其文多为格言式的罗列,常常会出现上下文不相连贯、别有包含的情况,因而增加了阅读理解的难度。然而透过表面零乱错落的文字,我们依然可以归纳整理出全文贯穿一气的清晰的脉络。总体上来说是关于治国之道的纲领性的阐述,全文可分为四个部分:第一部分主要阐述治国之道重在以民为本、珠宝玉器为末的思想。第二部分进一步阐述了以道义治国方能称王天下的道理,同时阐发了一种潜藏内蕴的处世态度,即"贵当,贵周"和"以卑为卑,卑不可得;以尊为尊,尊不可得"。第三部分描述先王的为人之道,可分几方面,即重"气"的吸收养成,重诚信,用心广博而混沌,仁与智的并重,以贵事贱、事不肖的胸怀,从这个基础上,引申出称王天下的条件和原则。第四部分谈作为人臣所恪守的原则和规范,以辅佐君王成就大业,并在结尾流露出对现实政治的不满与牢骚。

管子曰:"道之在天者,日也。其在人者,心也。"故曰:有气则生,无气则死,生者以其气①;有名则治②,无名则乱,治者以其名。

【今译】

管子说:"道在天上,就是太阳;道在人身,就是人心。"所以说:有气则生,无气则死,生命都依赖于气;有了名分才能治理,无名分就会引起混乱,统治就是要依靠名分。

【注释】

① 原文无"生者以其气"五字,据《管子集校》补。　② 名:名分。

【评析】

人之所以能生,在于有气;离开了气,人的生命也就停止了。同样的道理,天下能得到治理,就在于有名;如果没有名,或者名不正,天下就会大乱。所以要想治理好天下,要想办成一件事,首先就必须正名。这在当时也是一种普遍的思想。当有学生问孔子,如果你当政了,你要做的第一件事是什么?孔子毫不含糊地说:"必也正名乎!""名不正,则言不顺;言不顺,则事不成;事不成,则礼乐不兴;礼乐不兴,则刑罚不中;刑罚不中,则民无所措手足。"名不正,其他一切的事情就都免谈了。所以,正名是中国传统政治思想中一项重要内容。所谓正名,就是要求社会上的人各从其类,各守其位,行事都要合乎他的名分。否则,名不正,言不顺,事不成。我们看历代开国皇帝及农民起义的领袖们,为了推翻旧王朝,多根据天子受命于天的传统理论,制造天意,以便名正言顺地取而代之。秦始皇统一全国后,六国的旧贵族利用人民对秦残暴统治的不满情绪,阴谋复辟六国。他们在一块大陨石上刻了"始皇帝死而地分"七个大字,为名正言顺地复辟六国制造天意。陈胜、吴广起义时也制造了天意以示名正言顺。他们把"陈胜王"三字的帛条放在被戍卒买走的鱼腹中,故意让戍卒们知道。吴广又在半夜到附近的丛林中装狐鸣,大喊"大楚兴,陈胜王"。戍卒们一看是天意,就毫不犹豫地造起反来。

当然,正名并非只是一种谋略,通过正名,也确实可以使治理更加有序。譬如诸葛亮就是通过正名把蜀国治理得井井有条。刘备集团进入西川时,当时政治腐败,法制松弛,社会秩序混乱。诸葛亮认为这是原来的当政者"德政不举,威刑不肃",造成了"蜀土人士,专权自恣"

的局面。于是,他首先把"正名"作为"为政之要"。他与法正、刘巴等人制定了"蜀科",还为蜀汉的官吏写了"八务""七戒""六怒""五惧"等训厉正名条文,要官员们遵循,忠于职守,严格执法、守法。诸葛亮执法严峻,法正曾劝说他要"缓刑弛禁"。诸葛亮在答书中明确指出:"吾今威之以法,法行则知恩;限之于爵,爵加则知荣。荣恩并济,上下有节,为治之要,于斯而著。"正是由于诸葛亮施行名正言顺的治理方略,蜀国才能在魏、吴两个强敌面前,保持了较强的战斗力。

枢言曰:爱之,利之,益之,安之。四者道之出①,帝王者用之而天下治矣。帝王者,审所先所后。先民与地则得矣,先贵与骄则失矣。是故先王慎所先所后②。

【今译】

枢言说:爱护百姓,有利百姓,使百姓得益,使百姓安居。这四点,都是道的要求。帝王能够很好地运用它们,天下就大治了。做帝王的,就是要分清什么事该先做,什么事该后做。把百姓和土地放在首位才能得到天下,把尊贵和骄纵放在首位就会失去天下。所以先代圣王对做事的先后次序是十分谨慎的。

【注释】

① 道之出:从道而生。　② "慎"下原有"贵在"二字,据《管子集校》删。

【评析】

能爱民、利民、益民、安民,可谓帝王治国之法宝。要想成就帝业、王业,就要把争取百姓、获得土地放在首位,称王称霸应该后一步。如果稍成一点气候,就自贵起来、自骄起来,那结局必定是不妙的。明代朱元璋南渡长江后,已有较大实力,文臣武将云集。但他听从儒生朱升"高筑墙,广积粮,缓称王"的建议,仍打着郭子兴的旗号,但实际上积极扩大占领区,争取百姓定居,兴修农田水利,发展农业生产。经过数年经营,辖区内经济得到恢复,为军队作战提供了充足的物质基础,并得以消灭各个割据势力,最后统一全国,建立大明王朝。如果朱元璋不是这样,而是在占领南京后就称帝,那就会成为众矢之的,所有的割据势力都会向他进攻。如此一来,其前景就不妙了。

人主不可以不慎贵①,不可以不慎民,不可以不慎富。慎贵在举贤,慎民在置官,慎富在务地。故人主之卑尊轻重在此三者,不可不慎。

【今译】

君主不可以不慎重地对待使人贵的问题,不可以不慎重地对待百姓安定的问题,不可以不慎重地处理好使百姓富足的问题。慎贵的关键在于举用贤才,慎民的关键在于设置好治理百姓的官吏,慎富的关键在于重视农业。所以说君主地位的尊卑轻重取决于这三方面,不能不慎重。

【注释】

① 慎贵:慎重处理人们的地位。

【评析】

人主要保持自己地位的尊与重,要从三个方面去做。一是必须慎重地处理好人们的地位问题,就是要举贤人;二是要慎重地对待百姓,就是安置官吏要得当;三是要注意使百姓富起来,这就要求重视和发展农业。如果这三个方面的事务处置不当,那么人主的地位就不可能稳固,就可能亡国失地。我们这里就谈举贤问题。如春秋时的齐桓公就是一位爱护人才、委政于贤的杰出政治家。齐桓公所以能称霸诸侯,从最直接的原因上说,是他尊重人才,委政于大贤,这也是他作为英明君主的最突出特点。齐桓公与管仲本是有前隙的仇人,特别是在他们共同为政的最初几年,关系如果处理得稍微不好,就会引发矛盾,影响合作关系。同时,管仲是桓公释怨敦好而加以任用的人,内心难免有不少顾虑。他们二人关系的主动权完全掌握在桓公手里,桓公对使用管仲的信任专一和对诬枉之言的拒斥,无疑对他们合作关系的巩固与发展起到了决定性的作用。事实上,管仲正是由于桓公不计前嫌的用人方式才得以大展其才,而桓公正是由于管仲的雄才大略才能够称霸诸侯。没有齐桓公的善于用贤,就没有成就霸业的齐桓公。

国有宝,有器,有用。城郭、险阻、蓄藏,宝也。圣智,器也。珠玉,末用也。先王重其宝器而轻其用,故能为天下。

【今译】

国家有重宝,有利器,有用具。内外城郭,山川险地,贮藏丰足,这些就是国家的"宝";圣明、智慧,这是国家的"器";明珠、美玉,是国家的"末用"。先代圣王重视宝和器而轻贱末用,所以能治天下。

【评析】

何谓宝与器?何谓末用?贤明君主和衰亡君主的看法是不同的。贤明君主把城郭、山川、府库蓄积看作是国家之宝,把贤人智者当作是治国的依赖,把珠玉玩好看作是无足轻重的。衰亡之君则反之,他们不重国家之实,而看重珠玉玩好。于是,前者没有天下,就能夺取天下,有了天下,就能治理好天下。而后者即使拥有天下,也是要失去的。当年刘邦入咸阳后,不取重宝财物和后宫美女,却尽收丞相府中图籍账册;而项羽则将货宝妇女扫荡一空。两人孰能得天下,于此已显露端倪。

生而不死者二①,亡而不立者四②。喜也者,怒也者,恶也者,欲也者,天下之败也,而贤者寡之③。

【今译】

能生而不死的因素有两个,被灭亡而不能立国的因素有四种:喜、怒、厌恶和欲望。这是导致天下许多事情败亡的原因,但贤者却很少有这四种毛病。

【注释】

① 二:指上文所提的气与名。　② 亡:原文为"立",据《管子集校》改。四:指下喜、怒、恶、欲四者。　③ 寡:原文作"宝",据《管子集校》改。

【评析】

对于掌握国家一定权力的人来说,喜、怒、恶、欲绝非个人小事,而是事关国家的危亡。因此,贤者不以个人的喜、怒、恶、欲来影响国家大事。但是在历史上,有不少君主以怒兴师,将领愠而出战,结果导致失败的例子。公元221年六月,刘备为报东吴杀害关羽之仇,要举兵进攻孙权。赵云劝刘备说:"篡夺国家的是曹操,而不是孙权,如能先出兵灭掉魏国,则孙权自会屈服投降。所以,不应把大敌魏国置于一边,反先去与吴国作战。战争一起,是不能很快结束的。伐吴并非上策!"向刘备劝谏的臣子很多,但刘备一概不听,于公元222年大举进攻吴国。结果被陆逊火烧连营,损失了大部分兵力,从此蜀军一蹶不振。与上面相反的例子也有,如三国时司马懿忍受诸葛亮胭粉之辱,不轻易出战,最后大败蜀军。

正反例子说明,掌握国家一定权力的人,都应当以国家安危为念,绝不能将个人的喜怒好恶掺入国家大事的决策中去。

为善者①,非善也,故善无以为也,故先王贵善。

【今译】

伪善,不是善。真正的善是不能伪装的。所以先代的圣王注重善。

【注释】

① 为:假借为"伪",下文"故善无以为也"之"为"同。

【评析】

做出来的"善"行,由于带有了动机和目的,就有了虚假的成分,就不是真正的善了。只有不带任何动机和目的的善行,才属于善。这一思想颇类似于康德的绝对命令,具有相当的思辨性。

王主积于民①,霸主积于战士②,衰主积于贵人③,亡主积于妇女珠玉,故先王慎其所积。

【今译】

称王天下的君主积聚百姓,称霸诸侯的君主积聚战士,衰落的君主扩大官僚贵族,亡国之君积聚美女珠宝。所以先王总是慎重对待积聚什么的问题。

【注释】

① 王主:称王天下的君主。积:积聚,积累。 ② "于"下原有"将"字,据《管子集校》删。 ③ 贵人:官僚贵族之类。

【评析】

从一个君主积聚什么,可以看出其政治的得失和志向的高低。周显王三十六年(前333),齐威王、魏惠王会田于郊。惠王问:"齐亦有宝乎?"齐威王说:"没有。"惠王说:"寡人国虽小,尚有径寸之珠,照车前后各十二乘者十枚。岂以齐国大而无宝乎?"齐威王回答说:"寡人之所以为宝者与王异。吾臣有檀子者,使守南城,则楚人不敢为寇,泗上十二诸侯皆来朝。吾臣有盼子者,使守高唐,则赵人不敢东渔于河。吾吏有黔夫者,使守徐州,则燕人祭北门,赵人祭西门,徙而从者七千余家。吾臣有种首者,使备盗贼,则道不拾遗。此四臣者,将照千里,岂特十二乘哉!"这个故事充分体现了齐威王积聚人才的思想,正因为他能这样做,才使得齐国国富兵强。

人乃是世界上最可宝贵的。如果见人而不能识,有才而不知用,即便能兴隆一时,也终不会长久。所以,我们必须牢记这样一条古训:"概自古以来,未有得人而不昌者也。"

疾之疾之①,万物之师也②。为之为之,万物之时也。强之强之③,万物之指也④。

【今译】

加快探索吧,因为万物是如此众多。抓紧时间吧,因为万物都是有时限的。加倍努力吧,因为万物的意旨是如此深奥。

【注释】

① 疾:快速。　② 师:众多。　③ 强:勉力。　④ 指:通"旨",意旨。

【评析】

本节要求抓紧时间努力地去探索事物的奥秘,颇有点唯物主义认识论的味道。

凡国有三制:有制人者,有为人之所制者,有不能制人,人亦不能制者。何以知其然?德盛义尊,而不好加名于人;人众兵强,而不以其国造难生患;天下有大事,而好以其国后。如此者,制人者也。德不盛,义不尊,而好加名于人;人不众,兵不强,而好以其国造难生患;恃与国,幸名利①。如此者,人之所制也。人进亦进,人退亦退,人劳亦劳,人佚亦佚,进退劳佚,与人相胥②。如此者,不能制人,人亦不能制也。

【今译】

　　凡是国家的控制有三种情况:有控制人的,有被人控制的,有既不能控制别人也不被别人控制的。为什么有这些区别呢?有的国家德盛义尊,却不喜欢把自己的虚名强加于人;有的国家人众兵强,而不凭借国力惹是生非,天下有大事,喜欢使自己的国家走在后面。这样的国家,就能控制别人。不行美德,不尊道义,而喜欢把自己的名义强加于人;人少兵弱,而喜欢惹是生非;倚恃盟国,喜欢追名逐利。这样的国家,就要被别人所控制。别人前进他也前进,别人后退他也后退,别人劳作他也劳作,别人安逸他也安逸。进退劳逸,与别人相同。这样的国家,既不能控制别人,也不会被别人所控制。

【注释】

　　① 幸:喜欢。　② 相胥:相从。

【评析】

　　本节指出,从控制与被控制的角度看,国家有三种类型。第一类是国力强大却笃行道义,不把自己的意志强加于人。但这类国家反而能够控制别国,因为别国被它的道义所感动,愿意听它的话,跟随它。第二类是国力衰微,却不行道义,好穷兵黩武。这类国家由于有求于别国,易被人利用,被人控制。第三类是始终与别国相随,不做出头椽子,也不做尾巴。这类国家既不能控制别国,也不会被别国所控制。当然,第一类国家是《管子》所赞许的。一个国家国内平安,道德修明,国富兵强,对外用道义去感化,而不以武力相威胁,就自然地能成就王业,就能制人而不制于人。

爱人甚，而不能利也；憎人甚，而不能害也。故先王贵当，贵周①。周者，不出于口，不见于色；一龙一蛇②，一日五化之谓周。故先王不以一过二③。先王不独举④，不擅功。

【今译】
　　非常爱一个人，但不能使他得利；非常恨一个人，却不能加害于他。所以先代圣王看重做事得当，注重行事机密。机密，是指不出于口，不形于色，一忽儿为龙，一忽儿为蛇，一日变化五次叫机密。所以先王不把一说成超过二。先王不肯独自包办事情，也不独自居功。

【注释】
　　① 周：深密莫测。　② 一龙一蛇：像龙蛇那样变化。　③ 以一过二：谓不夸大。　④ 独举：独自包办。

【评析】
　　在封建社会里，在统治者与被统治者之间，存在着许多矛盾，统治者内部也互相猜忌，为各种利益而相互不择手段地攻击，因而没有真诚可言。因此，作为人主就不能使臣子了解自己的心思，不要显露自己的真实想法，说话做事要十分得当、机密，否则就有可能坏事。在这方面，法家的思想最为特出。韩非子曾这样说，君主如果把自己的所憎所好都溢于言表的话，臣子们就会肆意在你面前显示或隐瞒什么。如果知道了君主的欲望，臣子们就会找到投机的机会。他还说，君主如果喜怒不溢于言表，臣子们就会显出本色。这样，君主就不会被欺骗。可见，《管子》这里所表述的思想，完全与法家的思想相一致。

　　先王不约束，不结纽①。约束则解，结纽则绝。故亲不在约束、结纽。先王不货交，不列地②，以为天下。天下不可改也③，而可以鞭箠使也④。时也，义也⑤，出为之也⑥。余目不明⑦，余耳不聪，是以能继天子之容⑧。官职亦然。

时者得天,义者得人。既时且义,故能得天与人。

【今译】

先代的圣王不将本国与别国捆绑在一起,也不扭结成一块。是捆绑就会松开,是扭结就会断绝。所以国与国的亲近不在于联盟结党。先代的圣王不以财物和土地来结交他国,这样去处理天下之事。天下各国是不可以依靠的,但却可以用鞭子和棍棒去驱使。合天时,行道义,就能成功任何事情。眼睛的余光看不清楚,耳朵的余声听不真切。先王不用余目,不用余耳,因而始终能保持天子圣智的颂声。做官吏的也是这样。抓住机遇就能得天时,拥有道义就能得人心。既善于把握时机,又拥有道义,故而既能得天又能得人。

【注释】

① 约束、结纽:均指结党结盟。 ② 货交:收买他国。列:通"裂"。列地:割地给他国。 ③ 改:为"叚"之误,叚读为"假",凭借。 ④ 鞭筴:马鞭。 ⑤ 义:原作"利",据《管子集校》改。 ⑥ 出:当作"诎",与"曲"同义。 ⑦ 余目:眼睛的余光。 ⑧ 容:颂也。

【评析】

做君主的不可自作聪明,不要依靠自己的智慧去操心朝政。英明的君主处理政务,总是多听臣子的意见,与别人商量。这样,万事万物就在他的眼前,各种声音就在他的耳边,就不愁天下有看不见的事物、听不见的声音。

先王不以勇猛为边竟①,则边竟安;边竟安,则邻国亲;邻国亲,则举当矣。

【今译】

先王不凭借武力来处理边境之事,那么边境就会太平;边境太平,那么邻国自然亲近;邻国亲近,那么举措就得当了。

【注释】

① 竟:同"境"。下同。

【评析】

本节要求在处理与邻国边境的关系时不要比勇斗狠,遇事不要诉诸武力,才能使两国的边境有安宁的环境,从而获得邻国的亲近感。这种策略是正确的。

人故相憎也①,人之心悍,故为之法。法出于礼,礼出于治②,治、礼,道也。万物待治、礼而后定。

【今译】

人本来是互相憎恶的,人心凶悍,因而制定了法律来约束。法律出于礼,礼出于言辞,言辞和礼都是道的体现,因而万物都要依靠言辞和礼才能确定关系。

【注释】

① 故:通"固",固然。　② 治:通"辞",言论,理论。

【评析】

《管子》认为,由于人的本性都是趋利避害,人与人之间有天然的相互冲突、相互矛盾的利害关系,因此,人君必须以武力使人们有所畏惧,从而缓和"人故相憎"的紧张关系,否则就不能制止弱肉强食现象的发生。所以,就有必要制定法律来调节这种关系。

凡万物阴阳两生而参视①。先王因其参而慎所入所出。以卑为卑,卑不可得;以尊为尊,尊不可得。桀、舜是也。先王之所以最重也。

【今译】

万物都是由于阴阳两者化合而成就第三种事物。先代圣王因为这种现象而慎重对待事物的正反两方面。以卑贱评判卑贱,显不出卑贱;以尊贵评判尊贵,也显不出尊贵。桀和舜就是相比较而显出来其差别。所以,先代圣王最重视事物相反相成的道理。

【注释】

① 参:即三。视:活。

【评析】

《管子》在这里提出的"以卑为卑,卑不可得;以尊为尊,尊不可得"的观点,体现了中国人一种谦退冲和的人生态度和政治理念。从《易经》的"亢龙有悔"到《论语》的"过犹不及",从《老子》的"天之道损有余而补不足"到《庄子》的"无为而治",都从各个方面体现了这一思想。在现实生活中,它影响着两千年来中国人的处世方式和人生哲学,使得谦虚和宽厚成为世人称道的美德。

这一思想,来源于古代中国人对于人生与自然和谐关系的思考。作为农业文明,古代中国人的生活与自然界有着密切而不可分的依附关系。在他们的观念中,生命与自然是和谐而同一的,生命的构成与运转跟自然的形成与运行之间存在着微妙而深玄的对应关系。如天象与人事相应的观念,如中医学上将人体脏腑与五行相对应的理论,都鲜明地体现出这一思想。

同时,在长期的观察与实践中,人们认识到自然的运行是按照一定的规律和周期进行的无穷尽的循环,如季节的转换、万物的更迭。而在这些纷繁众多而又千变万化的循环过程中,秩序得以维系的核心与关键在于保持各种因素和条件的均衡,某一因素的过度扩张均会引起整体的失衡,从而破坏循环过程。对于技术手段还十分低下的古代人来说,任何自然的失衡都意味着灾难性的后果,如过度的干旱或降水、极端的炎热或寒冷。正是因为这层原因,让他们形成了一种持中均衡、反对极端的天道自然观,并用这种自然观去指导现实生活,从而形成了一种独特的人生哲学。

得之必生,失之必死者,何也?唯粟①。得之,尧、舜、禹、汤、文、武、孝己②,斯待以成,天下必待以生。故先王重之。一日不食,比岁歉③;三日不食,比岁饥;五日不食,比岁荒;七日不食,无国士④;十日不食,无畴类⑤,尽死矣。

【今译】

　　得到它必定能生存,失去它必定要死亡,这是什么呢?只有粮食。得到它,尧、舜、禹、汤、文、武、孝己成就了自己的功业。天下万物必须依赖它才能生存。所以历代的先王很重视它。一天不吃饭,好比过歉收年;三天不吃饭,好比过饥年;五天不吃饭,好比过荒年;七天不吃饭,就没有国士了;十天不吃饭,就没有同类,都死光了。

【注释】

　　① 粟:原作"无",据《管子集校》改。　② 孝己:有二说,一说为殷高宗太子,以孝闻名;一说为"老子"之误,均可通。但下文提"先王",当以前说为长。　③ 比:好比。　④ 国士:原作"国土",据《管子集校》改。　⑤ 畴:通"俦",同类,伴侣。

【评析】

粮食是一个国家最重要的物资,没有人能离开粮食而生存,这个道理是显而易见的。因此,粮食问题解决得如何历来是国家稳定与否的标尺。一个简单的事实就是,农民没有饭吃,就要起来造反。中国封建社会中多次农民起义就是由于饥荒引起的。因此,在中国,吃饭问题是任何朝代都不得不花大力气加以解决的。

先王贵诚信。诚信者,天下之结也①。贤大夫不恃宗,至士不恃外权②,坦坦之利不以功③,坦坦之备不为用。故存国家,定社稷,在卒谋之间耳④。

【今译】

先王贵重诚实和信用。依靠诚实守信,才能结交天下。贤明的大夫不依靠家族的势力,最好的士人不依靠外来权势。平平常常的小利不算是功劳,平平常常的小富不足为用。所以使国家生存,使社稷安定,其谋划往往定于顷刻之间。

【注释】

①结:结交。 ②至士:犹至人。 ③坦坦:平平。 ④卒:通"猝",短促。

【评析】

《管子》把诚信从修身推广到为政,从接人待物推广到治国平天下。他强调君主之责,贵在推诚布信于天下。因为诚信是立身立国之本。在治国实践中,讲诚信,就是要以信服民,以信治民,从而实现国家长治久安、征服天下的目的,不讲诚信是无法治理好国家的。春秋时,齐桓公在管仲的辅佐下,战胜了宿敌鲁国。两国和谈,鲁庄公被迫准备签订降书。突然,鲁国将军曹沫跑到阶上,用匕首逼向齐桓公说:"希望齐能归还夺去的土地。"齐桓公为解一时之危,在管仲的劝告下被迫答应了这一条件。但事后齐桓公不甘心,想尽办法要杀曹沫,否定这个承诺。管仲劝阻齐桓公说:"现在杀了曹沫,就是违反信义的事。实际上,这不过是泄一时的气愤罢了。何况这样做了,一定会在诸侯间失去威信,在天下人中失去信用,被天下人看不起。"于是,齐桓公遵守和曹沫的约定,把夺来的土地都归还给了鲁国。天下人听到这件事后,都称赞齐桓公,认为他真是一个守信用的君主,和齐联盟是可以放心的。一年之后,齐桓公被天下诸侯推举称霸。这就是守信的结果。如果不守信用,天下人不相信他,齐桓公是不可能九合诸侯的。因此,对一个政治家来说,守信是一项基本的政治道德。

圣人用其心,沌沌乎博而圜①,豚豚乎莫得其门②,纷纷乎若乱丝,遗遗乎若有所从治③。故曰:欲知者知之,欲利者利之,欲勇者勇之,欲贵者贵之。彼欲贵,我贵之,人谓我有礼。彼欲勇,我勇之,人谓我恭。彼欲利,我利之,人谓我仁。彼欲知,我知之,人谓我憨④。戒之戒之,微而异之⑤,动作必思之,无令人识之,卒来者必备之。信之者,仁也;不可欺者,智也。既智且仁,是谓成人⑥。

【今译】

圣人运用其心智,似乎混混沌沌地在打圆转,隐隐约约地摸不到他的门径,纷纷扰扰地犹如一团乱丝,但又好像合乎规矩地能理出头绪。所以说,想要智慧的就承认他有智慧,想要得利的就让他得利,想要勇敢的就承认他勇敢,想要高贵的就承认他高贵。他想要高贵,我以高贵者待之,他就会说我有礼;他想要勇敢而我称赞他勇,他就会说我谦恭;他想得利而我给他利,他就会说我仁义;他想要智慧,我承认他有智慧,他就会说我聪敏。千万要警惕,自己的心思一定要隐秘不露,一举一动必三思而行,不要让人察觉。对突然出现的情况必须随时有所防备。信任他人,这是仁;不被别人欺骗,这是智。既有智又有仁,这才是成就大业的人。

【注释】

① 沌沌:混沌无知貌。博:当作"抟",圆。圜:亦圆也。 ② 豚豚:隐隐。豚乃"遯"之借字。 ③ 遗遗:通"循循",次序貌。原文为"遗遗",据《管子集校》改。 ④ 憨:同"敏"。 ⑤ 异:读若"翼",庇翼。微而异之:谓小心谨慎不露真意。 ⑥ 成人:谓完美无缺的人。

【评析】

忠信就是不欺人,言行不欺人也就是爱人。这是问题的一个方面。聪明详察,善恶明辨,而不受欺于物,是智。这是问题的另一个方面。即内不欺人为仁,外不被欺为智;忠信而不惑,仁而且智,才是完人。《管子》的理想人格深受道家思想的影响。

贱固事贵,不肖固事贤。贵之所以能成其贵者,以其贵而事贱也。贤之所以能成其贤者,以其贤而事不肖也。恶者,美之充也①;卑者,尊之充也;贱者,贵之充也。故先王贵之。

【今译】

卑贱固然应该侍奉高贵,不肖固然应该侍奉贤良。但高贵者所以能成就其高贵,是因为他能以其高贵去侍奉低贱;贤良者之所以能成就其贤良,是因为他能以其贤良去侍奉不肖。粗恶是精美的根本,卑下是崇高的根本,低贱是尊贵的根本。所以先王很重视它们。

【注释】

① 充:"统"之借字。统:根本。

【评析】

恶是美的根本,卑是尊的根本,贱是贵的根本,离开了恶、卑、贱,就无以体现美、尊、贵。因此,圣明的君主很看重恶的方面、卑的方面和贱的方面,自愿处于恶的方面,处于卑的方面,处于贱的方面,所以,才能成就其美,成就其尊,成就其贵。这就是道家虚怀若谷、先下而后为上的思想。战国时期孟尝君的门客冯骥即深通此道。孟尝君好养士,到各地招募人才,给予优厚的待遇,于是形成了所谓"倾天下之士"的影响,食客达到数千人。可是不久,孟尝君遇到了一件意想不到的事。由于秦国对其才能感到恐惧,使用了离间计,孟尝君突然被撤去了齐国相国的职务。于是,食客们接二连三地离开了孟尝君。后来,由于冯骥用计使孟尝君官复原职。孟尝君向冯骥感叹道:"我对待客人很热情,在招待上也没有什么疏忽,以至食客人数达到三千有余。但是我一旦失去地位,全都背弃我而去,没有人来看望我。幸好由于你助了我一臂之力,才重新恢复了地位。但那些家伙有什么脸面再来见我?如有厚着脸皮回到我这儿来的人,我必唾其面而大辱之!"而冯骥却对他说:"富贵时,大家都来投奔;落魄了,朋友四处离散,这是理所当然的。例如,您看看市场,早晨人们熙熙攘攘,但到了晚上,就变得空空荡荡了。这并非人们喜欢早晨,讨厌晚上,因为早晨有所要买的东西,所以人们聚集到市场上;而晚上没有东西可买,人们就不去市场,只是这个原因。食客们由于您丧失地位而离开您,也与此相同,是由于所求的东西没有了。所以您不应该记恨他们。"孟尝君听这样一说,立刻心领神会,对再次聚集而来的食客们与以前同样对待。

　　一个做领导工作的人,要最大限度地发挥自己的影响力,就要虚怀若谷,甘为人下。

　　天以时使,地以材使,人以德使,鬼神以祥使,禽兽以力使。所谓德者,先之之谓也。故德莫如先,应适莫如后①。

【今译】

　　天依靠时令发挥作用,地依靠自然资源发挥作用,人依靠德行发挥作用,鬼神依靠吉祥发挥作用,禽兽依靠暴力发挥作用。所谓有德,就是要率先施行。所以行德一定要争先,而应敌则以后发制人为上。

【注释】

　　① 适:通"敌"。

【评析】

　　一个领导者要治理好一个国家、一个地区、一个单位,要使百姓和下属拥戴和诚服，就要先以德行服人，要以自己的品德感召人。如果图谋用暴力征服别人，最后只能落得个失败的下场。商朝末年，周文王为了维护自己的统治秩序，取得民心，曾"以德感人，以德服人，予恩惠人，广行仁政，厚恤下民"。"使耕者什一而税，仕者世食其禄，画土为牢，刻木为吏，不动刑罚，而民自劝。百姓有男不能婚，女不能嫁者，则出公钱而嫁娶之。有老而无子，幼而丧父者，皆给钱帛而赈恤之。由是四方百姓，家给人足，歌颂太平。同时献出洛西之地，请纣王去掉炮烙、熨斗之刑。"周文王这种以德感人、以礼待人的政策，使百姓大为感动，殷商的其他诸侯及百姓争先入西土归顺。相反，整天纵欲极奢、残酷暴虐、杀戮忠臣、残害百姓的商纣王却日益被孤立，成了天下人人咒骂的独夫民贼。过了几年后，周武王看到时机成熟，就出兵伐商。由于纣王失德，以致众叛亲离，士兵阵前倒戈，商纣王只能自焚而死。这个例子以及其他许多例子都说明，对于领导者来说，先之以德是十分重要的。

先王用一阴二阳者霸①，尽以阳者王；以一阳二阴者削，尽以阴者亡。量之不以少多，称之不以轻重，度之不以短长，不审此三者，不可举大事。能戒乎？能敕乎②？能隐而伏乎？能而稷乎？能而麦乎③？春不生而夏无得乎④？先王事以合交，德以合人。二者不合，则无成矣，无亲矣。

【今译】
先代圣王治国用一阴二阳的，可以成就霸业；全部用阳的，可以成就王业；用一阳二阴的，就要被削弱；全部都用阴的，就会灭亡。计量而不讲究多少，称量而不讲究轻重，度量而不讲究长短。不弄清楚这三件事，就不能去做大事。作为君主要经常问问自己，能保持戒惧吗？能保持谨慎吗？能保持隐伏而不露吗？能种植稷吗？能种植麦吗？懂得春天没有种植则夏天没有收获吗？先代圣王以侍奉来结交各国，以德行来亲附百姓。外失盟国,内失百姓,那么事业就不会成功,也不会有亲近的人了。

【注释】

① 据《管子集校》,"先王"乃衍文。阴者,负也。阳者,正也。 ② 敕:谨敕;谨慎。 ③ 而稷、而麦之"而",为也。 ④ 此下原有"众人之用其心也,爱者,憎之始也;德者,怨之本也。唯贤者不然"六句,乃涉下文而衍,据《管子集校》删。

【评析】

做君主的要经常保持戒惧、谨慎,不露锋芒。就是说,在目的没有达到以前,不要轻易地暴露自己的政治意图与实力,以免树大招风,引起别人的注意,被群起而攻之,而应该暗中积蓄力量,把握时机,一举而图之,达到自己的目的。这是从积极的角度说。从治理国家的角度说,也是应该时刻保持戒惧、谨慎之心,这样才能少出差错,保持政局的稳定。

凡国之亡也,以其所长者也①;人之自失也,以其所长者也。故善游者死于梁池②,善射者死于中野。

【今译】

大凡一国的灭亡,往往亡于它自以为是的长处;一个人失误,也往往就失于他有绝对把握的地方。所以善游泳的往往死于小河流,善射猎的人常常死在荒野之中。

【注释】

① "长"上"所"字据《管子集校》补。 ② 梁池:有梁之池。

【评析】

一个人、一个国家有长处、有优势当然很好。但是,如果沾沾自喜于长处,成天躺在优势上面,长处和优势就会走向反面,成为导致失败的因素。生活中,这样的例子是很多的。在水中淹死的人,大多是会游泳的,因为觉得自己会游泳,就大意起来,结果聪明反被聪明误,死于自己的强项。在社会实践中,此类例子也举不胜举。三国时,关羽镇守荆州。他认为自己武艺高强,而东吴与之对峙的陆逊在他看来不过是个乳臭未干的小子,守荆州是十拿九稳。于是,他丧失警惕,最后落得个大意失荆州,自己也身首分离。所以,《管子》的这段格言,包含着深刻的哲理,很值得回味。

命属于食①,治属于事②,无善事而有善治者,自古及今,未尝之有也。

【今译】

生命与粮食相连接,言辞与事实相连接。没有好的事实而有好的言辞,自古到今从来没有过。

【注释】

① 属:连接。　② 治:假为"辞",言辞。

【评析】

我们要想得到人们的赞扬,行事就要符合道德,要对社会有所贡献。整天汲汲于一己私利,不思对社会尽一点责任,尽一点义务,社会也就不会把好听的语言加到你的头上。所以,人们是褒你还是贬你,实际上都是掌握在我们自己手里。

众胜寡,疾胜徐,勇胜怯,智胜愚,善胜恶,有义胜无义,有天道胜无天道。凡此七胜者贵众,用之终身者众矣。

【今译】

　　人多的战胜人少的,快速的战胜缓慢的,勇敢的战胜怯懦的,聪明的战胜愚蠢的,善良的战胜邪恶的,正义的战胜不正义的,有天道的战胜无天道的。这七项胜利的条件贵在具备多数。能够终身使用这些条件的人还是很多的。

【评析】

所谓天道就是民心,能得民心就能取得胜利,失去民心就只有失败一途。历史上有作为的政治家注意采取一切措施争取民众的拥护。三国时,曹操能够统一北方,与他所采取的措施得到民众的拥护是分不开的。当时,曹操将流民安置起来,实行屯田,发展农业生产,使人民生活安定下来。曹操带头执行军法,所以所率的军队号令严明,秋毫无犯。所有这些都深得民心。反之,如果失去民心,力量再强大,也难以取得胜利。在南北对峙的"淝水之战"中,前秦近百万之师败给了力量很小的东晋军队,就是因为失去民心。当时,前秦连年征战,兵疲民倦,百姓怨声载道,士兵不愿作战,内部矛盾重重,因而当苻坚令军队后移企图乘晋军半渡淝水而击之时,却弄得风声鹤唳,草木皆兵,士兵发生混乱,一退而不可阻止。谢玄率晋军乘势进攻,大败秦军。所以,有天道胜无天道,这是一条普遍的规律。

人主好佚欲,亡其身失其国者①,殆;其德不足以怀其民者,殆;明其刑而贱其士者②,殆;诸侯假之威久而不知极已者③,殆;身弥老不知敬其適子者④,殆;蓄藏积,陈朽腐,不以与人者,殆。

【今译】

  君主沉溺荒逸奢侈,忘记了自己和国家的,危险;德行不足以感怀他的百姓的,危险;刑罚苛严而残害士人的,危险;长期利用诸侯的威势而不知道赶快停止的,危险;自己越来越老却不知尊重太子的,危险;贮藏了很多粮食和财物已经腐朽了,却不愿分给他人的,危险。

【注释】

① 亡：通"忘"。《管子集校》云："失"当为"及"之误。　② 贱：古本作"残"，从之。　③ 极：同"亟"，急。　④ 適：读为"嫡"。嫡子者，太子也。

【评析】

历史上的亡国之君之所以失其宝座，原因固然很多，但大致如《管子》在此所指出的，或者是由于荒逸奢侈，如夏桀商纣；或者是由于刑罚苛严，如秦始皇；或者是由于宫闱之变，或者是由于压迫太甚，总之，都是由自己招致的。因此，作为人君应该防止这些失误。对现代的领导人来说，其中有的也是值得警惕的，如好佚欲。当然，现代的领导者不会因为好佚欲而丢天下，但对事业造成损失则是不言而喻的。

凡人之名三：有治也者，有耻也者①，有事也者。事之名二：正之，察之。五者而天下治矣②。名正则治，名倚则乱③，无名则死，故先王贵名。

【今译】

人的名分有三个：有治人的，有督促的，有服务的。事情的名分有两个：有在事前端正的，有在事后检察的。这五者都具备，那么天下就安定了。名分正则天下得到治理，名分不正就会天下大乱，没有名分就会死亡，所以先王注重名分。

【注释】

① 耻：当作"取"，同"趣"，督促。　② 而：读为"能"，能者善也。　③ 倚：偏，不正。

【评析】

古代政治家都十分注重名分。名分正，天下就能治理好，有什么事情就能办好；名分不正，天下就会大乱，事情就办不成。因此，有了名就要充分利用,没有"名",要假借或设法找一个"名",以证明合理性。《东周列国志》第九十四回记载:当初,秦约齐伐赵,苏代向齐湣王建议说:"兵出无名,事故不成。赵无罪而伐之,得地则为秦利,齐无与焉。今宋方无道,天下号为桀宋,王与其伐赵,不如伐宋",伐宋"有诛暴之名"。后来齐、楚、魏三国伐宋,三国大将研究伐宋计谋时,魏将芒卯说:"宋王淫虐,人心离怨,我三国皆有丧师失地之耻,宜传檄文,布其罪恶,以招故地之民,必有反戈而向宋者。"打着"伐桀宋"的旗号,发布宋王十大罪状的檄文,宋国百姓于是同情和欢迎三国军队,痛恨宋王无道。这样,三国军队便轻而易举地攻下了宋国都城睢阳,杀了宋王偃,分了宋国的土地。因此《管子》认为,注重名分是治国不可缺少的。

先王取天下,远者以礼,近者以体。体①、礼者,所以取天下;远、近者,所以殊天下之际。

【今译】

先代圣王争取天下,对远方的国家用礼感化,对近处的国家以亲近打动。亲近和礼是争取天下的方法,而远近不过是用以区分天下各国边界的。

【注释】

① 体:亲近。

【评析】

古代圣明君主争取天下人心,往往对没有接壤的国家用礼进行感化,而对接壤的邻国则实行亲和政策。西晋泰始五年(269),司马炎开始准备灭吴,派尚书仆射羊祜统领荆州诸军镇守襄阳。羊祜对东吴采取"务修德信"的怀柔之计,使"吴人有降而欲去者,皆听之",出兵游猎,凡先被吴人所伤而后为晋军所得的猎物,全部还给对方。一次,羊祜率众将打猎,碰上吴军主将陆抗出猎。羊祜立即下令,晋军不许过界。晚上,羊祜归营后,又亲自察问所得禽兽,被吴人先射伤者皆送还,使陆抗深受感动。陆抗为了感谢羊祜送还吴军猎物,特地送给羊祜一壶"亲酿自饮"的好酒。羊祜从吴方使者口中得知陆抗病倒,便亲自调药,托使者带去,陆抗服后,果然病愈。这些活动使东吴军民无不归心。这可以说是以体、礼争取人心的典型例子。

日益之而患少者,惟忠;日损之而患多者,惟欲。多忠少欲,智也,为人臣者之广道也。为人臣者,非有功劳于国也,家富而国贫,为人臣者之大罪也。为人臣者,非有功劳于国也,爵尊而主卑,为人臣者之大罪也。无功劳于国而贵富者,其唯尚贤乎①!

【今译】

每天都在增加而惟恐太少的,只有忠心;每天都在减少而惟恐太多的,只有私欲。增加忠心,减少欲望,这就是明智,是做臣子的大道。做臣子的,对国家没有功劳,却使私家富国家贫,这是做臣子的大罪过;做臣子的,对国家没有功劳,自己却爵位尊贵而使君王威望低下,这是做臣子的大罪过。对国家没有功劳却能既富且贵,谁还会去崇尚贤人呢?

【注释】

① 唯:读为"谁"。

【评析】

为人臣子就应该忠心耿耿,而不要有太多的欲望。国家贫穷,人民受苦,没有功劳却占据着高位,是很不应当的,是最大的罪过。如果没有功劳却能够取得官位,获得财富,天下就没有人会崇尚贤者。所以,要想富贵,就应该对国家、对人民有所贡献。这种道理,不仅在古代,就是在今天也还是有其合理性的。我们各级公务人员,应该对国家、对人民满怀忠诚,全心全意地为国家、为人民贡献自己的才智,在任何时候,都不应以满足自己的私欲为出发点。总之,应该像范仲淹所提倡的"先天下之忧而忧,后天下之乐而乐",像诸葛亮所实践的"鞠躬尽瘁,死而后已",这才是共产党人应有的胸怀。

众人之用其心也,爱者,憎之始也;德者,怨之本也。其事亲也,妻子具则孝衰矣。其事君也,有好业,家室富足,则行衰矣;爵禄满则忠衰矣。唯贤者不然。故先王不满也①。人主操逆,人臣操顺。

【今译】
　　按一般人的心理,爱是憎恨的开始,德是怨恨的根源。就侍奉双亲看,当他们有了妻子儿女,孝心就会衰退;就侍奉君主看,当他们有了好的产业,家室富足,德行就会衰退;爵位和俸禄都满足了,他们的忠诚也就衰减了。只有贤者不是这样。所以先代圣王不使人们爵禄太满。君主掌握事物的反面,臣子才会顺着正面去做。

【注释】
　　①"故先"句:王念孙云:"此句与上下文义不相属,亦涉下文而衍也。"

【评析】
　　事物发展到一定程度,就会超过它应有的限度,就会破坏事物质与量统一的正常状态,破坏它向前发展的正常秩序,这时,好事就会变为坏事。因此,我们在实践中就要贯彻度的原则,避免"满"。无论是在生活还是在工作中,都是这样。这实际上也是一个谋略问题。作为一个领导者,要使下属始终努力工作,就不能使其在待遇上一下子满足,就是说,要使其有发展的余地。如果太满了,发展的空间不存在了,其工作的动力当然也就消失了。

先王重荣辱,荣辱在为。天下无私爱也①,无私憎也,为善者有福,为不善者有祸。祸福在为,故先王重为。

【今译】
　　先王重视荣辱,荣辱在于自己的作为。天地没有私爱,也没有私恨。行善的人有福,作恶的人有祸。祸福在于作为,所以先王看重作为。

【注释】
　　① 天下:疑为"天地"之误。

【评析】
　　一个人的荣辱祸福不是由外界决定的,而是由自己的日常行动所导致的。因此,荣辱祸福在于自己的作为,平时的一言一行必须慎重。战国时候,齐威王曾分别任命两位大夫去治理阿城和即墨。不久两位大夫的毁誉接踵而至,许多人盛赞阿城大夫而诋毁即墨大夫,但齐威王不偏听偏信,而是派人到两地视察。派到即墨去的人回来报告说,那里的田地都耕种得很好,百姓们衣食丰足,衙门里没有积案,社会秩序很安定。派去阿城的人却报告说,那里的田地没有种好,百姓们生活贫困。接到报告后,齐威王就把两位大夫召来,他表彰即墨大夫说:"你的政绩这样好,但却有许多人说你的坏话,这是因为你没有买通我身边的人,求他们替你说好话啊!"当场给予他很高的奖赏。接着,齐威王怒责阿城大夫说:"你并没有把阿城治理好,但却有那样多的人称赞你,这是因为你不惜花费,贿赂我身边的人,让他们替你说好话。"于是,给了他最严厉的处罚,把他和那些受贿者一起烹了。真是祸福自取啊!

明赏不费①,明刑不暴。赏罚明则德之至者也,故先王贵明。

【今译】

赏赐公开就不会耗费,刑罚公开就不是残暴。赏罚公开就是最高的德政,所以先王很注重公开性。

【注释】

① 明:公开。费:耗费。

【评析】

赏罚公开,这是治国的一个重要原则。赏罚公开了,人们就知道什么事应该干,什么事不能够干,这样国家也就容易治理了。能够做到这样,就是以德行政,也即是最高的德政。在历史上,有不少政治家是这样做的。如诸葛亮辅佐刘备占据四川后,考虑到原来法治不明,以致社会动乱,就公布了一系列法律,使百姓知所行止。几年后,蜀地大治,但却没有杀几个人。这就是法令公开的好处。因此,《管子》认为,先代有作为的君主都是很重视法令的公开性的。这一思想即便在今天也是有积极意义的。

天道大而帝王者用,爱爱恶恶①,天下可秘②,闭必固。

【今译】

正道广大而做帝王的能加以运用,爱天下人之所爱,恶天下人之所恶,天下就可以控制,能控制必然能巩固。

【注释】

① 爱爱恶恶:原作"爱恶爱恶",据《管子集校》改。 ② 秘:通"闭"。"天下可秘"句下原有"爱恶重"三字,据《管子集校》删。

【评析】

所谓"爱爱恶恶",就是要爱百姓之所爱,恶百姓之所恶,与百姓同心同德,这样,天下才能稳固,事业才能发展。如果上下所想不一,任何事情都难以办成。高明的统帅为了要战胜敌人,常用反间计来破坏敌人的团结,造成上下不一致。可见,使上下同欲,是领导者管理好一个地区、一个单位工作的关键一环。

釜鼓满则人概之①,人满则天概之,故先王不满也。

【今译】

釜和鼓满了,人就会刮平它,人满了,天就会刮平他,所以先王不自满。

【注释】

① 釜、鼓:皆古代量器。概:古代平量器具。此处作动词用,意谓刮平,削平。

【评析】

本节思想上面已有论述。

先王之书,心之敬执也①,而众人不知也。故有事,事也②,毋事,亦事也。吾畏事,不欲为事;吾畏言,不欲为言。故行年六十而老吃也③。

【今译】

先代圣王的书在求心之平正,但一般人并不理解它。所以,有事,他们捧读;没事,也去捧读。我怕事,故不想做事;我怕言说,故不想说话。所以到六十就老而口吃了。

【注释】

① 执:平正。　② 事:敬事,此处意谓"敬读"。　③ 老吃:老而口吃。

【评析】

先王之书是一种经典,可以从中学到许多东西,因而它是值得珍视的。但往往有时候就把它用滥了,不管时间、场合都加以套用,以致弄得与经典的原有精神相背离。《管子》对这种状况相当不满,所以在此就提出了批评。其实,这并非《管子》一家的思想。孟子就说过,尽信书不如无书。古人的真知灼见对我们今天正确对待书的作用不无裨益。

九、法　　禁

【解题】

《法禁》是体现《管子》政治思想的重要篇章。所谓法禁，就是立法行禁的意思，即以法律手段禁止那些危害君主权威或国家政权的行为。文中论述的政治思想涉及法治思想和集权思想。集权是目的，法治是手段，其根本意图即以法律作为一种统治工具，确立并加强君主的权威，以巩固统治。需要指出的是，这里所说的法治思想，并非说《管子》已具备了一套如今日为人所熟知的系统的法治理论，而只是表现《管子》在强调作为治国手段的法律时，其中一些思想已与今日所谓法治理论相通而已。

具体说来，本篇内容可大致分为两点，前半部分重点讲法与君主统治、国家安全的关系。《管子》认为，君主不仅要制定法律，而且要使各种法律相互协调，还要推行到全国，使之成为人所共遵的规范。只有这样，君主才能进行有效统治，保障国家安全。后半部分标举法律禁止的事情，即所谓十八禁。十八禁头绪纷繁，但其中包含一种重要意图，即利用法律限制权贵，防止他们犯上作乱，侵夺君权，这实际上是寓集权于法禁之中，体现了《管子》的集权思想。

法制不议①，则民不相私；刑杀毋赦，则民不偷于为善②；爵禄毋假③，则下不乱其上。三者藏于官则为法，施于国则成俗。其余不强而治矣④。

【今译】

　　法制不准私下议论,百姓就不会相互营私。刑罚不准赦免,百姓就不会苟且行善。授予爵禄的大权不假借他人,臣子就不敢犯上作乱。这三件事情由官府掌握,就是公法;在全国施行,就成为习俗。如此,其他各方面的事情不用费力也就会治理好了。

【注释】

　　① 议:私下议论。　② 偷:苟且。　③ 假:假借。　④ 强:勉强。

【评析】

　　法令制度一经确立,就要维护其严肃性,不能妄加非议,随意更改,这样,君主的权威才能维持。而在封建社会中,法制、刑杀、爵禄三者是君主权力的主要体现,君主只要牢牢掌握住这三个权柄,其余的事就好办了。如果随意放弃它们,君主的地位就岌岌可危了。这里,《管子》还表达了一个可贵的思想:法令施行时间久了,就可以成为习俗。就是说,法令一开始是强制的,但由于犯法就要受到惩罚,因此人们是被迫遵守的。但时间一长,被迫的遵守就转化为自觉的遵守,并逐步演化为社会的习俗。如此一来,法令的强制性就不见了,对社会的治理也就容易多了,统治地位也就巩固了。一旦达到这个程度,也就进入了"无为而治"的境界。不容否认,这个思想是有一定合理性的。

　　君一置其仪①,则百官守其法;上明陈其制②,则下皆会其度矣③。君之置其仪也不一,则下之倍法而立私理者必多矣④。是以人用其私,废上之制而道其所闻。故下与官列法而上与君分威⑤,国家之危必自此始矣。昔者圣王之治其民也不然,废上之法制者,必负以耻⑥。厚财博惠以私亲于民者⑦,正经而自正矣⑧。圣王既殁,受之者衰。君人而不能知立君之道,以为国本,则大臣之赘下而射人心者必多矣⑨。君不能审立其法以为下制,则百姓之立私理而径于利者必众矣⑩。

【今译】

　　君主统一立法,百官就能守法;上面明确公布制度,下面就能够遵守制度。如果君主立法不能统一,让人无所适从,下面违背公法而另立私理的现象就必定很多。这样,就会人人行私,废除君主的法度而宣扬其个人的主张。因此,下民与官府争论法制,而大臣公然与国君分权,国家的危险就从这里开始了。从前先代圣王统治百姓不是这样,对于不执行君主公法的,必定要使其遭受耻辱。对那些用大量财物、恩惠收买人心的,通过端正礼制而使其改弦更张。但是圣王之后,继承者衰微不振,统治百姓却不懂立君之道,并以此为国家的根本,所以,大臣们拉拢下级、邀买人心的就必然多了。君主不能严密地制定公法以作为百姓遵守的制度,百姓各立私理而走邪道追逐私利的就一定众多。

【注释】

　　① 一:统一。仪:法度,准则。　② 明陈其制:公开宣布制度。　③ 会:符合。　④ 倍:通"背"。　⑤ 下:指百姓。上:指大臣。　⑥ 负:遭受。　⑦ 厚财:原作"财厚",据《管子集校》改。　⑧ 正经:郭沫若云:当作"正礼"。从之。此下原有"乱国之道"至"圣王之禁也"四句,据《管子集校》移至下文"擅国权"段之上。　⑨ 赘:通"缀",连缀。缀下:谓拉拢。射:猎取。射人心:收买人心。　⑩ 径:小路,引申为走歪门邪道。

【评析】

　　《管子》认为,制定和执行法律,是为了加强中枢权力,或者说加强君权。所以本段集中论述国君、法律及国家兴衰治乱之间的密切关系：君立法统一，则法行国治；反之，则法废国乱。其中体现的法治思想可归结如下。一、法令的一致性，即所谓"一置其仪"。这实际上还牵涉到法律体系问题，即法与法之间不能互相冲突。二、法令的权威性。首先法令须得遵循，其次不允许法外法的存在，最后法令的执行要得到保证，对犯法者要追究其责任。三、法令要上升为统一的国家意志。也就是君主通过推行法令，使得臣民服从政令，所谓"欲其人之和同以听令"，"通上之治以为下法"，都体现了这一要旨。

昔者圣王之治人也，不贵其人博学也，欲其人之和同以听令也。《泰誓》曰①："纣有臣亿万人，亦有亿万之心。武王有臣三千而一心。"故纣以亿万之心亡，武王以一心存。故有国之君，苟不能同人心，一国威，齐士义，通上之治以为下法，则虽有广地众民，犹不能以为安也。君失其道，则大臣比权重以相举于国②，小臣必循利以相就也。故举国士以为己党③，行公道以为私惠，进则相推于君，退则相誉于民，各便其身，而忘社稷，以广其居，聚徒成群④，上以蔽君，下以索民，此皆弱君乱国之道也。故国之危也。

【今译】

　　从前圣王管理人才，不看重其博学多知，而希望他和自己和谐一致听从命令。《泰誓》说："商纣王有亿万臣子，也有亿万条心。周武王只有三千臣子，却是一条心。"所以，纣王有亿万条心而灭亡，武王因一条心而留存。因此，拥有国土的君主，若不能和同民心，统一国家权威，协调士人意志，将上面的治理措施贯彻推广为下面共同遵守的法制，那么，即使地广民众，还是不能保证安全的。如果君主不守治国之道，大臣就会以权势勾结互相抬举，小臣也会因私利而趋从他们。他们推举国士以为私党，利用职权谋取私利，在君主面前互相推崇，在百姓面前互相吹捧，只是逐取一己私利，而不顾国家百姓；他们扩大势力范围，结党成群，对上蒙蔽国君，对下搜刮百姓。这些都是削弱君主、扰乱国家的做法，因而是国家的危害。

【注释】

①《泰誓》：《尚书》篇名，周武王伐纣所作誓言。 ②比权重：权重者相互勾结。比，勾结。 ③国士：原文为"国之士"。己党：原文为"亡党"。据《管子集校》删改。 ④成：原文为"威"，据《管子集校》改。

【评析】

这里提出了君主治国的最重要的基础，这就是要"同人心"，亦即是要团结一致，上下一心。面和心不和，心不往一处想，各唱各的调，各吹各的号，任何事情都难以办成。因此，高明的君主努力使自己的国家齐心协力，而为了战胜敌人，又常常使用反间计等，竭力破坏敌人的团结，以造成可乘之机。《韩非子·十过》中提到的秦穆公攻破戎王的故事，就是这样的。当时戎王派由余出使秦国，秦穆公发现由余是个能臣，认为敌国的能臣就是秦国的祸害，就问左右怎么办，左右献计说："可以给他们送去一些歌女，必须造成他们不和，他们内部不和，就有办法了。"于是，秦穆公给戎王送去了歌女。戎王很高兴，每天饮酒听歌。由余劝谏，戎王不听，结果矛盾加深，由余便离开戎王到秦国去了。于是秦穆公派兵攻打戎王，一战而胜。

上下一心，这是君主治国的关键，也是现代领导者搞好一个地区、一个单位工作的关键一环。领导者之间、上下级之间、群众之间，都要提倡一心，提倡团结合作，互谅互助。这样，再大的困难、再苦的环境都能克服，他们的事业也就一定能成功。

乱国之道①，易国之常，赐赏恣于己者，圣王之禁也。

擅国权以深索于民者,圣王之禁也。

其身毋任于上者②,圣王之禁也。

进则受禄于君,退则藏禄于室,毋事治职③,但力事属④,私王官,私君事,去非其人而私行者⑤,圣王之禁也。

修行则不以亲为本,治事则不以官为主,举毋能进毋功者,圣王之禁也。

交人则以为己赐,举人则以为己劳,仕人则与分其禄者,圣王之禁也。

交于利通而获于贫穷⑥,轻取于其民而重致于其君⑦,削上以附下,枉法以求于民者⑧,圣王之禁也。

用不称其人⑨,家富于其列⑩,其禄甚寡而资财甚多者,圣王之禁也。

拂世以为行⑪,非上以为名,常反上之法制以成群于国者,圣王之禁也。

饰于贫穷而发于勤劳⑫,权于贫贱,身无职事⑬,家无常姓⑭,列上下之间,议言为民者,圣王之禁也。

壶士以为己资⑮,修甲以为己本⑯,贼臣之养⑰,私必死⑱,然后矢矫以深与上为市者⑲,圣王之禁也。

审饰小节以示民,时言大事以动上,远交以逾群,假爵以临朝者,圣王之禁也。

卑身杂处,隐行辟倚⑳,侧入迎远㉑,遁上而遁民者㉒,圣王之禁也。

诡俗异礼,大言法行㉓,难其所为而高自错者,圣王之禁也。

守委闲居㉔,博分以致众㉕,勤身遂行,说人以货财㉖,

济人以买誉,其身甚静,而使人求者,圣王之禁也。

行辟而坚,言诡而辩㉗,术非而博,顺恶而泽者㉘,圣王之禁也。

以朋党为友,以蔽恶为仁,以数变为智,以重敛为忠,以遂忿为勇者,圣王之禁也。

固国之本㉙,其身务往于上㉚,深附于诸侯者,圣王之禁也。

【今译】

扰乱国家正道,变更国家常法,赏赐全随自己的意愿,是圣王所禁止的。

擅用国家权力向百姓进行敲诈勒索,是圣王所禁止的。

不在朝廷任职做事,是圣王所禁止的。

在朝廷领受君主的俸禄,回来就把俸禄藏起来,不做自己应做的公事,只忙于自己的事情,私自拉拢国家官吏,私自处理该君主处理的大事,排斥异己,越职行事,是圣王所禁止的。

修德不以事亲为本,办事不以奉公为主旨,推举无才能之人,进用无功之人,是圣王所禁止的。

结交人才就以为是自己的恩赐,荐举人才则以为是自己的功劳,任用人才就要均分其俸禄,是圣王所禁止的。

既结交权贵又收揽贫穷,为了降低赋税而对君主提出许多要求,削弱国家的利益以利百姓亲附于己,枉法而收买民心,是圣王所禁止的。

消费水平与其身份不相称,家产超过其爵位的等级,俸禄很少而财产很多的,是圣王所禁止的。

做违背世俗的事以为有行,靠非议君上以猎取名声,经常违反君主的法制,在国内成群结党,是圣王所禁止的。

装成贫穷的样子却不肯辛勤操劳,苟且偷安于贫贱地位,身无常业,家无恒产,活动于上下之间,声称是民众的代言人,是圣王所禁止的。

供养游士、修治甲兵作为政治资本,同时豢养贼臣和亡命之徒,然后以强硬不敬的态度与君主讨价争取利益,是圣王所禁止的。

刻意修饰小节给百姓看,经常议论大事以打动君主,利用与国外的结交凌驾于群像之上,凭借自身地位以操纵朝政,是圣王所禁止的。

屈身隐居在百姓之中,暗地里做不轨之事,潜通他国,接纳外奸,上蒙君主,下骗百姓,是圣王所禁止的。

违反习俗,背离礼节,言行狂妄,把自己做过的事说成是非常难做,借以提高自己的声望,是圣王所禁止的。

拥有积蓄而生活安逸,广泛施舍以笼络百姓,忙忙碌碌遂从人愿,用财货取悦于人,以救济博取名誉,自己稳坐不动而让别人呐喊鼓噪,是圣王所禁止的。

行事邪僻而顽固不化,奇谈怪论却说得头头是道,学说错误却知识广博,顺随恶行而善于伪饰,是圣王所要禁止的。

以勾结党羽为友爱,以包庇罪恶为仁慈,以投机善变为机智,以横征暴敛为忠诚,以发泄私忿为勇敢,是圣王所禁止的。

闭塞国家的根本,专干欺蒙君主的事,在外依附其他诸侯国,是圣王所禁止的。

【注释】

① 此节原在"正经而自正"后,据《管子集校》移此。 ② 身毋任于上:不愿在朝中做官。 ③ "毋事治职":当作"毋治职事",不务公事。 ④ "但力事属":当作"但力属事",言但务私事也。 ⑤ "者"前原有"人"字,据《管子集校》删。 ⑥ 利通:既利且通,指有权势。获:收揽。 ⑦ 致:求。 ⑧ 求:通"赇",贿赂。 ⑨ 用:财用,消费。 ⑩ 列:位次,此指官位。 ⑪ 拂世:违背世俗。 ⑫ 发:读为"废",古字通用。 ⑬ 职事:常业。 ⑭ 姓:"生"之假借字。常姓者,恒产也。 ⑮ 壶:假为"铺"。壶士:犹言养士。本句和下句之"已",原文均为

"亡",据《管子集校》改。　⑯ 甲:原文为"田",形近而误,据《管子集校》改。　⑰ 臣:原文为"生",据《管子集校》改。之:同"是"。　⑱ 必:原文为"不",据《管子集校》改。私必死:私养敢死之士。　⑲ 矢:原文为"失",据《管子集校》改。矢矫:谓强横不让。　⑳ 辟倚:邪僻不正。辟,通"僻",下文"行辟而坚"之"辟"同此。　㉑ 侧入:犹言潜入。远迎:指接纳外奸。　㉒ 遁:逃避。　㉓ 法:古文通"废"。废,大也。大言法行:犹言言行狂妄。　㉔ 守委:握有财产积蓄。委,委积。　㉕ 致众:收罗民众。　㉖ 说:通"悦"。　㉗ 言诡而辩:言论诡异而善狡辩。　㉘ 泽:润饰。　㉙ 固:读为"锢",塞也。　㉚ 往:"诳"之借字,欺骗。

【评析】

上文论述了君主和法制的关系后,本段接着述说用法律禁止威胁、危害君主权力的行为。所列"十八禁",是其法治思想和集权思想的深化和具体化,主旨在于确立君主的至上权威。威胁君权的有两种人:权臣和民众。一般情况下,权臣是直接的、主要的威胁。因此,"十八禁"大多是把矛头指向权臣,而集权的一个必要步骤就是抑制权臣。当时,各诸侯国公室衰落,而私室勃兴,卿大夫权势几凌驾于国君之上。所以,《管子》主张抑制权臣,具有现实意义。而且,这一思想被后代君主沿用,成为加强集权的主要手段。君主专制在其历史发展过程中,对统一国家的巩固曾起过积极作用,而本篇所体现的集权思想则可视为其理论源泉之一。

十八条禁令基本上针对官员,它们可以归结为八个字:廉洁奉公,勤政守法。这里就廉洁奉公谈点看法。《管子》反对"禄甚寡而资财甚多",就是要求廉洁;反对"治事则不以官为主",就是要求奉公。廉洁奉公是自古以来对官员道德高低的一种评判标准,能够做到的就是好官,就受到历史的好评;不能做到的就是贪官,就受到历史的非议。在我国历史上,有许多廉洁奉公的典范青史留名。如东汉杨震就是一例。杨震通晓经书,在其家乡一带被称为"关西孔子"。但他几十年隐居，不接受州郡长官的征聘。五十岁时，才开始到州郡做官。后晋升为荆州刺史、东莱太守。赴任莱州太守时，道经昌邑县。经他从前举荐而得官的昌邑县令王密，在无人知晓的深夜带了十斤金来送给杨震。杨震说："我很了解你，但是你却不了解我的为人，这是为什么呀？"王密说："夜已深，没人知道。"杨震说："天知、神知、你知、我知，何谓不知？"王密十分惭愧地回去了。杨震后来又调到涿州任太守，为人公正廉洁，不受私人拜会请托，子孙常常素食步行。他的一些朋友劝他为子孙购置些产业，杨震不愿意这么做，他说："给子孙留下清廉的榜样，难道不比为他们留下丰厚的遗产好吗？"在中国历史上，像这类廉洁奉公者还是不少的，如宋代包拯秉法审案，明代海瑞清廉守节，清代彭玉麟斩李鸿章侄子等，都是典型。虽然历朝都提倡廉洁奉公，禁止贪贿营私，但在封建社会中，大量存在的还是此类官员，而这是封建体制自身所不能解决的。即便在今天，这个毒瘤还在危害着社会，需要我们做出艰苦的努力去铲除它。

圣王之身，治世之时，德行必有所是，道义必有所明。故士莫敢诡俗异礼，以自见于国①；莫敢布惠缓行②，修上下之交，以私亲于民③；莫敢超等逾官④，渔利苏功⑤，以取顺其君。圣王之治民也，进则使无由得其所利，退则使无由避其所害，必使反乎安其位，乐其群，务其职，荣其名，而后止矣。故逾其官而离其群者必使有害，不能其事而失其职者必使有耻。是故圣王之教民也，以仁错之⑥，以耻使之，修其能致其所成而止。故曰：绝而定⑦，静而治，安而尊，举错而不变者，圣王之道也。

【今译】

先代圣王之时，天下大治，德行必定有正确的标准，道义也必定有明确的准则。所以,士人们不敢标新立异以炫耀自己;不敢广施厚赐来搞好上下关系,以使百姓亲附于己;也不敢超越等级和官职,猎取功利以讨好君主。先代圣王治理百姓,提拔官吏则使其无以因此得利,贬斥奸佞则使其无以逃避惩罚,必定使人都回归正道,安于其位,乐于合群,努力做好本职工作,看重自己的名声,达到这样的境界才罢休。所以,越职离群的一定要使其受到惩罚,不胜其任、失职败事的一定要使其遭受耻辱。因此,先代圣王教化百姓,以仁爱保护他们,以耻辱感驱使他们,提高他们的能力并使其有所成就才罢休。所以说:果断而坚定,平静而安定,稳固而尊崇,治国措施不随意变动,这是先代圣王的治国之道。

【注释】

① 见:通"现"。自见:自我表现。 ② 布惠:犹上文"博惠"。缓行:宽赐也。 ③ 私:原文为"和",据《管子集校》改。 ④ "莫"上原有"故"字,据《管子集校》删。 ⑤ 苏:取。 ⑥ 错:通"措"。 ⑦ 绝:通"截",截然,果断。

【评析】

本段是全文的总结,展示圣王治世的理想社会:人们崇尚道德,遵循法令,守位乐群,各尽其能,各力其事,社会井然有序而显勃勃生机。标举圣王,当然是给今王指出努力的方向,也是"法治"所要达到的目标。从中可以看出,《法禁》行法、集权的目标虽是加强君主统治,但其中还不乏儒家所乐道的"仁政"因子,这比后期法家的苛法厉治要温和得多,合理得多。

《管子》认为,圣王治理百姓,必须提倡一种道义德行,以使百姓有所遵循。圣王教化百姓,首先要实行仁惠政策,使之安居乐业;然后再增加他们的耻辱感,知所行止;最后还应当引导他们学得一门谋生的手艺。这一思想确实是深刻的。无论在什么社会中,总要提倡一定的道德准则作为评判社会成员言行的标准,符合这个标准,就得到社会舆论的认同和赞扬，反之则受到反对和批评。如果，一个社会的统治阶级提不出体现自己利益的行为准则，那么，社会成员的思想、道德就会混乱，这个社会也就面临着灭亡。不仅如此，《管子》的思想还很符合唯物主义原理。它要求首先使百姓生活安定，居有屋，食有粮，然后再教育他们养成道德感。这与《管子》倡导的"仓廪实而知礼节，衣食足而知荣辱"思想是完全一致的。

十、重　　令

【解题】

从字面上看,重令就是严格执行法令的意思。但事情并非如此简单,细读本文,就会知道:"重令"一词含义丰富,约略类似于今日习称的"有法必依,执法必严,违法必究"。又,令的意思也不是今日"法令"一词所能包容,或者说本篇《重令》并非单纯讨论有关法令的问题,法令而外,还探讨了其他一些治理国家的原则性问题。毋宁说,一篇《重令》,就是《管子》一书所主张的治国纲领。

具体说来,《重令》篇所论之治国原则包含以下两点:

一、严明法律。首先,君主必须掌握司法的最终裁决权,以确保君主的权威。其次,保证法令执行通畅,以刑罚来督促,以禄赏来劝勉。犯禁者按法惩处之,不分贵贱;立功者依令奖赏之,不论亲疏。

二、对治国措施的整体规划。《管子》认为,治国措施中有三点很重要,即用人、淳俗和安民。用人即选用贤能、忠信的人;淳俗即在全国营造一种人各安位、政令畅通的风气;安民即使农民安居乐业。这是内政。内政而外,还有外交。内政有序,外交得当,国家才会强大。

凡君国之重器①,莫重于令。令重则君尊,君尊则国安;令轻则君卑,君卑则国危。故安国在于尊君,尊君在于行令,行令在于严罚。罚严令行,则百吏皆恐;罚不严,令不行,则百吏皆喜②。故明君察于治民之本,本莫要于令。

故曰:亏令者死③,益令者死,不行令者死,留令者死④,不从令者死。五者死而无救,唯令是视。故曰:令重而下恐。

【今译】
　　君主治理国家的重要工具,没有比法令更重要的。法令有力量则君主有尊严,君主有尊严国家就安定;法令没有力量,君主的地位就卑微,君主卑微国家就危险了。所以安定国家在于尊君,尊崇君主就要执行法令,要施行法令在于严明刑罚。刑罚严明,法令畅通,百官就会畏法尽职;刑罚不严,有法不行,百官就会玩忽职守。所以英明的君主明察治国的根本所在,而法令是其中最重要的一项。所以说:删减法令者处死,增添法令者处死,不执行法令者处死,扣压法令者处死,不服从法令者处死。这五种情况都是死罪无赦,一切都只看法令行事。所以说:法令有力量,下面就畏惧了。

【注释】
　　① 重器:重要工具。　② 喜:同"嬉",玩忽,轻视。　③ 亏令:执行命令打折扣。　④ 留:稽留,留滞。

【评析】
本节思想与《法禁》篇多有相通之处,不同的是,这里特别强调法令是治国的根本措施,即法令是"治民之本"中之尤重要者。这里的"重令"思想要求严明法令,要做到令行禁止,政令畅通。《管子》对当时社会的弊端和政治危局的生动概括是深刻的。它对我们也有现实意义。法律的制定固然重要,但如果有法不依,做不到执法必严,违法必究,那么,法律仅只是一纸空文。如果法律只对一般人起作用,而对某些人则失去其强制性和约束力,那就会造成民心惶惑、无所适从,以致失去信心,最终导致法制混乱。从马克思主义观点分析,法律是统治阶级的意志上升为国家意志的集中表现,它所代表的是统治阶级最根本的利益。法律一经制定,就应当而且也必须成为统一的社会规范。

国家权力所及，一体通行，毫无例外。《管子》的这些论述，对今天也是有教益的。

在周朝分封制度下，王室之令在其威势尚在时还可以得到施行，而在其势力衰微时，甚至连诸侯国也不听其政令了。春秋之时，已是礼坏乐崩，"礼乐征伐自诸侯出"，也无统一的政令可行。因此，《管子》要求各级官吏必须不折不扣地执行国君颁布的法令。政令所到的地方，应该像四肢服从内心一样的畅通自然。法令维系着国君的权威和国家的安危，所以，制定法令、严行法令乃是治国之本。使法令一贯到百姓，唯一的办法就是严罚。严罚的具体措施就是严厉制裁"亏令""益令""不行令""留令""不从令"的行为。这五种行为都是执法过程中，损害法制权威的行为，对这类行为，《管子》主张一定要治以死罪。只有这样，法令才会有权威，百姓才能自觉地服从法令。这里举个例子。曹操二十岁时就任洛阳北部尉。这是维持治安的官吏，比县令低一级。洛阳有南北东西四部，每部设尉一人。曹操可谓官卑职小矣。但他不因此而妄自菲薄，却很想有一番作为，上任之后，即忠于职守，制作了十多根五色棒，悬挂在衙门左右。如有违犯禁令的，即使是权贵人物，也一概用五色棒处死。当时洛阳城里秩序混乱，豪族横行，谁会把一个小小的县尉放在眼里。不久，就有汉灵帝宠爱的小太监蹇硕的叔父违禁提刀夜行，被曹操巡夜抓住，当即用棒打死。人们没想到曹操初入仕途就敢捋虎须，令行禁止。从此，京城里的豪强都吓得收敛了行迹，没有一个敢违反禁令了。在西方的管理理论中，有所谓"热炉法则"。就是说法令如同烧热的火炉，谁要是敢触犯它，就必然会受到"烫"的处罚。这种处罚有四个特点。一是即刻的：当你一碰到火炉时，立刻就会被烫；二是预先示警的：火炉是烧得通红的，任何人都知道一碰就会被烫；三是适用于任何人：火炉烫人是不分亲疏贵贱，一律平等的；四是彻底贯彻的：火炉烫人"说到做到"，不是吓唬人的"具文"。曹操悬挂在洛阳衙门的五色棒就很具有"热炉法则"的特点。这种执行法令不折不扣的做法，是很值得我们后人借鉴的。

为上者不明,令出虽自上,而论可与不可者在下。夫倍上令以为威,则行恣于己以为私①,百吏奚不喜之有?且夫令出虽自上,而论可与不可者在下,是威下系于民也。威下系于民,而求上之毋危,不可得也。令出而留者无罪,则是教民不敬也。令出而不行者毋罪,行之者有罪,是皆教民不听也。令出而论可与不可者在官,是威下分也。益损者毋罪,则是教民邪途也。如此,则巧佞之人将以此成私为交,比周之人将以此阿党取与②,贪利之人将以此收货聚财,懦弱之人将以此阿贵富、事便辟③,伐矜之人将以此买誉成名④。故令一出,示民邪途五衢⑤,而求上之毋危,下之毋乱,不可得也。

【今译】

如果君主昏庸不明,法令虽由上面制定,而审议其可行与否的权限就会落到下面。凡能违背君令擅行权威的,就可以为达到个人利益而恣意妄为,这样百官哪有不玩忽职守的呢?况且,法令虽由上面制定,但审议其可行与否却取决于下面,这样君主的权威就受到下面的牵制。君权受人牵制,却指望君主没有危险,这是不可能的。法令发出而扣压的人无罪,这是教导百姓不尊敬君主;法令发出而拒不执行者无罪,执行法令的却有罪,这是教导百姓不要听从君主;法令发出后,由百官议论是否可行,这就是君权下分;擅自增减法令者无罪,这是引导百姓误入邪路。这样,奸诈巧佞之人就会勾结营私,结党营私的人就会庇护同党、联合同盟,贪婪之人就会受贿聚财,懦弱之人就会逢迎富贵、趋奉宠嬖,自夸骄傲之人就会邀买名誉成就虚名。所以,法令一出,就示人以五条邪路,而想要君主没有危险,臣民不作乱,是办不到的。

【注释】

① 恣:放纵。　② 比周:结党营私。阿:偏袒。与:党与。
③ 阿贵富、事便辟:原作"阿贵富事事富便辟",据《管子集校》改正。
④ 伐矜:自夸骄傲。　⑤ 衢:道路。

【评析】

这一节历数法令不能很好执行的严重后果,指出这将导致人主有危亡之虞,国家有动乱之祸。《管子》认为法令的最终裁决权定于君主,君主颁布法令后,下面就应不折不扣地执行,不允许议论评判,以维护君主的至高权威。如果允许随意议论,那么就会人是其是而非其非,这样,法令也就不可能被执行了,国家就陷入了混乱,君主的地位就保不住了。我们知道,君主在古代是政治中枢的中心,维护君主的权威,是保证一国安全的关键。在当时纷乱的时代环境中,《管子》能够看到这一点,并主张运用法律手段来进行操作,自可见其过人的识见。但是过犹不及,这种主张尊君权,崇法治,强调过分也会适得其反,与忽视这种主张殊途同归。可以看出,《管子》的这种主张实开后期法家极端君主专制和酷法严治的思想先河,后来的秦帝国正以此而兴,亦以此而速亡。一种政治思想影响之远,其正负效应之迥别,于此可见一斑。

菽粟不足①,末生不禁②,民必有饥饿之色,而工以雕文刻镂相稺也③,谓之逆④。布帛不足,衣服毋度,民必有冻寒之伤,而女以美衣锦绣纂组相稺也⑤,谓之逆。万乘藏兵之国,卒不能野战应敌,社稷必有危亡之患,而士以毋分役相稺也,谓之逆。爵人不论能,禄人不论功,则士无为行制死节⑥,而群臣必通外请谒,取权道,行事便辟,以贵富为荣华以相稺也,谓之逆。

【今译】

　　粮食不充足,奢侈品生产却不禁止,百姓有饥饿之色,而工匠还在以雕文镂彩相夸耀,这就叫作"逆"。布帛不充足,穿衣却没有节制,百姓受到冻伤,而妇女们还在以华衣锦绣美饰相夸耀,这就叫作"逆"。有万乘兵车的大国,士卒不能野战抗敌,国家有灭亡之患,而武士们还在以免服兵役相夸耀,这就叫作"逆"。不按才能封爵,不据功劳授禄,武士就不愿执行命令,不肯为国死节,而大臣们里通外国,采用权术,讨好君主左右的小臣,只以升官发财为荣华而相夸耀,这就叫作"逆"。

【注释】

　　① 菽(shū)粟:粮食。菽指豆类,粟指谷麦。　② 末生:奢侈品生产。　③ 稺:"稚"之异体,幼稚,引申为轻视。　④ 逆:违背(法令)。　⑤ 纂组:美丽的彩带。纂,原文为"綦",据《管子集校》改。　⑥ 制:命令。

【评析】

本节指出四种与法令背道而驰的行为:一是以雕文刻镂相夸耀,二是以美衣锦绣相夸耀,三是以逃避服兵役相夸耀,四是以升官发财相夸耀。《管子》认为这四种行为将使百姓不去生产粮食、布帛等必要的生产生活资料,从而引起国库空虚;将使人不愿为国家贡献才智生命,最终使国家有危亡之患。这里包含的思想是:一个国家首先必须要注重人民生活资料的生产,禁止奢侈浪费。同时,在任用官吏方面,要论能爵人,论功禄人,这样才能使有志之士乐为驱使。

　　朝有经臣①,国有经俗,民有经产。何谓朝之经臣?察身能而受官,不诬于上;谨于法令以治,不阿党;竭能尽力而不尚得,犯难离患而不辞死②;受禄不过其功,服位不仿其能,不以毋实虚受者,朝之经臣也。何谓国之经俗?所好恶不违于上,所贵贱不逆于令;毋上拂之事③,毋下比之说,毋侈泰之养④,毋逾等之服⑤;谨于乡里之行,而不逆于本朝之事者,国之经俗也。何谓民之经产?畜长树艺⑥,务时殖谷,力农垦草,禁止末事者,民之经产也。故曰:朝不贵经臣,则便辟得进,毋功虚取;奸邪得行,毋能上通。国不服经俗,则臣下不顺,而上令难行。民不务经产,则仓廪空虚,财用不足。便辟得进,毋功虚取;奸邪得行,毋能上通,则大臣不和。臣下不顺,上令难行,则应难不捷。仓廪空虚,财用不足,则国毋以固守。三者见一焉,则敌国制之矣。

【今译】

朝廷要有"经臣",国家要有"经俗",百姓要有"经产"。什么叫作朝廷的"经臣"呢?明察自身才能而接受相应的官职,不欺骗君主;严格按法令治事,不偏袒私党;尽能尽责而不追求私利,遇到国家有难不贪生怕死;不接受超过其功劳的俸禄,不担任超过其才能的官职,不凭空领受君主赏赐,这样的人就是朝廷的"经臣"。什么是国家的"经俗"呢?人们所喜好和厌恶的东西不违背君主的旨意,重视和轻视的事情不违背法令的规定;不做违上的事,不说结党自重的话,不过奢侈的生活,没有越级的服用;在乡里言行谨慎,不违背朝廷政事,这样的风俗就是国家的"经俗"。什么叫作百姓的"经产"呢?饲养牲畜,搞好种植,注意农时,增产粮食,努力农事,开垦荒地,禁止奢侈品的生产,这就是百姓的"经产"。所以说:朝廷不重用"经臣",则嬖臣得进,无功受禄;奸邪得逞,无能者居于高位。国家没有"经俗",则臣下不顺从君意,法令难以推行。百姓不注重"经产",就会仓廪空虚,财用不足。嬖臣得进,无功受禄,奸邪得逞,无能者居于高位,那么大臣之间就不可能和睦团结。臣下不顺从,君令难以推行,在国家有危难时,就难以应付。仓廪空虚,财用不足,国家就无法固守。这三种情况出现一种,国家就被敌国控制了。

【注释】

①经:根本,此处引申为正经、正当。 ②离:通"罹",遭受。 ③毋上拂:拂,违反;毋上拂即"毋拂上",为否定句中宾语前置结构。毋下比,结构与上同。 ④侈泰:奢侈。 ⑤服:古代对衣服、宫室、车马、器物等的泛称。 ⑥畜长:饲养牲畜。树艺:种植。

【评析】

本节提出,一个国家的稳定有赖于三个方面,即朝有经臣,国有经俗,民有经产。所谓朝有经臣,就是说政府要有好官。好官的标准是:有能力,守法,尽忠。国家如能使这类好官受到尊崇,那么奸邪小人就无法聚集于君主周围,这样就能君臣团结,令行禁止。历史上的管仲、诸葛亮可算得是经臣的典范。有了这样的经臣,国家的太平也就有望了。所谓国有经俗,就是不违上,不犯法,守礼节,生活俭朴,言行谨慎。一个国家没有好的风俗,法令就会难以推行,在国家有难的时刻,就无法组织起来,严重的就导致国家的灭亡。强大的古罗马帝国不是灭亡于外敌的入侵,而是灭亡于其弥漫整个社会的奢侈风俗就是很好的例证。所谓民有经产,就是百姓应该安心努力搞好农业生产,否则就会粮食歉收,国家财用不足,进而动摇国家的根基。

《管子》这里所提出的经臣、经俗、经产决定国家命运的思想是很有见地的。一个排斥能臣、良臣的政府必定是一个腐败的政府,而一个腐败的政府,其结局只能是灭亡。曾九合诸侯的齐桓公在管仲死后宠信几个奸佞小人,最后被他们活活饿死,并暴尸宫中,落得个悲惨结局。蜀后主刘禅宠信宦官黄皓,排斥大将姜维,于是亡于魏。在漫长的中国历史中,这类故事真是史不绝书,值得我们今天很好地记取。

经俗,用今天的话说,略同于精神风貌。一个民族、一个社会、一个国家的精神风貌对这个民族、这个社会、这个国家的发展和稳定来说,确实关系重大。一个社会上下不一致,思想混乱,道德沦丧,生活奢靡,这个社会是没有生机和活力的。正是由于这个原因,我们今天才大力提倡精神文明,提倡养成一个良好的社会道德风尚,因为这是一个社会维持和发展的必要基础。

至于经产,那就更无须多说了,不致力于最基本的物质生产,一个社会连存在都没有可能,遑论其他!

故国不虚重,兵不虚胜,民不虚用,令不虚行。凡国之重也,必待兵之胜也,而国乃重。凡兵之胜也,必待民之用也,而兵乃胜。凡民之用也,必待令之行也,而民乃用。凡令之行也,必待近者之胜也,而令乃行。故禁不胜于亲贵,罚不行于便辟,法禁不诛于严重而害于疏远,庆赏不施于卑贱,而求令之必行,不可得也。能不通于官①,受禄赏不当于功,号令逆于民心,动静诡于时变②,有功不必赏,有罪不必诛,令焉不必行,禁焉不必止。在上位无以使下,而求民之必用,不可得也。将帅不严威,民心不专一,阵士不死制③,卒士不轻敌④,而求兵之必胜,不可得也。内守不能完,外攻不能服,野战不能制敌,侵伐不能威四邻,而求国之重,不可得也。德不加于弱小,威不信于强大,征伐不能服天下,而求霸诸侯,不可得也。威有与两立⑤,兵有与分争,德不能怀远国⑥,令不能一诸侯,而求王天下,不可得也。

【今译】
　　国家不是凭空就能强大的,军队不是凭空就能打胜仗的,百姓不是凭空就能服从使用的,法令不是凭空就能贯彻下去的。大凡国家要强大,一定要依靠军队能打胜仗,才可能强大起来。大凡军队要打胜仗,一定要依靠百姓能够被驱使,这样军队才能打胜仗。大凡要使百姓听驱使,一定要依靠法令能通行无阻,百姓才会听驱使。凡是君令要通行无阻,一定依靠法令能制服君主亲近的人,法令才能通行无阻。所以,禁令不能制服亲者、贵者,刑罚不能施行于宠幸者,法令不诛杀罪行严重者,而只是加害与君主关系疏远的人,庆赏不肯施与出身卑贱的人,存在这种状况就不能指望法令能畅行无阻。有能力的人不能进入官府,授禄行赏不按实际功劳,号令违背民心,举措不合潮流,有功劳不一定得到奖赏,有罪过不一定得到惩罚,有令不坚决执行,有禁不坚决制止,身在上位而无法役使臣下,存在这种状况而指望百姓能够被驱使,是办不到的。将帅没有威严,民心不能专一,临阵的将士不肯死于军令,士卒不敢蔑视敌人,在这种情况下还希望军队能打胜仗,是不可能的。退守国内不能保障国土完整,对外进攻不能征服对方,野战不能战胜敌人,侵伐不能威慑四邻,这样而指望国家强大,是不可能的。恩德不能加于弱国小国,威望不能取信于大国强国,征伐不能制服天下,这种状况而指望称霸诸侯,是不可能的。威势有和自己不分上下的,军力有和自己抗争的,德惠不能安抚远方的国家,号令不能统一众多的诸侯,这样而指望称王天下,是不可能的。

【注释】

①能不通于官:能者不得进入官府。通,同"达"。 ②诡:违反。 ③制:此处指军令。 ④轻敌:轻视敌人。 ⑤两立:并立。 ⑥怀:安抚。

【评析】

国家的强大依赖于军队的强大,而军队的强大必待民力可用,而要使用民力则有赖于法令的施行,法令要真正做到令行禁止,就必须做到在法令面前人人平等,特别法令要首先能施于亲者、近者、贵者。如果法令不能行于亲者、近者、贵者,那所行法令也就失去了权威。法令没有权威,君主就无以使用民力,整个社会就成了一盘散沙,国家的强大就成了一句空话。《管子》的思想是深刻的,它在封建社会发展之初,就指出了在执行法律时可能出现的一些弊病。虽然在以后各个朝代颁布的法律中也主张"王子犯法与民同罪",但实际上真正做到的实在是凤毛麟角,屈指可数,大量存在的是贪赃枉法。即便在今天,法律面前人人平等,也还是社会主义法制所要努力的目标,而实现这个目标我们还有漫长的路要走。

地大国富,人众兵强,此霸王之本也,然而与危亡为邻矣。天道之数①,人心之变。天道之数,至则反,盛则衰;人心之变,有余则骄,骄则缓怠。夫骄者,骄诸侯;骄诸侯者,诸侯失于外;缓怠者,民乱于内。诸侯失于外,民乱于内,天道也。此危亡之时也。若夫地虽大,而不并兼,不攘夺;人虽众,不缓怠,不傲下;国虽富,不侈泰,不纵欲;兵虽强,不轻侮诸侯,动众用兵必为天下政理②。此正天下之本而霸王之主也。

【今译】

地大国富,人众兵强,这是称霸称王的根本,但同时也与危亡相伴。这是天道的发展规律,人心的变化情况。天道的发展规律,达到极点就走向反面,发展到极盛就走向衰落。人心的变化情况,富足就会骄傲,骄傲自满就松懈怠惰。所谓"骄傲",是指对诸侯骄傲。对诸侯骄傲的,就会失去各诸侯国的支持;松懈怠惰,国内百姓就会起来作乱。外失诸侯,内有动乱,这正是天道的体现,走到了危亡的时刻。如果国土虽广而不进行兼并掠夺;人口虽多而不松懈怠惰,不傲慢臣民;国家虽富足而不奢侈纵欲;兵力虽强而不轻慢诸侯,即使兴师动众也是为了伸张天下正义。这是匡正天下的根本,称王称霸的基础。

【注释】

① 数:自然之理。　② 政理:当作"政治",唐人避唐高宗李治讳

而改。下文"以为天下政治",正作"政治"。

【评析】

从哲学上看,任何强大事物的内部都不可避免地包含着衰弱的成分。国家越强大,就越不能骄傲,越不能好大喜功,越不能轻易发动战争。如果因为国家强大而好战,穷兵黩武,那么一方面会消耗自己的国力,另一方面国际国内树敌太多,当自己的国力消耗殆尽时,如国内外敌人乘虚而入,群起而攻之,就难免灭顶之灾。物极必反,过犹不及。黑格尔曾说过:国土扩大,财富增加,当达到一定点时就会走到反面,引起国土缩小,财产减少。古今中外,有许多政治家、军事家因此而遭受挫败。春秋时期,吴王夫差十分好战,争霸中原,结果越国乘机而起,将其灭亡。隋炀帝穷兵黩武,乱开战端,闹得民穷财竭,众叛亲离,结果全国共讨之,天下共诛之,瞬间断送了自己与隋王朝的命运。在外国历史上,具有军事天才的拿破仑,发动了多次战争,但是在进攻俄国的战争中遭受到挫败,精锐部队几乎全部被歼。后来在滑铁卢战役中又被英普联军击败,他本人也成了阶下囚。战争狂人希特勒发动了第二次世界大战,四面出击,几乎要征服整个欧洲,最后被盟军打败,自焚身亡。因此,即便一个国家地大国富,人众兵强,也不要好战,不要奢靡,这才能永葆强大。

凡先王治国之器三,攻而毁之者六。明王能胜其攻,故不益于三者,而自有国,正天下。乱王不能胜其攻,故亦不损于三者,而自有天下而亡。三器者何也?曰:号令也,斧钺也①,禄赏也。六攻者何也?曰:亲也,贵也,货也,色也,巧佞也,玩好也。三器之用何也?曰:非号令毋以使下,非斧钺毋以威众,非禄赏毋以劝民。六攻之败何也?曰:虽不听,而可以得存者;虽犯禁,而可以得免者;虽毋功,而可以得富者。凡国有不听而可以得存者,则号令不足以使下;有犯禁而可以得免者,则斧钺不足以威众;有毋功而可以得富者,则禄赏不足以劝民。号令不足以使下,斧钺不足以威众,禄赏不足以劝民,若此则民毋为自用②。民毋为自用则战不胜,战不胜而守不固,守不固则敌国制之矣。然则先王将若之何? 曰:不为六者变更于号令,不为六者疑错于斧钺③,不为六者益损于禄赏。若此则远近一心,远近一心则众寡同力,众寡同力则战可以必胜,而守可以必固。非以并兼攘夺也,以为天下政治也,此正天下之道也。

【今译】

先代圣王治国的法宝有三个,遭到破坏和毁灭国家的因素有六个。英明的君主能战胜这些破坏因素,所以治国法宝虽不超过三个,却能保有国家,匡正天下。昏庸的君主不能战胜这些破坏因素,所以治国手段虽不少于三个,拥有天下却不能免于灭亡。三个治国的法宝是什么呢? 就是:号令,刑罚,禄赏。六种破坏因素是什么呢? 就是:亲戚,权贵,财货,女色,奸佞小人,玩好之物。三个治国法宝有什么作用呢? 就是:没有号令就不能役使臣下,没有刑罚就不能威慑众人,没有禄赏就不能劝勉百姓。六种破坏因素有什么害处呢? 就是:虽不听从号令却可以平安无事,虽违犯法令却可以免于刑罚,虽无功无劳却可以获取财富。凡国家有不听从号令却可以平安无事的,那么号令就不足以役使臣下;有违犯法令却可以免于刑罚的,那么刑罚就不足以威慑众人;有无功无劳却可以获得财富的,那么禄赏就不足以劝勉百姓。号令不足以役使臣下,刑罚不足以威慑众人,禄赏不足以劝勉百姓,这样百姓就不可能为自己所用了。百姓不为自己所用,那么攻战就不能取胜;攻战不胜,防守就不巩固;防守不巩固,就要受制于敌国了。那么,先代圣王对此是怎么做的呢? 就是:不因上述六个因素变更号令,不因这六个因素废弃刑罚,也不因这六个因素增减禄赏。这样做了,人无论远近就会同心同德,远近同心同德就能不管人多人少都齐心协力,齐心协力就能攻战必胜,防守必固。无论攻战还是防守都不是为了兼并土地或掠夺财富,而是为了把天下的事治理好,这就是匡正天下的准则。

【注释】

① 斧钺:刑器,此处指刑罚。 ② 毋为自用:意谓不为君主效力。 ③ 疑:犹豫。错:停止。

【评析】

《管子》认为有六种东西很容易损害封建法律的权威,即所谓"六攻"。"六攻"的对象是君主。这六种东西很容易使君主放弃坚持法律这样一种维护国家根本利益和长远利益的原则。"货""色""巧佞""玩好"是四种投君主所好、引诱君主纵欲、从而放弃守法的东西。在君主专制政体下,亲贵以国君为中心而依次展开,亲则贵,不亲则不贵。"亲""贵"指的是因血缘、婚姻等与国君有特殊关系,或以战功、谋略为夺取、建立君主政权做出过突出贡献而受国君赏识,被封官加爵的人。这些人大都牵系着国君的感情。尤其是国君的近亲属,他们是仅次于国君、在封建国家里最为尊贵的一类。一方面凭着与国君的关系,有恃无恐;另一方面又往往无知而傲慢,缺乏国家政治意识,不肯为国家的整体利益而收敛自己随心所欲的行为。亲贵违法便成了损害封建国家法制权威的又一重要因素。

《管子》分析损害封建国家法制权威的因素,切中其弊。然而,中国是一个礼文化价值观统率人们情感与思想的社会。在这种价值观念中,"亲亲""尊尊"是其核心。法制权威让位于宗法血缘的等级意识。守礼易,守法难。特别是在春秋战国时期,礼文化价值观是不可违背的社会主导价值观。尽管《管子》说得在理,实践中"亲"们、"贵"们不会自觉守法,君主也不能"禁胜于亲贵"。即使在中国历史上执法最为"严刻"的秦国,秦孝公任用商鞅厉行法治,对犯法的太子也仅是"刑黥太子之师傅"。即使这样,商鞅也终于被即位后的太子找了个理由车裂处死,并灭其全家。更为可悲的是,死后仍被中国历史上负有盛名的史学家司马迁称为"商君,其天资刻薄人也","刑公子虔"便是其最大罪状。

十一、霸　言

【题解】

本篇篇名当作"霸形"。"霸形"者,指霸王之业的形势,亦即欲称霸称王的国家在天下的地位态势。本篇极力称颂"霸形"的宏大,并围绕实现霸王之业展开了广泛的论述。文中主张"欲用天下之权,必先布德诸侯",圣明的君主要"务具其备,而慎守其时,以备待时,以时兴事"。文章提出,霸王之始,要以百姓为本;王者之心,要方正而不偏执。文章重视对天下轻重强弱形势的分析和有关谋略的探讨,称得上是一篇称王称霸的策略论。

　　霸王之形,象天则地①,化人易代②,创制天下,等列诸侯,宾属四海,时匡天下。大国小之,曲国正之③,强国弱之,重国轻之,乱国并之,暴王残之④。僇其罪⑤,卑其列,维其民,然后王之。夫丰国之谓霸⑥,兼正之国之谓王⑦。夫王者有所独明。德共者不取也,道同者不王也。夫争天下者,以威易危暴,王之常也。君人者有道,霸王者有时。国修而邻国无道,霸王之资也⑧。夫国之存也,邻国有焉;国之亡也,邻国有焉。邻国有事,邻国得焉;邻国有事,邻国亡焉。天下有事,则圣王利也。国危,则圣人知矣⑨。夫先王所以王者,资邻国之举不当也。举而不当,此邻敌之所以得意也。

【今译】

霸业和王业的形势,仿效上天,取法大地,教化百姓,改朝换代,为天下创立制度,布立诸侯等次,使四海宾服归顺,使天下及时匡正。使大国变小,使邪曲之国回到正道上来,使强国的力量削弱,使重要的国家显得不重要,兼并内乱的国家,诛灭暴虐的君王。处分其罪恶,降低其地位,保护其百姓,然后称王其国。本国富强称作"霸",能匡正其他诸侯国的叫作"王"。凡王者都有其独见之明。德义相同的国家不攻取,道义一致的国家不去称王。争夺天下,用威势取代危乱的暴君,这是称王者的常事。统治人民是有道的,成就霸王之业是有时机的。本国政治修明而邻国无道,这就是成就霸王之业的凭借。一个国家的生存是与邻国有关的,一个国家的灭亡也是与邻国有关的。一国有事变,则邻国可能有所得;一国有事变,则邻国可能有所失。天下有事变,就会有利于圣王。国家处于危乱中,才显出圣人的智慧。先代圣王之所以能够成就王业,就是凭借邻国的举措不当。举措不当,就是邻国能够得意的原因。

【注释】

① 象天:模仿天。则地:效法地。 ② 化人:教化人心。易代:改朝换代。 ③ 曲国:邪曲之国。 ④ 暴王:暴虐的君王。 ⑤ 僇(lù):通"戮"。 ⑥ 丰国:富强的国家。 ⑦ 之:古与"诸"通,"兼正之国"即"兼正他国"。 ⑧ 资:凭借,依靠。 ⑨ 知:同"智"。

【评析】

在外交关系中,国与国之间是相互影响的,一国的强大可以对邻国造成威胁,而一国的衰弱则可以使邻国获益良多。因此,一个国家的生存,不能建立在依靠利用他人的支持上,应该自强,以自己的强大争取外交上的主动,以合适的谋略争取自己在国际上的地位。在中国历史上,唐朝是一个强盛的朝代,历代国威,以唐为最。魏徵为唐太宗制定了"中国既安,四夷自服"的外交战略。于是,唐太宗把外交策略建立在国内安定、强盛的基础上。因而在政治上改善内政,发展经济,强大自身;军事上战胜北方强敌突厥,树立国威,排除了主要外患;对邻邦采取绥之以德的怀柔政策。经过几十年的努力,唐代的对外关系达到了空前的广泛和巨大的成功,各国无不希望到唐都长安与唐朝建立友好关系,唐王朝成为当时最强大的国家。

与唐朝形成鲜明对照的是宋代外交。总体上,宋代是一个并不强大的朝代,由于国力日衰,外交也一塌糊涂。宋朝外交,无自力可恃,只赖苟且图安,不求自强。它先是想借敌以抗敌,联金抗辽,但金师连胜而宋师连败,金灭辽,顺势南侵,攻陷宋都,北宋亡。南宋朝廷仍然只图偏安,每况愈下。南宋理宗不知振兴国势,却想乘金势弱时,联蒙灭金,先是许蒙假道伐金,后又与蒙缔结盟约,希图共同灭金,岂料蒙灭金后,随即也灭了南宋。

正反两方面的历史都证明,外交上的成功与否,最根本的因素在于自己,在于自己要有强大的国力,在于处理好外交关系。自己不强大,外交不当,是要被别国钻空子的。

夫欲用天下之权者,必先布德诸侯。是故先王有所取,有所与,有所诎①,有所信②,然后能用天下之权。夫兵幸于权③,权幸于地。故诸侯之得地利者,权从之;失地利者,权去之。夫争天下者,必先争人。明大数者得人,审小计者失人。得天下之众者王,得其半者霸。是故圣王卑礼以下天下之贤而任④,均分以钓天下之众而臣。故贵为天子,富有天下,而世不谓贪者⑤,其大计存也。以天下之财,利天下之人;以明威之振⑥,合天下之权;以遂德之行,结诸侯之亲;以奸佞之罪,刑天下之心⑦;因天下之威,以广明王之伐⑧;攻逆乱之国,赏有功之劳;封贤圣之德,明一人之行⑨。而百姓定矣。夫先王取天下也,术术乎大德哉⑩,物利之谓也。夫使国常无患,而名利并至者,神圣也;国在危亡,而能寿者⑪,明圣也。是故先王之所师者,神圣也;其所赏者⑫,明圣也。夫一言而寿国,不听而国亡,若此者,大圣之言也。夫明王之所轻者马与玉,其所重者政与军。若失主不然,轻与人政,而重予人马;轻予人军,而重与人玉;重宫门之营,而轻四竟之守⑬,所以削也。

【今译】
　　想要掌握天下的权力,必须先对诸侯布施恩德。所以先王总是有所取得,有所付出,有所曲折,有所伸展,然后才能掌握天下的权力。兵胜在于有权,而权依赖于地利。所以,诸侯拥有地利的,权力就会跟随;失去地利的,权力就会离开。争夺天下必须首先争取人心。明悉天下大势者得人心,专搞小计谋者失人心。得到天下大多数人的可以称王,得到半数的可以称霸。所以圣王总是谦卑地礼贤下士而任用他们,均分利禄以吸引天下民众而使其臣属。所以,他们虽然贵为天子,富有天下,但世人不认为其贪婪,就在于他们心存治理天下的大计。用天下的财富来为天下人谋利,用强大权威的震慑来集中天下的权力,用施行德政的行动来使诸侯亲附,用处罚奸佞的罪恶来规范天下的人心,借助天下的威势来扩大明君的功绩,攻下逆乱的国家以赏赐有功之人,表彰贤圣的美德来宣示天子的行状。这样,百姓就安定了。先王取得天下,真是盛大的德行啊! 也就是所谓以物利人。使国家常常没有忧患而名利兼得,可算作是神圣;国家处于危亡之际而能够保存它的,可算作是明圣。所以,先王所师法的是神圣,所崇尚的是明圣。一句话而能保全国家,不听它就会导致灭亡,这样的话就是大圣人的话。英明的君王看轻骏马与宝玉,看重政权与军队。但亡国之君不是这样,他们看轻授人政权,看重给人骏马;看轻授人军权,看重给人宝玉;重视营建官室,轻视边境防守,所以国家就日益削弱了。

【注释】

① 诎：通"屈"。 ② 信：同"伸"。 ③ 幸：于省吾云："幸"乃"乘"之讹。乘，因也。 ④ 任：原作"王"，据《管子集校》改。 ⑤ 世：原作"伐"，据《管子集校》改。 ⑥ 明威：盛威，指强大的权威。振：同"震"。 ⑦ 刑：读为"型"，规范之意。 ⑧ 伐：功伐，功绩。 ⑨ 一人：指天子。 ⑩ 术：大路称"术"。"术术"连文，意谓广大丰盛。 ⑪ 寿：保也。 ⑫ 赏：读若"尚"。 ⑬ 竟：即"境"，边境。营：营造。

【评析】

取天下以德，而德者"物利之谓也"。就是说，要争得天下，就要使天下老百姓得利，使万民富足而人人都有利，因而天下归之。这在古代是一个很普遍的思想，许多有作为的政治家都实践过这一思想。公元前828年，周宣王继位。在他之前是臭名昭著的周厉王肆意施行苛政，已经搞得政局动荡不安，经济凋敝，外患接连不断。周宣王以其父为戒，在召穆公等人的辅助下励精图治，革除周厉王时的弊政，恢复西周初年的某些做法，取得了一定的成就。在政治上不搞独断专行，力除周厉王防民之口的做法，有事多与大臣商议。整顿腐败的吏治，禁止官吏贪财酗酒，欺压百姓。在对外关系上廓清四境，命令尹吉甫、南仲等率军征讨狁狁，命申伯、韩侯等经略中原，命秦仲等征西戎。这些战争使周地保持了相对稳定的生产环境。在经济上，周宣王特别强调要取消专利政策，放松对山林川泽的控制，与天下百姓同利；废除每年举行的国王亲耕仪式，默认土地国有制逐步瓦解的事实。从而使上下矛盾有所缓解，政府收入有所增加，前来宗周朝见周天子的诸侯也日益增多，出现了一个宣王中兴的局面。以后李自成农民起义军能够推翻明朝，也是实践这一思想的结果。

夫权者，神圣之所资也。独明者，天下之利器也；独断者，微密之营垒也。此二者①，圣人之所则也。圣人畏微而愚人畏明;圣人之憎恶也内,愚人之憎恶也外;圣人将动必知,愚人至危勿辞②。圣人能辅时③,不能违时。知者善谋④,不如当时。精时者,日少而功多。夫谋无主则困,事无备则废。是以圣王务具其备,而慎守其时。以备待时,以时兴事,时至而举兵。绝坚而攻国,破大而制地,大本而小标⑤,全近而攻远⑥。以大牵小,以强使弱,以众致寡,德利百姓,威振天下;令行诸侯而不拂,近无不服,远无不听。夫明王为天下正,理也。案强助弱⑦,圉暴止贪⑧,存亡定危,继绝世,此天下之所载也⑨,诸侯之所与也,百姓之所利也,是故天下王之。知盖天下,断最一世⑩,材振四海⑪,王之佐也。

【今译】

　　权力是神圣的君主所依赖的。独到的明智是天下的利器,独到的裁断如同精密的营垒。这二者是圣人所取法的。圣人畏惧祸患的细微苗头,而愚人要等到明朗了才感到害怕;圣人的憎恶深藏于内心,而愚人的憎恶都表现在外面;圣人要行动时就知道结果,而愚人大难临头了还不知躲避。圣人能抓住时机,但不能违背天时。智者善于谋划,但不如恰当其时。精于抓住时机的人,费时少而功效大。谋事没有主见就会陷于困境,行事没有准备就会失败。所以,圣王总是努力做好准备而慎守时机。以做好充分准备来等待时机,在适当时机来了兴举大事,时机到了才举兵行动。断绝坚固的防守,攻破敌国;击破大城,控制敌境;根本雄厚而目标弱小,保全近地而攻伐远敌。以大国牵制小国,以强国役使弱国,以人多招引人少。德利百姓,威震天下;号令行于诸侯而无人违背,邻国无不臣服,远方无不听命。英明的君王匡正天下,是理之必然。抑强扶弱,制止暴虐,限制贪欲,保存亡国,安定危国,使绝世得继承。这样,天下就会拥戴,诸侯就会亲附,百姓就会得利,所以,天下就乐于推其为王。智慧超越天下,决断称绝当世,才能威震四海,这样的人就是圣王的佐臣。

【注释】

① 二:原作"三",据《管子集校》改。 ② 勿:原作"易",据《管子集校》改。 ③ 辅:假为"捕"。 ④ 知者:同"智者"。 ⑤ 标:末也。 ⑥ 全:保全。 ⑦ 案:通"按",抑制。 ⑧ 圄(yǔ):限制,管制。 ⑨ 载:通"戴",拥戴。 ⑩ 断:原作"继",据《管子集校》改。 ⑪ 材:通"才"。振:通"震"。

【评析】

本节提出了"慎时"的思想,主张"以备待时,以时兴事,时至而举兵","知者善谋,不如当时"。具体包含两点:一是在作出决定前必须进行周密的思考,有较深的认识程度,把各种主客观条件都弄清楚了,才下决心;二是如果客观条件要求及时作出决定,就要当机立断,并及时付诸行动。

优柔寡断,患得患失,是人们容易犯的错误。古人说:"当断不断,反受其乱。"这类例子真是太多了。我国历史上杰出的军事家、文武兼备的韩信正是由于犹豫失机,以致死于妇人之手。公元前203年,韩信手握重兵,略定三齐,被刘邦违心地封为齐王。当时项羽猜度韩信与刘邦之间或许有隙可乘,就派武涉游说韩信,劝他与楚休战,三分天下,被韩信推辞。当时有个策士蒯彻料知韩信在楚汉之间具有举足轻重之势,附汉则汉兴,倚楚则楚胜。但是,他更清楚地看到,不论汉兴或楚胜,韩信都不得善终。他就试图说服韩信摆脱刘邦控制,自成帝王之业。他精辟地分析说:"方今为将军计,莫为两利俱收,三分天下,鼎足而立。为此,三方互相牵制,则无人胆敢轻举妄动。凭将军贤圣……制刘、项之争,则天下谁敢不听!……常言道:天予不取,反受其咎;时至不行,反受其殃。愿将军深思熟虑。"但韩信不是帝王之才,以庸人的眼光看待"恩""义"二字,对蒯彻说:"汉王待我德厚,我岂可见利背恩!"就婉拒了蒯彻的建议。到了汉十一年(前196),韩信被吕后与萧何诱杀于长乐宫钟室,落得个可悲下场。

当然,中国历史上能充分利用时机而成大事者也不乏其例。公元前1057年,周武王伐纣,一战而定,就是武王能够掌握政治上的主动权,把握有利时机的结果。据记载,这一年,商朝面临土崩瓦解的绝境,又适逢周境遭遇饥荒,百姓都想外出作战,借机掠取敌国粮食,以度灾年。武王认为时机已经成熟,决意伐纣。出师前,占卜不祥。吕尚力劝武王勿失良机,说:"顺天之道,未必吉,逆之未必凶。若失人事,则三军败亡。"周军出兵,行至中途,狂风惊雷,折旗毁乘。吕尚把这种情况巧释为对殷商的天怒之象。就这样,周武王牧野一战而灭商。公元613年,杨玄感发动兵变,被隋炀帝镇压下去。这时,唐王李渊和四子李世民虽早已蓄谋代隋,但在时机不成熟、没有充分准备的情况下,不受他人的影响,暗中准备,等待时机。公元617年,在时机成熟和充分准备后,李渊和李世民才正式起兵反隋,最后夺取政权,建立了唐王朝。

可见,刚毅果断,慎守其时,是政治家谋事的基本素质,能否做到这一点,关系到事业的成败。《管子》能够强调这一思想,足见其政治韬略、政治智慧已经相当成熟。

千乘之国得其守①,诸侯可得而臣,天下可得而有也。万乘之国失其守,国非其国也。天下皆治己独乱②,国非其国也;诸侯皆合己独孤③,国非其国也;邻国皆险己独易④,国非其国也。此三者,亡国之征也。夫国大而政小者,国从其政;国小而政大者,国益大。大而不为者,复小;强而不治者,复弱;众而不治者,复寡;贵而无礼者,复贱;重而凌节者,复轻;富而骄肆者,复贫。故观国者观君,观军者观将,观备者观野。其君如明而非明也,其将如贤而非贤也,其人如耕者而非耕也,三守既失,国非其国也。地大而不为,命曰土满;人众而不治,命曰人满;兵威而不正⑤,命曰武满。三满而不止,国非其国也。地大而不耕,非其地也;卿贵而不臣⑥,非其卿也;人众而不亲,非其人也。

【今译】

千乘之国如果治理得当,就可以臣服诸侯,拥有天下。万乘之国如果治理不当,就不能保有其国。天下都已治理得很好,而自己国内却很乱,就会丧失国家;各诸侯国都联合起来,只有自己国家是孤立,就不能保有国家;邻国都有险要可恃,自己却无险可守,也不能保有国家。这三者,是亡国的征兆。国家大而政绩小,国家就会随之变小;国家小而政绩大,国家就会随之变得强大。国家大而不去作为,重新会变小;国家强而不很好治理,重新会变得弱小;人口众多而不加管理,就会重新减少;地位尊贵而不遵礼节,会重新低贱;权势重而超越节度,会重新失去权位;富裕而骄奢无度,会重新变得贫穷。所以,观察一个国家,只要观察其国君的作为;观察一支军队,只要观察其将领的作为;观察一个国家的军备,只要观察其田野种植情况。国君似明而不明,将领似贤而不贤,百姓似耕而不耕,这三方面都不具备,国家就不能保有了。国家大而不去作为,叫作"土满";人口众多而不去管理,叫作"人满";军队威武而作风不正,叫作"武满"。不制止这三满,国家就不能保有了。国家大而不去耕种,等于不是它的土地;卿相尊贵而不臣服,等于不是它的卿相;百姓众多而不亲附,等于不是它的百姓。

【注释】

① "得"上原有"可"字,据《管子集校》删。　② 治:原文为"理",唐人避唐高宗李治讳,改"治"为"理"。　③ 合:原作"令",据《管子集校》改。　④ 易:谓无可守御。　⑤ 正:原作"止",据《管子集校》改。　⑥ 卿:卿相。

【评析】

《管子》在分析矛盾对立面的相互转化时,认识比老子有更深刻的内容。老子注意到了对立面之间相互依存和相互转化的辩证关系,他说:"民之从事,常于几成而败之。慎终如始,则无败事。"但遗憾的是,他将矛盾对立面的相互过渡、转化绝对化,看不到转化的条件性和相对性。《管子》则揭示了事物间对立面的相互转化过程是相对的、有条件的,在社会生活中,这一转化往往不是盲目、自发地发生的,而是由人的有目的的能动的活动参与的。就像统治者治理国家一样,无所作为,强盛的国家就会衰败下去,众多的人口也会越来越少。如果统治者能够慎其所为,始终如一地坚持正确的政策,就能够保持国家的长治久安。关于这一点,明代马皇后是深得其旨的。洪武三年(1370),明诸将击败残元势力,俘献宋元国印,举国庆贺,独马皇后说:"元有国印而不能守,可见帝王之宝,不在此而另有它呀!"朱元璋听了心领神会,说:"朕知后谓得贤为宝耳。"马皇后说:"诚如陛下言,妾与陛下贫贱,至今日,恒恐骄纵生于奢侈,危亡起于细微,故愿得贤人共理天下。"马氏还常常劝朱元璋不要滥杀无辜。为使朱元璋不失民意,她还常打听民情。一次,她问朱元璋:"今天下民安乎?"朱元璋觉得烦,说:"此非你所该问的!"马皇后回答说:"陛下天下父,妾辱天下母,子之安否,何可不问!"她还告诫儿女辈不得恃权作威,并采取一系列实际行动加以防范,以保护朱氏大权。

毛泽东曾经说过,一个人做点好事并不难,难的是一辈子做好事,不做坏事,一辈子有益于人民,有益于工作,这才是最难最难的。慎终如始对于长治久安极其重要,但对个人来说,又是很难办到的。无数蓬勃兴起的朝代,最后所以由大变小,由强变弱,以至灭亡,就是由于后来者丢弃了开国者的政策。历史的经验是值得我们永远记取的。

夫无土而欲富者忧,无德而欲王者危,施薄而求厚者孤。夫上夹而下苴①，国小而都大者弑。主尊臣卑，上威下敬，令行人服，治之至也。使天下两天子，天子不可治也；一国而两君，一国不可治也；一家而两父，一家不可治也。夫令，不高不行，不抟不听②。尧舜之民③，非生而治也；桀纣之人，非生而乱也。故治乱在上也。夫霸王之所始也，以人为本。本治则国固，本乱则国危。故上明则下敬，政平则人安土，教和则兵胜敌，使能则百事治，亲仁则上不危，任贤则诸侯服。

【今译】

没有土地而想富有者只能换来忧愁，没有德行而想称王者只能导致危险，施予太少而要求太高者只会带来孤立。上面权小而下面权大，国土小而都城大，君主将会有杀身之祸；君主尊贵臣子卑贱，君主威严臣下恭敬，政令推行人人服从，这是治国的最高境界。如果天下有两个天子，天下就不可能治理好；一个国家有两个君主，这个国家就不可能治理好；一家有两个父亲，这个家就不可能治理好。政令不出自高层就不能推行，不专出于君主就没有人听从。尧舜时候的百姓并非生来就服从治理；桀纣时候的百姓也并非生来就好作乱。所以，治和乱都取决于君主。霸王之业的根本，就是要以人为根本。百姓治理好了国家就巩固，百姓治理不好国家就危险。君主圣明臣下就恭敬，政事平易百姓就安居乐业，教化和谐军队就能战胜敌人，使用能臣就能百事皆治，亲近仁人君主就不会有危险，任用贤人诸侯就会宾服。

【注释】

① 夹：当作"狭"。苴：同"粗"。"上夹而下苴"，上大下小之谓也。　② 抟：同"专"，谓政令专出于君。　③ 民：原作"人"，据《管子集校》改。

【评析】

一切统治都是以人为本,要想称王称霸,或者要维持其统治,就必须争取民众,做好对人的治理工作,这是维护统治的根本。中国历史上,商灭夏,周灭商,都是在夏、商脱离民众,怨声载道之时。平王东迁之后的东周时期,大国争霸,齐桓公、晋文公、秦穆公、楚庄王、吴王夫差、越王勾践都相继成为一个地区或中原的霸主。一个很重要的原因就是,他们在图谋霸业的准备时期,都想方设法取得民众的信任。刘邦所开辟的汉朝,形成了封建社会前期历史发展的高峰。不仅秦王朝不能望其项背,唐王朝以前的任何朝代也难与之相比。从历史动因来看,刘邦致力于"伐无道,诛暴秦"的时代使命,并以秦朝覆亡为借鉴,采取与民生息、恢复发展生产的政策,对后世许多封建王朝都产生了重大的影响。唐朝初期的强盛,与太宗采取的选用廉吏、惩治贪官、减轻剥削、注意民众休养生息、推行均田制有直接关系。

纵观历史,可以说,"以人为本"是历史上形成的统治思想中的瑰宝。"得民心者得天下,失民心者失天下",被历史上明智的帝王将相所接受。追求政平人安是所有朝代的统治目标,也是现代社会所要追求的目标。

霸王之形,德义胜之,智谋胜之,兵战胜之,地形胜之,动作胜之,故王之。夫善用国者,因大国之重①,以其势小之;因强国之权,以其势弱之;因重国之形,以其势轻之。强国众,合强以攻弱,以图霸;强国少,合小以攻大,以图王。强国众,而言王势者,愚人之智也;强国少,而施霸道者,败事之谋也。夫神圣,视天下之形,知动静之时②,视先后之称③,知祸福之门。强国众,先举者危,后举者利。强国少,先举者王,后举者亡。战国众,后举可以霸;战国少,先举可以王。

【今译】

　　霸王之业的形势,在德义方面超过别国,在智谋方面超过别国,在军事力量方面超过别国,在地利方面超过别国,在掌握行动时机方面超过别国,这样,才能够称王天下。善于利用别国力量的人,凭借大国的势力,并顺其势缩小它;凭借强国的权威,并顺其势削弱它;凭借重国的地位,并顺其势减轻它。如果强国多,就联合强国来攻打弱国,以图霸业;强国少,就联合小国去攻打大国,以图王业。如果强国多,却声言要称王,是蠢人的想法;强国少,而施行霸业是败坏事业的谋略。所谓神圣,就是看清天下大势,掌握行动时机,明了先后之宜,了解祸福的由来。强国多,先举事者危险,后举事者得利。强国少,先举事就可称王,后举事就会灭亡。好战之国多,后举事可以成霸;好战之国少,先举事可以称王。

【注释】

　　①"因"下原有"其"字,据《管子集校》删。　②时:时机。③称:读去声,适合。

【评析】

　　要想成就王霸之业,就必须依据当时的天下大势,考虑各方面的情况,采取正确的战略和策略,没有一成不变的模式。它可以靠德义,可以靠智谋,可以靠战争;或者先发制人,或者后发制人,要知先后,知动静,总之,要悬权而动,不可执一。在政治、经济、军事等许多领域,运用先发制人的策略而取得极大成功的例子数不胜数。事实证明,在别人缺乏准备之时,突然采用先发制人的方法,能使对方惊慌,不知所措,指挥失灵,协同失调。其成功和高明之处,正如拿破仑在总结他成功的经验时洋洋自得地表示:我能够在别人猝不及防的情况下知道自己应该说什么话和采取什么行动。先发制人不仅在军事上有用,在政治上运用得更多。像人们经常讲的"先入为主""恶人先告状"等等,都体现了在政治上的先发制人。"先下手为强,后下手遭殃",这句老话还是有一定道理的。

与先发制人相对应,人们也经常采用后发制人的谋略。谋划政治韬略,主动性是极为重要的。政治上的主动性来源于正确的道义。和对手角逐时,待敌先发,而己后发,对方的企图就会充分暴露,自己就可避敌所长,乘敌所短,赢得民心,获得胜利。我国历史上轩辕时代的阪泉之战,轩辕氏就采取了后发制人的战略。当时的轩辕氏族刚刚开始从游牧经济向农业经济过渡,他们过惯了游牧生活,行动灵活,远途征伐只要携带牛羊就可以维持给养,不用担心后勤运输。与这个氏族抗衡的榆罔(神农氏族的第八代帝)所率领的氏族,只习惯于农业经济生活,兵马未动,粮草先行,一旦进入不种粮秣的牧区荒野,后勤供应脱节,因粮于敌又野无所获,失去主动。轩辕很有雄才大略,针对敌人的这一弱点,运用机动退却战术,战于河南,再战于河北,最后退至阪泉之野(现在的河北涿鹿县东南),终于选择到地形、生活条件利于己而不利于敌的良好战场,站稳脚跟,进行决战,一举获胜。

夫王者之心,方而不最①。列不让贤②,贤不齿第择众③,是贪大物也。是以王之形大也。夫先王之争天下也以方正④,其立之也以整齐,其理之也以平易。出政令用人道⑤,施爵禄用地道,举大事用天道。是故先王之伐也,伐逆不伐顺,伐险不伐易,伐过不伐不及⑥。四封之内⑦,以正使之;诸侯之会,以权致之。近而不服者,以地患之;远而不听者,以形危之⑧。二而伐之⑨,武也;服而舍之,文也;文武俱满,德也。

【今译】

能成就王业者的心,方正而不走极端。列爵不排斥贤人,选贤不论年龄地位,这是为了取得更大的利益。所以王业的形势是广大的。

先王争夺天下，靠的是方正的态度；建立王业，靠的是法令的统一，治理天下，靠的是易简的措施。出政布令合乎人心，赏赐爵禄公正无私，兴举大事顺应天时。所以，先王进行征伐，伐叛逆不伐顺从，伐险恶不伐平易，伐过分不伐不足。用公正驱使本国的百姓，用权威召集诸侯的盟会。邻国有不服，占领土地使其担忧；远国不听命，用强大的形势压迫使其觉得危险。对背叛的国家进行攻伐，是武；臣服就赦免，是文。文武两手都充分具备，是有德。

【注释】

① 方：方正。最：极端。　② 列：排列座次。让：同"攘"。③ 贤：作动词，选贤。齿第：年龄，地位。　④ 正：原作"心"，据《管子集校》改。　⑤ 出政令：原作"立政出令"，据《管子集校》改。⑥ "及"上原无"不"字，据《管子集校》补。　⑦ 封：境也。　⑧ 形：原作"刑"，据《管子集校》改。　⑨ 二：同"貳"，意为背叛。原作"一"，据《管子集校》改。

【评析】

《管子》认为，要想成就霸业，文与武就必须交替使用，两者都要充分具备，能够这样做了，就是有德。这个思想是值得重视的。

文与武历来是治国安邦的两大支柱，缺一不可。武功离不开文治，社会不安宁，动乱贫弱，不可能有强大的武力；文治离不开武功，没有足以维护统治的武力，国家的稳定和社稷安全也是不可能的。二者相互依存，相互促进，不可偏废。早在孔子就提出过"有文事者必有武备，有武事者必有文备"，主张文武不相离。《韩非子·内储说下》记载，孔子用文治武功之策使鲁国道不拾遗，国力日强，使齐景公食不甘味，夜不能寐，最后用十六名美女送鲁哀公，使他沉湎声色，不问国政，孔子劝谏不听，就离开鲁国到楚国去了。

文治武功相得益彰，是历史上各个全盛时期的共同特征。现代社会中，文治武功的治国之策已为大多数国家所认识。无文不足以治国,无武不足以安邦,已为民众所接受。不管世界局势怎样趋于缓和,只要战争形成的因素存在着,就不能忽视这一点。

夫轻重强弱之形,诸侯合则强,孤则弱。骥之材,而百马代之①,骥必罢矣②;强最一代,而天下攻之③,国必弱矣。强国得之也以收小,其失之也以恃强;小国得之也以制节④,其失之也以离强。夫国小大有谋,强弱有形。服近而强远,王国之形也;合小以攻大,敌国之形也;以负海以攻负海,中国之形也;折节事强以避罪,小国之形也。

【今译】

国家轻重强弱的形势,诸侯联合就强大,孤立就衰弱。即使是一匹千里马,用一百匹普通马轮番和它竞逐,千里马也必然疲惫;一个时代的强国,如果天下各国共同攻伐它,它也必然会衰弱。强国得益于容纳小国,其失误往往在于自恃强大;小国得益于折节事奉强国,其失误往往在于脱离强国。国家小大有谋略,强弱有表现。折服近国,用强力威慑远国,是王业之国的表现;联合小国攻击大国,是两国势均力敌的表现;利用蛮夷攻伐蛮夷,是中原之国的表现;折节事强以避免灾祸,是国家弱小的表现。

【注释】

① 代:迭也。原作"伐",据《管子集校》改。下文"代"同。
② 罢:同"疲"。　③ 攻:原作"共",据《管子集校》改。　④ 制:读为"折"。折节者,卑曲其节以事强。

【评析】

在若干弱小势力共同面临一个强敌的情况下,避免被大国吞食的最好谋略就是联合起来,这是历史所证明了的。三国时期,蜀是力量最小的一方,吴国内有隐患,外有强魏,蜀、吴联合共同抗魏是最合理的外交政策。然而,吴与蜀又有利害冲突,吴、蜀联盟却同床异梦。魏、蜀相争时,吴往往作壁上观。为夺荆州,孙权不惜破坏联盟,配合魏国夹击关羽;诸葛亮六出祁山,希望吴策应,吴却虚与应付,因为吴想待蜀攻魏急,就乘机夺取中原。蜀、吴最终被灭掉,就是由于这种联合没有统一的意志,而是互相利用。

自古以至今,未尝有能先作难,违时易形,以立功名者;无有常先作难,违时易形,而不败者也①。夫欲臣伐君②,正四海者,不可以兵独攻而取也。必先定谋虑,便地形,利权称,亲与国,视时而动,王者之术也。夫先王之伐也,举之必义,用之必暴,相形而知可,量力而知攻,考得而知时③。是故先王之伐也,必先战而后攻,先攻而后取地。故善攻者,料众以攻众,料食以攻食,料备以攻备。以众攻众,众存不攻;以食攻食,食存不攻;以备攻备,备存不攻。释实而攻虚,释坚而攻脆④,释难而攻易。

【今译】

自古到今,从来没有首先发难、违背天时、变易形势而能够建立功名的;也从来没有常常先发难、违背天时、变易形势而不失败的。要想臣服诸侯,匡正四海,不可能仅以武力取胜,一定先要定好谋略,占据有利地形,权衡利弊得失,加强与盟国的联系,等待有利时机而行动,这才是王者的策略。先王进行征伐,举兵必定合于正义,用兵必定迅雷不及掩耳,审看形势而知可否行动,衡量实力而确定能否进攻,考虑得失而确定行动时机。所以,先王进行征伐,必定先接战而后进攻,先进攻而后占地。所以,善于征战的人,总是先计量敌我双方兵力的多少、粮草的多少和准备情况,然后确定是否进攻。以兵力对兵力,敌多于我,就不攻;以粮草对粮草,敌粮草充足就不攻;以准备情况对准备情况,敌人准备充分就不攻。要避开实力而进攻空虚,避开坚固而进攻脆弱,避开困难而进攻容易。

【注释】

① 而:原作"无",据《管子集校》改。　② 臣伐君:据《管子集校》,当为"臣诸侯"之误。　③ 考得:据《管子集校》,当为"敬待"之误。　④ 膬:古"脆"字。

【评析】

在作战指导上,《孙子》首先对"虚实"的问题作了比较深入的研究,最早提出了"避实而击虚"的作战指导原则。《管子》发展了《孙子》的这一原则,提出了"释实而攻虚"的思想。就是说,善于指导作战的人,要根据敌我双方的军力、物力和准备程度来指导作战。如果敌人在军力、物力和准备程度上超过我方,则我方不可急于进攻,而应保存军力和物力。这就是要避开敌人的实力而击其虚弱,避开敌人的坚固之处而击其薄弱之点,避开敌人的难攻之地而击其易被摧毁之地。战争史上"释实击虚"的战例很多。战国时期,魏伐赵,赵向齐国求救。齐威王使田忌为将军,孙膑为军师,率兵八万救赵。田忌打算率领大军直奔赵国,与魏军主力决战。孙膑认为,魏攻赵已有一年了,其精锐兵力都集中于前线,国内一定空虚。如果乘此机会直扑魏国都城大梁,魏军必然会匆忙回军自救,可以在其回军的路上设伏,将其打败。于是,发生了著名的桂陵之战,魏国大败,赵国之危得以解除。

夫拚国不在敦古①,治世不在善故②,霸王不在成典③。夫举失而国危,刑过而权倒④,谋易而祸及⑤,计得而强信⑥,功得而名从,权重而令行,固其数也。夫争强之国,必先争谋,争形,争权。令人主一喜一怒者,谋也;令国一轻一重者,形也;令兵一进一退者,权也。故精于谋,则人主之愿可得,而令可行也;精于形,则大国之地可夺,强国之兵可圉也⁷；精于权，则天下之兵可齐⁸，诸侯之君可朝也。夫神圣视天下之形，知世之所谋，知兵之所攻，知地之所归，知令之所加矣。夫兵攻所憎而利之，此邻国之所不亲也。权动所恶，而实寡归者⁹，强。擅破一国，强在后世者，王。擅破一国，强在邻国者，亡。

【今译】

治理国家不在于厚敬古道，治理世事不必精通旧事，成就霸王之业不可墨守成规。举措失当则国家危险，错过形势权力就会倾倒，谋事轻率就会引来祸患，计划得当强力就能发挥，功业成就名声就会跟随，权重政令就能够推行，这些都是必然的规律。凡是争强的国家，必定先争谋略，争形势，争权力。能使君主或喜或怒的，是谋略；能使国家或轻或重的，是形势；能使军队或进或退的，是权力。因此，精于谋略，则君主的愿望可以实现而政令可以推行；精于形势，则大国的土地可以夺取而强国之兵可以抵御；精于权力，则天下的战争可以制止而各国的君主可使朝见。神圣的君主总是审察天下的大势，了解当代的谋略，了解战争的动向，了解土地的归属，了解政令的对象。举兵进攻所憎之国而独享利益，这样，邻国就不会亲附。以权势攻伐所憎之国而很少把利益归于自己，就可以强盛。专破一国，而使后世强盛起来的，可成王业；专破一国，却使邻国强大起来，就会趋于灭亡。

【注释】

① 抟：同"专"，统率。敦古：崇敬古代。　② 故：原作"攻"，据《管子集校》改。　③ 典：原作"曲"，据《管子集校》改。　④ 刑：读若"形"。　⑤ 易：轻率。及：原作"反"，据《管子集校》改。　⑥ 信：通"伸"。　⑦ 圉：通"御"。　⑧ 齐：读为"济"，止也。　⑨ 实：利益。

【评析】

形势、权力、谋略，是形成王霸之业的条件。所谓争霸，就是要在这三方面胜过别人,否则就免谈了。首先要善于把握形势,善于利用形势,在合适的时候做合适的事情,因此,即便是大国的土地也是有可能夺取的。其次要掌握权力,善于利用权力,就可以使天下的力量为我所用。最后还要精通谋略,机遇对于许多人是同等的,这里往往就是谋略的较量了。在政治和军事的斗争中,谋略占有极其重要的地位。这样君主的愿望才能实现,霸王之业才能成就。在实践中,这三者往往同时运用。可以说,现代国际关系也还存在这三者的较量。

十二、君　臣　上

【解题】

《管子》有君臣上、下两篇，主要论述为君之道、为臣之道及君臣之间的相互关系。本篇议论的主题是"上下之分不同任"，着重阐述君臣之间应该分工治事的观点。它主张，君主不应干预臣职，臣下不应侵夺君权，君主事必躬亲，反而造成"不公"。要达到这一目标，就要依靠"上有明法，下有常事"，"上有法制，下有分职"；君主要立身正德，才能治官化民；君主要知人善任，臣下要守职尽责。为此，它提出君依法而出令，有司奉命而行事，百姓顺上而成俗，以达到君明、相信、五官肃、士廉、农愚、商工愿的局面。文中还反复强调"道"的作用，要求君主掌握"道"来治国。本篇在论述时往往从君臣双方对照的角度展开。

　　为人君者，修官上之道①，而不言其中；为人臣者，比官中之事②，而不言其外。君道不明，则受令者疑；权度不一③，则循义者惑④。民有疑惑贰豫之心而上不能匡⑤，则百姓之与间⑥，犹揭表而令之也⑦。是故能象其道于国家⑧，加之于百姓，而足以饰官化下者⑨，明君也。能上尽言于主，下致力于民，而足以修义从令者，忠臣也。上惠其道⑩，下敦其业⑪，上下相希⑫，若望参表⑬，则邪者可知也。

【今译】

作为君主,要研究统率百官的方法,不要干预百官的具体事务;作为人臣,要处理好自己职责范围以内的事情,不要干预自己职责范围以外的事务。如果君道不修明,那么接受命令的人就会有疑虑。如果权限法度不统一,遵循法度的人就会感到迷惑。百姓有疑惑犹豫的心理而人君不能纠正,那么百姓与君主就会有隔阂,就好比贴出告示让他这样似的。所以,能够在国内实施君道以治理百姓,并且足以整饬百官教化下民的,就是明君。对人君能够知无不言、言无不尽,又肯为民众办事,能够遵循法度服从政令的臣子,就是忠臣。为上者顺从君道,为下者谨守职责,上下相互观察,好比察看测定日影的木表一样,奸邪就无所逃遁了。

【注释】

① 官上:总领百官。 ② 比:从事。官中:官职之内。 ③ 权度:权限,法度。 ④ 循:原作"修",据《管子集校》改。 ⑤ 贰豫:犹豫不决。 ⑥ 间:隔碍不通。 ⑦ 原作"犹揭表而令之止也",据《管子集校》改。揭:高举。表:告示。 ⑧ 象:《管子集校》云:"象"乃"为"之误。从之。 ⑨ 饰:通"饬",治理。 ⑩ 惠:顺从。 ⑪ 敦:勤勉。 ⑫ 希:通"睎",望也,引申为观察。 ⑬ 参表:古代观察日影计时的木表。参,观测。

【评析】

君有君道,臣有臣道,此段阐述君臣各正其道的意义。明君在位,贤臣辅弼,百姓归附,是《管子》人本主义政治思想的三个基本方面:百姓是国家的根本,没有百姓也无所谓国家;想要使百姓归附,必须有明君在位实行有利于民生的统治,明君的政治理想的实现,又必须有志同道合的贤臣的辅佐。《管子》关于君臣各正其道的意义的阐述,也是紧扣这三点来展开的。从反面来说,如果"君不君,臣不臣",那么严重的后果就是"百姓之与间",国家的根本也就动摇了。从正面来讲,如果君已正于君道,臣已正于臣道,那么君为明君,臣为忠臣,百姓也就愿意归附了。

吏嗇夫任事①,民嗇夫任教②。教在百姓,论在不挠③,赏在信诚,体之以君臣,其成也以守战④。如此,则民嗇夫之事究矣。吏嗇夫尽有訾程事律⑤,论法辟⑥、衡权、斗斛、文劾⑦,不以私论,而以事为正。如此,则吏嗇夫之事究矣。民嗇夫成教,吏嗇夫成律之后,则虽有敦悫忠信者不得善也⑧,而戏豫怠傲者不得败也。如此,则人君之事究矣。是故为人君者因其业,乘其事,而稽之以度⑨。有善者,赏之以列爵之尊、田地之厚,而民不慕也。有过者,罚之以废亡之辱、僇死之刑,而民不疾也。杀生不违,而民莫遗其亲者⑩,此唯上有明法,而下有常事也。

【今译】
　　吏嗇夫担任法度的制定和督察工作,民嗇夫担任教化的工作。教化的对象是百姓,论罪不可以徇私枉法,行赏必须真诚守信,这要首先体现在君臣关系上。其成效体现在战可以胜、守可以固。这样,民嗇夫就算尽到了职责。吏嗇夫全面地掌握计量的章程和办事的制度,审议法律、权衡、斗斛、文告和弹劾奏章,不以私意论断,一切以法度为准。这样,吏嗇夫就算尽到了职责。民嗇夫完成教化,吏嗇夫制定法律以后,即使是诚实忠信的人也不得增补,而嬉游懒惰的人不得败坏。这样,人君就算尽到了职责。所以做人君的要根据吏嗇夫和民嗇夫的职责和完成任务的情况,按照法度来考核他们。有业绩好的,就赏给他尊贵的爵位和丰厚的田产,而民众也不会羡慕。如果是犯有过错,就用撤职的耻辱和诛杀的刑罚来处罚他,而民众也不会抱怨。生杀和奖惩都不违背法律,那么百姓也就不会有人遗弃亲人了。要做到这些,君主就必须有明确的法度,臣子有固定的职责范围。

【注释】

① 吏啬夫:与下"民啬夫"皆古时官职名。 ② "民啬夫"原作"人啬夫",据《管子集校》改。 ③ 挠:枉曲。 ④ 成:原作"诚",据《管子集校》改。 ⑤ 誉程:计量的规程、规章。事律:办法的法规。 ⑥ 辟:法,刑。论法辟:谓审议法度与刑律。 ⑦ 文劾:文告与劾奏。 ⑧ 敦:老实。悫(què):诚实。善:通"缮",修补。 ⑨ 稽(jī):查考。 ⑩ 遗其亲:遗弃父母。

【评析】

《管子》主张以赏罚两手来治国,这一点与韩非的主张相近。韩非把赏罚当作明主所以节制臣下的"二柄"。区别在于,韩非只注重赏罚的法律效果,而《管子》除了重视赏罚的法律效果外,还考虑到赏罚的道德效果,主张赏必当功,罚必当暴,赏罚必信,同时扩大赏罚范围。

此段论述的是人君以法治国的思想。民啬夫的职责是"成教",所谓"教",大概相当于秦代的"以吏为师,以法为教";吏啬夫的职责是"成律",大概相当于现在的立法。"教"成"律"就之后,人君只要根据法律来管理国家,国家就可以得到有效的治理,即所谓"唯上有明法,而下有常事也"。以法治国的妙处在于:法律颁行并坚决贯彻执行之后,人们便可以形成稳定的理性的行为预期,即自己的行为的后果将受到法律的鼓励或是制裁,而以人们趋利避害的本性,就必然去从事法律所鼓励的行为而避免法律所制裁的行为。这样一来,法律既是统治集团意志的体现,那么统治集团所预期的统治秩序也就可以实现了,这真是以简驭繁、无为而治的管理境界。当然,在人治前提下的法治,即权大于法的社会格局中,法律往往被擅自加以"缮"或"败",其硬性约束作用大打折扣,也就不能再使人们形成确定的行为预期,法治秩序也便无从谈起。

天有常象,地有常形,人有常礼,一设而不更,此谓三常。兼而一之,人君之道也;分而职之,人臣之事也。君失其道,无以有其国;臣失其事,无以有其位。然则上之畜下不妄①,而下之事上不虚矣②。上之畜下不妄,则出法制度者③,明也;下之事上不虚,则循义从令者,审也。上明下审,上下同德,代相序也。君不失其威,下不旷其产,而莫相德也。是以上之人务德,而下之人守节。义礼成形于上④,而善下通于民,则百姓上归亲于主,而下尽力于农矣。故曰,君明、相信⑤、五官肃、士廉、农愚、商工愿⑥,则上下体⑦,而外内别也;民性因⑧,而三族制也⑨。

【今译】

　　天象有常法,地形有常态,人礼有常制,它们一旦成立就不再改变,所以叫作"三常"。划一法度,统率百官,这是人君之道;分工负责,各治其事,这是人臣的事务。人君如果违背君道,就不能保有他的国家;人臣如果荒废了职责,也就不能保有他的官位。君主畜养臣下真诚,臣下侍奉君主就实在。君主畜养臣下真诚,颁布法令制定法度就能显明;臣下侍奉君主实在,遵循法度服从政令就审慎。君主英明,臣子审慎,就能上下同心同德,相互间形成一定的秩序。人君不失威严,臣子不废其政务,谁也不必对谁感恩戴德。所以,在上者务修道德,在下者就会恪守本分。上面形成道德义礼典范,并善于将其推广到百姓中,那么,百姓自然对上亲附人主,并且努力从事于农业生产。所以说:君主贤明,辅相诚信,五官恭敬,士人廉直,农民朴实,商人和工匠都老实谨慎,那么一国上下就有体统,内外就有分别,民生就有依靠,农、工、商这三类人就好管理了。

【注释】

　　①畜:畜养。不妄:不妄诞,即真诚。　②不虚:实在。　③则

出法制度者:原作"所出法则制度者",据《管子集校》改。　④ 形:通"型"。　⑤ 相:指卿相。　⑥ 愿:诚实,敬谨。　⑦ 体:法式,体统。　⑧ 性:通"生"。因:依靠。　⑨ 三族:诸说不一,一说指农、工、商。

【评析】

这一段讲的是君应当明,臣应当审的道理。君的"明"和臣的"审",都是从才和德两方面来谈的。对于君主,一方面要"兼而一之","畜下而不妄",另一方面又"上之人务德";对于臣僚,一方面要"分而职之","事上而不虚",另一方面又"下之人守节"。固然,"火车跑得快,全靠车头带",尤其在人治社会中,统治集团的素质对于国家的兴衰是至关重要的。从历史的经验来看,在不同的时期,才和德又是畸轻畸重的。一般来说,在创业时期,因为所面临的矛盾复杂而尖锐,对雄才大略就特别需要,所谓生于乱世的豪杰都是有雄才大略的人物。而在守成时期,平静舒适的环境容易使人滋生骄奢心理,所以应该特别强调"静以修身,俭以养德"。而中国自古就有"创业难守业更难"的说法,所以也就特别强调统治者的德行,正如魏徵在《上太宗十思书》中所说:"臣闻求木之长者,必固其根本;欲流之远者,必浚其泉源;思国之安者,必积其德义。"

此外,还有一点值得一提,"上之蓄下不妄","下之事上不虚",说明君臣关系是相对的:只有君蓄下不妄,才能臣事上不虚。不仅对臣子有道德要求,对君主也是有道德要求的。这和后来绝对专制的"君要臣死,臣不得不死"的单方面要求臣忠于君的封建思想还是有区别的。

夫为人君者,荫德于人者也;为人臣者,仰生于上者也。为人上者,量功而食之以正①;为人臣者,受任而处之以敬②。布政有均,民足于产,则国家丰矣。以劳受禄③,则民不幸生。刑罚不颇④,则下无怨心。名正分明,则民不惑于道。道也者，上之所以导民也。是故道德出于君，制令传于相，事业程于官⑤，百姓之力也，胥令而动者也⑥。是故君人也者，无贵如其言；人臣也者，无爱如其力。言下力上，而臣主之道毕矣。是故主画之⑦，相守之；相画之，官守之；官画之，民役之；则又有符节、印玺、典法、筴籍以相揆也⑧。此明公道而灭奸伪之术也。

【今译】

　　作为人君，就应该施恩德来庇护百姓；作为人臣，就是要依靠君主生活。作为人君，要考量臣子的功绩并公正地给予俸禄；作为人臣，要接受任命并认真谨慎地完成它。君主施政均平，百姓物产丰足，那么国家也就富裕了。根据功劳颁授爵禄，那么民众就不会侥幸偷生。刑罚都很公正，那么，民众也就不会有怨愤。各种名分正当明确，百姓对治国之道就不会迷惑了。所谓"道"，就是君主用以引导百姓的。所以道德出于君主，制度法令由宰相传布，各项事务由官吏裁定，百姓是出力的，要等待命令而行动。所以说，作为人君，最贵重的是言论；作为人臣，最珍惜的是才力。人君向下发号施令，人臣向上奉献他的才力，这样一来君臣之道也就完备了。所以人主决策，辅相执行；辅相决策，官吏执行；官吏决策，百姓出力；又用符节、印玺、典法、文书和策籍，作为管理的手段。这是阐明公道而杜绝奸伪的办法。

【注释】

　　① 正：原作"足"，据《管子集校》改。　② 敬：敬谨，严肃。原作"教"，据《管子集校》改。　③ 受：通"授"，授予。　④ 颇：偏，不正。　⑤ 程：考核。　⑥ 胥：待也。　⑦ 画：谋划。　⑧ 筴：同"策"。揆：管理。

【评析】

　　以这一段议论而言，人君与人臣的关系好比是老板与雇员的关系,因为雇员老实谨慎地做事,所以老板给他报酬;因为老板给报酬,所以雇员必须老实谨慎地做事。双方互为因果,权利与义务对等。这种以"利"为纽结的君臣关系,显然不同于儒家的观点。孔子曾经说过:"君使臣以礼,臣事君以忠。"在儒家的观念里,君臣之间是以礼义来维持的。这种温情脉脉的君臣关系,其实不免夹有太多的虚伪。以实际而论,步入政治圈的人物,大多是热衷名利的,也只有动之以名利,才能让他们满意。这一段陈述了几条治国的原则(文中其他地方有述)。

作者在这一段还阐述了不同管理层次间的分工协作问题,即领导决策,属下执行。如果套用作者的话来说,就是领导画之,属下守之。没有执行的决策不过是纸上谈兵,根本不会有实际效果;没有决策的执行也不过是盲人骑瞎马、坏孩子乱弹钢琴,也是难见事功的。只有决策正确,执行得力,才能取得管理绩效。

论材量能,谋德而举之,上之道也;专意一心,守职而不营①,下之事也。为人君者,下及官中之事,则有司不任②;为人臣者,上共专于上③,则人主失威。是故有道之君,正其德以莅民,而不言智能聪明。智能聪明者,下之职也;所以用智能聪明者,上之道也。上之人明其道,下之人守其职,上下之分不同任,而复合为一体。

【今译】

评选人才、衡量能力,计议德行而提拔官吏,这是君主的职责;一心一意,恪守职责而不生疑惑,这是臣子的职事。君主如果干预官吏分内事务,则主管官吏就无法负责;臣子如果共擅君主专有的权力,则君主就丧失威望。所以,有道之君总是端正自己的德行来君临百姓,而不讲求聪明才智。聪明才智,是臣下的职事所需要的;如何使臣下充分发挥聪明才智,才是君主所要做的。在上者明白道术,在下者谨守职事,上下职分不同,各有其任,但又复合为一个整体。

【注释】

①营:疑惑。 ②不任:无法负责。 ③共专:共分国君专有的权限。

【评析】

《管子》对君臣关系的理解是比较超前的。它虽然也极力维护君主的独尊地位,但对于臣的政治地位却也十分看重,认为臣与君是相辅相成、唇齿相依的"一体"关系,这就从逻辑上肯定了臣对于君的不可替代的重要意义和作用,在理论上具有重大意义,尽管不能和孟子的君臣人格平等主张相提并论,但其进步性仍是显而易见的。《管子》认为,君臣虽然是"一体"关系,但是彼此仍存在着上下之别,君臣必须明晓各自的职分,不可越俎代庖。那么,君臣的职责怎样区分呢?对此,《管子》从维护君主的权威和尽可能发挥人臣的作用的原则出发,得出了君操要、臣主详的主张。概括来说,就是君主的职责主要是用人、制令和赏罚,人臣的职责则是守任治事。

是故知善,人君也。身善①,人役也。君身善,则不公矣。人君不公,常惠于赏,而不忍于刑,是国无法也。治国无法,则民朋党而下比,饰巧以成其私。法制有常,则民不散而上合,竭情以纳其忠。是以不言智能,而朝事治②,国患解,大臣之任也③。不言于聪明,而善人举,奸伪诛,视听者众也。是以为人君者,主万物之原④,而官诸生之职者也。选贤论材,而待之以法。举而得其人,坐而牧⑤,其福不可胜收也。官不胜任,奔走而奉,其败事不可胜救也。而国未尝乏于胜任之士,上之明适不足以知之⑥。是以明君审知胜任之臣者也⑦。故曰:主道得,贤材遂,百姓治。

治乱在主而已矣。

【今译】

　　所以，知人善任的是人君，事必躬亲的是人臣。如果人君也事必躬亲，那么就会产生不公正。人君不公正，经常赏赐给别人好处，而不忍施用刑罚，那么国家就会没有法度。治理国家而没有法度，那么百姓就会结为朋党而相互偏袒，修饰巧诈来谋求私利，反之，如果法制有常规，那么百姓不会离散而是亲附于君上，竭尽全力来表达他们的忠心。所以，君上虽然不讲究用自己的聪明才智，而政事修明完备，国患能够解除，正是因为任用了德才兼备的大臣。人君不讲究智能聪明，而德才兼备的人得以举用，奸诈虚伪的人被诛杀，这是因为替国家监察视听的人多的缘故。所以做人君的，就要把握事物的根本，授予众人不同的职事。选拔贤能，衡量才具，并且以法度来管理。如果举用的人得当，人君就可以坐而治国，其带来的福佑是没有穷尽的。如果官吏不能胜任，即使奔走忙碌，所带来的坏处也是很难补救的。一个国家并不缺乏能够胜任职守的人，只不过是人君的明智还不足以发现他们而已。所以，所谓英明的君主就是善于审慎考察能够胜任的大臣。所以说，君道正确，贤材得用，百姓得治。国家的治乱完全在于君主。

【注释】

　　① 身善：善于自身尽责。　② 朝：原作"顺"，据《管子集校》改。③ 大臣之任：即"大臣是任"。　④ 主：原作"坐"，据《管子集校》改。⑤ 牧：原作"收"，据《管子集校》改。　⑥ 适：特也。　⑦ 审知：审慎考察。

【评析】

这一段论述的是选用贤能的主张。《管子》注重对于贤能的擢用，在本书中多处予以论述，这种选贤任能、唯才是举的政治思想历来为建功立业的君王奉为法宝，已经成为一种优良的传统。在先秦诸子中,儒家、墨家、兵家对于选用贤能最推重。如孔子说过:"先有司,赦小过,举贤才。"墨子说过:"夫尚贤者,政之本也。"孙子说过:"夫将者,国之辅也。辅周则国必强,辅隙(缺漏)则国必弱。"只有道家的老子在主旋律之外唱了反调:"不尚贤,使民不争。""绝圣弃智,民利百倍。"这种论述虽然自有其道理,却因为是不合现实的迂论,所以不曾在历史上有过什么影响。

汉高祖刘邦可谓是选贤任能的典范。他曾经说过:"夫运筹帷幄之中,决胜千里之外,吾不如子房(张良);镇国家,抚百姓,给饷馈,不绝粮道,吾不如萧何;连百万之军,战必胜,攻必取,吾不如韩信。三者皆人杰,吾能用之,此吾所以取天下者也。"首先,他虚心纳善,熟知百官之要。每当有人才投效门下,他都要以诚相见,虚心求教,好像自己一无所知、一无所能似的。在接待和求教过程中,仔细观察来者的人品,准确把握其秉性、特长,做到熟知其要。其次,择长而授任,善使众能。如运筹帷幄用张良,出奇制胜用陈平,率军作战用韩信,安国治民用萧何,稳定社稷用周勃,甚至连樊哙也能发挥其匹夫之勇,使鸿门宴化险为夷。再次,将将而授权,故能使众为也。刘邦善将将是众所周知。他将将的诀窍除上述择长授任外,还在于授权。百官名分定了以后,各授予相应职权,以保障他们行使职能。这样做的好处,一是可以从实际工作中甄别百官的才能和考核政绩;二是使文武百官有独立发挥才能的机会,从而使他们建功立业,竞相作为,以达到人主"事省而国治"的目的。

选贤任能作为领导艺术,不仅对当代行政管理有现实意义,而且在现代企业管理中也是至关重要的。因为现代企业的劳动过程无不是复杂的系统工程,企业的每件产品都是许多劳动者分工协作的结晶。要组织和管理分工细致、协作众多的企业生产和经营活动,不能只靠一二个人。因此,无论哪一级地方领导和企业一把手都应善于分职,做到既有分工,又有协作,既能充分发挥个人专长,又有效地发挥了整体功能,再加上善弹钢琴的一把手,那么,管理工作就一定能做好。

故曰：主身者，正德之本也；官治者，耳目之制也。身立而民化，德正而官治。治官化民，其要在上，是故君子不求于民①。是以上及下之事谓之矫②，下及上之事谓之胜③。为上而矫，悖也；为下而胜，逆也。国家有悖逆反迕之行④，有土主民者⑤，失其纪也。是故别交正分之谓理⑥，顺理而不失之谓道。道德定而民有轨矣。有道之君者，善明设法而不以私防者也。而无道之君，既已设法，则舍法而行私者也。为人上者释法而行私，则为人臣者授私以为公。公道不违，则是私道不违者也。行公道而托其私焉，寝久而不知，奸心得无积乎？奸心之积也，其大者有侵逼杀上之祸，其小者有比周内争之乱。此其所以然者，由主德不立，而国无常法也。主德不立，则妇人能食其意⑦；国无常法，则大臣敢侵其势。大臣假于女之能，以规主情⑧；妇人嬖宠假于男之知⑨，以援外权。于是乎外夫人而危太子⑩，兵乱内作，以召外寇，此危君之征也。

【今译】

所以说：君主自身是端正一国德行的根本；官吏好比耳目，受此根本节制。君主自身有为君之道，百姓就会受到教化；君主德行规范，百官就能管好。治理百官，教化百姓，关键在于君主，所以明圣的君主不责求于民。所以，君主干涉臣下之事称作违背君道，臣下干预君主之事就是凌驾于君主之上。君主违背君道，是悖谬；臣下凌驾于君主，是忤逆。国家里有悖逆反常的行为，是君主失去纲纪的结果。所以，区别君主臣下的界限，端正各自的名分，就叫作"理"，顺应"理"的要求而不偏失就叫作"道"。君主的道德确定了，百姓也就有正轨可循了。有道的君主,善于公开制定法令而不因为私心去妨碍它。然而无道的君主,在法度已经设定好之后,仍要置法度于不顾而徇私。如果君主不依法行事而好行其私意,那么做臣子的就会以私心为公道。因此,不违背公道,就成了不违背私道。以行公道的名义而行其私意,时间长了不被发觉,其奸邪之心怎么会不越积越厉害呢!奸邪之心一旦积累起来,严重的会有以下犯上弑杀君王的祸患,轻微的也会有朋党争权夺利的祸乱。所以会这样,就是因为君主德行没有确立,而国家没有常法可以遵循。如果君主的德行不能确立,那么他身边的妇人就要窥知他的心意;如果国家没有常法可以遵循,那么大臣就敢侵夺君主的权势。大臣借助君主宠幸的后妃来窥伺君主的意图,被君主宠幸的后妃也会借大臣的智谋引入宫外的势力以自固。这样往往导致废除夫人危害太子,内部发生兵乱,并由此引来外寇。这都是君主危亡的征兆。

【注释】

①君子:当作"君主"。 ②矫:意同"拂",违背。 ③胜:意为"陵",欺凌。 ④迕:违背。 ⑤有土主民者:指君主。 ⑥交:上下之交。分:君臣之分。 ⑦食:通"伺",窥测。 ⑧规:同"窥"。 ⑨知:同"智"。 ⑩外:屏除。

【评析】

这一段的论点是以德立法。在专制社会里,虽然也有"编著之图籍,设之官府,而布之于百姓"(韩非子语)的法律,但在法律之上,还有一个"朕即国家"的君主。人们常说君主是"金口玉言",意即君主的言辞的效力是至上的,当然也在法律效力之上。这样一来,就产生了君主凭借其权威践踏法律尊严的可能。最好是有"有道之君","善明设法而不以私防";但也难保有"无道之君,既已设法,则舍法而行私者也"。而作为法律,它到底是一纸空文还是能够落实为一种社会规范,关键就在于它的尊严能否得以维护,即关键在于能否做到"有法必依,违法必究"。既然是专制的社会,君主高踞于权力象牙塔的顶端,具有至尊至上的地位。《管子》不能开出以权力制约权力的药方,而只能寄希望于君主克制私欲,修身立德,通过道德自律来自觉维护法律的尊严。在专制社会中,这是唯一可能的办法了。但权力总要导致腐败,绝对的权力更是导致绝对的腐败,对专制君主寄予任何道德方面的希望都是不现实的。所以在历史实践的过程中,《管子》的这一真知灼见并没有多少实际意义可言。

是故有道之君,上有五官以牧其民①,则众不敢逾轨而行矣;下有五横以揆其官②,则有司不敢离法而使矣。朝有定度衡仪,以尊主位,衣服绋绤③,尽有法度,则君体法而立矣④。君据法而出令,有司奉命而行事,百姓顺上而成俗,著久而为常⑤,犯俗离众者,众共奸之⑥,则为上者佚矣。

【今译】

所以,有道的君主,在上面设立五官以统治百姓,使百姓不敢有越轨的行为;在下面设立五横以监察官吏,使官吏不敢违背法制行使职权。朝廷有一定制度和仪法,以尊崇君主,君主的衣服衮冕也都按照一定的法度缝制,于是君主就可以依照法度而进行统治了。君主依据法制发出命令,执事官吏奉命而行事,百姓顺从君主而蔚为习俗,历时长久成为常规,如果有背离习俗、违背教化的人,百姓就会共同加罪于他,这样的话,君主就可以高枕无忧了。

【注释】

① 五官:五种官职,据本书《小匡》,当指大行、大司田、大司马、大司理、大司谏五官。　② 横:通"衡",纠察之官。揆:考察。　③ 绋绤:通"衮冕",指君主的衣帽。　④ 体:依。立:同"莅"。　⑤ 著:显著。　⑥ 奸:做动词,以之为奸。

【评析】

本节提出必须在领导体制中设立监督系统，对各级官吏进行监察，以确保官吏依法行政。它说明，《管子》已经看到，如果不对政府官员进行监督，就可能产生滥用权力的现象，从而动摇封建统治的基础。这一思想应该说是积极的，在我国历史上产生了深远影响，各个朝代都有专司监督的官职，对违法乱纪的官员进行弹劾。这种机制确实也惩治了一些贪官污吏，缓和了封建统治的危机。但是，由于封建专制体制自身的弊病，它不可能从根本上解决这一问题。只有社会主义制度才提供了解决这一问题的可能性。但并非说，政府官员的违法乱纪现象就自然消失了。不，不是这样的。中外社会主义运动的历史证明，如果不从体制机制上对握有权力的官员进行监督制约，那么，滥用权力的现象是不可避免的。可以说，直到今天，《管子》所提出的课题，并没有很好解决，仍然是我们要花大力气加以探索的。

天子出令于天下，诸侯受令于天子，大夫受令于君，子受令于父母，下听其上，弟听其兄，此至顺矣。衡石一称，斗斛一量，丈尺一綧制①，戈兵一度，书同名②，车同轨，此至正也。众顺独逆③，众正独辟④，此犹夜有求而得火也，奸伪之人，无所伏矣。此先王之所以一民心也。是故天子有善，让德于天；诸侯有善，荐之于天子⑤；大夫有善，纳之于君；民有善，本于父，荐之于长老。此道法之所从来，是治本也。是故岁一言者⑥，君也；时省者，相也；月稽者，官也，务四支之力⑦，修耕农之业以待令者，庶人也。是故百姓量其力于父兄之间，听其言于君臣之义，而官论其德能而待之⑧。大夫比官中之事，不言其外；而相为常具以给之⑨。相总要⑩，者官谋士⑪，量实议美⑫，匡请所疑。而君发其明府之法瑞以稽之⑬,立三阶之上,南面而受要。是以上有余日,而官胜其任;时令不淫,而百姓肃给。唯此上有法制⑭,下有分职也。

【今译】

　　天子向天下发布命令,诸侯接受天子的命令,大夫接受君主的命令,子女接受父母的命令,下级听从上级,弟弟听从兄长,这是最顺的秩序。衡石的计量统一,斗斛的量度统一,丈尺的标准统一,兵器的规格统一,书写的字体统一,车辆的轨距统一,这是最正的规范。大家都服从而独自违逆,大家都行正道而独自邪僻,就好比夜里找东西而得到火光来照明一样,奸诈伪善之人就无处可躲了。这就是先王所以要统一民心的原因。所以天子有德行,就把功德归之于上天;诸侯有德行,就应归功于天子;大夫有成就,就归功于君主;老百姓有成就,是因为父亲教导有方,并归功于乡中长老。这是"道"与"法"产生的根源,也是治国的根本所在。所以一年才考察一次政事的是君主;一个季度检查一次政事的是辅相;一个月考核一次政事的是百官;靠着四肢的力气,从事农耕生产并且等待上面命令的是一般百姓。所以,对于平民百姓,要在其父兄之间评量他们的劳动,要从君臣大义方面听取其言论,而后官吏选择有德行才能者贡献给君主。大夫只考校职分之内的事务,不干预本职之外;辅相要订出经常的条例提供给百官。辅相总揽枢要,百官谋士衡量功实,审议德行,有所疑问就请辅相来裁决。君主调出宫内的法令和瑞玉来加以稽查,并站在三层台阶上,面向南面接受辅相呈上的重要政事就可以了。于是君主有闲暇的日子,而百官都胜任他们的职务;四时的政令不惑乱,百姓都恭敬地供给君主需用。这只是由于君主依照法制办事,而百官各有职分。

【注释】

　　① 绰:古"准"字。　② 名:文字。同名:同文。　③ 众:原作"从",据《管子集校》改。下"众"字同。　④ 辟:同"僻",邪僻。

⑤荐:原作"庆",据《管子集校》改。下"荐"字同。 ⑥一言:据《管子集校》,乃"省"之误。省,检查。 ⑦支:同"肢"。 ⑧论:通"抡",择也。待:犹"共"也。"共"同"供",谓择有德能者而贡献于君。 ⑨常具:经常的条例。 ⑩总要:总揽枢要。 ⑪者:同"诸"。 ⑫议:原作"义",据《管子集校》改。量实议美:谓衡量实际情况,作出评价。 ⑬法:法制命令。瑞:珪璧之属。 ⑭此唯:原作"唯此",据《管子集校》改。

【评析】

本节提出了君逸臣劳的思想,要求君主治理国家,应尽量发挥臣下的作用,让臣下把事情做好,而君主则坐收其利。这是君主的统治策略。齐桓公就曾经实行过这种策略。有一天,晋国派了一位使者到齐国。负责的官员问齐桓公怎么接待使者,齐桓公说:"问管仲。"又有一位官员请示其他政务,齐桓公又说:"问管仲。"宫中的人感到不理解,就笑着对齐桓公说:"什么事情都去问管仲就能解决的话,那做君主的不是太享受了吗?"齐桓公回答说:"你这个小人物懂什么!居上位的人那么辛苦地寻找人才,就是希望得到人才而用之,自己也才可以享福。如果一个君主忘了善用人才,一个人拼命地工作,什么事都靠自己,好不容易发掘的人才,也就无事可做了。所以寡人发现管仲这个人才后,把齐国交给他治理,就用不着那么辛苦了。"这以后不久,齐桓公就成为春秋五霸之首。可见,事必躬亲并不表明君主精明强干,君逸臣劳才是聪明之君。

道者,成人之生也①,非在人也。而圣王明君,善知而道之者也。是故治民有常道,而生财有常法。道也者,万物之要也。为人君者,执要而待之,则下虽有奸伪之心,不敢试也②。夫道者虚设,其人在则通,其人亡则塞者也。非兹是无以理人③,非兹是无以生财。民治财育,其福归于上。是以知明君之重道法,而轻其国也。故君一国者,其道君之也。王天下者,其道王之也。大王天下,小君一国,其道临之也。是以其所欲者能得诸民,其所恶者能除诸民。所欲者能得诸民,故贤材遂。所恶者能除诸民,故奸伪省。如冶之于金,陶之于埴④,制在工也。

【今译】
　　道是成就人的生命的,并不在人中间。圣王明君只不过是善于把握道并实行它。所以治理百姓有常道,生财致富有常法。道是天下万物的总枢要。作为人君,掌握这个枢要来处理政事,那么臣下虽然存有奸诈虚伪的念头,也不敢轻易一试。道是无形的,有掌握道的君主在,道就通行;没有掌握道的君主,道就阻塞。没有道就不能治理百姓,没有道就不能生财致富。百姓得以治理,财富得以增加,带来的福祉都归于君主。由此可知为什么圣明君主重视对道法的把握而看轻国家。所以,君主统治一个国家,其实是为君之道在统治;帝王统治天下,是为王之道在统治。大到称王天下,小到君临一国,都是通过道来实现的。于是他想得到的人才可从民众中选拔出来,他所痛恶的人能从民众中清除。想要的人才从民众选拔出来,因而贤才得以选用。所痛恶的人物能从民众中清除,因而奸伪得以省察。这正好比冶工对于金属的冶炼,陶工对于黏土的陶铸一样,制作什么全在于工匠的作为。

【注释】
　　① 原文为"诚人之姓也",据《管子集校》改。　② 试:原作"杀",据《管子集校》改。　③ 兹:此也,指道。是:则也。人:当作"民"。下句同。　④ 埴:黏土。

【评析】
这一段论述以道治国的思想。"道"是中国哲学史上一个重要范畴,先秦诸子从不同的角度对其进行了探讨。《管子》所论述的"道"基本有两层含义。一层含义是指自然和社会运动变化的总规律。如《管子·宙合》中说:"道也者,通乎无上,详乎无穷,运乎诸生。"道无穷无尽地运转着,贯通万事万物中,支配其运行。道的性质既是"虚而无形"的,又是不断变化的,即所谓"化变者也,天地之极也"(《侈靡》),这是"道"的体。另一层含义,是"道"之用,正如同本篇前面所说:"道者,上之所以导民也。"《管子》以为,治国安邦必须循天道,顺人情。在《五辅》中有言:"天时不祥,则有水旱;地道不宜,则有饥馑;人道不顺,则有祸乱。"本节也说,"治民有常道,而生财有常法","大王天下,小君一国,其道临之也"。《管子》是把为国以道放在战略高度来看的,"道"对于统治者来说具有一票否决权。综观《管子》全书,其所谓的为国之道大致包括这样一些内容:务农本,实仓廪,君无为,臣有为,正名实,制礼义,立法制,行赏罚,任贤能,黜奸邪,修战略,兴义兵等。

是故将与之①,惠厚不能供;将杀之,严威不能振。严威不能振,惠厚不能供,声实有闲也②。有善者不留其赏③,故民不私其利;有过者不宿其罚④,故民不疾其威。赏罚之制⑤,无逾于民,则人归亲于上矣。如天雨然,泽下尺,生上尺。

【今译】

所以,将要行赏,太优厚反而不能供给;将要行罚,太威严反而不能震慑。刑罚过严不能震慑,赏赐太厚不能供给,名与实就不相符合了。对做善事者不扣留他的奖赏,百姓就不会计较自己的私利;对有过错者立刻处罚,百姓就不会抱怨刑罚的威严。赏与罚的制定,不超过百姓所应得的,那么百姓就会亲附君主,就好比天下雨一样,降下一尺雨泽,禾苗就向上长高一尺。

【注释】

① 与:给与,此处指行赏。 ② 声实:名实。闲:同"间"。③ 留:扣留。 ④ 宿:隔夜,引申为拖延。 ⑤ 赏:原作"威",据《管子集校》改。

【评析】

人既然是趋利避害的经济人,必然都愿意领受奖赏而规避惩罚,那么君主就可以以奖赏来鼓励人们从事有利于国家社会的事情,也可以以惩罚来杜绝人们从事不利于国家社会的行为。这种管理思考在法家那里属于"术"的范畴。韩非就特别重视赏与罚在国家管理中的作用,并且为赏和罚起了一个专门名称,叫作"二柄"。但"二柄"并非随便施用都能应验如神,而是应当按照一定的原则。是什么原则呢?《管子》在这一段中告诉我们:应当避免"声实相闲",而应当做到"无逾于民"。也就是说,赏和罚都要根据功过的实际情况恰当地给予。只有这样,"二柄"的实施才能收到理想的效果。或许有人认为,人既是好赏恶罚,那么赏赐给得越多不就越能使人感恩戴德吗?惩罚越是严厉不就越能使人心怀畏惧吗?其实不然。不劳而获不但助长人的投机苟得心理,而且暴露了君主的愚昧可欺。严刑峻法,当然可以使人畏惧,但同时也招来了怨恨。哪一个君王愿意面对这样的结局?因此,赏和罚都在于适度、适时,这样,才能收得应有的效果。

是以官人不官,事人不事,独立而无稽者,人主之位也。先王之在天下也,民比之神明之德。先王善收之于民者也①。夫民别而听之则愚,合而听之则圣。虽有汤武之德,复合于市人之言。是以明君顺人心,安情性,而发于众心之所聚。是以令出不稽②,刑设而不用。先王善与民为一体,与民为一体则是以国守国,以民守民也。然则民不便为非矣。

【今译】

　　所以授人官职而自己不居官职,授人职事而自己不任职事,独立行动而无人考核,这就是君主的地位。古代的贤王君临天下时,百姓都把他的德行看作是神明。因此,古代的贤王就是善于听取民众的意见。对于民众的意见,如果个别地听取那是愚蠢的,综合听取就是圣明。即使具有商汤、周武王一样的圣德,也要多方收集民众的意见。所以圣明的君王总是顺应人心,安定人心,行动都从民众关心的问题出发。所以发出命令后不受阻碍,虽设有刑罚也不必使用。古代的贤王善于与民众合成一体,与民众结成一体就是以国家来保卫国家,以百姓来守卫百姓。那么百姓自然就不便为非作歹了。

【注释】

　　① 收:原作"牧",据《管子集校》改。收,取也。　② 稽:留滞。

【评析】

　　这一段体现了《管子》的民本思想。《管子》以为,在国策制定之初,就应该"善收之于民者也",广泛听取民众的意见,制定国策也应当"发于众心之所聚",顺应民心民意,然后才能"令出而不稽,刑设而不用",国策得以顺利推行。这种决策思想是合乎现代管理学原理的。在当今日本的一些企业中,推行一种"U型"决策法,就是一项决策先由高层管理者拟定一个草案,然后交由广大员工审议讨论,最后再由高层管理者在充分听取员工意见、集思广益的基础上敲定最终的方案。这种决策程序因为是从上层到下层再到上层,其路线正如字母"U"的形状,所以叫作"U型"决策法。经过这一决策程序最后确定的方案,因为体现着广大员工的意愿,所以广大员工都欣然接受,积极支持,方案就能很顺利地得到实施。

　　虽有明君,百步之外,听而不闻;闲之堵墙①,窥而不见也。而名为明君者,君善用其臣,臣善纳其忠也。信以继信,善以传善。是以四海之内,可得而治。是以明君之举其下也,尽知其短长,知其所不能益,若任之以事②。贤人之臣其主也,尽知短长与身力之所不至,若量能而授官③。上以此畜下,下以此事上,上下交期于正,则百姓男女皆与治焉。

【今译】

虽有贤明的君主,百步之外的声音也就听不见了,隔一堵墙那边的东西也看不见。能称得上是明君,就在于善于使用臣子,臣子也善于奉献忠诚。诚信和诚信相继,善良和善良相承。所以四海之内就都能治理好。所以明君在选用臣子的时候,全面地认识他的长处和短处,了解他才能的极限,然后才委任他一定的职事。贤人侍奉君主,也总是全面地估计自己的优点缺点和能力的极限,然后才根据自己的能力接受官职。君主以这个要求畜养臣子,臣子以这个要求来侍奉君主,上下互相期望公正,那么百姓男女就能治理好了。

【注释】

① 堵:古代墙的单位,一般认为长宽各一丈为一堵。　② 若:乃。下之"若"同。　③ 授:通"受"。

【评析】

这一段主旨在于"君善用其臣,臣善纳其忠"。所谓"君善用其臣",就是君主有知人之明,善于任用称职的臣下;所谓"臣善纳其忠",是知臣下有自知之明,只接受力所能及的任命。老子说:"知人者智,自知者明",其实这一智一明都是不易得的。即使圣明如孔子,也曾发出过"以言取人,失之宰予;以貌取人,失之子羽"的感慨。至于现实当中,更有许多善于投机钻营的人物,"乔装打扮",逢迎君上,以邀求名利,这类人物往往使君主耳目迷惑,难辨其忠奸。即以齐桓公而论,易牙将自己的儿子做成一道美味给他吃,他就以为易牙是最忠实的奴才;"竖刁自刑而为公治内",他就以为竖刁是最忠实的奴才;"公子开方事公,十五年不归视其亲",他就以为公子开方是最忠实的奴才。结果一代霸主,最终还是死于这几个佞臣之手,教训可谓惨痛。但这样的悲剧后世又不知上演了多少?同样,现实之中,即使有自知之明的人,又有几个肯谦让禄位?而"尸位素餐""蝇营狗苟"的人物倒是不少。

十三、君　臣　下

【解题】

本篇与上一篇同一主题,围绕君臣关系这一中心,广泛讨论了君臣关系的诸多问题。文章从叙述君臣关系的形成过程入手,阐述了君主实行赏罚的原则和设相选贤的原则,分析了国家发生乱亡的原因和君臣可能犯的错误,强调君主要树立自身德行的典范,要认真研究治国之道。文章还涉及加强法制、考核官吏、加强农业、防止宫廷祸乱与近臣篡权等。虽然论述面较宽,但仍未离开君臣关系这一主题。

古者未有君臣上下之别,未有夫妇妃匹之合①,兽处群居,以力相征。于是智者诈愚,强者凌弱,老幼孤独不得其所。故智者假众力以禁强虐,而暴人止。为民兴利除害,正民之德,而民师之。是故道术德行,出于贤人。其义理兆形于民心②,则民反道矣③。名物处④,韪非分⑤,则赏罚行矣。上下设,民生体⑥,而国都立矣。是故国之所以为国者,民体以为国;君之所以为君者,赏罚以为君。

【今译】

　　古时候没有君臣上下的区别,没有夫妻配偶的结合,人们像野兽一样过着群居的生活,凭借强力相互争夺。于是聪明的人欺诈愚笨的人,强暴的人欺凌懦弱的人,老人、幼孩、孤儿、独夫都不得其养。于是智者凭借众人的力量来禁止强暴,从而制止了凶暴残虐的人。由于智者为百姓兴利除害,匡正百姓的德行,于是百姓就师法他。所以说道术德行,是由贤人创立的,而道术德行的义理如果能够在民心之中形成,那么民众就复归于道了。名实得以区别,是非得以分辨,那么赏罚也就可以推行了。上下关系确立,民生有了根本,国家的都城也就可以建立起来了。所以国家之所以成为国家,就是因为有百姓这个根本;君主之所以成为君主,就是因为他握有赏罚的大权。

【注释】
① 妃:配偶。 ② "义理"上原有"从"字,据《管子集校》删。 ③ 反道:复归正道。 ④ 处:辨也。 ⑤ 趆非分:原作"违是非之分",据《管子集校》改。趆非,同"是非"。 ⑥ 民生体:民生得其根本。

【评析】
君臣关系是伴随着国家的产生而形成的一种社会政治关系,是一种古老的客观存在。对于君臣关系的起源及其实质的探讨,很早就开始了。商周时期最为普遍的一种看法是:君臣关系是上天的产物。这反映了当时人们对天的敬畏和对社会认识的幼稚。到春秋战国之际,人们开始把视野转向人类社会自身,试图从社会发展的现实过程中去寻找君臣关系的根源。墨子将君臣关系的产生与除天下之乱、一同天下之义联系起来,具有首创意义,但他同时认为这是"上帝鬼神"之所为。《管子》的主张克服了墨子观点的自相矛盾和不彻底性,把人类社会的矛盾运动作为考察和立论的基本依据,指出君臣关系是人类社会发展到一定历史阶段的产物,是由于社会的需要而产生、形成的。为了禁暴虐、兴利除害,人们中的仁智者不仅以保护愚弱老幼孤独之人为己任,而且注重用"道术德行"导民,"正民之德",因而受到了广大群众的拥戴,从而为君为臣,成为民众的首领,这样,君臣关系也就形成了。

这种国家起源说,与法国18世纪启蒙思想家卢梭的"社会契约论"极其相似。卢梭在《社会契约论》中说:"我设想,人类曾达到这样一种境地,当时自然状态中不利于人类生存的种种障碍,在阻力上已超过了每个个人在那种状态中为了自存所能运用的力量……所以人类便没有别的办法可以自存,除非是集合起来形成一种力量的总和才能够克服这种阻力,由一个唯一的动力把它们发动起来,并使它们共同协作……要寻找一种结合的形式,使它能以全部共同的力量来卫护和保障每个结合者的人身和财富。"(《社会契约论》第一卷第六章《论社会公约》)而国家的设立运行,以"民生体"和"赏罚行"为要事。前者为其存在的根据,后者为其存在的方式。前者似儒家口吻,后者则为法家的见识。

致赏则匮①,致罚则虐。财匮而令虐,所以失其民也。是故明君审居处之教②,而民可使居治、战胜、守固者也。夫赏重,则上不给也;罚虐,则下不信也。是故明君饰食饮吊伤之礼③,而物属之者也④。是故厉之以八政⑤,旌之以衣服⑥,富之以国禀⑦,贵之以王禁⑧,则民亲君可用也。民用,则天下可致也。天下道其道则至⑨,不道其道则不至也。夫水波而上,尽其摇而复下,其势固然者也。故德之以怀也,威之以畏也,则天下归之矣。有道之国,发号出令,而夫妇尽归亲于上矣⑩;布法出宪,而贤人列士尽功能于上矣⑪。千里之内,束布之罚⑫,一亩之赋,尽可知也。治斧钺者不敢让刑⑬,治轩冕者不敢让赏⑭,愦然若一父之子⑮,若一家之实,义礼明也。

【今译】
太多的赏赐导致财用匮乏,太重的惩罚导致法令暴虐。财用匮乏又法令暴虐,就要失去百姓拥护。所以英明的君主重视日常的教化,使百姓平时生活安定,出战得以取胜,防守得以稳固。如果赏赐太丰厚,那么君主的财用就不足以供给;如果惩罚太暴虐,那么臣民就不会信服。所以英明的君主整饬宴饮、吊丧的礼节,对人们区别等级给予不同的礼遇。用八种官职来勉励他们,用不同的服饰来表彰他们,用国家的俸禄来使他们富足,用法令来使他们显贵,那么民众就会亲附君主,为君主所用。民众能为君主所用,那天下就会归心了。君主行君道,则天下归附;君主不行君道,天下就不会归附。好比水波向上涌动,达到顶点之后就会落下来,乃是必然的趋势。因此,用恩德安抚百姓,用威势震慑百姓,那么天下就会归附。治国有道的国家,发出号召命令,匹夫匹妇都会亲附于君主;颁布法律宪章,贤人列士都向君主贡献才能。千里之内的地方,即使是一束布的惩罚,一亩地的赋税,君主都会知道。执掌刑罚的不敢窃取刑罚的权力,执掌赏赐的不敢窃取赏赐的权力,人们顺服得像一个父亲的儿子、一个和谐的家庭一样,这是由于义礼分明的缘故。

【注释】

①致:通"至",极也。下"致"同。 ②居处之教:日常教化。 ③饬:通"饬"。食饮:享宴。吊伤:吊丧。 ④物属之:类别之,依不同等级分别对待。"属"原作"厉",据《管子集校》改。 ⑤厉:同"励"。八政:八种政事或官职。《书·洪范》以食、货、祀、司空、司徒、司寇、宾、师为八政。 ⑥旌:表扬。 ⑦国廪:指俸禄。廪,同"廪",原作"襄",据《管子集校》改。 ⑧王禁:王家禁令。 ⑨道其道:行其道。 ⑩夫妇:男女,此处泛指天下之男男女女,如百姓、万民之意。 ⑪列士:同"烈士",古代有志功业或重视信念者皆可称烈士。功:《管子集校》云:当作"贡"。 ⑫束布:一束布。束布之罚乃轻微之罚。十匹布为一束。 ⑬治斧钺者:指掌管刑罚的人。让:读为"攘",攘夺。下句"让"同。 ⑭治轩冕者:掌管赏赐的人。 ⑮隤(tuí)然:顺从的样子。隤,原作"坟",据《管子集校》改。

【评析】

这一段反映了《管子》礼法并重的管理思想。上一段说赏罚是君主之所以为君主的必要条件,但一味行赏任罚也是有流弊的,即所谓"致赏则匮,致罚则虐"。而这样的流弊正好可以礼来补救。因为礼不但可以起到一种引导规范作用,而且以礼来表示奖赏,真正是惠而不费;以礼来表示惩罚,又何其温文尔雅。《管子》正是认识到了礼和法的这种相辅相成的作用,所以主张礼法并重。我们知道,先秦诸家中,儒家推崇以礼治国,而法家主张以法治国,各执一端,当然各有偏颇,真理不在儒家也不在法家,而在于两家的"中庸"之处。《管子》的认识就是处于这个"中庸"之处,同时代的思想家中,荀子也有同样的见识,他在《富国》中曾说:"故不教而诛,则刑繁而邪不胜;教而不诛,则奸民不惩;诛而不赏,则勤励之民不劝;诛赏而不类,则下疑俗险而百姓不一。"所谓"诛赏而不类,则下疑俗险而百姓不一",意思是,如果罚不当罪,赏不当功,那么老百姓就会产生疑惑,民俗也会变得侥幸求赏,苟且免罪,百姓也就不能得以统一管理。真所谓"英雄所见略同"。在实际的政治管理中,古今中外也都莫不是礼法并行,礼法互补,看来这是治国安邦的不二法门。

夫下不戴其上①,臣不戴其君,则贤人不来。贤人不来,则百姓不用。百姓不用,则天下不至。故曰:德侵则君危②,论侵则有功者危,令侵则官危,刑侵则百姓危。而明君者,审禁淫侵者也。上无淫侵之论,则下无冀幸之心矣③。

【今译】

如果百姓不拥戴君上,臣子不拥戴君主,贤人就不会出来辅佐。贤人不来辅佐,百姓就不肯效力。百姓不肯效力,天下就不会归附。所以说:施行德政的权力受到侵夺,君主就会危险;论功行赏的权力受到侵夺,有功的人就会危险;发号施令的权力受到侵夺,百官就会危险;量罪施刑的权力受到侵夺,百姓就会危险。作为明君,就是要谨慎地禁止这些滥施侵夺的行为。上面没有滥施侵夺的议论,下面就不会有侥幸的心理。

【注释】

① 戴:尊奉。　② 德:施行德政。侵:侵夺。下文"论侵""令侵""刑侵"之"侵"同。　③ 冀幸:侥幸。原作"异幸",据《管子集校》改。

【评析】

这一段说的是臣下不得侵夺君主的权力,而应当拥戴君主,维护君主的权威性。按道理,"天尊地卑,乾坤定矣。卑高以陈,贵贱位矣"(《易经·系辞上》),君主拥有至高无上的权威,臣下拥戴君主,这是天经地义的事情。但春秋以来,君主大权旁落,臣子以下犯上的情况日见其多。其实这也不是什么出人意料的事情,君主高高在上,有一国之内最多的威福可享,而人又不过是趋利避害的经济人,不过是"权力意志"的载体,君臣不过是以利相合,所以臣子觊觎君主的宝座也是势有必至,理有固然的。反之,按照韩非子在《五蠹》中的推断,上古尧、舜的时候,君主别无什么特殊的威福可享,而倒是胼手胝足,筚路蓝缕,真正是"先天下之忧而忧,后天下之乐而乐",所以不但没有篡夺的恶例,反而将君主的宝位推来让去。

为人君者,倍道弃法①,而好行私,谓之乱。为人臣者,变故易常,而巧言以谄上②,谓之腾③。乱至则虐④,腾至则北⑤。两者有一至⑥,败,敌人谋之。故施舍优犹以济乱⑦,则百姓说。选贤遂材,而礼孝弟⑧,则奸伪止。要淫佚⑨,别男女,则通乱隔。贵贱有义,伦等不逾⑩,则有功者劝。国有常式,故法不隐⑪,则下无怨心。此五者,兴德、匡过、存国、定民之道也。

【今译】

　　作为人君,背离君道、抛弃法律而喜欢擅行私意,这叫作"乱"。作为人臣,改变旧法、变更常理而花言巧语以谄媚君上,这叫作"腾"。"乱"的行为发展到极点就会暴虐,"腾"的行为发展到极点就会背叛。两者当中有一种情况发生,国家就会衰败,敌人就会乘机。因此君主慷慨施舍,从容大度以消除祸乱,百姓就会高兴。选拔贤良任用俊材,并且尊敬孝悌的人,奸诈虚伪的行为就得到了制止。禁止淫邪懒惰,分清男女的界限,淫乱私通者就会被隔绝。贵贱有别,不越等级,有功的人就会得到鼓励。国家有一定规矩,常法向人们公开,那百姓就不会有怨心。这五点,是振兴道德、匡正过失、保存国家、安定民众的办法。

【注释】

　　① 倍:通"背",违背。　② 言:原作"官",据《管子集校》改。　③ 腾:凌驾。　④ 至:极点。虐:暴虐。　⑤ 北:通"背",背叛。　⑥ 两:原作"四",据《管子集校》改。　⑦ "故"前原有"则"字,据《管子集校》删。优犹:通"优游",从容之义。济:止,消除。　⑧ 弟:通"悌"。　⑨ 要:约束。　⑩ 伦等:等级。　⑪ 故法:成法,常法。

【评析】

这里提出"国有常式,故法不隐",反对"变故易常",体现了作者的保守思想,与战国的时代潮流颇不相符。"变故易常"强调要根据变化的形势来决定国家的大政方针,主张变法,倡导改革。这种思想是由当时的历史状况决定的。自平王东迁之后,周室衰微,诸侯渐强。一时天下争雄,强者胜而弱者败。我们看春秋五霸的崛起,以齐桓公为先例,都是由于革旧兴新,政合时宜。到了战国,农业用上了铁器牛耕,生产力的发展必然导致生产关系的变革。当时一些有识之士、明智君主,都感到有必要革旧制以适时宜,兴新政以图强国。当时,秦国虽偏西而暂安,但关东六国占尽地利,秦很难发展。为改革贫弱状况,求得生存以图霸业,一定要从变法开始,这是秦孝公和商鞅的共识。但阻力很大,思想不能统一,难以实行。公元前359年,在秦孝公主持的国事会议上,商鞅与当时秦国奴隶主贵族的代表人物就要不要变法的问题进行了一场辩论,从而使秦孝公坚定了变法的决心,任命商鞅为左庶长,主持变法。变法持续了十年之久,使秦国国势日盛,一跃而成为强国。虽然商鞅本人最后遭到车裂,但其新法因利于国而并没有被废掉,终使秦国统一了六国。

有许多改革虽然大多归于失败,但"变故易常"者们勇于开拓、笃功务实、发愤图强的精神,极大地启发和激励了后人,成为中华民族自强不息、奋勇进取的优良传统的重要组成部分。因此,《管子》反对"变故易常"的观点是有悖潮流的。

夫君人者有大过,臣人者有大罪。国所有也,民所君也,有国君民而使民所恶制之①,此过一也。民有三务②,不布其民③,非其民也。民非其民,则不可以守战。此君人者二过也。夫臣人者,受君高爵重禄,治大官。倍其官④,遗其事,穆君之色⑤,从其欲,阿而胜之⑥。此臣人之大罪也。君有过而不改,谓之倒;臣当罪而不诛,谓之乱。君为倒君,臣为乱臣,国家之衰也,可坐而待之。是故有道之君者执本,相执要,大夫执法以牧其群臣,群臣尽智竭力以役其上。四守者得则治,易则乱。故不可不明设而守固。

【今译】

做君主的会有大过错,做臣子的会有大罪过。国家为君主所占有,人民为国君所统治,有国有民的君主却让百姓所痛恶的人来掌权管理他们,这是君主的第一个过错。人民有春、夏、秋三个季节的农务,君主不作出布置安排,那就等于不是他的百姓了。百姓不是他的百姓,就不可能依靠他们防守或征战。这是君主的第二个过错。作为人臣,接受君主赐予的高贵的爵位和丰厚的俸禄,掌管重要的职务。却违背职责,不理政事,只知顺着君主的脸色,放纵君主的欲望,通过阿谀奉承的办法来控制君主。这是臣下的大罪过。君主有过错而不改正,称作"倒";臣下有罪责而不诛,称作"乱"。君主是"倒"君,臣子是"乱"臣,国家的衰亡也就坐而可待了。所以有道的君主掌握治国的根本的原则,辅相掌管主要的政事,大夫依据法律来管理群臣,群臣竭尽智谋能力来效忠君主。这四种职守都没有差错,那么国家就得以治理;毁弃了,国家就会动乱。所以,这四种职守一定要加以明确规定并严格遵守。

【注释】

①民所恶:百姓憎恶的人,指奸人。制:管理,统治。 ②三务:指春耕、夏耘、秋收三季之农事。 ③布:布置。 ④倍其官:背弃职守。 ⑤穆:顺从。 ⑥胜:控制。

【评析】

本节谈治国应当避免君"倒"臣"乱"的错误。所谓君"倒",有两种表现。一是任用人民痛恶的官吏。不论君主多么英明,都不可能包办对人民的直接管理,而必须任命官吏,人民所痛恶的官吏,无非是无视民生,一意搜刮民脂民膏的贪官污吏。君主如果失察而任用这样的官吏去管理人民,必然引得民怨沸腾,必然使百姓失去对君主的信心。二是不布置人民的生产。国以民为本,而民以食为天,农业生产关乎粮食丰歉,可谓是最要紧的事情,一旦有所闪失,无疑是把百姓赶上绝路,社会还能安宁吗?这两种错误的发生,足以动摇国家的根本,君主敢不慎重吗?作为人臣,辅佐君主治理天下,理当以国家的长治久安为职志,匡恶扬善,鞠躬尽瘁,才算是君主的股肱之臣。但有一些仕途人物,做官全为功名利禄谋,一心一意只关心个人进退,于是极尽谄媚之能事,讨好主上,以邀名爵,这不是国家的害虫吗?君主有如此臣子,则国家的衰亡,真是"坐而可待"了。

昔者,圣王本厚民生,审知祸福之所生。是故慎小事微,违非索辩以根之①。然则躁作、奸邪、伪诈之人,不敢试也。此制礼正民之道也②。

【今译】

从前,圣明的君主总是把改善百姓的生活作为根本,慎重地了解祸福的来源。所以对于关系民生的微小事情十分谨慎,认真做好,对是非也总是追根寻源。这样,轻举妄动、奸佞邪曲、虚伪狡诈的人就不敢蠢蠢欲动了。这是制定礼法匡正百姓的途径。

【注释】

① 违:《管子集校》云:违乃"韪"之误,韪,是也。根:穷究。
② "礼"上原无"制"字,据《管子集校》补。

【评析】

《老子》六十四章说:"其安易持,其未兆易谋,其脆易泮(散,解),其微易散。为之于未有,治之于未乱。合抱之木,生于毫末;九层之台,起于累土;千里之行,始于足下。"其道理正同于《管子》在此处说的"慎小事微"。古人已经知道,大的祸患都是肇始于小的事端,日积月累,由量变而质变,以至于无可挽回,所以古人有"谨小慎微"的思想,很是明智。在政治冲突与军事斗争中,高明的人能够在事物未发生变化之前做好准备,防患于未然,治之于未乱,从而取得战争的胜利和事业的成功。在《三国演义》里有这样一个情节。赵云保护刘备去东吴招亲,临行前,孔明交给他三个"锦囊",也就是三条妙计。赵云到东吴后,先打开第一个锦囊:先让"随行五百军士,俱披红挂彩,入南徐买办物件,传说刘备入赘东吴,城中人尽知其事"。"又教刘备往见乔国老。"孔明知道孙权、周瑜意在荆州,提亲是幌子而且十分保密。孔明的第一计是使人尽皆知,让吴国太感到如杀刘备,"我女儿便是望门寡,将来再怎的说亲?须误了我女儿一世!""若用此计,便得了荆州,也被天下人耻笑。"这就迫使孙权弄假成真。孙权硬的一手失败后,必会将错就错,用软办法把刘备留作人质。刘备一世艰辛,掉进安乐窝,就贪恋女色,忘记帝业大事,因此孔明的第二个"锦囊"是:"今早孔明使人来报,说曹操要报赤壁之恨,起精兵五十万,杀奔荆州,十分危急,请主公便回。"激刘备逃出东吴。孔明还推断周瑜必然会在各路口派兵把守,刘备一旦逃回,必派兵追杀,因而在最关键的时刻,只有依靠公主的权威,才能斥退追赶、拦路的东吴将领。出于这一推测,孔明设计了第三个"锦囊",使刘备顺利逃出东吴。

古者有二言:"墙有耳,伏寇在侧①。"墙有耳者,微谋外泄之谓也②。伏寇在侧者,沈疑得民之道也③。微谋之泄也,狡妇袭主之请④,而资游慝也⑤。沈疑之得民也者,前贵而后贱者为之驱也。明君在上,便辟不能食其意⑥,刑罚呕近也⑦;大臣不能侵其势,比党者诛,明也。为人君者,能远谗谄,废比党,淫悖行食之徒无爵列于朝者⑧,此止诈、拘奸、厚国、存身之道也。

【今译】
　　古时候有两句话:"隔墙有耳,身边有潜伏的贼寇。"所谓"隔墙有耳",是说机密的计谋可能泄漏出去;所谓身边有潜伏的贼寇,是说阴谋家可能夺取民心。机密计划泄漏出去,是因为狡诈的内妃刺探到君主的内情而去帮助与她交往亲近的人。阴谋家夺取民心,是由于从前受到尊宠而后来低贱的人愿意为他效力。贤明的君主在位,谄媚的内侍不能窥测到他的意图,因为刑律先处罚亲近的人。大臣不能侵夺君主的权势,因为结党营私的人要被诛杀,是明确公布的。作为君主,能够远离谗言谄媚的奸人,废除私党,使那些淫邪悖乱闲逛游食的人不能混入朝廷做官,这是防止狡诈、限制奸邪、巩固国家、保存自身的办法。

【注释】

① 伏寇:暗藏的敌人。　② 微谋:机密的谋划。　③ 沈:同"沉",阴险。疑:通"拟",计划,打算。　④ 请:通"情"。袭主之请:刺探君主的内情。　⑤ 游慝:交往亲近的人。慝,通"昵"。　⑥ 食:通"伺"。　⑦ 亟:急也。　⑧ 行食:游食。

【评析】

本段内容在《君臣上》中已有论述,说的都是避免宠妇、奸臣乱国的话题。所不同的是,上篇中重在剖析原因,指出之所以如此是由于"主德不立,国无常法";而此处重在指出如何避免,指出应当"刑罚亟近"、"比党者诛"。这样简单加粗暴的处理,说来容易,实际操作起来,却是不容易的。既是"狡妇",就必然有她取悦于君王的手段;既是"沈疑",也必然有他欺弄君王的伎俩。倘若君王不是足够的英明,又哪能识别得出这些包藏祸心的奸佞小人? 所以说,关键还在于君主的素质。君主如果是称职合格,即马基雅维利所谓"君王必须是一头能识别陷阱的狐狸;同时又必须是一头能使豺狼惊骇的狮子"(《君主论》第十八章),那么奸佞小人必然不敢蠢蠢欲动。

为人上者,制群臣百姓,通中央之人①。是以中央之人,臣主之参。制令之布于民也,必由中央之人。中央之人,以缓为急,急可以取威;以急为缓,缓可以惠民。威惠迁于下,则为人上者危矣。贤不肖之知于上,必由中央之人。财力之贡于上,必由中央之人。能易贤不肖而可成党于下②,有能以民之财力上咪其主③,而可以为劳于上④;兼上下以环其私⑤,爵制而不可加,则为人上者危矣。先其君以善者,侵其赏而夺之惠者也⑥。先其君以恶者,侵其刑而夺之威者也。讹言于外者,胁其君者也。郁令而不出者⑦,幽其君者也。四者一作⑧,而上不知也⑨,则国之危,可坐而待也。

【今译】

　　作为君主,他统治群臣百姓,要通过左右近侍来实现。所以左右近臣是群臣与君主之间的参与者。制定的命令向百姓发布,必然经由近侍。近侍如果把本应缓办的事急办,就可以窃取威势;如果把本该急办的事缓办,又可以施惠于民。威势和恩惠都被转移到下面,那么君主就危险了。君主要了解官吏之贤与不贤,必然由近侍向君主汇报。百姓财物向君主贡献,也必然经由近侍之手。近侍可以把贤说成不肖,把不肖说成贤而在下面纠结私党,又可以用民财与民力去取媚君主而为自己邀功。这样,同时从上下两方面窃取好处来营求私利,以致官爵和法制对他都不起作用,那么君主就危险了。先于君主来行善,就是侵犯了君主的行赏大权和恩惠手段。先于君主行罚,就是侵夺了君主的刑罚大权和威势。在外面散布谣言,就是威胁君主。扣留命令不发出,就是禁闭君主。这四种情况同时发生,而君主还不知道的,那国家的危亡日子也就不远了。

【注释】

　　① 原作"通中央之人和",据《管子集校》删"和"字。　② 成:原作"威",据《管子集校》改。　③ 有:通"又"。啖:诱惑。原作"陷",据《管子集校》改。　④ 上:原作"下",据《管子集校》改。　⑤ 环:通"营",古同声而通用。　⑥ 惠:原作"实",据《管子集校》改。　⑦ 郁:阻滞。　⑧ 一:皆,全部。　⑨ 而上不知:原作"而上下不知",据《管子集校》删"下"字。

【评析】

　　在这一段中,《管子》告诫君主应当警惕"中央之人"的篡权。君主作为一个国家最高管理者,他不可能直接管理整个国家。他必须建立一个庞大的管理组织——当然这个组织要分成若干层次,然后才能使他治下的国家协调地运转起来。"中央之人",就是这个管理组织中仅次于君主的一个管理层次。现代的管理学告诉我们,层次是信息的"过滤器",管理信息在上传下达的过程中,每经过一个层次,都要被遗漏或曲解一些。"中央之人"这一管理层次也不例外,它也是管理信息的"过滤器"。而这个"过滤器"的位置又是如此重要,正处于管理信息上下流通的咽喉要道。于是这个"过滤器"畅通与否,就关系到整个管理组织能否正常运转。如果这个"过滤器"再故意加强它的过滤功能,其危害之巨,可想而知。

神圣者王,仁智者君,武勇者长,此天之道,人之情也。天道人情,通者质①,穷者从②,此数之因也。是故始于患者不与其事③,亲其事者不规其道④。是以为人上者患而不劳也,百姓劳而不患也。君臣上下之分素⑤,则礼制立矣。是故以人役上,以力役明,以刑役心⑥,此物之理也。心道进退,而形道滔迁⑦。进退者主制,滔迁者主劳。主劳者方,主制者圆。圆者运,运者通,通则和。方者执,执者固,固则信。君以利和,臣以节信,则上下无邪矣⑧。故曰:君人者制仁,臣人者守信。此言上下之礼也。

【今译】

　　神圣的人可以当帝王,仁智的人可以做君主,勇敢的人可以做官长,这就是天道人情。通晓天道人情的人做主人,昧于天道人情的人做仆从,这是天数所决定的。所以主管思虑谋划的人不参与具体事务,亲自参与事务的人不进行规划谋虑。所以君主劳心而不劳力,百姓劳力而不劳心。君臣上下的职分确定以后,那么礼法制度也就建立了。所以说,百姓服务于君主,劳力服务于贤明,身体服务于心灵,这是事物的道理。心的功能是考虑进退,身体的功能是做出屈伸的动作。考虑进退的主管号令,做出屈伸动作的主管劳力。主管劳力要求方正,主管号令要求圆通。圆通可以运转,运转就通畅,通畅也就和谐。方的执着,执着也就坚定,坚定也就可信。君主以物利来协调群臣,群臣以守节来取信于君主,那么君臣上下也就不会有偏差了。所以说:君主应当体行仁义,臣下应当谨守信用。这就是上下之间的礼制。

【注释】

① 质:主也。　② 穷:原作"宠",据《管子集校》改。　③ 患:思患。　④ 规:规划。　⑤ 素:定。　⑥ 刑:通"形"。　⑦ 滔迁:指身体的俯仰屈伸。"迁"原作"赶",据《管子集校》改。　⑧ 无邪:没有偏差。

【评析】

这一段的意旨,有如《孟子·滕文公上》所说的"或劳心,或劳力;劳心者治人,劳力者治于人;治于人者食人,治人者食于人,天下之通义也"。而给予我们启迪意义的,却是"主劳者方,主制者圆"的原则。因为客观形势的变动不居,使得高层决策者的决策多为非程序性决策,并没有现成的旧例可循。所以要求高层决策者必须灵活敏捷,善于应变,而不能拘泥于以前的套路,否则将闹出"刻舟求剑"或"守株待兔"的笑话。这正是《管子》所说的"主制者圆"的道理。而对于具体的执行者而言,"兵随将令草随风",他的天职就是要把决策者所制定的决策落到实处;在落实的过程中,必然会出现这样那样的困难和曲折,要克服这些困难与曲折,执行者就必须具备执着坚定、百折不挠的素质。这也正是《管子》所说的"主劳者方"的道理。不过,话又得说回来,在执行的过程中,也会遇到事先没有料到的问题,因而也需要执行者具有灵活性,根据实际变化了的情况灵活处置,而不能死抱着原来的方法不放。

君之在国都也,若心之在身体也。道德定于上,则百姓化于下矣。成心形于内①,则容貌动于外矣。正也者,所以明其德。知得诸己,知得诸民,从其理也。知失诸民,退而修诸己,反其本也。所求于己者多,故德行立。所求于人者少,故民轻给之。故君人者上注②,臣人者下注③。上注者,纪天时,务民力。下注者,发地利④,足财用也。故能饰大义,审时节,上以礼神明,下以义辅佐者,明君之道。能据法而不阿,上以匡主之过,下以振民之病者,忠臣之所行也。

【今译】

君主居住在国都,好比心脏在身体。道德规范在上面确定以后,百姓也就在下面受到教化。诚信之心在心里形成,在容貌上就会表现出来。所谓正,是借以表明君主德行的。知道从自己身上能得到什么,也就知道了从百姓那里能得到什么,这是遵从道理来考虑问题。知道从百姓身上会失去什么,就回过头来修正自己的德行,这是返回到根本的方法。对自己要求得严格,所以德行得以确立。对别人要求得少,所以百姓就有能力供给。所以君主要向上面注意,臣子要向下面注意。向上面注意,就是要掌握天时以便安排民力。向下面注意,就是要开发地利以便丰富财用。所以,能够整饬治国大义,注意天时季节,上以礼敬神明,下以义待辅臣,这是明君的治国之道。能够依据法度而不阿附他人,向上则匡正君主的过错,向下则赈济百姓的困苦,这是忠臣的行为规范。

【注释】

① 成:原作"戒",据《管子集校》改。"成"与"诚"通。　② 上注:注意于上天。　③ 下注:注意于下面。　④ 发:开发。

【评析】

这一段主要讲君主立德以争民。"故贵以贱为本,高以下为基"(《老子》三十九章),老百姓就是君主的"本""基"。然而如何来巩固这个基本,却是说来容易做来难。以《管子》在本段中的表述,办法不过是"所求于己者多","所求于人者少",也就是要严于律己,宽以待民。其中道理,前人论述极多,这里不妨引用《贞观政要·君道》中唐太宗李世民的一段话来说明:"为君之道,必须先存百姓。若损百姓以奉其身,犹割胫以啖腹,腹饱而身毙。若安天下,必须先正其身,未有身正而影曲、上理而下乱者。朕每思伤其身者不在外物,皆由嗜欲以成其祸。若耽嗜滋味,玩悦声色,所欲既多,所损亦大,既妨政事,又扰生民。"

明君在上,忠臣佐之,则齐民以政刑,牵于衣食之利①,故愿而易使②,愚而易塞③。君子食于道,小人食于力,分也④。威无势也无所立⑤,事无为也无所生⑥,若此则国平而奸省矣。君子食于道,则义审而礼明。义审而礼明,则伦等不逾,虽有偏卒之大夫⑦,不敢有幸心,则上无危矣。齐民食于力则作本⑧,作本者众,农以听命⑨。是以明君立世,民之制于上,犹草木之制于时也。故民迁则流之,民流则迁之⑩。决之则行,塞之则止。虽有明君⑪,能决之,又能塞之。决之则君子行于礼,塞之则小人笃于农。君子行于礼,则上尊而民顺。小民笃于农,则财厚而备足。上尊而民顺,财厚而备足,四者备体,顷时而王不难矣。

【今译】

英明的君主在位,又有忠臣辅佐,那么就可以用政令和刑罚来整齐百姓,都去关心衣食之利,如此,百姓就朴实而容易驱使,愚鲁而容易控制。君子以道义为生，小人以劳力谋生，这是各自的本分。没有权势，威严就不能确立；没有作为，事业就难以生成。如果都能按各自的本分去做，坏人就会减少，国家就会太平。君子以道谋生，那么就德义详备而礼制彰明。德义详备而礼制彰明，那么就不会有人超越伦理的等级。即使是拥有兵卒的大夫，也不敢有侥幸生事的心理，这样君主就没有危险了。平民以劳力谋生则必须从事于农业，从事农业的人多了，就会勤勉地听从命令。所以，贤明的君主在位，百姓受制于君主，犹如草木受制于时令一样。百姓如果过于迂曲保守，就使他们开通一些；如果过分开通流动，就要使其迂曲一些。疏导则畅行，阻塞即停止。只有贤明的君主，才既能疏导，又能阻塞。疏导则君子依礼行事，阻塞则小人专心农务。君子依礼行事，那么君主就尊显而百姓顺从。小民专心务农，那么国家就财力丰厚而储备充足。君主尊显而百姓顺从，财力丰厚而储备充足，这四者都完全具备，也就不难在短时间内称王了。

【注释】

① 牵：牵系。　② 愿：朴实。原文为"民"，据《管子集校》改。③ 塞：止也。　④ 分也：原作"分民"，据《管子集校》改。　⑤ 无势：无权势。　⑥ 无为：无作为。　⑦ 偏卒：军队。　⑧ 齐民：平民。　⑨ 农：勤勉。　⑩ "流"下原有"通"字，据《管子集校》删。　⑪ 虽：同"唯"。

【评析】

孔子的政治理想是"导之以德，齐之以礼"。《管子》的政治理想则与孔子的大异其趣，在这一段中，作者表明他的治国方略是"齐民以政刑，牵于衣食之利"。"天下熙熙，皆为利来，天下攘攘，皆为利往"，大概在《管子》看来，没有认识到人性好利这一基本事实，就不足以谈现实政治，所以在本书中曾多次谈到以利使臣、以利争民的观点。《管子》的高明之处，又在于把民分为君子和小人两部分，君子的天职是弘道，所以必须以道谋食；小人的天职是生产，所以必须以力谋食。《管子》认为,君子和小人如果都能尽职尽责,那王业也就不难实现了。打一个不严密的比方,君子的职责是建设精神文明,所以应当以精神成果的多少为标准给予他们报酬。小人的职责是建设物质文明,所以应当以物质成果的多少为标准给予他们报酬,这样,天下就会太平了。

四肢六道①,身之体也。四正五官②,国之体也。四肢不通,六道不达,曰失。四正不正,五官不官,曰乱。是故国君聘妻于异姓,设为姪娣③、命妇④、宫女,尽有法制,所以治其内也。明男女之别,昭嫌疑之节⑤,所以防其奸也。是以中外不通,谗慝不生,妇言不及宫中之事,而诸臣子弟无宫中之交,此先王所以明德圉奸,昭公威私也⑥。

【今译】

四肢和六道,是人体的组成部分;四正和五官是国家的组成部分。四肢不连通,六道不畅达,这叫身体失调。四正名不副实,五官玩忽职守,这叫国家混乱。所以国君从不同姓的诸侯国聘取妻子,宫中设置姪娣、命妇和宫女等级别,都是依照法律制度确定的,这是为了治理内官事务。明确男女之间的区别,宣布避嫌的礼节,这是为了防止奸情。于是宫内宫外不相交通,谗言、坏事不发生,后妃不谈论朝廷政事,群臣子弟都不与宫中交往,这是先王用以昭明德行、制止奸邪、昭示公法、消灭私情的办法。

【注释】

① 六道:指耳、目、口、鼻、前阴和后阴,即六窍。 ② 四正:指君、臣、父、子。 ③ 姪娣:古代诸侯嫁女,本国或同姓国侄女和妹妹从嫁的称姪娣。 ④ 命妇:古代有封号的妇女,此处指宫中的嫔妃等。 ⑤ 昭:明确,宣布。 ⑥ 㓕:同"灭"。原作"威",据《管子集校》改。

【评析】

这一段说的是以礼和法治宫闱,宫闱不肃,往往会祸起于萧墙之内,对于君主而言,其危害更加直接而剧烈。翻开一部中国历史,这类惊心动魄的例子真是太多了。今天,社会制度不同了,也不会有宫闱之变了。但是,我们可以从中引申出一个现代意义,这就是一个领导者应当管好自己的家,这是他领导好一个单位、一个部门、一个地区、一个国家的前提。

明立女宠后①,不以逐子②,伤义。礼私爱欢,势不并伦。爵位虽尊,礼无不行。適为都佼③,冒之以衣服④,旌之以章旗,所以重其威也。然则兄弟无间郄⑤,谗人不敢作矣。

【今译】

明立女宠之子为后,而不立嫡长子,是伤害道义的行为。可以优礼私爱自己喜欢的庶子,但不能使其地位与嫡长子平等。庶子的爵位尽管尊贵,但各种礼制不可不遵行。嫡长子是国家最重要的,要用华丽的衣服来装扮他,要用文彩的旗帜来旌表他,这是为了提高他的威望。这样,嫡庶兄弟之间就没有隔阂,谗人也不敢挑拨离间了。

【注释】

① 原作"明立宠设",据《管子集校》改。　② 逐:借为"胄"。胄子,即嫡长子。　③ 適:通"嫡"。原作"选",据《管子集校》改。都佼:首要。　④ 冒:覆盖,引申为装饰。　⑤ 郄:空隙,隔阂。

【评析】

有史可考的世系首先是殷商一代的世系,其制度为父死子继,兄终弟及。从周代开始,世系的传承一变为父死子继,且是嫡长子为继。这样一种制度的形成,不但是宗法制度的要求,也是现实政治力量格局的要求。因为在古代,婚姻往往带有政治的目的,君主的妻子必定是出身于国内大贵族或邻国宗室,君主借以取得大贵族或邻国的支持。这种安排也影响到君位继承人的选择。因为正妻的儿子生来就是有背景的,这使得君主在立储的问题上不得不考虑外戚的态度。而外戚为了日后的地位和利益,也总是义无反顾地支持嫡子。虽然如此,在立储问题上最有发言权的还是君主。英明的君主想要立有才干的儿子做储君,而昏庸的君主想立最为宠爱的儿子为储君。古时候有废长立幼可能导致国家动乱的说法。其实未必然。王位传承的关头,自然是各种政治力量明争暗斗的紧要时候,新君嗣位后政治局面是否稳定,在于新君嗣位前有没有广树党羽,取得了绝大多数政治力量的支持,而不在他是长还是幼。史载汉高祖刘邦曾有意传位于赵王如意。而吕后用张良的计策,请来商山四皓为太子张声势。刘邦见太子已有势力,也只好叹息道:"彼四人辅之,羽翼已成,难动矣。"(《史记·留侯世家》)

　　故其立相也,陈功而加之以德,论劳而昭之以法,参伍相德而周举之①,尊势而明信之。是以下之人无谏死之咺②,而聚立者无郁怨之心③。如此,则国平,而民无慝矣。其选贤遂材也,举德以就列,不类无德④;举能以就官,不类无能。以德弇劳⑤,不以年伤⑥。如此,则上无困,而民不幸生矣。

【今译】
　　所以君主在设立辅相的时候,罗列他的功绩也考察他的德行,评论他的勋劳也要看他合否法度,经过考核比较,各方面都适合,然后才举用,尊重他的权威并充分予以任信。于是下面的人都没有因进谏而得死罪的顾虑,地位低微的人也不会有怨恨的心理。这样,国家安定,百姓中没有奸邪之人。君主选拔贤才加以任用时,要选拔有德行的人进入爵位的行列,而不包括无德的人;举用贤能的就任官职,不包括无能的人。把德行标准放在功劳之上,而不因资历年龄而限制。这样一来,则君主就不会困于政事,而百姓也不会侥幸偷生了。

【注释】

① 参伍:参验比较。德:同"得"。　② 记:通"忌",畏惧。③ 聚:读为"鲰",小而卑贱。立:通"位"。　④ 不类:不以为同类。⑤ 弇:掩蔽。　⑥ 原作"不以伤年",据《管子集校》改。

【评析】

与传统的任人唯亲、任人唯贵的路线不同,《管子》主张任人唯贤,破格起用人才。这里,"不以年伤"特别值得注意,它是对传统的论资排辈的反叛,是对宗法世卿世禄制的否定,也是推行以法治国,使新兴地主阶级的官吏队伍充满生机以巩固发展封建政权的保障。

在这一段,《管子》重申选用人才要德才兼备的原则。司马迁在《史记·屈原贾生列传》中说:"人君无愚智贤不肖,莫不欲求忠以自为,举贤以自佐,然亡国破家相随属,而圣君治国累世而不见者,其所谓忠者不忠,而所谓贤者不贤也。"这样的论断不仅为司马迁之前的历史所证实,也为司马迁之后的历史所证实。我们不禁要问,难道世上真没有德才兼备的人物了吗?不是的。或许可以这样说,君是源,臣是流,君是本,臣是末,那些没有找到德才兼备人才的君主,他本身肯定就不是一位德才兼备的贤明之主,以他的德才,只配与那些把他的王朝送进坟墓的奸邪小人臭味相投。贞观年间,有人上书请唐太宗去佞臣。太宗问:"佞臣为谁?"那人说:"臣居草泽,不能的知其人,愿陛下与群臣言,或阳怒以试之,彼执理不屈者,直臣也,畏威顺肯者,佞臣也。"太宗听后说:"君,源也;臣,流也;浊其源而求其流之清,不可得矣。君自为诈,何以责臣下之直乎!朕方以至诚治天下,见前世帝王好以权谲小数接与其臣下者,当窃耻之。卿策虽善,朕不取也。"正因为唐太宗自己雄才大略,身正心正,身边才聚集了如此多的贤臣能臣。

国之所以乱者四,其所以亡者二。内有疑妻之妾①,此宫乱也。庶有疑適之子,此家乱也。朝有疑相之臣,此国乱也。任官无能,此众乱也②。四者无别③,主失其体。群官朋党,以怀其私,则失族矣④。国之几臣⑤,阴约闭谋以相待也,则失援矣。失族于内,失援于外,此二亡也。故妻必定,子必正,相必直立以听,官必中信以敬⑥。故曰:有宫中之乱,有兄弟之乱,有大臣之乱,有中民之乱⑦,有小人之乱。五者一作,则为人上者危矣。宫中乱曰妒纷,兄弟乱曰党偏⑧,大臣乱曰称述⑨,中民乱曰訾谆⑩,小民乱曰财匮。财匮生薄⑪,訾谆生慢,称述、党偏、妒纷生变。故正名稽疑,刑杀亟近,则内定矣。顺大臣以功⑫,顺中民以行,顺小民以务,则国丰矣。审天时,物地生⑬,以辑民力⑭;禁淫务⑮,劝农功,以职其无事⑯,则小民治矣。上稽之以数,下十伍以征⑰,近其巽升⑱,以固其意;乡树之师以遂其学。官之以其能,及年而举,则士反行矣。称德度功,劝其所能,若稽之以众风⑲,若任以社稷之任。若此,则士反于情矣⑳。

【今译】

国家动乱的原因有四种,衰亡的原因有两种。后宫有僭拟正妻的宠妾,这是宫中之乱;家中有僭拟嫡子的庶子,这是家中之乱;朝中有僭拟辅相的大臣,这是国中之乱;任用的官吏没有才能,这是百官之乱。不能辨别这四种动乱,君主就会失去体统。群臣百官结成朋党,谋求私利,君主就失去宗族的拥护。近臣暗中勾结策划阴谋来对付君主,君主就会失去百姓的支持。在内失去宗族的拥护,在外没有百姓的支持,这是两个亡国的原因。所以说,正妻必须确定,嫡子必须正名,辅相必须以正直的品格来听政,百官必须以忠信的态度认真办事。

所以说,有官中之乱,有兄弟之乱,有大臣之乱,有百官之乱,有小民之乱。这五种动乱一起发生,君主就很危险了,官中之乱是因为妻妾之间嫉妒纷争,兄弟之乱是因为诸子结党营私,大臣之乱是由于大臣好用权术,百官之乱是由于百官发泄嫉恨,小民之乱是由于财用匮乏。财用匮乏就会滋生薄德的行为,发泄嫉恨就会滋生怠慢情绪,好用权术、结党营私、嫉妒纷争就会产生变乱。所以端正妻妾嫡庶的名分,稽查僭拟,诛杀奸诈的近臣,则宫内可以安定。依据功劳排定大臣的顺序,依据德行排定百官的顺序,依据农务排定小民的顺序,如此一来,国家财用就丰足了。把握天时,考察地性,合理使用民力;禁止淫侈奇巧,鼓励农业生产,使游手好闲的人有固定的职事。这样,百姓就可以治理好了。君主核准一定的人数,从什伍的居民组织中征集人才,并且缩短选升的时间,以稳固士人的心态。在乡里设立教师,帮助士人完成学业,根据他的才能授予官职,到了年龄就举用,那么士人就都返归于德行了。衡量德行和功绩,鼓励他的才能,再考察民众的舆论,然后把国家的重任交给他。这样的话,士人就都返归于诚实了。

【注释】

① 疑:通"拟",僭拟。下两"疑"字同。 ② 众:指百官。 ③ 四者:妻与妾、庶与嫡、相与臣、有能之官与无能之官。 ④ 失族:失宗族之心。 ⑤ 几臣:近臣。 ⑥ 中:通"忠"。 ⑦ 中民:一般官吏。 ⑧ 党偏:结党偏私。 ⑨ 称:好,喜欢。述:通"术"。 ⑩ 聱(zhé)谆(zhūn):对上诽谤不满。 ⑪ 薄:薄德,无礼。 ⑫ 顺:顺序,排列。 ⑬ 物地生:考察土地性质。"生"通"性"。 ⑭ 辑:协调。 ⑮ 淫务:绣文刻镂之类。 ⑯ 职其无事:无事者得其职事。 ⑰ 十伍:古代居民基层组织,十家为什,五家为伍。 ⑱ 巽:假为"选"。"巽升"原作"罪伏",据《管子集校》改。 ⑲ 若:读若"乃",下"若任"之"若"同。风:通"讽",舆论,意见。 ⑳ 情:诚实。

【评析】

《管子》认为,选拔官吏必须德、功、能三者不可或缺。德即品德,包括忠、信、廉、让等内容,而以忠为最根本;功即业绩;能即才能。不重德就不能有效地避免小人当道,不重功就难以使有功之人务尽其力,不重能就无法调动人才施展才华的积极性。德、功、能三者当中,德最重要、最关键,因此要把德放在首位而不能本末倒置。

  这一段结束全文,明显有总结、告诫的意思。《管子》在此列出许多乱亡之征,有宫内的,有朝中的,有大臣的,有小民的,每一种情况都足以破国亡家。文章读到这里,真使人感到治理国家是一件叫人望而生畏的事情,最高的统治者真是"高处不胜寒"呀。种种矛盾千头万绪,统治者不但要及时察觉,而且要采取恰当的措施予以解决。《管子》在此也分别给出了使"内定""国丰""小民治""士反行"的措施,也是本文前面已经论述过的。

十四、心　术　上

【解题】

《心术》分为上、下两篇。"心术上"，此指《心术》上篇。本文是一篇阐述认识论的哲学论文。所谓"心术"，意即心的功能。古人以心为思维器官，并认为心是人体的主宰，以心比君。本篇主要内容是研究心的功能及修心之术，并探讨了君主治国的方法。本篇共有十二段文字，前六段为经，后六段为解，解文是对经文的解释与阐发。

《管子》一书的哲学思想主要集中在《心术》上、下与《白心》《内业》等四篇论文。四篇同源于道家，道家的主题是"爱身"和"养生"，因而修养内心、保蓄精气、致虚守静、情寡欲浅为四篇兼而有之的内容。但是战国时期是一个变革时代，思想家们承担着为新兴地主阶级提供新的统治方法的历史使命，作者认为养生和治国，是一个道理的两方面的应用。因此，他们改造所讲的养生之道，使之同法家的治国理论结合起来，即把养生之道应用于治国，使之成为治国之道。概括他们理论的内容，主要有三方面：一、以"静"制"动"；二、以"虚"制"实"；三、以"形"定"名"，以"名"制"形"。这三方面内容体现了四篇论文的要点：治身和治国是一个道理。同时也表明它们是一个体系。

心之在体，君之位也；九窍之有职①，官之分也。心处其道，九窍循理；嗜欲充盈②，目不见色，耳不闻声。故曰：上离其道，下失其事。毋代马走，使尽其力；毋代鸟飞，使弊其羽翼。毋先物动，以观其则③。动则失位，静乃自得④。

【今译】

　　心在人体中处于君主的地位，九窍的功能犹如百官的各有职务。心统摄血脉，九窍按常规工作；内心充满嗜欲，眼睛就看不见颜色，耳朵就听不进声音。所以说，心与道离，犹如人君失职，窍不辨声色臭味，犹如臣下失职。不要代替马去跑，让它自尽其力；不要代替鸟去飞，让它充分使用其羽翼。静心观察万物的运动规律，而不要先物而动，则物来顺应，若任欲妄动，心君早自失其地位。自然地掌握事物运动规律，唯有主静。

【注释】

　　① 九窍：阳窍七，指眼、耳、鼻、口；阴窍二，指大、小便处。② 充盈：原文为"充益"。"盈""益"形近致误，据《管子集校》改。③ 则：规则，犹今言规律。　④ 得：掌握。此承上文文意而言。此处"乃自得"，即指掌握事物规律。

【评析】

运用大脑进行思维，已是现代人的常识，但古人不懂得大脑能够思维，他们普遍把心作为人的思维器官，古代医书记载："心者，君主之官也，神明出焉。"(《素问·灵兰秘典论》)即心具有出产思想与智慧的功能。这种功能，古代知识分子把它称之为"心术"，即人的思维方法与思维方式。

战国时期，知识分子已对"心"发生兴趣与探索，当时是一个人们渴望政治统一以结束战乱的时代，诸侯各国之间进行着激烈的兼并和统一天下的斗争，政治上趋向统一的紧迫需求，使得学术思想的统一也成为思想家们注重的课题。知识分子总是其时代的先锋，在齐国统治者设立的稷下学馆内，各诸侯国有资格的知识分子(有道家、儒家、法家、墨家等)都在那里相互辩论，相互吸取，为统一天下出谋划策，因此,当时思想界明显的特点是各家的传统思想出现分化与融合倾向,本篇也即具有此一特点。"天人关系"是先秦时期探讨的重要哲学问题,它一直是古代中国统治阶级的理论基础,人的自我意识来源为其中一个方面。道家本来专门研究"爱身"与"养生",但作者力图以此启示统治者:养生之道亦适用于治国,这是一个道理的两方面应用。说明作者的思想已经开始向法家倾斜。

本段是开头,作者首先要讲清"心"在人体中的地位与作用,作者把"心"与"九窍"的关系比喻为"君"与"臣",即理性与感性,认为心灵与形体的地位不同,心灵能掌握进退的尺度,处于主宰地位,而形体则屈伸仰俯,专受心灵所役使。作者虽然还没像荀子那样,明确提出"天君"(心)、"天官"(耳目鼻口形能)的概念,但已初步把心与感官区分为"君"与"官",认为它们是各司其职而不能相互替代。并且还提出,心君不能失去为君之道,否则,下边的臣也都不能尽他们的职务。为君之道应该无为而制臣,但"君"的"无为",并不是毫无作为,而是要平心静气地观察,以发现事物的规律,并且监视臣下的作为,这样就可以驱使臣下替他办事,所以说:"动则失位,静乃自得。"动是臣下的事,君应该以静制动。

本段突出"心"在认识事物中的重大作用,又始终寓含人君治国的道理。

道,不远而难极也①,与人并处而难得也。虚其欲②,神将入舍③,扫除不洁,神不留处④。人皆欲智而莫索其所以智⑤。智乎,智乎,投之海外无自夺。求之者不及虚之者⑥。夫圣人无求之也⑦,故能虚⑧。

【今译】
  道不远人但难以探其穷尽,与人相依但难以掌握。虚心屏欲,神就将来到心里;不扫除污浊的物欲,神就不肯居留。人们都想得到智慧,但不知如何才能获得智慧。智慧呵,智慧呵,虽追求于海外之远而无法强求。追求智慧不如保持心的空虚。圣人就是无所追求的,所以能够做到"虚"。

【注释】

① 难极:难至。　② 虚其欲:使欲念空虚。　③ 神:意同"道",在《心术》《内业》诸篇中,道与神、精等往往通用。　④ 不:原文为"乃",据后解文"不洁则神不处"文意改。　⑤ 人皆欲智而莫索其所以智:索,意为求。原文"智"下有"乎"字,据《管子集校》改。　⑥ 求之者不及虚之者:原文为"求之者不得处之者",据《管子集校》改。　⑦ 圣人:原文为"正人",据王念孙说校改。　⑧ 虚:原文为"虚无",据王念孙说删"无"字。

【评析】

本段第一个字就提出道家学说的关键性名词"道"。"道"是什么意思,恐怕是现代人阅读古书最为费解的问题之一。实际上,对专家学者来讲,"道"这个概念也是道家著作中最概括、最抽象、最难懂的东西。这个概念是贯通道家哲学思想脉络的线索,也是千百年来,研究道家学术的争端之所在。我们观察中国传统古籍,暂且得出"道"字的四种用法与含义。

第一,"道"就是路,也就是人世间所要行走的道路的道。犹如《论语·阳货》所说:"道听而涂(途)说。""道听而涂说"中的道,便是道路的道。照《说文》的注释就是:"道者,径路也。"

第二,"道"代表抽象的准则、规律。与具体事物的"器"相对,如《易·系辞上》所说的:"形而上者谓之道,形而下者谓之器。""道"是无形象的,含有规律和准则的意义;"器"是有形象的,指具体事物或名物制度。又与事物特殊性质的"德"相对,如本篇所说:"虚而无形谓之道,化育万物谓之德。""德"是"道"的具体体现,德也是无形象的。

第三,"道"代表思想、学说,也可以说是理论上不可变易的原则性的道。不同学派赋予道的含意各不相同，如《论语·卫灵公》所说："道不同，不相为谋。"

第四，"道"代表宇宙万物的本原、本体。如《老子》所说："有物混成，先天地生……可以为天下母。吾不知其名，字之曰道。"这话有两层意思：一、道是一种无质无形、无声无息、物质与非物质混和一体的客观存在；二、道是天下万物以至于宇宙间一切存在的"母体"。

本段的"道"字，是作者对《老子》"道"论的继承与阐发，基本有着第二、第四两种的含义。作者认为"道"是人们看不见、听不见、摸不着而又确实存在的东西。它包括了物质与非物质，所以既不能以实有称它，可是也不能说它不是实有，"道"彻底地、无所隐藏地显现在它所创造的万象万境中，本性与现象的关系是一而二、二而一的，无论"物"也好，"心"也好，都有它的存在，无穷无尽，遍一切处，所以作者说："道不远而难极也，与人并处而难得也。"指"道"无所不在，在在处处都有道。它是一切宇宙万有的根本，具有一切的可能性，世间的语言文字难以形容它，所以道家姑且给它取个代号，叫作"道"。作者认为人们自身是具有认识"道"的能力的，但它的先觉条件，是要从去欲虚心入门，一个人，如果真正做到"虚其欲"，去掉个人的一切私情、私欲，包括追求智慧的欲望，心如止水澄波，那么就达到圣人的境界了，"道"自然而然进入心里，并且存留在那里。事实上，要做到"虚其欲"是相当困难与痛苦的，可以说，简直就不可能，如果真能做到了，那就超凡入圣了。

虚而无形谓之道①，化育万物谓之德，君臣父子人间之事谓之义，登降揖让②、贵贱有等、亲疏之体谓之礼，简物③小大④、一道杀僇禁诛谓之法⑤。大道可安而不可说⑥。真人之言，不义不颇⑦，不出于口，不见于色。四海之人，又孰知其则？

【今译】

　　道无形,化育万物叫作德,摆正君臣父子人伦关系叫作义,尊卑揖让、贵贱等差以及亲疏之间的体统叫作礼。事务无论繁简、大小、本末,一切概以法律绳之叫作法。大道,可以适应它而不能说得明白。真人的道理,不偏不颇,不从口里说出,不流露于表情,四海的人,又怎能知道他的民彝物则呢?

【注释】

　　① 虚而无形:原文作"虚无无形",重一"无"字,据《管子集校》改"无"为"而"。　② 登降揖让:登降指尊卑言。揖,拱手为礼之意。　③ 简物:犹言简繁。物有"杂"意,古代杂色之旗称物。　④ 小大:原文为"小未",据《管子集校》改。　⑤ 一道:犹言一切。僇(lù):通"戮",杀戮。　⑥ 安:对于事物或环境可以接受或适应称为安。　⑦ 真人:道家称修真得道之人为真人。此处原文为"直人",据《管子集校》改。不义:指不偏斜。不颇:指不偏颇。

【评析】

　　"德"这个概念,与"道"一样,也是道家的主要概念,在秦汉之前的学术思想中,"道"与"德"两个字,往往是各自分开的。道是无形而又无限,德是道的具体体现,德,就是用,德者,得也。道是德之体,德是道之用,作用附丽于本体,故德兼于道。用不离于体,举体足以包德。德也是未有形,不过已经从道分出来,从万物的角度讲,这个东西是它们所得于道的,所以称为"德"。德不像道那样高深莫测,而是明明白白地像在身边,在日常生活中体现出来,道和德的关系,是全体和部分的关系,在本质上道和德是没有分别的。

　　作者对"法"的看法,源于"道""德"思想,上面评析谈到作者继承与阐发《老子》的"道"论,但对于"法"的态度,则与《老子》完全相反。在当时社会里,谈到"法",有好几种与之对立的思想,如有"法"与"礼"的对立,有"法"与"仁义"的对立,有"法""礼""仁义"与"道德"的对立。

《老子》把这几种对立排列为一种历史的程序,这个程序是向后倒退的。它说:"失道而后德,失德而后仁,失仁而后义,失义而后礼。"(《老子》三十八章)它没有说到"法",但《老子》反对法,几乎对法深恶痛绝,它明确地说:"法令滋彰,盗贼多有。"(《老子》五十七章)在说"失义而后礼"以下,它接着说:"夫礼者,忠信之薄而乱之首。""礼"已为"乱之首",以下的"法"就不在话下,不必多谈。

作者认为万物各有一定的性质,就有一定的作用,就是各有所宜,它体现在社会中,就是"义",把各种不同事物、人事关系制度化,也就是礼,把这些关系、制度统一起来,并由国家的强力加以保证,这便是"法"了。"法"是直接与道相关的,这种说法,就把当时法家变法的主张提到哲学的高度,给它以更高的理论基础,按照作者的看法,历史的进程不是向后倒退,而是向前发展,与《老子》对于历史进程的看法,正是进步跟保守的相反意识的表现,二者构成鲜明的对比。

在变革的时代,作者注意到时代的变化,并且以这种变化为认识"法"的根据,这种思维方法,在现代社会里仍然有价值。

天曰虚,地曰静,乃不忒①。洁其宫②,开其门③,去私毋言,神明若存。纷乎其若乱,静之而自治。强不能遍立④,智不能尽谋⑤。物固有形,形固有名,名当谓之圣人。故必知不言之言⑥,无为之事,然后知道之纪。殊形异执⑦,不与万物异理,故可以为天下始⑧。

【今译】

天是虚的,地是静的,故而无差错。清扫心宫,打开门户,排除物欲,不存主观成见,神明似乎出现。事物好像很纷乱,使之静下来就自然有条不紊。聪明能干皆不足恃,惟有虚心寡欲,才能办事善谋。万物本身有一定的形体,形体本身有它一定的名称,立名合于道,称作圣人。所以必须懂得什么是不用说明的道理,不用动手去做的事情,然后才懂得道的要领。万物的形态千差万别,千变万化,而理则万殊一本,故可以成为天下之始者。

【注释】

① 忒:差错。原文为"伐",形近致误,据文意改。后之解文"故曰不忒"同。　② 宫:指心,心宫。　③ 门:指耳目。　④ 遍立:指把任何事情都树立起来。　⑤ 尽谋:指对任何事情都考虑周到。　⑥ 不言之言:原文无"之言",据后面解文增补。本文所谓"不言之言""无为之事",都体现无为而治的道理。　⑦ 执:同"势",形态,姿势。　⑧ 故可以为天下始:原文无"始",据后面解文增补。

【评析】

"必知不言之言,无为之事,然后知道之纪。"君主"知道"的关键是"无为"。道家的"无为"是指做顺应自然的事,绝对不是指疏懒散慢,无所事事,或者什么也不懂。诚如钱钟书所说:"所谓'圣'者,尽人之能事以效天地之行所无事耳。"(《管锥篇》第二册)"自然"的含义,从中国文字学的组合来解释,要分开来讲,"自"是自在的本身,"然"是当然如此,道家所说的"自然",是指道的本身就是绝对性的,"自然"便是道,道即"自然","道",自然运行,并不有意做什么,但道无所不在,无所不包,万物是靠它生成的、决定的,君主如果要"知道之纪",认识道的妙用,就要效法天地的自然,不执着,不自私,不占有,不落偏,一切行为应如行云流水,做应当做的事,也可以说是不要有具体的见解,不做具体的事,但对什么都起决定的作用。君主可以按"形"定"名",用"名"统治"形",万物是形,形是非常众多复杂的,必须有个什么东西把它们贯穿起来,这个东西就是名。这样的作为还是无为,因为名是"跟"着"形"来的,有哪一种"形"就有哪一种的"名","名"是"形"的如实的反映,不以主观为增加或减少,君主顺应自然,就能恰如其分地定"名"。就君主的统治言,"形"是指臣下,以及臣下所担任的职务,"名"是指关于这些职务的规定和职权的范围。君主把各种职务的内容都规定下来，这些规定就是这种职务的"名"的内容，有了名，担任这些职务的臣下的行为需合乎这个名，君主只需执一个名，以考察一个形，看他们是否与名相适应。这就是以"形"定"名"，以"名"制"形"，即作者提出治国之道的第三个重点。另两个重点，就是上面谈的（一）以"静"制"动"和下面要谈的（二）以"虚"制"实"。也可以说，这三个重点，是君主掌握"心术"的三个程序。

人之可杀，以其恶死也；其可不利，以其好利也。是以君子不怵乎好①，不迫乎恶②，恬愉无为，去智与故③。其应也，非所设也；其动也，非所取也。过在自用，罪在变化。是故有道之君子④，其处也若无知，其应物也若偶之⑤。静因之道也⑥。

【今译】

世人莫不好利而恶死，故君子不被爱好之事所诱惑，不被厌恶之事所胁迫，无私智，无成见，恬愉安适。他的处事，不是出于他自己的主观筹划。他的行动，不是出于他自己的主观择取。有过错在于自以为是，发生罪过在于变化无常。因此得道的君子，他在自处时，仿佛无知，他在治事时，如同感应。这就是静因之道。

【注释】

① 怵(chù)：引诱，利诱。原文为"休"，形近致误，据后面解文改。② 迫：威迫，要挟。 ③ 故：巧诈。本文"去智与故"，言消除智谋与诈巧。 ④ 君子：原文为"君"，后面解文谓"君子之处也若无知"，据改。⑤ 偶：辅助。 ⑥ 静因：虚静与因依。静因之道：指统治者"不言、无为"而因臣下之力，使之自为。

【评析】

"静因之道"最能体现"无为"的境界与功夫。无论是谁，再能干也不可能把任何事情都管理好,再精明也不可能对于任何事情都考虑周到。如果掌握了"静因之道",情况就不同,就能够达到"无为而治"的目的。所以,"静因之道"也就是"无为"的总的内容。

所谓"因",就是没有言语和思虑。一切都要以客观情况为转移,顺应万物自然之所能,以为我用,它们似乎是偶然应物之变化,实际是正合时宜的。而这样做,主观上必须舍弃一切成见,作者指出,人类总是喜欢卖弄自己的聪明才智,自以为高明,这往往是错误的起始。天,广大而无边,万物皆能容于其中,原因在于天的虚空。唯有虚故而能容,亦唯有虚故而能通,容乃成其大,通则因应无穷。大地,生生不息,滋长万物,养育了万物的生命,不管万物如何对待大地,大地总是静默而无怨言,此皆为自然之理。世人难道不应效法天、地这种大公无私、包容万物的伟大精神吗?所以,人要去掉贪欲和成见,怀抱虚、静心态,以此态度来待人接物,处理事务。

"无知"在这里的意思是淳朴和天真。道家说的"无知"不是一个缺点,而是一大优点,这个"无知"同孩子的"无知"、普通人的"无知"完全不同,它是一个自觉的修养过程的产物,它比知识更高,比知识更多,而不是更少,所谓"大智若愚"。君子的无知是大智,不是孩子和普通人的无知,后一类的无知是自然的产物,而君子的无知是精神的创造,君子仿佛无知,实则心明如镜,照见万象,物来则应,过去不留,洞烛机先,而内心不存有丝毫物累。到此,才算掌握"静因之道"。

自古以来,认识事物带有主观成见是人类的一个通病。古代中国,最早从《庄子·天下》篇就注意到这种现象,后来《荀子》《吕氏春秋》等著作中,对此都作深入探讨,并且列举生动的事例。如有个人丢了一把斧子,怀疑是邻居家的儿子偷走的。于是,他看邻居儿子走路的样子、脸上的表情、言谈举止,所有的动作态度,无一不是像偷斧子的。不久,这个人在山上掘土,找到了那把斧子。第二天,他又看见邻居的儿子,看他的动作态度,一点儿也不像偷斧子的了(《吕氏春秋·去尤》)。这当然是夸张的例子,但说明了主观上的成见使人错谬到何等地步。事实上,这种情况至今仍然大量存在,只是程度有所不同而已。作者视主观成见为大误,主张做人怀抱自然,思想纯洁无瑕,不落主观的偏见,提出"去智与故",作为世人精神修养的一个原则。

"心之在体,君之位也;九窍之有职,官之分也。"耳目者,视听之官也,心而无与于视听之事①,则官得守其分矣。夫心有欲者,物过而目不见,声至而耳不闻也。故曰:"上离其道,下失其事。"故曰:心术者,无为而制窍者也②。故曰"君"。"毋代马走","毋代鸟飞",此言不夺能能③,不与下试也④。"毋先物动"者,摇者不定,趮者不静⑤,言动之不可以观也。"位"者,谓其所立也。人主者立于阴,阴者静,故曰"动则失位"。阴则能制阳矣,静则能制动矣,故曰"静乃自得"。

【今译】

"心处于人体君主的地位,九窍的功能犹如百官的职务一样。"耳目是视听的器官,如内心不存嗜欲,则器官就能笃守其职,心里存有嗜欲杂念,那就目不见物,耳聋于众声。所以说:"上离其道,下失其事。"所以说:心的功能,就是用虚静无为来管辖九窍。故叫作"君主"。"不要代替马去跑","不要代替鸟去飞",这就是说不要取代各个职能的功用,不要干预臣下的操作。所谓"不要先物而乱",是因为摇摆就不能镇定,躁动就不能宁静,"动"就不能仔细观察万物。"位",指所处的地位。人君处在阴的地位,阴的性质是静,所以说"动则失位"。阴可以控制阳,静可以掌握动,所以说"静乃自得"。

【注释】

① 视听之事:指嗜欲。　② 制:控制;统帅。　③ 能能:职能的功能。　④ 试:做,操作。《形势》篇谓:"上无事则民自试","试"字义

与此同。试,原文为"诚",形近致误,据文意改。　⑤　趮(zào):同"躁",躁动。

【评析】

参见"心之在体,君之位也"段评析。

道在天地之间也,其大无外,其小无内,故曰"不远而难极也"。虚之与人也无间,唯圣人得虚道,故曰"并处而难得"。世人之所职者精也①。去欲则宣②,宣则静矣,静则精,精则独立矣。独则明,明则神矣。神者至贵也,故馆不辟除,则贵人不舍焉。故曰"不洁则神不处"。"人皆欲知而莫索之"③,其所知④,彼也;其所以知⑤,此也。不修之此,焉能知彼? 修之此,莫能虚矣⑥。虚者,无藏也⑦。故曰去知则奚求矣⑧,无藏则奚设矣⑨。无求无设则无虑,无虑则反复虚矣。

【今译】

　　道在天地之间,无限大又无限小,所以说"不远而难极也"。人日游于太虚之间,却一无所得,唯圣人处于虚之间,而能得其理,所以说"并处而难得"。世人所要记住与管好的是至诚,清除欲念则内心疏通,疏通则静洁,静洁就能达到至诚。使至诚而独立,就到达神明的境界。神极为高贵,馆舍不洁,贵人不肯居住。所以说"不洁则神不处"。所谓"人皆欲知而莫索之",就是说,人们所认识的对象是外界事物(彼),而人们认识的主体是心(此),不修养内心,怎能认识外界事物? 修养内心的最好办法,莫如使它处于虚的状态。虚,就是空无,所以说,连智慧都不追求,那还有什么可追求。连储存的地方都没有,那还有什么可筹划。不追求又不筹划就可以做到无虑,无虑就回到虚的境界。

【注释】

① 职：执掌，主管。精：犹言至诚。 ② 宣：意犹通。 ③ 人皆欲知而莫索之：知，通"智"。此句乃复举上文"人皆欲智而莫索其所以智"。本篇解文之复举经文，有的字句全同，有的稍异。 ④ 其所知：人们所认识的事物，指认识的对象。原文为"其所以知"，"以"字涉下句而衍，据文意删。 ⑤ 其所以知：人们如何去认识事物，指认识的主体。 ⑥ 能：读为"而"，"而"与"如"古通用。莫能：意即莫如。 ⑦ 藏：储存东西的地方。无藏：即空无状态。 ⑧ 去知：不要智慧。去，意同弃。奚求：何求，即无追求之意。原文为"奚率求"，衍"率"字，据《管子集校》删。 ⑨ 设：筹划。

【评析】

一个人，如果真做到得"道"，那么，其心必定处于"虚"的状态。"虚"就是"无藏"，譬如一个空房子里面没有任何收藏，就是虚了。"无藏"指两个方面：一方面是无求，即对于要去认识的外界事物，没有从感情出发的要求，也就是无欲，前面谈到过这方面；另一方面是无设，即心中没有主观的成见，内心如同一张白纸般虚素，随时保持思想纯净无杂，有如佛家禅宗的两句话："不思善，不思恶"，善恶两边均不沾，清明透彻。当然，一个人能够拥有这种修养是非常高贵与幸福的事，但实际上，"唯圣人得虚道"，这正是圣人超凡脱俗的生命理想。

天之道，虚其无形①。虚则不屈②，无形则无所低赶③。无所低赶，故遍流万物而不变。德者道之舍④，物得以生，生知得以职道之精⑤。故德者得也。得也者，其谓所得以然也以⑥。无为之谓道，舍之之谓德，故道之与德无间，故言之者不别也。间之理者，谓其所以舍也。义者，谓各处其宜也。礼者，因人之情，缘义之理，而为之节文者也⑦。故礼者谓有理也。理也者，明分以谕义之意也。故礼出乎理,理出乎义⑧,义因乎宜者也⑨。法者所以同出⑩,不得不然者也,故杀僇禁诛以一之也。故事督乎法,法出乎权,权出乎道。道也者,动不见其形,施不见其德,万物皆以得,然莫知其极。故曰"可以安而不可说"也。真人⑪,言至也。不宜⑫,言应也⑬。应也者,非吾所设,故能无宜也。不颇⑭,言因也。因也者,非吾所取⑮,故无颇也。"不出于口,不见于色",言无形也;"四海之人,孰知其则",言深囿也⑯。

【今译】

　　天道,虚而无形。由于虚,就不诎,由于无形,就无所住无所趋,惟无所住故无所不住,无所趋故无所不趋,故能遍流万物之中而不变。德是道的体现,道虚而德实,道宅于德,万物依赖它得以生,有生而有知,知依赖它而认识道的精髓。所以,"德"就是"得"。所以说所得到的东西都本源于道。无为叫作道,体现它就叫作德,故道与德没有什么距离,谈论它们往往不加区别。一定要问清它们无距离的道理,即德是用来体现道的。所谓义,说的是各行其宜。所谓礼,则是根据人的感情,按照义的道理,而规定的制度和标志。所以,礼就是有理,理是通过明确本分来表达义的。因此,礼从理产生,理从义产生,义是根据行事所宜来定的。法律是不得不用于治理一切事务的东西,所以事都要用法来督察,然法要权衡得失得出公正,公正则合乎道。道就是动作时看不见它的形体,布施时看不到它的德惠,万物都本源于它,但不知道它的究竟。所以说"可以安而不可说"。"真人",言其水平最高。"不偏",指的是"应"。所谓应,即是不由自己主观筹划,故能做到不偏。"不颇",说的是"因"。所谓因,即是不由自己主观择取,所以能做到不离。"不出于口,不见于色",指的是道的无形。"四海之人,孰知其则",指其蕴藏极深。

【注释】

　　① 其:而。　② 屈:诎。　③ 抵赶(wǔ):同"抵牾",意即抵触。

低,原文为"位",据《管子集校》改。下"低趾"同。　④舍:施舍,布施,此指体现。　⑤职道之精:读为"识道之精"。职,通"识",认识。⑥以:同"已"。"其谓所得以然也以",前"以"为已经(时间副词),后"以"无义(语末助词)。　⑦节文:节,指制度,章法。文,指标志或条文。　⑧礼出乎理,理出乎义:原文为"礼出乎义,义出乎理",据《管子集校》改。　⑨义因乎宜:原文为"理因乎宜",据《管子集校》改。⑩出:指参差不齐。　⑪真:原文为"莫",形近致误,据文意改。此处"真人",乃复举上文之"真人"。上文误为"直人",此处误为"莫人"。⑫不宜:此"宜"通"义",义借为"俄"。不俄,即指不偏斜。下"故能无宜也",同。　⑬应:适应。下文"因",即因依。道主因应,有尊重事物自身运动,顺应自然之意。　⑭不颇:颇,指偏离或不公正。不颇,即不偏离。下"故无颇也"同。　⑮取:择取。原文为"顾",据《管子集校》改。　⑯囿:古代帝王畜养禽兽的园林。深囿:犹言蕴藏极深。

【评析】

道,"虚其无形",有形的东西,往往因其有一定的形状而与其他有形的东西相冲突,如水与火相抵牾,木与金相抵牾。道是无形无执的东西,所以,能成为水也可以成为火,能成为木也可以成为金。它可以成为任何的东西而其本身还是道,这就是所谓"遍流万物而不变",也可以说,因为道是无形的,它不同别的东西相冲突,所以能够遍于万物之中,成为万物的根本。依作者的看法,一个以道为法的人,或者说,一个有道的人,是不容易看得出来的,"不出于口,不见于色",表面上给人看起来,似乎什么都不特别,因为真正有道的人,用不着刻意表示自己有道,自以为是,用不着吹捧自己,故作姿态,而是非常平凡普通,平凡到没有人识得。同时,一个有道的人,也不是能够用语言文字来形容的,"四海之人,孰知其则",指蕴藏极为深广,他的心境犹如海阔天空,空旷无限到极致,如此,智慧自然高超,而他的言行、举止非常纯朴自然,好像一块普通石头,里面虽然藏有一块真金,但敲开之前,谁也想不到里面竟是无价之宝。这就是以"虚"制"实"。

天之道虚,地之道静。虚则不屈,静则不变,不变则无过,故曰"不忒"。"洁其宫,开其门"①:宫者,谓心也,心也者,智之舍也,故曰"宫"。洁之者,去好过也②。门者,谓耳目也。耳目者,所以闻见也。"物固有形,形固有名",此言名不得过实③,实不得延名。姑形以形④,以形务名,督言正名,故曰"圣人"。"不言之言",应也。应也者,以其为之者人也⑤。执其名,务其所以成⑥,此应之道也⑦。"无为之事"⑧,因也。因也者,无益无损也。以其形因为之名,此因之术也。名者,圣人之所以纪万物也。人者立于强⑨,务于善⑩,未于能⑪,动于故者也⑫。圣人无之。无之则与物异矣。异则虚,虚者万物之始也,故曰"可以为天下始"。

【今译】

天道是"虚",地道是"静"。虚就没有曲折,静就没有变动,没有变动就没有差错,故叫作"不忒"。"清扫室屋,开放门户":室屋,指的是心,心是智慧的居处,故称作"宫"。清扫它,即清除喜欢与厌恶的意思。门,指耳目。因为耳目是听、看外部事物的。"万物本身有它一定的形体,形体本身有它一定的名称",这是说名称不得超出事物的实际,实际也不得超过事物的名称。根据形体来说明形体,根据形体来确定名称,并据此来考察理论,端正名称,故叫作"圣人"。"不由自己去说的道理",意思就是"应"。所谓应,是因为它的创造者是别人。从每一种名称的事物,研究它自身形成的规律,这就是"应"的做法。"不用自己动手去做的事",意思就是"因",所谓因,就是无所损益于事物,按照其形体为之命名,这就是"因"的做法。名称是圣人用来标记万物的。世人行事往往立意强求,专务修饰,玩味逞能,而运用故巧。圣人全无这类缺点,无此类缺点就与万物不同,不同之处在于圣人致虚,虚是万物的起点,所以说"可以为天下始"。

【注释】

① 开:原文为"阙",据上文"开其门"改。 ② 好过:意同"好恶",指个人好恶。 ③ 名不得过实:原文无"名",据《管子集校》增补。 ④ 姑:读为"诂",解释。 ⑤ 为之者人也:原文为"为之人者也","人者"两字误倒,据文意改。此处"人"字当他人讲。"应也者,以其为之者人也",意思是说明"应"在于应合他人他事,而非应合自身。 ⑥ 务其所以成:原文为"务其应所以成",据《管子集校》删"应"字。 ⑦ 此:原文为"之",据文例改。 ⑧ 无为之事:原文为"无为之道",据上文改。 ⑨ 强:强求。 ⑩ 善:通"缮",修饰。 ⑪ 未:读为"昧",玩味。 ⑫ 动:动作。动于故,指动作于施行故巧。

【评析】

参见前面"天曰虚,地曰静"段评析。

人迫于恶,则失其所好;怵于好①,则忘其所恶。非道也。故曰:"不怵乎好,不迫乎恶。"恶不失其理,欲不过其情,故曰"君子"。"恬愉无为,去智与故",言虚素也。"其应非所设也,其动非所取也",此言因也。因也者,舍己而以物为法者也②。感而后应③,非所设也;缘理而动④,非所取也。"过在自用,罪在变化",自用则不虚,不虚则忤于物矣⑤;变化则为生⑥,为生则乱矣。故道贵因。因者,因其能者言所用也。"君子之处也若无知",言至虚也。"其应物也若偶之",言时适也,若影之象形,响之应声也。故物至则应,过则舍矣。舍矣者,言复所于虚也。

【今译】

　　世人往往迫于厌恶的东西,而失去他所喜好的事物;或者被引诱于喜好的事物,连可恶的东西都忘掉了。这都不合于道。所以说:"不怵乎好,不迫乎恶。"厌恶不要丧失常理,喜好不要超越常情,所以叫作"君子"。"安闲愉悦,消除智谋和故巧",说的是保持空虚纯洁。"他的应事不是出于主观筹划,他的行动不是出于主观择取",这是说"因"的道理。所谓因,就是完全以客观事物为依据。感知事物而后去适应,不由自己所筹划;依照事理采取行动,不由主观择取。"错误在于主观择取,罪过在于妄加变化。"主观择取就是不虚,不虚,主观认识就与客观事物发生抵触,妄加变化就会产生虚假,产生虚假就陷于混乱。所以道以"因"为贵。因,就是根据事物本身所能来发挥它应有的作用。"君子仿佛处于无知状态",说的是虚的最高境界。"君子治理事物时好像只是感应",说的是适应事物,好比影子与形体相像,回音与发声相随一样。所以,遇到事物就适应,事过则放开,所谓放开,说的是又回到虚的境界。

【注释】

　　① 怵(chù):引诱,利诱。　② 法:效法,依据。　③ 感:感知。　④ 理:道理,法则。　⑤ 忤(wǔ):违背,抵触。　⑥ 为:通"伪",虚假。下"为"字同。

【评析】

见前面"人之可杀,以其恶死也"段评析。

十五、心　术　下

【解题】

《心术下》与《心术上》同属《管子》一书的哲学思想体系。《心术下》的思想内容并不是《心术上》的继续与发展，两篇论文观点虽无矛盾，但并没有浑然一体的内在联系。本篇的内容基本上都见于《内业》，就总体而言，《内业》详细完整，本文则比较简单，郭沫若认为后者是前者"另一种不全的底本"（《郭沫若全集·历史编》），是很正确的看法。本文有可能原是《内业》的写作提纲或初稿，与《内业》并传于世，编纂者未予细审，而误加《心术下》之名而成篇。

形不正者德不来①，中不精者心不治。正形饰德②，万物毕得③。翼然自来④，神莫知其极。昭知天下，通于四极。是故曰：无以物乱官⑤，毋以官乱心，此之谓内德⑥。是故意气定，然后反正。气者身之充也⑦，行者正之义也⑧。充不美则心不得，行不正则民不服。是故圣人若天然，无私覆也；若地然，无私载也。私者，乱天下者也。凡物载名而来⑨，圣人因而财之⑩，而天下治；实不伤⑪，不乱于天下，而天下治。

【今译】

　　外表不端庄是因为没有修养，内在不专一是因为心没有治好。端庄外表,治好内心,万物都能被掌握。这种境界犹如飞鸟自来,连神都不知晓它的究竟。这样就能明察天下四极。所以说,不让物欲扰乱五官,不让五官扰乱心,这就叫作"内德"。因此,先做到意气安静,然后行为才会端正。气是充实身体的内容,行为是立身持正的仪表。内容不美则内心不静,行为不正则民众不服。所以,圣人就像天那样,不以私被覆万物,像地那样,不以私载置万物。私,是扰乱天下的根源。

事物都带着它的名称存在于世间,圣人根据它的实际情况来裁定它,天下便治理好了。定名要与事物本身相适应,使它不发生混乱,天下便治理好了。

【注释】

① 不:意同"无",同"未"。　② 饰:通"饬",整饬,修整。饰,亦当读作"饬"。　③ 得:即《心术上》静乃自得的"得",有掌握理解之意。　④ 翼然:鸟飞貌。"翼然自来",言如飞鸟自来。　⑤ 物:指物欲。　⑥ 内德:《内业》篇作"内得",意指内有所得。　⑦ 充:指充实于内部的东西,即内容。　⑧ 义:同"仪",仪器,标准。　⑨ 载:意同"戴"。"凡物载名而来",与《心术上》"物固有形,形固有名"涵义相同。　⑩ 财:通"裁",裁断,裁决。　⑪ 实:即"名实"之实,指事物本身。"实不伤",意即定名不伤于实际,要名实一致。

【评析】

《内业》开始用"精气"来说明修心养气,本文便是这种说法的继续申述。

本文的看法多与《内业》相似。本段首先提出担当修道重任的中心关键所在,便是内心宁静,如此才能保持与不断发展体内的精气,同时也要效法天与地大公无私的精神。

如"正形饰德,万物毕得。翼然自来,神莫知其极。昭知天下,通于四极。是故曰:无以物乱官,毋以官乱心,此之谓内德"。"内德"即"中得",就是心中原有的"精气"。不要以外界的事物扰乱自己的感官，不要以自己的感官扰乱自己的心，这就叫"饰德"，就是说，"饰德"的前提，是内心宁静。按照《白心》篇的说法，"精"是"同则相从，反则相距"。所以，原有的"精"越多，越能吸收外边新来的"精"。新来的"精"也只有在原来有德的条件下才能安定下来。反过来说，内心不静，那么，非但不能发展精气，而且连原有的精气也不能再保持。从认识论角度来讲，作者强调情绪的安定，把保持心平气和的心理状态作为客观地认识事物的条件。认为人在心烦意乱时，心无法控制感官发挥主宰的作用。只有心境安宁，才能心思神明。还认为，内心宁静则能形貌端正，神智清醒，才能使精气更好地发挥作用。"正形饰德，万物毕得"，内心宁静是智慧发挥的最好心境。所以，道家把内心宁静作为修道之根本。

从深一层次看，宁静是道家的理想（也是儒家的理想，但两者思想中存在重要的差别），道家认为宁静是已"复性"（按照人的天性的重要方面行事）的人在心理状态上的主要表现。这个观点可能是出于这样的信念——在偏离本性的状况出现以前，宁静是人之初的心态，新生儿尚未涉足外界事物，他是宁静的。对道家来说，通往"宁静"之路的过程，意味着回归到生之起源的道，也可说是顺应自然的过程，因为人由道而生，道性宁静，其所生的人也当是宁静，但人出生后，由于生命的进行是在动境，不得宁静，人要取得内心宁静的自由，必须摆脱外界现象的干扰。所以要修心返道，静息于道，才能恢复其宁静的天性。人在世时要达到宁静，就不要对事物作判断或者评价，对事物好坏的看法产生了欲望与厌恶，使人们陷于令人烦恼的外部世界，停止评判，就能终止连锁反应所带来的不安宁。圣人既不欢迎也不反对任何事物，平静地接受所有的境遇，因为他的内心犹如一面宁静的镜子。

道家不容纳私，私违反自然法则，与无为之道相悖。《淮南子·修务训》认为："所谓无为者，私志不得入公道，嗜欲不得枉正术，循理而举事，因资而立功，权自然之势，而曲故（巧诈）不得容者。"《庄子·应帝王》也说："顺物自然，而无容私焉，而天下治矣。"因为君王个人的私心也是乱政的一大原因,如争夺之风、奢侈之风、烦苛之征、纷扰之政,无一不是由于君王的私心,必须先消除私意,然后才可归复于无为。所以作者谴责道:"私者,乱天下者也。"君王应当不以私情临物,不以私意处事。道家相信顺乎自然的行为,是把自我与某一更伟大或更智慧的实体统一起来的做法,"无私"是这种统一状态的特征。所以圣人与天地精神相往来,自身的精气与天地自然之气相联而得以交流,气包容万物,统一于气的内心宁静而无私,它能够接纳万物。

专于意,一于心,耳目端,知远之证。能专乎?能一乎?能毋卜筮知凶吉乎①?能止乎?能已乎?能毋问于人而自得之于己乎?故曰思之。思之不得,鬼神教之。非鬼神之力也,其精气之极也。一气能变曰精,一事能变曰智,募选者所以等事也②,极变者所以应物也。募选而不乱,极变而不烦。执一之君子执一而不失,能君万物③,日月之与同光,天地之与同理。

【今译】

一心一意,耳目端正,就对事物无有不知。能专心吗?能一意吗?能做到不用占卜而知吉凶吗?能做到要停就停吗?能做到要完就完吗?能做到不求于人而只靠自己解决问题吗?所以说,一定要进行思考。思考不得,鬼神将会加以教导。这不是鬼神的力量,而是精气的最高作用,即鬼神为天地二气之灵。气一于心,则心不为气使而气为心变,就叫作"精";接应于事,则事虽万变,而心自持其不变以应之,就叫作"智"。广求而加以选择,仅是给事物分分等类;善于变化是为了适应事物特点。广加选择而不陷于混乱,善于变化而不陷于烦扰。坚持专一的君子,坚持专一就能统率万物,日月与之同光,天地与之共理了。

【注释】

①卜筮:古时占卜,用龟甲称卜,用蓍草称筮,合称卜筮。此处"能专乎,能一乎,能毋卜筮而知凶吉乎"乃强调"专心一意"在认识事物上的巨大作用。　②募:原文为"慕",据《管子集校》改。募选:谓广求而加以选择。下同。　③君:君临,统治,此处引申为掌握或明察。

【评析】

"执一之君子执一而不失,能君万物。""执一"是什么意思?其中"一"又是指什么?按作者的思想,这个"一"是精气,是道。它是万物的本原,有它才有万物。所以,"一"是整体,是事物的共相、统一性,"一"相对于"多"而言,德和物、形和名是部分、个体,是事物的特殊性。"执一"就是掌握了道。具体分析,"执一"有两层意思。第一,从认识论讲,强调专心一意,集中精力去认识和思考,不要使注意力有所分散。作者认为人在专心的时候,耳目感官能在心的统辖之下发挥最大效用,"专于意,一于心,耳目端,知远之证",集中精力思考一个问题,精气活动会进入最佳状态,也会得到最佳的思维效果。第二,"执一"除了专心一意的意思外,还指得道,得道的君子心意没有偏颇,始终坚守治国之道,不被外物诱惑而失职,不被小利所动,不被赞誉所迷,内心所想的只有治国之事。如果心意不专,被外界花花世界所诱惑,必然脱离治国之道,亡国殒身。

"执一而不失,能君万物",作者这种思想,在他那个时代并不孤独。如《吕氏春秋·有度》篇记载:"先王不能尽知,执一而万物治。"君王对具体事物不可能都了解,但是"执一",即掌握了全部真理,就能以不变应万变,就能治理万物。又如《荀子·解蔽》说:"虚壹而静,谓之大清明。万物莫形而不见,莫见而不论,莫论而失位。坐于室而见四海,处于今而论久远,疏观万物而知其情,参稽治乱而通其度,经纬天地而材官万物,制割大理而宇宙里矣。"作者讲"执一",荀子讲达到"大清明",都是同一境界,达到这一境界,就同天地日月一样,什么都能看见,都能了解,都能治理,能够制裁万物,超越一切。所以,说到底,"一"就是"内圣外王之道"。他们的说法反映了在当时思想界存在着强烈的统一愿望。人们苦于长期战乱,渴望天下统一,思想家们站在时代的前沿,他们按自己的理想为社会塑造完美的圣王,并虔诚地期待这样的圣王来统一天下,治理天下。"内圣外王"虽然是一种政治理想,但它确实反映了当时社会需要具有大智大能的君王出来治理的要求。

圣人裁物①,不为物使。心安是国安也②,心治是国治也。治也者心也,安也者心也。治心在于中,治言出于口,治事加于民,故功作而民从③,则百姓治矣。所以操者非刑也,所以危者非怒也。民人操,百姓治,道其本至也。至不至无④,非所人而乱。凡在有司执制者之制⑤,非道也。圣人之道,若存若亡,援而用之,殁世不亡。与时变而不化⑥,应物而不移,日用之而不化⑦。

【今译】

圣人裁定事物,不为事物所控制。内心安静,国家也安定,内心修养好,国家也治理好。治理在于内心,安定也在于内心。体内有一颗修养好的心,口中说出的就是"治言",加于百姓就是"治事",故而事业有成而百姓顺服,百姓就算治理好了。用来管理百姓的不应当是刑罚,用来威胁百姓的不应当是暴躁。管理人民,治理百姓,道是最根本的。道,最广大又最虚无,不是人能够破坏它的。凡在官府各部门所实行的制度办法,这不是道。圣人的道,若有若无,使用它,永世也用不完。它帮助时世变化,而自己并不改变;面对万物发展,而自己并不变动。人们天天使用它都不会有所损耗。

【注释】

① 裁物:裁定或制裁。　② 心安:内心安静或虚静。　③ 功作:

功指事业,作指振作。 ④ 不:读为"丕",广大,巨大。"至不至无",言道之为物,最广大又最虚无。 ⑤ 制:原文为"利",据《管子集校》改。 ⑥ 与:通"予",给予,帮助。 ⑦ 化:据《管子集校》说应作"伤",译文从"伤",指损耗言。

【评析】

上面讲到修道的两个方面:"正形饰德","执一而不失",换言之,内心宁静,专心一意。这既是人在认识事物时主观方面应具备的两个条件,也是指修身应该达到的两种心理境界。但它不是普通人所能够达到的境界。道家讲宁静,象征那个境界的空灵与幽寂,讲专一,形容那个境界"忘我""无我"的程度。所以,这是超凡入圣的境界。到了这样的程度,圣人在治理国家时,遵道以动,放德而行,则人民顺风而化,不需要法律的制裁,语言行为皆自然合符于理。圣王无刑罚苛政之事,则民间无劳役悲苦之人。百姓安居,四民乐业。所以不见圣王为而事成,不见圣王治而功立。圣王的道,望之不见,用而不尽,永远不会消耗殆尽。这是修道的用。

本文都是讲修道的体与用,即"内圣外王之道",再现道家无为而治的思想宗旨。

人能正静者,筋肕而骨强①,能戴者大圆②,体乎大方,镜者大清,视乎大明。正静不失,日新其德,昭知天下,通于四极。全心在中不可匿③,外见于形容,可知于颜色。善气迎人,亲如弟兄;恶气迎人,害于戈兵。不言之言,闻于雷鼓。全心之形,明于日月,察于父母。昔者明王之爱天下,故天下可附;暴王之恶天下,故天下可离。故赏之不足以为爱④,刑之不足以为恶。赏者爱之末也,刑者恶之末也。凡民之生也,必以正平⑤。所以失之者,必以喜乐哀怒。节怒莫若乐,节乐莫若礼,守礼莫若敬。外敬而内静者,必反其性⑥。岂无利事哉?我无利心。岂无安处哉?我无安心。心之中又有心⑦,意以先言⑧,意然后形,形然后思,思然后知。凡心之形,过知失生。是故内聚以为泉原⑨。泉之不竭,表里遂通;泉之不涸,四支坚固。能令用之,被及四固⑩。是故圣人一言解之⑪,上察于天,下察于地⑫。

【今译】

人如果达到正静的境界,身体就坚韧而骨强,能顶天立地,目视虚空,观察如同日月。只要不失去正静,则德行将与日俱新,且能遍知天下四极。体内完整的心是不可能掩饰的,这将表现在形容上,也能在颜色上看得出来。善气迎人,相亲如同兄弟;恶气迎人,相害如同刀刃。这种不用言说的语言,比惊雷击鼓更响彻与震耳。具有完整的内心的形体,比日月更明亮,体察事情胜过父母对子女的了解。从前,明君施爱于天下,故天下归附;暴君施恶于天下,故天下叛离。所以,赏赐不足以代表爱,刑罚不足以代表厌恶。赏与罚都不过是爱与恶的微末表现而已。人的生命,必定要依靠中正和平。其所以失去正平,皆由于喜乐哀怒的原故。制止怒气最好的方法是欣赏音乐,节制快乐最好的方法是遵守礼仪,遵守礼仪最好的方法是保持敬慎。外敬慎而内虚静,那就必定能恢复其平正之性。怎能说没有好事呢?只怕自己没有好心;怎能说没有安宁之处呢?只怕是自己没有安宁之心。心之中又有心,这个心先生意识,再说出话来,因为有了意识后才有具体的形象,有了具体形象后能据以思索,经过思索然后才有了知识。大凡心的形体,知识过多则失其生机。因此,内部的聚集才是泉源,泉源不枯竭,表里就能通达;泉源不干枯,四肢就能坚固。能使人们运用这个道理,就有益于四面八方了。因此,圣人对于道用一句话解释,就是能上通于天,下达于地。

【注释】

①朋:通"韧",强韧。 ②戴者大圆:原文为"戴大圆者",据《管子集校》改。者,同"诸",此即读作"戴诸大圆"。大圆指天,下文"大方"指地。下句之大清指虚空,大明指日月。 ③全:原文为"金",据《内业》"全心在中不可蔽匿"改。下"全心之形"同。全心:指健全、完整的心。 ④赏:原文为"货",形近致误。赏与刑为对文,据文意改。《内业》:"赏不足以劝善,刑不足以惩过",下文"赏者爱之末也",皆是其证。 ⑤正平:原文"平"误为"乎",据《管子集校》改。中正平和:是内心虚静不受外物烦扰的一种表现。 ⑥反其性:反,指恢复,承上文"失"字言。性,指平正。 ⑦心之中又有心:前"心"指心,后"心"指神或精气。《心术上》:"虚其欲,神将入舍",意即心为神舍,神乃心中之心。《内业》:"定心在中,可以为精舍",直接以心为精舍,精乃心中之心。凡此皆强调精气的根本作用。 ⑧意:意识。意以先言:谓意识在语言之先。 ⑨泉:原文无。据《内业》"内藏以为泉原"补。下两"泉"字正承此。此处"内聚以为泉原",指精气言。上节谈"心之中又有心"即指精气,两者前后相照。《内业》直接指出:"精存自生,其外安荣,内藏以为泉原。" ⑩被及四圉:原文为"被服四固",据《管子集校》改。圉,假为"圉",指边疆言。《内业》谓:"乃能穷天地,被四海",义与此同。 ⑪一言解之:指道而言。《内业》:"道满天下,普在民所,民不能知也。一言之解,上察于天,下极于地。"即其旁证。 ⑫察:古与"际"声同意通,即际遇或到达之意。

【评析】

这段重复叮咛,无论是养生之用还是修道之用,务必切记两点。第一,保持与延长生命的方法,就是保持自己的"形"中所已有的"精"不要失去,维持"精"与"形"的"和",并且还要争取吸收更多身外的精气,集中在自己的心中。这个"精",作者称其为"心之中又有心",能够"执静"(《内业》)、"制窍"(《心术上》)、"治国"(本篇),等等,这样自己的生命力就可以更加丰富,自己的聪明智慧就可以更高更大。但是注意,"知"要止于"和",作者不反对学习知识与思考,但不能过度,任何东西的某些性质如果向极端发展,这些性质一定转变成它们的反面,这是道家一贯思想。知识也不例外。知识本身也是欲望的对象,它也使人能够对于欲望的对象知道得多些,以此作为手段去取得这些对象,它既是欲望的主人,又是欲望的奴隶。随着知识的积累,人们就不再安心于知足、知止的地位了。所以说"过知失生"。

第二,具有正和静的境界,这是圣人的境界。"正静"是"王"所必备的资质,一个人如果不能首先"内圣",就不能"外王",到达"圣"的地位的人应当被选作王,"内圣外王"这个短语,首次出现于《庄子·天下》篇,它开始象征古人对这一时代"圣"和"王"的双重理想。前面讲过,儒家所谓"圣王",是道德修养最完善的人;道家的"圣王",是理解"道"、服从"道"的楷模,"无为"是其治世的特征。但事物有相对性,作者亦并不排斥君王治国时,使用赏赐与刑罚的做法,虽然应以省略为上,说明法治并不是和作者的政治理想完全相反,同时,作者还认为,能使天下人归顺的典范,是唐尧、虞舜那些圣帝明王,表现出作者更赞赏王道精神的倾向。

总而言之,精气是人的生命本原与泉源,泉源越充沛,生命越旺盛。"和"是"气"的性质,气如此空虚而又环绕一切,不与任何物体发生冲突,"和"这个性质在于为人们的行为树立了榜样——适应与容纳一切。掌握此理,就能神通天地,智遍万物。

十六、白　　心

【解题】

《白心》是一篇作者表白其养心应物的哲学论文。主要内容是阐述"无为而治"的理论。文章开篇就强调要"建常立有",也是本文的主题,即要人们随顺自然规律,处理事务要符合天道人心,而不要人为、任意地去作任何努力。作者认为做到"建常立有",应该以三者为基础,第一要以虚静为本,即修养内心,做到心中没有主观成见,也没有从感情出发的要求,平心静气地观察万物,以发现其自然的规律。这样,就能以"虚"制"实",以"静"制"动"。第二是从时为贵,"时",犹表示自然的规律,随天随人,就是合乎时宜。因此,人的行为不要与自然、自发相反,必须限制在"自然的"范围以内,绝不可以过度。第三是守正养和,认为办任何事情都要不偏不倚,不要过多人为,也不要过少人为,任何事物走到极端,就要转向反面,这是一条自然规律,所以要保持"正",从而达到调和的境界。

建常立有①,以靖为宗②,以时为宝③,以政为仪④,和则能久⑤。非吾仪,虽利不为;非吾常,虽利不行;非吾道,虽利不取。上之随天,其次随人。人不倡不和⑥,天不始不随。故其言也不废,其事也不堕⑦。

【今译】

　　遵循自然的规律,应以虚静为本,以合乎时宜为贵,以正确不偏为准则,这三者协和,就能持久不败。不合我的准则,虽有利也不做;不合我的常规,虽有利也不推行;不合我的常道,虽有利也不采用。首先顺应天道,其次顺应人心。世人不提倡的事不去应和,天不曾开创的事不去随从。所以,这样的言论不会失效,这样的事业不会失败。

【注释】

① 常:指不变或是有定规的东西。原文为"当",据《管子集校》改。下"非吾常"同。有:指存在、发生。 ② 靖:通"静",虚静。 ③ 时:时宜。宝:指宝贵。"以时为宝",指以合乎时宜为贵。 ④ 政:通"正",正确,指不偏不倚。 ⑤ 和:协调、和顺。 ⑥ 不倡不和:言无人首倡者不应和。和,读为唱和之和。 ⑦ 堕:失败。原文为"随",据《管子集校》改。

【评析】

这一篇是继续论述将天地自然的法则,引申应用到人世间的治国的道理,即对"无为而治"理论的再发挥与补充。首句"建常立有",开宗明义,"常""有"是道家的主要观念,简单地讲,"常"就是不变,虽然万物都永远可变、在变,可是万物变化所遵循的规律本身不变,"有"是天地万物所以成的规律,"建常立有"四个字的意思,就是要认识与顺应自然的规律。"以靖为宗,以时为宝,以政为仪",实际都是静因之道的内容。本篇的基本看法,在《心术上》篇中已有论述,但此段中有一个要点,还须我们特别注意,那便是"上之随天,其次随人,人不倡不和,天不始不随"。

春秋战国时期,是一个社会形态改变的大动乱的时期,王室衰微,每个国家的诸侯,都想要称王称帝,达到独霸天下的目的。这是一场实力的较量,而"实力"究竟决定于什么,引起思想家们的关注和思考。实际上,实力的大小强弱,最终取决于经济力量和民众力量这两个基本因素,尤其在连续的战争中和动荡的政治生活中,民众的态度起着决定性的作用。

思想家已经看到这一点。《老子》认为民众是不能忽视的存在力量，如果政府不去治理与引导民众，社会上百姓争斗，盗贼群起，物欲横流的混乱局面就不能改变，所以，政府要千方百计管理好民众，他提出"不尚贤，使民不争；不贵难得之货，使民不为盗；不见可欲，使民心不乱"（《老子》第三章）的主张，要求民众规规矩矩，老老实实，这样就容易治理，容易治理国家就安全，君主的地位就尊崇。

这里先说明一下，在秦汉之前的书籍中，"人"与"民"这两个字的含义是一样的。它包括两层意思，一是解释为"老百姓"，如"大决所犯，伤人必多"（《左传》襄公三十一年），又如"民惟邦本"（《尚书·五子之歌》），"民为贵，社稷次之，君为轻"（《孟子·尽心下》）。二是解释为现代语中"全人类"的意思，如"惟人万物之灵"（《尚书·泰誓上》），又如"困而不学，民斯为下矣"（《论语·季氏》），原因是那个时候，一方面词汇尚不丰富，每有转注及假借的用法；另一方面，地理知识狭窄，认为天下（这个天下，就是我们今天说的世界）就是中国，统一中国，就是统一天下，"民"或"人"也就是代表天下所有人的代号。古代中国知识分子，开始察知世界地理文化的状况，要到16世纪末，西方传教士东来传教，并介绍西方科技文化。

作者把"人"的位置几乎摆到与"天"平齐，他说："上之随天，其次随人。人不倡不和，天不始不随。"天道、人心，缺一不可。"天"在古代中国人心目中是非常伟大的，道家、儒家都推崇天，孔子赞美帝尧，认为他的伟大几乎无法用文字来形容，他说："大哉！尧之为君也，巍巍乎！唯天为大，唯尧则之。"（《论语·泰伯》）伟大的尧，他的道德成就有如天一样崇高伟大。可见，天是世间最伟大的，天的伟大不在于天的空间大，而在于天生万物，只有施出，不求回报，道家教世人效法天地，就在于这种大公无私的精神，儒家同样有这种思想，所以孔子说尧与天一样伟大。作者高度肯定民众的力量，显然，他比《老子》更深刻认识到民众的威力所在。这种力量是君主治国的基础，如果君主舍弃民众，去做民众不提倡的事，就会失掉统治基础，因此君主的举措，都要考虑顺应民心,以民众为本。

荀子与《管子》作者一样,重视民众的力量。但荀子是位性恶论者,认为人的本性是恶的,需要"化性起伪"(《荀子·性恶》),即用人为(即伪)的礼义,来改造掉本性的恶。所以他看待问题的视角,往往从负面切入。他用生动的比喻告诫君主:"君者舟也,庶人者水也,水则载舟,水则覆舟。"(《荀子·王制》)君主好比船,百姓如同水,水能够载船,也能够翻船,所以君主要重视礼,否则民众的"恶"性发作,就有翻船的危险。反面的警告更为深刻,在古代中国历史上,荀子这句话一直被封建君主奉为圭臬,成为警世名言。

孟子跟荀子相反,他认为人的本性是善良的,君主应以仁爱之心对待百姓,他甚至把民众的位置放在君主之先,说:"民为贵,社稷次之,君为轻。"(《孟子·尽心下》)当然,这句话实际上是为了让君主重视民众而说的,但对君主专制而言,毕竟十分大胆与刺激。他认为,君臣关系是相互的、对应的,不是臣依附君,他说:"君之视臣如手足,则臣视君如腹心;君之视臣如犬马,则臣视君如国人;君之视臣如土芥,则臣视君如寇雠。"(《孟子·离娄下》)君主看待臣下如同手足,臣下就把君主看作自己的知己;君主把臣下看成狗马一样,臣下就把君主看作陌生人;君主把臣下看成土块、草芥,臣下就把君主看作仇敌。人格平等——这个孟子的主张,到了现代也是正确的。可是在当时,孟子的想法太超前了。所以,他以此主张到处游说各国诸侯,但是没有人听从他的主张。

作者的民本思想不如荀子更符合统治者的需要,但比荀子更为卓越,它不是消极地看到民众能载舟、覆舟的力量,而是强调君主要积极地因民之力,建立功业,以及强调利民的一面,因而,它更具有启发和鼓励民众为建立理想的社会而奋斗的意义,这点又与孟子的仁政思想接近。

原始计实①,本其所生②。知其象则索其形,缘其理则知其情,索其端则知其名。故苞物众者③,莫大于天地;化物多者④,莫多于日月;民之所急,莫急于水火。然而,天不为一物枉其时,明君圣人亦不为一人枉其法。天行其所行而万物被其利,圣人亦行其所行而百姓被其利。是故万物均、百姓平矣⑤。是以圣人之治也,静身以待之,物至而名自治之⑥。正名自治之,奇名自废⑦。名正法备,则圣人无事。不可常居也⑧,不可废舍也⑨,随变断事也,知时以为度⑩。大者宽,小者局⑪,物有所余,有所不足。

【今译】
　　察究事物的来源,探索事物的实质,由此了解事物生成的根源。了解现象就能查索形体,考究道理就能掌握实情,找到事物的始末,就知道应该给它什么名称了。包藏广泛物类的,莫大于天地;化育繁多物类的,莫多于日月;人们生活急需的,莫过于水火。然而上天不会因某一种物的需要而错行它的节令,明君圣人也不会因某一个人的需要而错行他的法度。天按照它的自然规律运行,万物就受益于天;圣人按照他的法度行事,百姓就受益于圣人。因此,万物平衡,百姓安宁。所以圣人治世,总是安静地对待事物。事物一到,就实至名归地自然去治理它,正确的名称自然治理得好,不正确的名称自然会被淘汰,只要名称正确、法度完备,圣人就安坐无事。名称与法度不可一成不变,也不可没有稳定,要按照变化来判断事物,了解时宜,确定法度。法度过大则宽松,过小则局促,而万物发展又是不平衡的,有的多些,有的少些。

【注释】
　　① 原:察究,追索。　② 本:根本,根据,在此作动词用。本其所生:即了解其生成根据。　③ 苞:通"包"。苞物众:言包藏物类众多。　④ 化:化育,化生。　⑤ 百姓平:指百姓平定安顺。原文为"既夸众",

因文字蚀坏致误。据《管子集校》改。 ⑥ 名:指名称,名分。 ⑦ 奇名自废:奇读为"畸"。此言不正之名自被淘汰。原文为"奇身名废",语意不通,据文意改。 ⑧ 居:固定,停留。此处"常居",指拘文牵义,固执不变。 ⑨ 舍:停留,休止。废舍:意指没有稳定。 ⑩ 知时:了解时宜。 ⑪ 局:限制,局促。

【评析】

对于"名"的问题,也是作者反复提到的。《心术上》篇说:"物固有形,形固有名,名当谓之圣人。"本段又说:"静身以待之,物至而名自治之。正名自治之,奇名自废。名正法变,则圣人无事。"春秋战国时期,"名"的争辩非常激烈,因为"名"是君主用来统治的工具。各家学派对"名"都有自己的见解。道家提出以"实"定"名",儒家提出"名以制义"。在公元前5世纪到公元前3世纪,道家和儒家不过是争鸣的许多家中的两家,但经过长期演变,它们成为中国思想的主流,所以我们有必要了解道家和儒家对"名"的看法。

儒家所谓的"名"的概念,并不是对现实的反映,所谓"正名",也不是指概念要正确地反映客观现实,而是"名以制义",用主观所谓宜的概念以制定事宜或物宜,由主观的宜以定礼,再以礼施政,以政正民,实际就是以主观的名,决定客观的实。在周代以来的社会里,"名"与"位"、与"礼"有密切联系,有什么名,就有什么位,有什么位,就有什么礼,等级森严,不可逾越,以定尊卑上下。在社会生活的各个领域,都有明确的礼仪。所以,那是礼治的时代。这从《左传》的记载,便可以得到证明:"王命诸侯,名位不同,礼亦异数,不以礼假人。"(《左传》庄公十八年)"是以为君,慎器与名,不可以假人。"(《左传》昭公三十二年)师服说:"夫名以制义,义以出礼,礼出体政,政以正民,是以政成而民听。"(《左传》桓公二年)这些记载既说出"名"在当时社会中的作用之大,也说出了正名的理论根据。

孔子极为重"名",认为"名"足以决定一切。《左传》成公二年记载:

"卫人赏之(指新筑人仲叔于奚)以邑,辞。请曲县繁缨以朝,许之。仲尼闻之曰:'惜也,不如多与之邑。惟器与名,不可以假人,君之所司也。名以出信,信以守器,器以藏礼,礼以行义,义以生利,利以平民,政之大节也。若以假人,与人政也。政亡,则国家从之,弗可止也已。'"如果假人以名,就是假人以政。所以"名不可以假人,不如多与之邑"。在农业社会,土地是财富的根本基础,但在孔子看来,虚名比土地还来得重要。儒家的正名,意在维持周朝的名教,也就是礼教,最终是为维持周朝的社会制度。儒家学说大部分是论证周朝制度的合理性,或者是为这种社会制度作理论说明。

道家对"名"学说与儒家完全不同,这本不是道家针对儒家而发,而是对当时社会制度的不同反应。儒家的"正名说",按道家的看法,是一种"以智治国"的欺诈统治方法,《老子》说:"以智治国,国之贼;不以智治国,国之福。"因为道家要求人们依据自然规律来改造社会,实现一个合乎自然规律的理想社会。所以,对"名"的概念,道家有言:"名因物生","名止于实","物固有形,形固有名",即"名"是"物"的如实反映。用现代哲学术语说,名是主观从认识客观过程中所得来的概念,是客观在主观中的反映。

作者认为,"名"必须与"实"相符,"名"与"实"相当,即所谓"名当","名当"就是"正名",不当的是"奇名",立起"正名"来,"奇名"就自然废弃,"正名"是客观事物的内部规律的正确反映,有了"正名",人就可以驾驭万物,所以,名实相应,则"圣人无事"。这种以"名"去"应"物,名实相符,实先而名后的认识论,可以说是道家的传统,是比儒家"正名"说卓越而可贵的地方。这种思想对后世产生很大影响,韩非的"形名参同"和"循名责实"(《韩非子·扬权》)就是把道家的概念论应用在法律和政治上。

"名"应"物"而定,但"物"并非一成不变,万物有始者皆有终,事物的稳定性是有限的,由此,作者进而提出"随变断事也,知时以为度"的观点,即要随着时势的变化而认识和处理事情,要以"知时"作为"断事"的标准(度)。显然,作者看到天下无一成不变的局势,也无一成不变的法度,所以,要依据当时当地的原因和条件,因时制宜,因地制宜,措置适宜,才能合乎自然规律。所以道家贵因。司马迁在总结道家学说时说:"其术以虚无为本,以因循为用。无成势,无常形,故能究万物之情。不为物先,不为物后,故能为万物主。有法无法,因时为业;有度无度,因物与合。故曰,圣人不朽,时变是守。"又说,道家"与时迁移,应物变化,立俗施事,无所不宜"(《史记·太史公自序》)。可谓深得道家要旨。

兵之出,出于人①;其人入,入于身。兵之胜,从于適②;德之来,从于身。故曰:祥于鬼者义于人③,兵不义不可。强而骄者损其强,弱而骄者亟死亡;强而卑者信其强④,弱而卑者免于罪。是故骄之余卑,卑之余骄。

【今译】

出兵虽是打击他人,但他人反击进来,也会伤及自身。战争的胜利,虽是敌人失败,但得来这个胜利,还是出于自身的牺牲。所以说:要想得福于鬼神者必行义于人,不义之战不可发动。强国如果骄傲就有损于它的强大,弱国如果骄傲就加速它的死亡;强国谦卑就可以发展它的强大,弱国谦卑就可以免于遭到祸患。因此,骄纵的结局将是卑陋,谦卑的结局则是矜荣。

【注释】

① 人:指他人。"出于人"与"入于身"相对为文。身:指自身。两"于"字皆当"到"讲。 ② 適:通"敌",指敌人。"从于適(敌)"与"从于身"相对为文。身:指自身。从:意同由、来自。下句"德之来,从于身"之"德",通"得"。 ③ 祥于鬼:意指受祥于鬼神。 ④ 者:原文为"义",据上两句文例改。下"弱而卑者"同。信:通"伸"。信其强:意指发展其强大优势。

【评析】

春秋战国之际，诸侯纷争，攫掠平民百姓的生命财产、子女玉帛，割地称雄，残民以逞，战乱的苦难成为常态，特别当时的兼并战争，所谓"春秋无义战"，都是为了国君一己之私，更为广大民众所痛恨。所以，虽然战争持续不断，但反对战争的呼声从未停止过，思想家们奔走疾呼，提出种种偃兵的学说和方案，偃兵，也称弭兵，意即止息战争。

墨子提出"非攻"，即反对发动战争的一方，支持被攻击的一方，企图以此止息战争。《老子》也反对战争，它说："兵者不祥之器"，"师之所处，荆棘生焉；大军之后，必有凶年"，主张"天下有道，却走马以粪"（分见《老子》第三十一章、三十章、四十六章），认为战争会带来种种灾祸，应该把战马用于耕作，即废止战争。

这些说法都被历史所否定，事实证明，在当时条件下，弭兵只是空想，统一全国，才能结束战争，已成为历史潮流。

孟子意识到这一点，他说："天下乌乎定？曰定于一。"他主张实行仁政，认为那样老百姓就会纷纷归顺，达到统一天下的目的。可惜这种主张迂阔有余而不切实情。法家也主张统一天下，他们提倡耕战，主张纯用武力，甚至以首级计功。

作者否定战争，尤其反对不义的战争，即使战争胜利了，想到的不是胜利的喜悦，而是所付出的沉重代价：死难者无处安魂，孤寡者无处安身，流离失所者无处安居，战争的创伤难以医治，荒芜的农田需要恢复。但是战争是困扰人类的罪恶，自古以来，人们向往和平，却无法摆脱战争，作者希望天下太平，反对战争，无疑是正确的。但是，在战争不可避免的情况下，怎么办？作者提出"兵不义不可"的义兵思想，即站在正义的一方。战争的胜败取决于诸多因素，作者认为根本的因素是义，义不仅关系到战争的胜败，而且关系到治乱安危，即关系到战争胜利之后国家是否稳定、能否发展。不义的战争不合乎天道，也必然违背人心，所以要示民以义，从用兵之前到用兵的过程都要考虑顺应天道、人心的问题，作者明确而含蓄地表达出他不同意纯恃武力征服天下的主张。

战争是政治的延续,也可以说,战争就是政治,为何而战以及如何进行战争,每一环节都是政治。作者没有对此展开论述,然而,作者十分重视强国与弱国的政治问题,胜利了的国家不一定就能发展它的强大,合于用兵之道的人,目的达到就行,不逞强好胜,不耀武扬威,胜利了却表现出不得已而战,却能尊重被征服民族,不蔑视他们、污辱他们、奴役他们,而以谦卑之心对待他们,这样才不至于结怨太深,不把自己的胜利推向极端,极端是衰亡的开始。反过来,这个道理也相应适用于弱国。

道者,一人用之,不闻有余;天下行之,不闻不足。此谓道矣。小取焉则小得福,大取焉则大得福,尽行之而天下服,殊无取焉则民反,其身不免于贼①。左者,出者也②;右者,入者也。出者而不伤人,入者自伤也。不日不月③,而事以从;不卜不筮,而谨知吉凶。是谓宽乎形,徒居而致名。云善之言④,为善之事,事成而顾反无名⑤。能者无名⑥,从事无事。审量出入⑦,而观物所载。孰能治无治乎⑧?始无始乎?终无终乎?弱无弱乎?故曰:美哉帗帗⑨。故曰:不中有中⑩,孰能得夫中之衷乎?故曰:功成者堕,名成者亏。故曰:孰能弃名与功而还与众人同?孰能弃功与名而还反无成?无成有贵其成也,有成贵其无成也。日极则仄,月满则亏。极之徒仄,满之徒亏,巨之徒灭。孰能亡己乎⑪?效夫天地之纪。

【今译】

道,一个人使用它,没听说有余;天下人都来行道,也没有听说不足。这就叫作道。稍稍地按道行事,就稍得其福;大行之,就大得其福;完全按道行事,就得到天下信服;完全不按道行事,则人民反抗,其身不免受害。左方主出生,右方主死伤,主生不伤人,死伤自然会害人。不用选择良辰吉日,依道行事就能如愿以偿;不用求神问卜,依道行事就能懂得吉凶。这称作身心舒适,安坐而得名。说好话,做好事,事后仍还复到无名的状态。有才能的人往往不求出名,真做事的人往往显得无事。审量政令的出入,要根据事物的实际承担能力行事。如何能做到治国而又不用动手去治理?开辟了事业而不曾动手开辟过?完成了事业而不曾动手完成过?削弱了敌对而不曾动手削弱过他们?谁做到这样,才是壮美高深。所以说,不动手举事之中反而可保持中正,谁能领会这个中正的深奥道理呢?所以功成则要下降,名就则要亏损。所以,如何做到放弃功名而做普通人?如何做到放弃功名而回到原地?无成就者看重成就,有成就者重视无成就的本色。太阳到达最高点就开始偏斜,月亮到了盈满之后就开始亏缺。最高的要走向偏斜,最满的要走向亏缺,巨大的就要走向死亡。谁能忘记自己呢?效法天地自然之法吧。

【注释】

① 贼:伤害。 ② 出:似指出生而言。"左者,出者也",尹注:"左为阳,阳为生,故为出也。"下文"右者,入者也",尹注:"右为阴,阴主死,故为入也。"依此,似谓左生而右死。入:指死亡。 ③ 不日不月:意即不用选择好时辰或良辰吉日。 ④ 云:原文为"去",据《管子集校》改。 ⑤ 顾:意同"还"。 ⑥ 无名:原文为"无囗",据《管子集校》改。"能者无名,从事无事",《管子集校》注:"深能其事者必不求名,然其从事,安然闲暇,若无事然也。" ⑦ 出入:疑引申上文左出右入之义,用指于政令之出入。 ⑧ 治无治:原文为"法无法",据《管子集校》改。按此处"治无治"即无为而治之用意。治,指治国。无治,指不需亲自操劳治理。下数语之读法相同。 ⑨ 弗(fú)弗:兴起貌。 ⑩ 不中有中:中,指不偏不斜。古人以中为最佳状态,过与不及,皆不如中。后文谓"若左若右,正中而已矣",涵义皆类似。原文为"有中有

中",按《管子集校》改前"有"字为"不"字。　⑪亡己:意同"忘己", "亡"同"忘"。原文为"己无己",据《管子集校》改。

【评析】

本段作者重申篇首"建常"之义,指出万物变化所遵循的规律中最根本的是"物极必反"。这不是作者的原话,它是中国的成语,出自《鹖冠子·环流》:"物极则反,命曰环流",它的思想无疑是来自道家。

这构成一条自然规律,普遍存在于自然和人事中。在天象为"日极则仄,月满则亏",在生物为"物壮则老,木强则折",在名利为"少则得,多则惑",在感情为"乐极生悲",所有这些道家的矛盾的说法,只要理解了自然的基本规律,就再也不是矛盾的事。它体现了道家强调对立面转化的观点。

如果我们仔细观察天道,日月经天,昼出夜没,夜出昼没,春夏秋冬,来去往复,都是很自然的现象。草木花果,都是默默无言完成了它的生命任务,悄然逝去,了无留痕。动物世界,生生不息,一代交替一代,到时寂然退出生命的行列。可见天下事物,相因而变,推陈出新,此为自然之理。这个道理应用在人世间,提示人们处事不可坐待事物走向极端,这样必然招致失败或趋于死亡,而应当在事物未至其极时而自己先行变化。

如果有人提问:"极端"一词是什么意思?任何事物的发展,是不是有一个绝对的界限,超过了它就是到了极端?本篇中没有问这样的问题,因而也没有作出回答,但是如果真有此问,作者也许会回答说:划不出这样的绝对界线,可以适合一切事物。就人的活动而论,一个人进取的极限是相对于他的主观感觉而存在。以英国科学家艾萨克·牛顿为例,尽管他在物理学中取得伟大成就,但他认为他的物理知识,犹如一个在海边玩耍的小孩所知大海的知识,距离前进的极限仍然很远。相反的例子,一个刚刚学完物理教科书的学生,如果感觉到凡是科学所知道的他都已经知道了,那他的学问一定会后退而不再进步。《管子》说:"强而骄者损其强,弱而骄者亟死亡。"骄,是人进步到了极端界限的标志。骄,是人首先应该避免的事。

人的活动也相对于客观环境而有极限。如一个人应当只吃适量的食物,吃得太多,本来对身体有益的东西也变成有害的东西。这个适量,要根据此人的年龄以及所吃的食物的质量来定。作者又说:"云善之言,为善之事,事成而顾反无名。"做好事情,达到目的就止,如果物欲过盛,贪恋功名,必定走向反面,"功成者堕,名成者亏"。

这都是事物变化所遵循的规律,作者把它们称作"常"。

作者警告我们:"日极则仄,月满则亏。极之徒仄,满之徒亏,巨之徒灭。"一个修道的人,应该知道自然规律,并且根据它们来指导个人行动。作者把这叫作"不中有中",人"不中有中"的通则是:"孰能治无治乎?始无始乎?终无终乎?故曰:美哉呦呦。"事情已经完成,并且做得不偏不斜,恰到好处,而自己不曾动手做过具体的事,这是通则的第一点。作者又说:"孰能弃名与功而还与众人同?孰能弃功与名而还反无成?"谦卑知足,功成身退,保持普通人的本色,这是通则的第二点。符合通则的方法,一个修道的人就做到了"无为",并达到了"无为而治"的目的。

这些学说都可以从老子的"反者道之动"这个总学说演绎出来,作者所重申的"无为",也可以从这个总学说演绎出来。"无为"的意义,并不是完全无所作为,它只是要为得少一些,不要违反自然地任意为之。

这种学说在中国历史上影响甚广,它还为儒家的中庸之道提供了主要论据。"毋太过"历来是道、儒的格言,因为照两家所说,太过和做得太多,就有适得其反的危险。

因此,凡事都要留有余地。治国如此,治家也如此,在家庭中,父母、兄弟、姐妹、夫妻之间,也要留一点距离,才会有吸引力,有美感,才更觉得感情深长。

其实,现在注意修养功夫的人很多,为什么功夫都不到家?就因为违反了"极之徒仄,满之徒亏"的原则,而都在求极、求满,有了功名、财富,下意识便希求更多。所以,最难的还是在能否明白"极之徒仄,满之徒亏"的道理。如果真把握住了这个原则,自然功夫到家,受益无穷。

人言善亦勿听,人言恶亦勿听。持而待之,空然勿两之①,淑然自清。无以旁言为事成,察而征之,无听辩,万物归之,美恶乃自见。

【今译】

别人说好,不要轻易相信,说不好,也不要轻易相信。保留自己的看法,不以别人的言说而混乱事物本来的清明。不要把道听途说当作事实,要兼听并观,不听信巧辩,将万物归在一起相互比较,美恶就掩盖不住,自然显现出来了。

【注释】

① 两:本意为匹偶,此处引申为匹敌或对抗。"空然勿两之",意指听其自然,不与其进行对抗。

【评析】

一个修道的人,也不能偏信盲从。俗语曰:"耳听是虚,眼见为实",作者提醒我们,不论听到的言辞如何美好,或者相反,都不要轻易去相信。比如,有的人见闻广博,又能说会道,很像真正通达事理,遇到这种情况,一般人容易偏听而受其迷惑。又如,人与人之间相互怨憎而诽谤和相互爱护的称誉,如果不小心明辨,是很难判断出是非曲直的。再如传闻,一传十,十传百,最终可以把白说成黑的,黑的说成白的。《吕氏春秋》中记有这样一个例子:宋国有个姓丁的,家里没有井,经常要一个人去外面打水。后来在家挖了一口井,不再一个人出外打水了,他告诉别人说,我挖井"得一人"。于是有人传言说,丁某挖井挖出一个人,大家都当奇事谈论。国君听到后,专门派人去问丁某,丁某说,我说的挖井得一人,是指多得到一个人使唤,不是说挖出一个人呀!可见传闻的荒谬确实让人吃惊。

那么如何辨别这些传闻,而去正确认识客观事物呢?作者的答复是:"察而征之,无听辩,万物归之,美恶乃自见。"兼听并观,即不听巧辩,注重事实,具体的办法是对事情进行相互比较,真相就必然显现出来。比较的方法,至今也还是人们认识与研究事物的主要方法。

天或维之①,地或载之。天莫之维,则天以坠矣②;地莫之载,则地以沉矣。夫天不坠,地不沉,夫或维而载之也夫!又况于人?人有治之,辟之若夫靁鼓之动也③。夫不能自摇者,夫或擂之④。夫或者何?若然者也。视则不见,听则不闻,洒乎天下满,不见其塞。集于颜色,知于肌肤,责其往来,莫知其时。薄乎其方也,韩乎其圜也,韩韩乎莫得其门⑤。故口为声也,耳为听也,目有视也,手有指也,足有履也,事物有所比也⑥。

"当生者生,当死者死",言有西有东,各死其乡⑦。置常立仪,能守贞乎⑧?当事通道⑨,能官人乎⑩?故书其恶者,言其薄者。上圣之人,口无虚习也,手无虚指也。物至而命之耳。发于名声,凝于体色,此其可谕者也。不发于名声,不凝于体色,此其不可谕者也。及至于至者,教存可也,教亡可也。故曰:济于舟者和于水矣,义于人者祥于神矣⑪。

事有适⑫,而无适,若有适;觿解⑬,不可解而后解。故善举事者,国人莫知其解。为善乎,毋提提⑭;为不善乎,将陷于刑。善不善,取信而止矣。若左若右,正中而已矣。县乎日月无已也⑮。愕愕者不以天下为忧,刺刺者不以万物为策,孰能弃剌剌而为愕愕乎?

难言宪术⑯,须同而出⑰。无益言,无损言,近可以免⑱。故曰:知何知乎?谋何谋乎?审而出者彼自来。自知曰稽⑲,知人曰济。知苟适,可为天下君⑳;内固之一,可为长久;论而用之,可以为天下王。

【今译】

  天好像有什么东西在上面系着它,地好像有什么东西在下面托着它。天如果没有东西系着它,就将坠下来了;地如果没有东西托着它,就会沉下去了。天地不坠沉,可能正是有东西系着它和托着它呢,何况于人?人也有某种力量在支配着他,就像鼓被敲击之后才发声一样,凡是自己力不从心的事情,就仿佛有种力量在推动着它们。这个仿佛存在的力量是什么呢?就是上面所讲的那东西。它是看不见听不见的,充满于天下,可是人也感觉不到它的障碍。它集中于人的肌肤,表现于人的颜色。它随时往来流转。它可以是方,也可以是圆,但是人没有抓住它的门路。口之所以能出声,耳之所以能听,眼之所以能视,手之所以能指,足之所以能踩,事物所以有许多种类,当生的生,当死的死,都是"它"的作用。

  "当生的生,当死的死",这句话说事物无论在哪里,都按其自身规律发展。建立规章、准则,能一直遵守吗?办事讲理,能保证管理好世人吗?所以,善良不在于用书面表达,厚道不在于用言语表达。最高的圣人,不说空话,不做虚事,给事物以恰当的名分就是了。有名声、有体色的事物可以言喻;无名声、无体色的事物无须言喻。对于事物最好的处理方法,则是任其自然,自存自亡。所以说,会划船的人,自然适应水性;能行义于人的,自然会得到鬼神的福佑。

  办事情的方法,是在人们尚无此法时,才被人想出来。骨锥解开绳结,也是在无法解开绳结时,才被人想出来用它。所以,善于处理事的人,非众人所能理解,做得好,不可张扬,做得不好,还将陷于刑罚。

好与不好，取信于众人就罢。左边好还是右边好？还是取正中为好。正中就能像日月悬空，永无息止。浑浑噩噩的人不会忧虑天下事务，急功苛求的人不会以统率万物为满足。然而谁愿意放弃急功苛求而成为浑浑噩噩呢？

一项法令必须合乎众人的心愿才可以宣布出来。法令之外的话不要增加，法令之内的话不要减少，只要接近众人的心愿就免于增删。所以说：论智慧，自己有何智？论谋略，自己有何谋？凡是审得人心而制定出法度政策的，百姓自会归心而来。只依照自己的心愿行事叫作"稽"（误事）；能按照他人的心愿行事叫作"济"（成事）。了解人心如能做到准确，可成为天下君主；牢记这点，便可以永久不败；研究而应用它，就可以成就天下的王业。

【注释】

① 维：系物的大绳子。本书《牧民》："国有四维。"此处做动词用，当维系或系缚讲。　② 以：通"已"。"天以坠矣""地以沉矣"，两"以"皆通"已"。　③ 靁鼓：靁，"雷"的本字。雷鼓，一种多面可以发声的大鼓。　④ 撂：古"摇"字。　⑤ 朜：音当同"敦"。此处"朜乎其圜也，朜朜乎莫得其门"，在本书《枢言》中为"沌沌乎博而圜，豚豚乎莫得其门"，似沌、豚、朜三字音义相通，皆有混混沌沌之意。　⑥ 比：当作"庇"，依赖。　⑦ 死：通"尸"，尸守，保持。乡：通"向"，方向，趋势。　⑧ 贞：通"正"。　⑨ 当事：办理事务。原文为"常事"，"常"与"當（当）"形近（篇首"建常立有"即讹为"建当立有"），据文意改。　⑩ 官：读为"管"，意指管理。　⑪ 祥于神：原文为"祥其神"，据上文"祥于鬼者义于人"改。鬼神在此，含义皆相同。古本"其"字作"于"，义长，故改。　⑫ 适：适当，正确，此处指恰当的办法。　⑬ 觿(xī)：解结之器。觿解，意指用骨锥解开绳结。　⑭ 提：通"题"。《说文》："题，显也。"提提，显示或张扬之意。　⑮ 县：同"悬"。　⑯ 宪术：法令政策。宪，指法令，本书《立政》有"布宪""行宪"，皆指此。术，指方法、策略，此处引申为政策。　⑰ 同：相同，此处指合乎众人之心。　⑱ 近：

接近。此似承上文"须同而出"言。同,指与众心相同。近,亦指与众心相近。 ⑲ 稽:留止,延迟,引申为误事。"稽"与下文"济"相对,济,指成事。 ⑳ 君:原文为"周",据《管子集校》改。

【评析】

"天或维之,地或维之",天为何不掉下来？地为何不坠下去？是有什么东西在上面系着天,不让它掉下来？是有什么东西在下面托着地,不让它坠下去？作者用一个"或"字,提出以上问题,好像这些问题并没有得到解决,而只是在猜测。其实,作者接着在下面对于"或"字,作了明确的解释。"或"这个有如此作用的东西,却又视之不见,听之不闻,到底是什么呢？这就是"道"。为什么称之为"或"呢？因为道是"虚而无形","不可名而字之"。

无形的道怎么能够系着天,托着地呢？"若然"两个字,正是回答这个问题,它的意思是说,并不真的像一个钩子那样地系着,也不真的像一个盘子那样地托着,只是比喻似乎是那种样子。作者采用一种形象的说法,来说明道和天地万物的关系,好使人们能够深刻了解道的重要作用,即天地万物都依靠着它。如果失去道,天将要坠,地将要沉,万物将要消亡。并且任何人为的努力都无法改变道的作用,圣人的伟大之处,在于顺应"道"。

道很重要,民心亦重要。这好像是鸟儿飞翔的双翅。尧禅位于舜,是顺民心；武王伐纣,也是顺民心。民众的作用绝对不能够小视,所以,作者提出顺民心"可以为天下王"的观点,王,即王道。当时是一个大动乱、大混战的时期,各国诸侯都想通过富国强兵,争当霸主,在这种客观形势下,产生了王霸之辨。"王霸"二字的主要含义,在当时是指王道与霸道。所谓王道,是指三代先王所实行的正道,它的核心即以仁义治天下,这便是仁政。所谓霸道,是指凭借武力、刑罚、权势等实行专制统治,但仍能以力假仁,霸者所实行的仁义,亦以武力为后盾。王道被作为当时人们的政治理想和治理国家的最高原则。

作者肯定王道的价值和作用。他在本书中多次提到王霸,他说:"王道非废也,而天下莫敢窥者,王者之正也。"(《管子·七法》)又说:"夫争天下者,必先争人。明大数者得人,审小计者失人。得天下之众者王,得其半者霸。"(《管子·霸言》)作者也认为,霸道与王道并非完全不相容而对立,而有相统一的方面,所以他并称为霸王。《管子·霸言》说:"霸王之形,象天则地,化人易代,创制天下,等列诸侯,宾属四海,时匡天下。"按作者的解释,所谓霸王,是指象天明,则地义,美教化,移风俗,更制度,列爵宜,宾礼四方,一正天下。他亦以王霸对称或对偶。《管子·五辅》说:"大者欲王天下,小者欲霸诸侯",以大小分王与霸。《管子·霸言》说:"夫丰国之谓霸,兼正之国之谓王",以自富其国与兼正他国分王与霸。《管子·兵法》说:"通德者王,谋得兵胜者霸",以会通道德而成与谋略用兵而胜分王与霸。总之,作者肯定王道,而不否定或反对霸道。

秦汉之前,对王霸论述最深刻与最有影响的两位思想家是孟子与荀子。孟子对长期以来给人民带来痛苦的诸侯争霸战争持深恶痛绝的态度,开始在文化观点上发生变化。由王霸并提不分,对霸道持肯定赞扬态度,而转变为王与霸对立,否定霸道。孟子认为"王"与"霸"的根本区别在于"以德"和"以力"的不同。"以力假人者霸,以德行仁者王。以力服人者,非心服也,力不赡也;以德服人者,中心悦而诚服也,如七十子之服孔子也。"(《孟子·公孙丑上》)孟子所谓"力"即暴力,法家主张对内用刑赏推行法令,对外以武力进行兼并,这都是孟子认为的"以力服人"。这些都被孟子贬为"霸道"。儒家宣扬的用礼乐教化对百姓说服教育,孟子誉之为"以德服人",称作"王道"。荀子把他理想的政治叫作王道,其次等的叫作霸道。王道的内容就是义。荀子认为,霸道也还不错,仅只是在程度上比王道还差一层,王道和霸道是一类东西,仅是走得彻底和不彻底而已。王道和霸道的不同是程度上的不同,不是种类的不同。

比较作者与孟、荀的王霸之辨,简单地说:三个人的共同看法是都肯定王道的价值,差异之处在看待霸道的作用上。有意思的是,在中国古代历史上,王霸之辨一直延续到清末,而这种同异的观点也一直延续到清末。在宋代之前,思想家虽然以王道高于霸道,但不乏对霸道的肯定与赞扬,宋以后就很少有对霸道的赞扬了。王道社会始终是人们所憧憬的理想社会。这种历史现象,生动地反映了民心的向往。

天之视而精,四辟而知请①,壤土而与生。能若夫风与波乎?唯其所欲适②。故子而代其父,曰义也,臣而代其君,曰篡也。篡何能歌?武王是也。故曰:孰能去辩与巧③,而还与众人同道?故曰:思索精者明益衰,德知修者王道狭,卧名利者写生危④,知周于六合之内者,吾知生之有为阻也。持而满之,乃其殆也。名满于天下,不若其已也。名进而身退,天之道也。满盛之国,不可以仕任;满盛之家,不可以嫁子;骄倨傲暴之人,不可与交。道之大如天,其广如地,其重如石,其轻如羽。民之所以⑤,知者寡。故曰:何道之近而莫之与能服也?弃近而就远何以费力也?故曰:欲爱吾身,先知吾情。周视六合⑥,以考内身。以此知象,乃知行情⑦。既知行情,乃知养生。左右前后,周而复所。执仪服象,敬迎来者。今夫来者,必道其道,无迁无衍⑧,乃命长久。和以反中,形性相葆⑨。一以无贰,是谓知道。将欲服之,必一其端⑩,而固其所守。责其往来,莫知其时,索之于天,与之为期,不失其期,乃能得之。故曰:吾语若大明之极,大明之明非爱⑪,人不予也。同则相从,反则相距也。吾察反相距,吾以故知同从之同也⑫。

【今译】

  天观察万物是精确的,因为四面没有障碍而看得真切,看到所有的土壤及其生物。人们能否像大自然的风与波那样顺从天意呢?就在于合乎时宜行事为贵。本来儿子继承父皇坐称天下为义,但是臣下继承君位,就叫篡。篡位怎能歌颂它呢?周武王却又是被歌颂的事例。所以说,谁能不采用诡辩与巧诈,做符合众心的事情?所以说,思考过于精细反而显得不明智,德行过于修炼反而显得不大方,拥有过多的名利反而有生存危机。智谋遍及于天地四方,过于周到者,我相信他的生机就要受到障碍。矜持而自满起来,是十分危险的事。名满天下者,不如早退。因为名进而身退,才合乎天道。极端强盛的国家,不可以去那里做官;极端强盛的家族,不可同它结亲;骄倨傲暴的人,不可同他交友。道,其大如天空,广如土地,重如石头,轻如羽毛。世人与它共处,却对它了解很少。什么是道离人很近,而世人不实行道的原故呢?道即在心,舍心而外求道,既浪费力气而又离道远。故要爱惜我们的身体,就需要先了解我们身体的实际情况。必须先观察宇宙的各方面情况,以考察我们身体的情况。考察了许多现象,才能知道我们的身体的情况。知道了这些情况以后,才能知道怎样保养我们的生命。围绕在我们身体的左右前后,周而复始,运动不息的,这就是要来到我们身体以内的精气,我们要恭恭敬敬地迎接这些"来者"。"来者"之来,是照着规律的。必须不违背这个规律,我们的生命才能长久。必须使形体和精气相互适应,相互调和,这样,精神和身体才能互相保持,不相分离。一心一意守着这个规律,这就叫知"道"。人们从开始行道,就必须一心一意,然后坚守之。要探求道,急于观察其往来之端,并不能掌握它,而可求索于天,与天互定约期。只要不失约期,就能得到"道"了。所以我的话如日月中天,像日月那样明亮没有隐蔽,只是世人不肯求索而已。与道相同则相从,与道相反则相距,我从考察反则相距的道理中,懂得了同则相从的"同"字,是个什么涵义了。

【注释】

① 辟:开辟;开阔。原文为"壁",据丁士涵说校改。请:通"情",指实情。　② 适:往,去到。　③ 辩与巧:指个人的诡辩与巧诈。　④ 写:当训忧。"卧名利者写生危",谓寝息于名利必多危险,故忧生危。　⑤ 以:意同"与",指相处。　⑥ 周视:原文为"君亲",据《管子集校》改。六合:指上下四方。　⑦ 行情:谓行使其情。　⑧ 衍:古通"延"。无迁延:谓准时,没有迁延时日。　⑨ 性:此指精气。　⑩ 必一其端:原文无"一",据《管子集校》补。　⑪ 爱:假为"薆",隐瞒。　⑫ 同从:原文为"古从",据《管子集校》改。

【评析】

作者不厌其详地说明顺应天道自然的法则,及其在人生处世上的应用。

他告诉我们:"持而满之,乃其殆也。名满于天下,不若其已也。名进而身退,天之道也。"道家的中心问题本来是全生避害,躲开人世间的危险。作者对于这个问题的回答和解决,就是如此。我们可以这样来理解作者的话。

第一,一个人能够在世上安居,必须做到谦虚、知足、柔弱。如果说骄傲是前进到了极限的标志,谦虚则相反,是极限远远没有达到的标志。知足使人不会过分,因而也不会走向极端。柔弱是保存力量因而成为刚强的方法。

第二,告诫在现实生活中的人们,如果能保持已有的功业,便是最安稳、最美好的事。若不安于现实,在满足中还要进取盈裕,那是一种冒险的行为,最终必然得不偿失。

总之,作者这个观点的关键,在于一个"持"字,一个人,可以持有一定的功业,但不能"满","满"就不能保泰,就有走向反面的危险。"持而满之,乃其殆也",作者这一句话,是对当时在位的诸侯和权臣们有感而发的,也是警省世人的名言:一个人要能够在世上安居,并能够达到他的目的,只有并且必须谨慎地生活。谦虚、知足、柔弱都是谨慎生活的方法。

同时,对于一个谨慎的人来说,爱惜自己的身体是根本。道家有一个重要理论:只有不把天下看得比生命还要重要的人,才可以把天下托付给他。《庄子·让王》篇举例说:尧感到自己治理天下有些力不从心了,便把天下让给许由,许由不接受,尧又让给子州支父,子州支父说:"让我做天子是可以的,可是现在我正患重病,需要治疗,没有功夫治理天下。"庄子认为,治理天下,这是最高的权位,是常人所向往的,而子州支父却不肯以获取最高的权位而伤害自己的生命,何况是其他的事呢?生命比权位更重要。

作者仍然保持道家"爱身"和"养生"的主题,他指出保养生命的要点,在于了解"天道",顺应"天道"。人们对"天道"了解很少,不知道它在哪里,因而往往舍近求远,枉费力气。其实"天道"就在身旁,它与人们每天共处。所谓了解"天道"的意思,就是首先要知道自己身体的实际情况,这个知道一定要去掉主观成见,客观地去考察自己的身体情况,仔细考察了自己的身体情况,才能了解保养自己生命的规律,"和以反中",这个规律与形体相互适应,相互调和,精神和身体就能相互保持,不相分离。如果我们恭恭敬敬地迎接这个规律,并且一心一意地遵循这个规律,我们的身体就能健康、长寿。这就叫了解"天道",顺应"天道"。

作者认为养生与治国,是一个道理的两方面的应用。要治理好国家,不在于埋头具体事务中,而要寻求客观的自然规律,并顺应它,国家便能长治久安,这个道理与养生一样。作者把养生与治国联系在一起,并认为两者一样重要,这是与《老子》《庄子》并不相同的地方。

十七、水　　地

【解题】

《水地》是古代一篇具有独特思想光彩的哲学论文。它提出了"水者何也？万物之本原也，诸生之宗室也，美恶、贤不肖、愚俊之所产也"的观点，涉及什么是世界万物之本原的问题。作者通篇论水，但并不单纯就水谈水，而是分水为万物之本原与水的性质两大部分来论述。第一部分从植物、动物、玉石、人类与水的关联来论证水为万物之本原。第二部分从龟、龙与庆忌、蟡正反两方面来论证水的精、粗、浊、塞既能存而不能亡者、又能存而能亡者的这一性质。最后，还提到各地水性与人的性格，对水与生命体、非生命体及土地的关系作了较细致精辟的分析，是中国古代一篇较为全面的论水著作。作者将本篇名定为《水地》，把"水"放在"地"之前，用以说明"水"是比"地"更根本的东西。

地者，万物之本原，诸生之根菀也①，美恶、贤不肖、愚俊之所生也。水者，地之血气②，如筋脉之通流者也。故曰：水，具材也③。

何以知其然也？曰：夫水淖弱以清④，而好洒人之恶，仁也。视之黑而白，精也⑤。量之不可使概⑥，至满而止，正也。唯无不流，至平而止，义也⑦。人皆赴高，己独赴下，卑也。卑也者，道之室，王者之器也，而水以为都居⑧。

准也者⑨,五量之宗也⑩。素也者⑪,五色之质也。淡也者,五味之中也。是以水者,万物之准也,诸生之淡也,趆非得失之质也⑫。是以无不满,无不居也。集于天地而藏于万物,产于金石,集于诸生,故曰水神。集于草木,根得其度,华得其数,实得其量。鸟兽得之,形体肥大,羽毛丰茂,文理明著。万物莫不尽其幾⑬,反其常者,水之内度适也⑭。

夫玉之所贵者,九德出焉。夫玉温润以泽,仁也。邻以理者,知也⑮。坚而不蹙⑯,义也。廉而不刿⑰,行也。鲜而不垢,洁也。折而不挠,勇也。瑕适皆见⑱,精也。茂华光泽,并通而不相陵⑲,容也。叩之,其音清扬彻远⑳,纯而不殽㉑,辞也。是以人主贵之,藏以为宝,剖以为符瑞,九德出焉。

人,水也。男女精气合,而水流形㉒。三月如咀㉓,咀者何? 曰五味。五味者何? 曰五藏㉔。酸主脾,咸主肺,辛主肾,苦主肝,甘主心。五藏已具,而后生五内㉕。脾生膈,肺生骨,肾生脑,肝生革㉖,心生肉。五内已具,而后发为九窍。脾发为鼻,肝发为目,肾发为耳,肺发为窍㉗。五月而成,十月而生。生而目视,耳听,心虑。目之所视㉘,非特山陵之见也,察于荒忽㉙。耳之所听,非特雷鼓之闻也,察于啾啾㉚。心之所虑,非特知于粗粗也,察于微眇㉛。

是以水集于玉而九德出焉。凝蹇而为人㉜,而九窍五虑出焉㉝。此乃其精粗浊蹇能存而不能亡者也㉞。

【今译】

大地,是万物的本原,一切生命的植根之处,美与丑、贤与不肖、愚蠢与俊才都是由它所产生的。水,则是大地的血气,它如同人身上的筋脉,在大地里流通着。所以,水是真正构成万物的原始具材。

何以知道水是这样的呢?回答是:水柔弱且清白,善于洗去人的秽恶,这是水的仁。水的颜色虽然黑,但本质却是白的,这是水的纯诚。计量水不必使用平斗斛的概,流满了就自动停止,这是水的正。不管何处都安然流淌,流至平衡而止,这是水的义。人皆攀高,水独自居下流,这是水的谦卑。谦卑为"道"之所在,是帝王的器度,而水就是以谦卑自居。

准是五种量器的根据,素是五种颜色的基础,淡是五种味道的中心,而水则便是万物的"根据",一切生命的"中心",一切是非得失的"基础"。所以,没有东西不充满着水,没有地方不停留着水。水能聚集于天地,包藏于万物的内部,产生于金石之间,又凝聚在一切生命体上,所以称水神。水集聚于草木,草木就能根深花茂,果实累累。鸟兽得到水,形体肥大,羽毛丰美,毛纹鲜明。万物无不充分展示其生命活力,皆因它们内部含藏着丰润的水分。

玉珍贵的原因,是因为它有九种品德。温润而有光泽,是玉的仁。清澈而有纹理,是玉的"智"。坚硬而不屈服,是玉的义。清正而不伤人,是玉的品行。鲜明而不垢污,是玉的纯洁。可断而不可屈,是玉的勇。缺点与优点都暴露,是玉的诚实。华美与光泽相互渗透而不相互侵犯,是玉的宽容。叩玉,其声音清彻悠扬,纯而不乱,是它的条理。所以君主把玉看得很贵重,将它作为宝贝收藏,用它来制作符瑞,让玉的九种品德全都表现出来。

人,也是水生成的。男女精气相合,由水流布成人的形体(胚胎)。三个月的胎儿能够含味,什么叫含味呢?含味就是含收五味。什么叫五味呢?五味是生成五脏的。酸管脾,咸管肺,辣管肾,苦管肝,甜管心。五脏具备以后,生长出五种内部组织。脾生膈膜,肺生骨胳,肾生脑,肝生革,心生肉。五种内部组织都具备以后,发生为九窍。脾发生鼻,肝发生目,肾发生耳,肺发生其他孔窍。五个月后,胎儿形体完成;满十个月,婴儿就出生了。生出来后,目就能看,耳就能听,心就能思虑。耳朵能听到的,不仅是雷鼓鸣响,也能听到细微的声音。心里能想到的,不仅是大的事情,也能想到细小的事情。

所以,水聚集于玉中,就生出玉的九种品德。水凝聚成为人,就生出九窍和五虑。这就是水的精、粗凝聚,能生成而不能隐没的事例。

【注释】

① 菀:通"宛",园地,此处引申为处所。　② 血气:此处意同血液。　③ 具材:具备一切之物。具,指具有或具备。后文中"是故具者何也? 水是也","具者,水是也",诸"具"字含义皆同。　④ 淖弱:犹"淖约",柔弱貌。　⑤ 精:通"情",纯诚之意。　⑥ 概:古代量米麦时刮平斗斛的器具。《礼记·月令》:"正权概。"《韩非子·外储说左下》:"概者,平量者也。""量之不可使概,至满而止。"言无须划定标准,自身即能掌握虚满。　⑦ 义:宜;合理适宜的事称义。　⑧ 都居:聚居。　⑨ 准:古代水准器(水平仪)称准。《汉书·律历志》上:"准者,所以揆平取正也。"　⑩ 五量:古说法不一。《孔子家语·五帝德》注说:"权衡、升斛、尺丈、里步、十百。"本书《揆度》曰:"权、衡、规、矩、准",但未直称"五量"。《汉书·律历志》上:"量者,龠、合、升、斗、斛也。"又说:"量者……以井水准其概。"　⑪ 素:白色。　⑫ 韪(wěi):原文为"违",据《管子集校》改。韪非,意同是非。　⑬ 幾:同"机",指生机。　⑭ 水之内度:指万物体内所含水分的程度。　⑮ 邻:当作"粼",言清澈。知:同"智"。　⑯ 蹙(cù):皱,缩。　⑰ 刿(guì):刺伤。不刿:指不伤人。　⑱ 瑕适:瑕,言病;适,善也。"瑕适皆见精也",缺点、优点都表现在外。精,通"情"。　⑲ 陵:侵凌,欺凌。　⑳ 清扬:原文为"清搏",据《管子集校》改。　㉑ 殽:混乱。原文为"殺",形近致误,据《管子集校》改。"不殽"与下文"辞也",含义相应。不殽,谓不混乱;辞也,谓有条理。"辞"意同"治",作"条理"解。　㉒ 流:流布。　㉓ 如:读作"而"。咀:含味。　㉔ 五藏:同"五脏",即脾、肺、肾、肝、心。　㉕ 五内:"五"字原无,"内"原为"肉",据《管子集校》补改。下文"五内已具","内"字原亦作"肉",同改。　㉖ 肝生革:革为皮肤,不

应属于五内,恐有误。 ㉗肺发为窍:此处疑原文有脱失,五脏中缺"心",九窍中缺"口"。 ㉘目之所视:原文为"目之所以视",据《管子集校》删"以"字。 ㉙荒忽:隐约不分明貌。 ㉚啾啾:原文为"淑湫",据《管子集校》改。啾啾,指细微的声音。啾,叹声;啾,小儿声。 ㉛察于微眇:原文在此字下有"故修要之精"五字,应为衍文,据《管子集校》删。 ㉜蹇:停留,留滞。 ㉝五虑:《管子集校》注曰:"五虑者,即洪范之五事。'貌曰恭,言曰从,视曰明,听曰聪,思曰睿'也。" ㉞此乃其精粗浊蹇能存而不能亡也:原文为两句:"此乃其精也,粗浊蹇能存而不能亡者也。"据《管子集校》改。《管子集校》曰:"'浊蹇'当作'凝蹇'。"今译从之。

【评析】

作者开首就说:"地者,万物之本原,诸生之根菀也,美恶、贤不肖、愚俊之所生也。"在文末又写道:"水者何也?万物之本原也,诸生之宗室也,美恶、贤不肖、愚俊之所产也。"从这一首一尾两段文字来看,作者似乎既把"地"看作万物之本原,又把"水"看作万物之本原。其实并非如此,作者开头讲地为万物之本原,只是点出"地生万物"的表象,其真正目的在于引导人们深入了解"地"之所以能生万物,关键在于地下有水,水才是万物得以产生的本原。所以,他在讲了地为万物之本原的意思之后,接着写道:"水者,地之血气,如筋脉之通流者也,故曰:水,具材也。"地之所以能生万物,在于有"水"这个"如筋脉之通流"的"血气"在起作用,所以,归根到底,"水"才是真正构成万物的原始"具材",所以,水是万物之本原。

几千年之前,人类社会就开始探讨什么是万物之本原。在古代中国社会中,对于世界本原的思考最初表现为"阴阳说"与"五行说"(水、木、金、火、土),尔后,老子提出"道生一,一生二,二生三,三生万物"的命题,其中"道"为宇宙本原。战国末年至汉初,出现"元气生万物"的思想,而认为水是万物本原,在古代中国则独《管子·水地》一家。历史上最有影响的是"五行说"与"元气说"。虽然如此,自西汉至三国,我们仍然可以听见《水地》篇中这一古老命题的余音。

汉代河上公在阐述"元气生万物"的思想时,曾指出:"禀气有厚薄,得中和滋液则生贤圣,得错乱污辱则生贪淫也。"认为不同的元气,产生出贤愚不同的人,与《水地》关于不同的水,生出"美恶、贤不肖、愚俊"等不同的人的思想一脉相承。

李寻向汉哀帝进言,强调"五行以水为本,其星玄武婺女,天地所纪,终始所生。水为准平,王道公平修明,则百川理,落脉通"(《汉书·李寻传》),仍以《水地》篇"圣人之化世也,其解在水"为依据。

三国时魏人、著名的方术家管辂,有"水,上应五星,下同五藏"之说,犹承《水地》篇"人,水也",水流形而生"五藏"的余义(据萧吉《五行大义》卷一转引)。

此外,我们甚至在文学巨著中发现了《水地》篇的思想遗迹。《红楼梦》中的贾宝玉说:"女儿是水做的骨肉。"贾宝玉认为,天地之间灵淑之气只钟于女子,他把女儿比喻为水做的骨肉,出于他崇拜水之至柔至净的美质的原故,只有用水来赞美女儿,才足以表达他对女儿的高度景仰。作者提出"水为万物本原",并认为水具有仁、精、正、义、卑的美德。《老子》第八章有"上善若水"的提纲,认为一个人要做到无私善行,便要效法水的柔弱、不争、包容大度的胸襟与器度,这些都说明他们崇拜水。这种崇拜之情竟然留存至明清之际,并且还如此深沉,贾宝玉的声音使我们再次联想起《水地》篇的主题。

水之伟大,不仅在它是万物的本原,而且还具有滋养万物的德性,水永远根据万物的生长需要滋养万物,从不向万物索要,不与万物争利。水在这个趋炎附势的世俗间,甘居下地,与世无争,以它无形无执、虚无博大的胸怀容纳一切。因此,作者把归纳出来的水的五种美德,作为人们修身的指向。水善于洗涤人的秽恶,保持生命的纯真,"夫水淖弱以清,而好洒人之恶,仁也";虽然藏污纳垢,本质却晶莹剔透,不为外物所污染,"视之黑而白,精也";能使万物得到它的利益,而不与万物争利,持平而安然处顺,"量之不可使概,至满而止,正也";无偿地滋养万物,从不择选对象,厚此薄彼,融和正衡而止,"唯无不流,至平而止,义也";人皆有高攀之心,而水善于自处,甘居下地,永远不占据高位,"人皆赴高,已独赴下,卑也"。其中,作者最赞赏"卑",甘居下地是人之所恶,而却是水之所愿,正因为居下,所以水可以蓄积,可以深渊广大,可以无所不至,可以包容一切,我们正好由此看出道家崇尚谦下养生的人生哲学。

作者除了强调水对生命体的意义之外,还特别提出水对美玉的意义,玉石在古代是非生命体的最高、最典型的代表。因为古人十分重视玉,其重要原因之一,是他们认为玉含有的精多。《国语·楚语下》说:"圣王……帅其群臣、精物以临监享祀……玉、帛为二精。"精物就是含精多的物,或者说,指物质纯度高的物。玉经常被用作祭品,或制成各种礼器以用于祭祀等仪式,就是由于它是精物。古人还有佩玉的习俗,他们认为:"玉在山而草木润。"(《荀子·劝学》)《国语·楚语下》说:"玉足以庇廕嘉谷,使无水旱之灾,则宝之。"这种习俗的原始意义,显然是想借精物之力以御不祥。所以,在汉代以前,士以上几乎无人不佩玉,连君主都看重玉,将它当作宝贝来收藏。玉既是吉祥之物,又是贵重之宝,是古代相当普遍的思想。所以,作者以玉来作为论证的实例,也就不足为怪了。作者认为,玉所具有的仁、智、义、行、洁、勇、精、容、辞九德,是水所赋予,由水而构成,"是以水集于玉而九德出焉",作者贵玉德,以玉论水,来充分显示水的伟大作用。

以上所论,我们是不是感受到这样的印象:与其说作者在论述水为万物之本原,不如认为作者在表达对水之神的人生赞语更为妥帖呢?

伏暗能存而能亡者,蓍龟与龙是也①。龟生于水,发之于火②,于是为万物先③,为祸福正。龙生于水,被五色而游,故神。欲小则化如蚕蠋,欲大则函于天地④,欲上则凌于云气,欲下则入于深泉;变化无日,上下无时,谓之神。

龟与龙,伏暗能存而能亡者也。

或世见,或世不见者,生蚼与庆忌⑤。故涸泽数百岁⑥,谷之不徙,水之不绝者,生庆忌。庆忌者,其状若人,其长四寸,衣黄衣,冠黄冠,戴黄盖,乘小马,好疾驰,以其名呼之,可使千里外一日反报。此涸泽之精也。涸川之精者,生于蚼。蚼者,一头而两身,其形若蛇,其长八尺,以其名呼之,可使取鱼鳖⑦。此涸川水之精也。

是以水之精粗浊蹇,能存而不能亡者,生人与玉。伏暗能存而能亡者⑧,蓍龟与龙。或世见或不见者,蚼与庆忌。故人皆服之⑨,而管子则之⑩;人皆有之,而管子以之⑪。

是故具者何也?水是也。万物莫不以生,唯知其托者能为之正⑫。具者,水是也。故曰:水者何也?万物之本原也,诸生之宗室也⑬,美恶、贤不肖、愚俊之所产也。

何以知其然也?夫齐之水遒躁而复⑭,故其民贪粗而好勇。楚之水淖弱而清,故其民轻果而敢⑮。越之水浊重而洎⑯,故其民愚疾而垢⑰。秦之水泔冣而稽⑱,埤滞而杂,故其民贪戾罔而好事齐⑲。晋之水枯旱而运⑳,埤滞而杂,故其民谄谀葆诈,巧佞而好利。燕之水萃下而弱㉑,沈滞而杂,故其民愚戆而好贞,轻疾而易死。宋之水轻劲而清,故其民简易而好正㉒。是以圣人之化世也,其解在水。故水一则人心正,水清则民心易。人心正则欲不污㉓,民心易则行无邪。是以圣人之治于世也,不人告也,不户说也,其枢在水㉔。

【今译】

也有隐伏在幽暗中,既能生成而又能隐没的事例,老龟与龙便是。

龟生于水中,占卜时用火烤灼龟甲,于是为万物的先知,祸福的验证。龙生于水中,它身披五色而遨游,所以为神。它能变小像蚕和蠋,变大则包容天与地。它能向上升入云气之中,向下则潜入深泉之水。变化没有固定的日子,上下没有时间的限定,这就叫作神。龟和龙是隐伏在幽暗之处,既能存而又能亡的。

或在某一时代出现,或在某一时代不出现,就是蚡和庆忌的产生。所以,数百年的冻结湖泽,而山谷没有变位、水源没有断绝的地方,就产生庆忌。庆忌的形状像人,身长只有四寸,穿着黄衣,戴着黄帽,撑着黄色的华盖,骑着小马,善于快跑,叫着它的名字,可以使它一日之内往返千里。这是涸泽中的精怪。涸川中的精怪,则是蚡。蚡是一头两身,形状像蛇,身长八尺,若叫着它的名字,可使它捉取鱼鳖。这是涸川里面的一种水精。

所以,水的精粗凝聚,只能存在不能隐没的体现,是人和玉。隐伏在幽暗中,能存又能隐没的,是老龟和龙。或某个时代出现,或某个时代不出现的,是蚡和庆忌。所以,人们都习惯水,而管子能了解水,人们都占有水,而管子能利用水。

所以,什么叫作具备一切的呢?水就是具备一切的。万物没有不依靠水生存的,只有了解万物的真正依靠才能证实这个道理。具备一切的,就是水。所以说,水是什么?水是万物的本原,是一切生命的根本,美和丑、贤和不肖、愚蠢和俊才都是由它产生的。

何以知道这个原故呢?齐国的水迫急而快速,所以齐国人就贪婪、粗壮而好勇。楚国的水柔弱而清澈,所以楚国人就轻捷、果断而勇敢。越国的水浊重而浸蚀土壤,所以越国人就愚蠢、妒忌而污秽。秦国的水浓聚而迟滞,淤浊而混杂,所以秦国人就贪婪、残暴、狡猾而好争杀。晋国的水苦涩而浑浊,沉滞而芜杂,所以晋国人就谄谀、狡诈、巧佞而贪利。燕国的人深聚而柔弱,沉滞而混杂,所以燕国人就愚憨而好贞,轻急而不怕死。宋国的水轻劲而清明,所以宋国人就纯朴平易而追求公正。因此,圣人改造世俗,其方法在了解水。水若纯洁则人心正,水若清明则人心平易。人心正,其欲望不会污浊;人心平易,其行为没有邪恶。所以,圣人治世,不去告诫每个人,不去劝说每一家,其关键是在掌握水的性质。

【注释】

① 蓍:假为"者",者龟,即老龟。 ② 发:显现。《左传·昭公元年》:"发为五色。"杜预注:"发,见(现)也。"此处"发之于火"指龟甲在火上烤灼而显现出纹理,可供占卜。 ③ 先:先知。 ④ 欲大则函于天地:原文"函"作"藏","地"作"下",据《管子集校》改。 ⑤ 蚈:水之精怪。 ⑥ 涸:读与"冱"同,带有冻结意。涸泽:指冻结之水泽。 ⑦ 可使:原文为"可以",据《管子集校》改。 ⑧ 能亡:原文无"能"字,据上文"伏暗能存而能亡者"补。 ⑨ 服:习惯,适应。 ⑩ 则:法则。 ⑪ 以:利用。 ⑫ 正:通"证"。 ⑬ 宗室:与本文开始的"根菀"涵义相同,皆指植根之处。 ⑭ 遒:迫急。原文为"道",形近致误,据《管子集校》改。 ⑮ 敢:原文为"贼",据《管子集校》改。 ⑯ 洎(jì):浸润,此指浸蚀土壤。 ⑰ 疾:通"嫉",妒忌。 ⑱ 泔(gān):本意为淘米水,此处指水浑,浓度很大。聚(jù):积聚。稽:延滞或停留。 ⑲ 事齐:事,读作"劗"(zì),刺杀。齐,训为剪,斩削。"好事齐"意指喜好杀伐。 ⑳ 枯旱:读作"苦悍",意为苦涩。"运"读作"浑"。 ㉑ 萃:聚。萃下:指水之涝聚很深。 ㉒ 简易:纯朴平易。原文为"间易",据《管子集校》改。 ㉓ 人心正:原文只作"一"字,据《管子集校》增改。"人心正"与下句"民心易"为对文,分别承上二句"故水一则人心正,水清则民心易"而言。 ㉔ 枢:枢要,引申为关键。

【评析】

以上单从正的一方面论述,还不能完全说清楚水能产生"美和丑、贤和不肖、愚蠢无知和才华出众"的性质,这里,作者又另外列举"伏暗能存而能亡者,蓍龟与龙。或世见或不见者,蚈与庆忌"来解释水的无所不能、无所不容。在这类怪异动物里,除了龟,人们都没有看见过,尤其是蚈与庆忌,连名字都绝少听到过,更不能说出它们是什么样子。

也许古时候有过此种精怪,也可能当时就出自作者的想象,不管怎样,作者的意思很明白,即便是"龟""龙""蚧""庆忌"一类精怪动物,也同其他东西一样,是得水而生,并不神秘,水是它们的本原。

接着,作者再列举七国的水性与民性的关系,认为人们智慧的高低,也是由不同的水所决定:水性可以决定民性,当然是一种误解,民性的形成十分复杂,它不像在染缸里染东西那样简单而直接,放进哪一种颜料,就染出哪一种颜色,不过作者重视事物性质内在联系的思考方式,在中国古代并不少见,前面我们讲到汉代河上公在阐述"元气生万物"的思想时,也认为"禀气有厚薄,得中和滋液则生贤圣,得错乱污辱则生贪淫也",这在一定程度上,向我们透露了古人的思维特点,一种相当重视直觉的思维方式。

作者重视对水的改造,希望各国之水都像宋国之水"轻劲而清",这又是非常合理的忠告。当今,现代工业飞快发展,既有利于世人,也危害世人,水质的严重污染直接损害了人们的健康,面对这种情况,回味作者的告诫,更能体会到其中的道理。

作者上面所举事例,处处用来说明万物的性质都由水的性质所决定,故而再次证明水是万物的本原。

什么是世界万物的本原?这个古老而深奥的哲学问题,直至今日全人类还没有给出明确的答案。既然如此,《水地》篇的命题意义何在?说到这里,让我们联想起古代世界对"万物本原"的种种探索故事,其中有一则著名的故事,可以启发我们了解本篇的命题价值。

世所公认的西方哲学史上第一位哲学家泰勒斯(Thales,希腊人,约公元前640年或629年—公元前551年,相当于中国东周时周襄王至灵王在位时期),最早透露了"水是自然界万物的本原"的思想,与《水地》篇命题相比较,泰勒斯没有留下关于水是万物本原的具体论述,后人是从另一位大哲学家亚里士多德叙述"古希腊哲学"时了解此事。尽管如此,亚氏尊泰勒斯为"哲学的奠基人和领袖",黑格尔也给泰勒斯以极高的评价,黑格尔说:"从泰勒斯起,我们才真正开始了我们的哲学史。"(黑格尔《哲学史讲演录》第一卷)可见,就是这样一个最单纯的命题,成为西方哲学史的开端。如此看来,《管子·水地》篇的价值也就不言而喻了。

十八、明　　法

【解题】

本文是一篇关于如何加强中国古代中央集权的专制统治的政治论文。明法是有关法令的知识。本文虽以《明法》名篇，但作者同时提出两大基本思想，二者没有轻重之别。一、君主必须有绝对的威权。这种威权，作者称之为"势"：君主治理天下，要坚持独揽权势，不与臣下共分；要坚持独断法令，不许出自臣下。这是"威不两错，政不二门"的主张。二、君主必须以法治国。作者提出"动无非法"的主张，即一切行动都不可背离法令。他认为，"法"是治国的一种标准，有了法，办事就有一定的标准，治理国家、使役百姓就能按照标准而推行政令，否则国家就有危亡的可能。作者这两大基本思想，成为以后的法家的重要思想之一。

所谓治国者，主道明也①，所谓乱国者，臣术胜也②。夫尊君卑臣，非亲也③，以势胜也④；百官论职⑤，非惠也，刑罚必也。故君臣共道则乱⑥，专授则失⑦。夫国有四亡：令本不出谓之灭⑧，出而道留谓之拥⑨，下情本不上通谓之塞，下情上而道止谓之侵⑩。故夫灭、侵、塞、拥之所生，从法之不立也。是故先王之治国也，不淫意于法之外，不为惠于法之内也。动无非法者⑪，所以禁过而外私也⑫。威不两错⑬，政不二门。以法治国，则举错而已。是故有法度之制者,不可巧以诈伪;有权衡之称者,不可欺以轻重;有寻丈之数者,不可差以长短。今主释法以誉进能⑭,则臣离上而下比周矣;以党举官,则民务交而不求用矣⑮。是故官之失其治也,是主以誉为赏,以毁为罚也。然则喜赏恶罚之人,离公道而行私术矣。比周以相为匿⑯,是故忘主死交⑰,以进其誉⑱。故交众者誉多,外内朋党,虽有大奸,其蔽主多矣。是以忠臣死于非罪,而邪臣起于非功。所死者非罪,所起者非功也,然则为人臣者重私而轻公矣。十至私人之门,不一至于庭;百虑其家,不一图国。属数虽众⑲,非以尊君也;百官虽具,非以任国也⑳。此之谓国无人。国无人者,非朝臣之衰也,家与家务相益㉑,不务尊君也;大臣务相贵,而不任国;小臣持禄养交㉒,不以官为事,故官失其能。是故先王之治国也,使法择人,不自举也;使法量功,不自度也。故能匿不可蔽㉓,败而不可饰也;誉者不能进,而诽者不能退也。然则君臣之间明别,明别则易治也,主虽不身下为,而守法为之可也。

【今译】

　　治理得好的国家,是因为君主管理强明,混乱的国家,是因为臣下的"私术"过于盛行。君尊臣卑,并不是由于臣下对君主的亲疏而尊之,而是迫于君主的权势。百官尽职,也不是由于君主对臣下布惠,而是执法的结果。所以,君道与臣道混淆不分,国家就要混乱,大臣专政,君主就会失国。国家有四种危亡的表现:法令发布不出,叫作"灭";发出而中途被淹灭,叫作"壅";群情不能上达,叫作"塞";上达而中途停止,叫作"侵"。灭、侵、塞、壅的现象产生,都是由于法度没有确立而造成的。所以先王治国,不在法之外淫刑以逞,也不在法之内徇私施惠。二者或过当或不及,皆为非法,所以要强调任何行动都不能离开法。最高权力不能由两家共有,政治法令不能出自两家,以法治国就是一切都按法令来办事。因此,有了法制的裁判,人们就无法通过欺诈来取巧,有了权衡的称量,人们就无法利用轻重搞欺骗。有了寻丈的计算方法,人们就无法利用长短制造差错。如果君主放弃法制,依照虚名用人,群臣就可能背离君主而在下面结党营私;如果君主轻信朋党举官,则士人就都专务结交而不做实事了。因此,官吏就管理不好,这正是君主依照虚声行赏,根据诽谤行罚的结果。而长此以往,那些喜赏恶罚的人就会背离公道而推行私术,也就是朋比为奸,共同作伪。于是他们上忘其主,拼命结交,而进用同党。故交人越多,同党也多,朝廷内外都结成朋党,虽有大奸,也多半能把君主蒙蔽住。因此,忠臣往往因直言而死于非罪,邪臣往往以取巧而起于非功。由于无罪遭死和无功发迹,这样,作为人臣,就自然要重私事而轻公事了。他们可以为自己的事十次奔走于私人的家门,而一次都不上朝廷。千方百计为自己家事考虑,而一次也不为国家谋事。朝廷所属的人员虽然非常多,但都不拥戴君主的;百官虽然都齐备,但都不管国事的。这种状况就叫作"国中无人"。所谓"国中无人",并不是指朝廷大臣没有能力或人数不足,而是说大臣只知私家之间互相帮助,不知尊奉国君,大臣之间只知相互吹捧抬举,而不肯为国做事。小臣拿着俸禄搞拉拢结交,也不以公职为事,所以官吏就失去作用了。因此,先王治理国家,依照法度录用人才,自己并不举荐;依照法度计量功劳,自己并不裁定。所以贤能不可能被掩蔽,败类也不可能乔装,凭说好话不能进用人,凭诽谤也不可能罢免人。这样君臣上下的界限就分明了,分明就容易治理,因为君主虽然不亲自下去办事,但有法度依靠就可办理了。

【注释】

① 主道:即君道,指君主的法制、政策、权力等。主道明:指君道强明,畅行无阻。　② 臣术:指臣之私术。臣术胜:言臣下得势,其私术胜于君道。本书《明法解》云:"如此则主弱而臣强。"　③ 非亲:原文

为"非计亲","计"字衍,据《管子集校》删。 ④ 势:原文为"执",据《明法解》改。 ⑤ 百官论职:指百官各尽其职。原文为"百官识",参据《明法解》"百官论职"补改。 ⑥ 共道:君与臣共同一道,混淆不分。 ⑦ 专授:君权专授予臣下。 ⑧ 本:原文为"求",据《明法解》改。下文"下情本不上通","本"字原亦作"求",同改。但《明法解》此句无"本"字,疑是脱漏。 ⑨ 拥:壅蔽。 ⑩ 侵:侵夺。 ⑪ 动无非法:一切言行都不违背法度。 ⑫ 外:排除,除掉。 ⑬ 错:通"措",下同。 ⑭ 誉:名声,虚名。 ⑮ 用:效用,功用。 ⑯ 匿:据《管子集校》云:"匿,当是'医'之误,秦文以'殹'为'也'。殹从医声,'殹'既可用为'也',则医自可用为'也'矣。《韩非子·有度》篇作'比周以相为也',《有度》篇可断定为秦文,则《明法》篇亦必系秦文无疑。" ⑰ 是故:原文误脱"故"字,据《明法解》补加。 ⑱ 以进其誉:誉,同"与",此谓以进用党与,即同党。下句"交众者誉多",誉,也与"与"同。 ⑲ 属:所属,部属。君主之所属,指臣下。 ⑳ 任国:担任国家职务。 ㉑ 务相益:力求相互帮忙。原文"务"下衍"于"字,据《明法解》删。 ㉒ 持禄养友:拿着俸禄拉拢结交私友。 ㉓ 能匿而不可蔽:匿,亦当作"医",同"也"。见注⑯。

【评析】

《管子》书中,有很多关于法的思想的论述,如《七法》《任法》《君臣》《法法》《心术上》《枢言》等,包括本篇《明法》。它对法的概念、特征、目的和作用,法与经济、法与国家、法与百姓、法与无为、法与道德之间的关系等等均有所涉猎。而且以后的法家所有的重要思想,在《管子》的法律思想中,都已经有了萌芽。

以法治国的观念,是从战国开始形成的。在这之前,中国没有法的概念。因为当时氏族社会、封建社会的结构比较简单,天子、诸侯和大夫都是以血亲或姻亲相互联系的,他们遇到事情,都按照两条原则来处理:一条是"礼",一条是"刑"。礼是不成文法典,以褒贬来控制"君子"即贵族的行为,如贬以"放逐",是对待贵族的制裁方法。刑则不然,专为所谓"小人"即平民而设。这就是《礼记》中所说的"礼不下庶人,刑不上大夫"的情形。

到周朝的后几百年,社会结构发生了深刻的变化,君子和小人的社会地位不再是绝对不变的了,有些平民凭着能力和机会,也能成功地成为新兴的君主。他们通过侵略和征服,占领的土地越来越大,在这种情况下,再以"礼""刑"规矩办事,已不足以治国家,平百姓,于是,就出现了对治国有新的见解的人物。诸侯常常找这些人出主意,如果他们的建议有效,往往就能成为诸侯信任的顾问,这样的顾问就是所谓的"法术之士",因为他们提出了治理国家的法术,后来他们中有些人将法术理论化,于是构成了法家思想。法家思想成为一个系统学派,那是后来的事,约在慎到、尹文、韩非以后,一般认为,韩非是法家最后也是最大的理论家。但法治思想在《管子》时代已经萌芽,并且在韩非之前,法家已有三派,分为法、术、势。"势",指权力、权威;"法",指法律、法治;"术",指办事用人的方法和手腕。从本篇及全书看,作者的论述已经包含法家三派的思想。这里说明一下,当时的法治,不同于近现代的法治,只是把君主的规定公布于众而已,所谓"法者,编著之图籍,设之于官府而布之于百姓者也"(《韩非子·难三》)。作者举出四种国家危亡的表现,叫作灭、侵、塞、壅,他认为产生这些现象的原因,在于"君臣共道",即君主控制不住臣下,臣下揽夺君权,欺上瞒下,时间长了,君主听闻堵塞,再也了解不到真实情况,于是各种邪恶和灾害都会产生,国家就面临巨大危险。要避免这种危险,有两种办法,缺一不可:第一,君主要有绝对的威权;第二,君主要以法治国。

因为在春秋战国,为了进行战争,准备战争,以及随着新兴的君主所统治的地域越来越大,这样的国家需要权力高度集中的政府,即需要专制独裁的君主,所以《管子》的作者提出"威不两错",君主必须有绝对的威权,这种威权,作者叫作"势",他说:"夫尊君卑臣,非亲也,以势胜也;百官论职,非惠也,刑罚必也。"群臣之所以不敢欺君,并不是喜爱君主,而是因为害怕君主的威权;百官执法而不行恶,也不是出于爱君,而是为了躲避刑罚,君主靠威权统治他的臣下,臣下也是因为惧怕威权才为其君主服务。所以说:"君臣共道则乱,专授则失。"如果君主失掉威权,他就不成为君主了。

同时,君主还需要按一定的标准来处理国事,"治民一众,不知法不可"(《管子·七法》篇),"法律政令者,吏民规矩绳墨也"(《管子·七主七臣》篇),"法"就是一种标准。"法"由谁来制定呢?作者强调"政不二门",要由君主来制定,"夫生法者,君也;守法者,臣也;法于法者,民也"(《任法》篇)。君主制定了法以后,臣下要遵守它,百姓则必须服从它。"法"的用处极大。首先,"以法治国,则举错而已","是故先王之治国也,使法择人,不自举也;使法量功,不自度也"。有了"法"这个标准之后,君主则只须叫臣下按照这个标准办事,自己则"举错而已"。"举错"就是把一件东西举起来,再放下去,很轻松,不过是举手之劳,用不着反复思考或研究。先王就是这样治国的。古书中所称"先王",不是专指某一个皇帝,"先王"二字,就像现代人讲"中国传统文化"一样。中国古人崇拜祖先,他们很尊重过去的经验,认为过去的经验足以指导现实,所以作者在论证试用的新东西的时候,也是先要从过去的经验中寻找先例,来作为自己观点的根据。另一种用处是"有法度之制者,不可巧以诈伪"。有了"法",老百姓可以根据法度和官吏相互牵制,这样,奸诈的人就不敢欺骗君主,做出自私自利的行为。这两种用处都是君主集权统治所必需的。在当时,它对削去贵族的政治势力,使他们最终归于灭亡非常重要。

不过,虽然如此,君主有时还不足以应付国事,因为当时国家的范围越来越大,君主所要处理的事情越来越多,君主与贵族之间的斗争也越来越尖锐,所以,君主必须使用一种方法,才能应付这种复杂局面。这种方法,作者叫作"术",他说:"明主者,有术数而不可欺也。""术"的一个内容是:"明主者,兼听独断,多其门户。群臣之道,下得明上,贱得言贵,故奸人不敢欺。"(《明法解》)君主统治臣下,要听取各方面的话,对听到的话加以思考与研究,然后自己单独下结论,即"独断"。作者又说:"主虽不身下为,而守法为之可也。"(《明法》)君主不必、也不可亲自做具体的事情,他所要做的只是发挥和使用臣下的智慧和才能,使臣下努力办事,这就叫"君虚臣实","君道无为,臣道有为",也是"术"的内容之一。从本篇看,"术"是指君主管理国家的一种方法与策略,但到后来,"术"的含义有所改变,《尹文子》一书所下的定义是:"术者,人君之所密用,群下不可妄窥。"认为"术"的作用全在秘密手腕,似是以阴谋作为操纵。在本书中,"法""势""术"本来也是联合在一起的,后来三者分流为三派,韩非又把三派分为商鞅重法,申不害重术,慎到重势(《韩非子·难势》《定法》)。

作者提出君主要按照一定的标准来处理国事,相比君主泛用手中大权,随意改变政令,不受外在约束,实在是一种很大的进步。但这一观点的最大缺陷,在于立法权之单一。法出自何人?谁制定之?君主一人而已,立法、废法都是同一个人,君主可以自由废法、立法,没有监督机构,那靠什么保障法律不为"君欲"所动摇呢?《汉书·杜周传》讲了这样一个故事:杜周是汉代一名酷吏,他专门阿谀奉承君主,迎合君主的心意,不惜枉法陷人。有人指责他不按法令办事,杜周不以为然,他反问道:法律是谁制定的?前朝的法律由前主所制定,现在的法律由当今主上制定,都是人主的意思,哪有不变的法律?这个故事正是当时社会的绝好说明。

作者强调以法治国,也看到"国皆有法,而无使法必行之法"的缺陷(《管子·七法》篇)。那么,如何解决这一个问题呢?作者说:"是故先王之治国也,不淫意于法之外,不为惠于法之内也。"他希望君主仿效先王,做到公正无私。君主一定惩罚应当惩罚的人,即使这些是自己心爱的人;君主一定奖赏应当奖赏的人,即使这些是自己憎恶的人。如果君主不这样做,他的整个统治就会垮掉。这样的要求远非一个仅有中等才智的人所能胜任,只有圣人才能实现。由此观之,作者是把"使法必行"的希望寄托在具有圣人品质的君主身上。

十九、治　　国

【解题】

本文中心是论述治国之道,但其内容并非一般地讲述治理国家的道理,而是专以发展农业、增产粮食为政策,达到富国强兵的目的。作者的基本论点有二。第一,以农为本,实行利农政策。作者指出,富国、强兵、王天下的基础,在于发展农业生产,即"众民、强兵、地广、富国必生于粟",发展农业、增产粮食,乃是人心向背和国家强弱安危的重要因素,因此,强调国家实行利民政策的实质就在于利农:"先王者,善为民除害兴利,故天下之民归之。所谓兴利者,利农事也;所谓除害者,禁害农事也。"第二,以奢侈品生产为末,主张禁末,作者认为:"凡为国之急者,必先禁末作文巧,末作文巧禁,则民无所游食,民无所游食则必农。"因为当时"末作文巧"获利丰厚,不仅在经济上与国家发生矛盾,而且由于它对农民进行贱买贵卖,高利盘剥,迫使"民舍本事而事末作",甚至导致农民破产逃亡,其结果必然是"田荒而国贫",所以必须禁末,以利于农业生产的发展。

凡治国之道,必先富民,民富则易治也,民贫则难治也。奚以知其然也①?民富则安乡重家②,安乡重家则敬上畏罪,敬上畏罪则易治也。民贫则危乡轻家③,危乡轻家则敢凌上犯禁,凌上犯禁则难治也④。故治国常富,而乱国必贫。是以善为国者,必先富民,然后治之。昔者,七十九代之君⑤,法制不一,号令不同,然俱王天下者,何也?必国富而粟多也。夫富国多粟生于农,故先王贵之。凡为国之急者,必先禁末作文巧⑥,末作文巧禁则民无所游食⑦,民无所游食则必农。民事农则田垦,田垦则粟多,粟多则国富,国富者兵强,兵强者战胜,战胜者地广。是以先王知众民、强兵、广地、富国之必生于粟也,故禁末作,止奇巧,而利农事。今为末作奇巧者,一日作而五日食。农夫终岁之作,不足以自食也。然则民舍本事而事末作。舍本事而事末作,则田荒而国贫矣。

【今译】

　　大凡治理国家的根本办法,必须先使百姓富裕。百姓富裕就容易治理,百姓贫穷就难以治理。怎样知道这个道理呢?百姓富裕,就安于乡居而珍惜家业,安乡爱家就恭敬君王而惧怕犯罪,敬上畏罪,国家就易于治理。百姓贫穷,就不安于乡居而轻弃家业,不安于乡居而轻家就会反抗君上而违犯法令,抗上犯法,国家就难以治理了。因此,治理得好的国家往往是富裕的,乱国则一定是贫困的。所以,善于治国的君主,必定要先使人民富裕,然后才能把国家治理好。历代的君主,法度不一,号令不同,然而能够治理好天下,这是什么原因呢?就是他们都做到了国富而粮多。国富粮多来源于农业,所以先王们都重视农业生产。在所有治理国家的事务中,最要紧的事情,就是首先禁止工商业中的奢侈品生产和经营。禁止了这些,百姓就无法游惰求食,百姓无法游惰求食,就只好从事农业生产。百姓从事农业生产则荒地得到开垦,荒地开垦则粮食增加,粮食增加则国家就会富裕,国富则兵力就强大,兵强则战争可以取胜,战胜则就拥有广阔土地。因此,先王懂得人口多、兵力强、国土广和国家富都得来源于粮食。因此,必须禁止奢侈品的生产和经营,以利于发展农业。现在从事奢侈性的工商业和奢侈品制作的人们,干一天足够五天吃用,而农民终年劳动还不能维持自己的生活。于是,人们就放弃农业而从事奢侈性的工商业。弃农而从事奢侈性的工商业,必然导致田园荒芜,国家贫穷。

【注释】

① 奚:何以,怎么。 ② 安乡:安心居于自己的乡土。重家:重视、留恋自己的家业。 ③ 危:忧惧,不安心。 ④ 凌:凌辱,侵犯,引申为反抗。 ⑤ 七十九代:泛指历代君主。 ⑥ 文巧:指奢侈玩好物品的制作。 ⑦ 游食:不务农而食。

【评析】

以富民治国为国家管理目标,是本文的主题。"凡治国之道,必先富民,民富则易治也,民贫则难治也。"作者认为,治国先要富民,一国之治乱,不在于抽象的礼义廉耻,而在于国计民生。老百姓有充足的生活资料、稳定的经济基础,每个人都可以安居乐业,在这个物质基础之上,才可能奉公守法,才可能乐于服从君主的命令,然后君主再施以教化,引导百姓都向好的一面去努力,去求进步,国家才能管理好。反过来,老百姓穷得连饭也吃不饱,就会不顾一切,什么人格,什么名誉,什么廉耻,到这时候,根本都无所谓了,只要填饱肚子,能够活命,任何事情都肯做,当然也敢对抗君主的命令。国家到了这种地步,君主肯定难以管理。所以,善于管理国家的君主,都懂得"富民"这个道理。

"富民"是《管子》思想的一个特点。中国古代在对待民的态度上,儒家、法家各有见解,法家视民为国家的工具,认为民存在的意义仅在于此,为了富国,商鞅甚至主张使人民成为家不积粟的贫民。韩非则认为:百姓富裕了会变得又懒又侈。与此相比,儒家有较多的民本思想。孔子强调民富,认为"民富"是实现"仁"的社会理想的某种基础和必要条件,孔子的"富民"思想着眼于社会的和谐和安定。《管子》的作者介于法家和儒家之间,一方面他像法家那样视民为国家的工具,并没有儒家那种对民的理想化的态度;同时,他也反对法家的"贫民"思想,认为"富民"最有利于国家的利益,因此主张"富民"而不是"贫民"。

但他的"富民"目的则与儒家有根本区别,作者从实用的角度主张"富民","富民"是为了有利于控制和利用民力,以发展经济,增加国家的经济、军事力量,使国家强盛起来。这就是作者"富民"思想的特点所在。

接下来,作者提出一个大问题:"昔者,七十九代之君,法制不一,号令不同,然俱王天下者,何也?必国富而粟多也。夫富国多粟生于农,故先王贵之。"古时候,国家的贫富,是以粮食生产和军队兵力的多寡为标准,尤其以粮食为根本。如《战国策》"苏秦为赵合纵说齐宣王",在这篇记载中,苏秦是这样形容齐国的富强:"齐国的军队有数十万人,粮食的储存,堆积得像山一样高。军队的强盛,攻击力量之尖锐,行动之迅速,可以雷电疾风作比拟。"着重描写齐国的粮多兵多,好比现代强国拥有雄厚的经济实力、高科技的国防军事装备一样。中国自古以农立国,土地是封建国家占有的主要生产资料,是君主统治的物质基础,所以封建国家的经济政策都是"重本务农"。这里,作者再从富民治国的需要出发,重申"重本务农"的重要性。

作者先分析以农为本的根本原因:"民事农则田垦,田垦则粟多,粟多则国富,国富者兵强,兵强者战胜,战胜者地广。""重本务农"的思想产生于战国时期,当时作者较为全面地论述重视农业的必要性,他认为,农业是人们的衣食之源,又是国家财政收入的源泉,更为战争提供物质基础,因此,农业的稳固与发展,直接关系到国家经济的发达、政治的安定、军事的强盛,也就直接关系到国家的盛衰、兴亡。

同时,作者主张"禁末":"凡为国之急者,必先禁末作文巧,末作文巧禁则民无所游食,民无所游食则必农。"以农为本,本的对立面是末。早期的末作是指奢侈品的生产与经营。商鞅、《管子》、《荀子》都主张禁末,而以《管子》作者的论述最明确。作者既指出禁末对于农业的重要性:"末作文巧禁则民无所游食,民无所游食则必农",又强调不禁末对于农业的危害性:"舍本事而事末作,则田荒而国贫矣。"更重要者,作者一针见血指出实行"禁末"的紧迫性:"今为末作奇巧者,一日作而五日食。农夫终岁之作,不足以自食也。"当时商人和手工业者的收入要比农民多出好几倍,所以人们不愿意干农活,如果不想办法改变这种现状,"重本务农"就要成为一句空话了。

凡农者,月不足而岁有余者也①。而上征暴急无时,则民倍贷以给上之征矣②。耕耨者有时,而泽不必足,则民倍贷以取庸矣。秋籴以五,春粜以束③,是又倍贷也。故以上之征而倍取于民者四④,关市之租、府库之征,粟十一⑤、厮舆之事⑥,此四时亦当一倍贷矣。夫以一民养四主,故逃徙者刑而上不能止者,粟少而民无积也。嵩山之东⑦,河、汝之间,蚤生而晚杀⑧,五谷之所蕃孰也⑨。四种而五获。中年亩二石,一夫为粟二百石。今也仓廪虚而民无积,农夫以粥子者,上无术以均之也⑩。故先王使农、士、商、工四民交能易作⑪,终岁之利无道相过也。是以民作一而得均⑫。民作一则田垦,奸巧不生。田垦则粟多,粟多则国富。奸巧不生则民治。富而治,此王之道也。

【今译】

凡是农业,其收入的特点是按月算往往不足,按年算才可能有余。而官府征税却急如星火,没有定时,迫使农民用"借一还二"的高利贷去完纳。农活都有季节性,但雨水不一定能够适应农事的需要,农民又只好用"借一还二"的高利贷来雇人耕种。商人秋天买粮的粮价是"五",春天卖粮的粮价是"十",于是农民又得付出成倍的钱。所以,把上面的征索算进来,成倍索取农民的地方就达四项,因为关市的租税、府库的征收、十分之一的农业税以及种种徭役,这几项一年四季加在一起,也相当于一项成倍的高利贷了。一个农民要养四个债主,所以即使对于外逃者处刑,也不能制止他们外逃,其根本原因就是粮少和农民贫困。从嵩山以东到黄河、汝水之间的地区，作物生长期早，凋落期迟，是适宜五谷生产的地方，播种四次可获得相当于五次的收成。中等年成亩产两石粮食，一个农力可种地百亩，收粮二百石。如今国家粮仓空虚，百姓贫困，农民卖儿卖女，其原因都是君主未能均衡人们的收入。所以，先王总是注意让农、士、商、工四民互换行业，使他们一年的收入不要相差悬殊。这样，农民就会安心从事农业生产，而收入可以与其他各业均衡。农民安心从事农业生产，荒地就能得到开垦，奸巧之事也就不再发生。荒地得到开垦，粮食就会增多，粮食多国家就富裕。没有奸巧之事，百姓又会安定。富裕而安定，这正是成王业的途径。

【注释】

① 月不足而岁有余：此言农业生产一年仅收获一次。就每月而言，几乎全是付出劳动，故谓月不足；就全年算，方可能有剩余，故谓岁有余。　② 倍贷：指借一还二的高利贷。　③ 束：古代以"十"数为束，束为"五"之两倍，指粮价言。　④ 倍取于民者四：倍取，即成倍索取。"倍取于民者四"，指官府的横征暴敛、高利贷盘剥、商人的贱买贵卖以及各项赋税徭役，这四个方面都成倍地加重了农民的负担。　⑤ 粟什一：粮食收成的十分之一。此指田赋的征收十分中取其一。　⑥ 厮舆：劈柴与驾车的劳役。　⑦ 嵩：原文为"常"，据《管子集校》改。嵩山之东加上"河、汝之间"方可成为一个地区。河、汝之间，指黄河、汝水之间，今河南中部一带。　⑧ 蚤：通"早"。"蚤生而晚杀"：指适宜农作物生长的时期很长。　⑨ 蕃孰：通"蕃熟"，指生长成熟。　⑩ 均：均衡。"上无术以均之也"：意指国家无法调节各阶层的收入，使之均衡。　⑪ 交能易作：交与易皆指互换，互换其所能与所作，意即互换其行业。　⑫ 作一：专务一业，此指专心从事农业生产。

【评析】

造成人们不愿意务农的主要原因，有两个方面：一方面是经商能获得丰厚的利润；另一方面，则是农民少粮缺钱，生活极为贫穷。所以二者贫富不齐。作者觉得后者的原因也许更为重要。

当时社会衣食的供应、国家租税的交纳、军队的补充都靠征敛而来。而征敛的对象，唯有从土地上不断去压榨，在农产品上不断去征收。中国自古以农立国，这样就不可避免地让农民挑起国家财政的重担，农民成为征敛的主要对象。可是，从事农业生产的农民，本身生活艰辛，难以维持温饱。政府租税繁重、征收无时，雨泽不足，农产品季节价格的差异，都损害农民的经济利益，逼得农民不得不忍受"借一还二"高利贷的盘剥，造成"一民养四主"的情形。特别是当时为战乱时代，国家一旦用兵，军费支出浩大，人力消耗惨重，这些损失最终都成为农民们的苦难。所以，国家并不能保障农民的生活，尽管外逃者会被处刑，农民还是照样逃亡。加之农商收入悬殊，贫富不齐，就更难以使人们安心务农了。

因此，《管子》作者提出一个解决这个问题的办法。他说："今也仓廪虚而民无积，农夫以粥子者，上无术以均之也。故先王使农、士、商、工四民交能易作，终岁之利无道相过也。是以民作一而得均。"社会分配不均是社会发展过程中的一大隐患，在中国历史上，解决这一问题的传统办法是杀富济贫，这是一种保守的做法。作者与此不同，他主张通过社会性的"交能易作"，在社会劳动的交换、流通过程中实现社会分配的相对均衡。就是说，让农、士、商、工四民轮流交换他们的才能，交换他们的工作。在一年之内，知识分子、商人、手工业者，都要用一段时间参加其他职业的工作，农民也在一段时间内，做商人、手工业者所做的事。这样，其中从事任何一种职业的人的收入，都没有办法超过其他职业的人，在这种更换调配的办法之下，四种职业的人的收入都平均了。解决四民均得问题，关键是使农民的收入不低于工商业者，这样就可以使农业成为人们愿意从事的职业，农民就会安心农业生产。农民安心生产，田地就可以开垦。田地可以开垦，生产的粮食也就多了起来，粮食多起来就可以国富兵强。

这个想法是从齐桓公时齐国所推行的制度发展出来的。当时齐国说的四民的次序是士、农、工、商,以士为首,并且认为四民应该各守他们的职业,世代相传。《管子》这里所说的次序,是农、士、工、商,以农为首。这个次序表明了它们的重要性的大小顺序。而且所说的办法,是要四种职业的人,要在一段时期内互换职业,为的是要使各个职业的人的收入大致均衡。

当然,这种办法,在当时的社会条件下,仅仅是一种理想,以后也没人再提出来,不过由此却反映出作者对于农业的重视。

不生粟之国亡,粟生而死者霸①,粟生而不死者王。粟也者,民之所归也②;粟也者,财之所归也;粟也者,地之所归也。粟多则天下之物尽至矣。故舜一徙成邑,二徙成都,三徙成国③。舜非严刑罚重禁令,而民归之矣,去者必害,从者必利也。先王者,善为民除害兴利,故天下之民归之。所谓兴利者,利农事也。所谓除害者,禁害农事也。农事胜则入粟多,入粟多则国富,国富则安乡重家,安乡重家则虽变俗易习、驱众移民,至于杀之,而民不恶也。此务粟之功也。上不利农则粟少,粟少则人贫,人贫则轻家,轻家则易去,易去则上令不能必行,上令不能必行则禁不能必止,禁不能必止则战不必胜、守不必固矣。夫令不必行,禁不必止,战不必胜,守不必固,命之曰寄生之君④。此由不利农少粟之害也。粟者,王之本事也,人主之大务,有人之涂,治国之道也。

【今译】

不生产粮食的国家将要灭亡,生产粮食而吃光用尽的国家,只能称霸;生产粮食并有节余的国家,才能成其王业。粮食,能使人们归顺；粮食，能使财富聚集；粮食，能使领土开拓。粮食一多，天下万物就将随之而来。所以，虞舜第一次率民迁移，使他居住和管辖的地方扩大为邑，第二次迁移，扩大为都，第三次迁移，发展成为一国。虞舜并没有采用严厉的刑罚和禁令，而人们都跟定了他，因为离开他必然遭受损害，跟着他必然得到好处。先王善于为百姓除害兴利，因而天下百姓都归顺他。怎样叫作兴利？就是鼓励有利于农业发展的事情。怎样叫作除害？就是禁止有损于农业发展的事情。农业兴旺发展，生产粮食就多，粮食多了，国家就会富裕，国家富裕，百姓就安于乡土，珍惜自己的家业，百姓安居乡土，珍惜家业，即使要求他们改变风俗习惯，驱使和调遣他们，甚至有所杀戮，他们也会心甘情愿。这都是致力于粮食生产的显著效果啊！君主如不发展农业则粮食必少，粮食少了，百姓就会贫困，百姓贫困，就会轻弃他们的家业，轻弃家业则容易外逃，百姓逃亡不止，君主的命令就不能执行，君主命令不能执行，想禁止的事情也禁止不住，想禁止的事情不能禁止，打仗就不能取胜，防守也不牢固。法令不能执行，禁律不能必止，打仗不能取胜，防守不能牢固，这样的君主，叫作寄生之君。这都是不发展农业、缺少粮食带来的危害。所以，增加粮食生产乃是成王业的根本任务，是君主的重大任务，是招引百姓的途径，是治理国家的原则。

【注释】

① 死：消灭，消失，引申为耗尽，消费掉。　② 归：归附，集聚。　③ 徙：迁徙。"舜一徙成邑，二徙成都，三徙成国"是古代关于舜的传说。这里把造成上述现象的原因归结为舜为民兴利除害，发展农业，所以人们归附他。　④ 寄生之君：意指仰赖他国、不能长久的国君。

【评析】

这里，最后一段，作者从正反两方面重申生产粮食的重要意义，可以看作是作者对富国强兵之道的总结。

由前面的论述已经能够看出,粮食问题在作者的思想中,已不单纯是"民之司命"(《管子·国蓄》),而是具有政治军事上的重要作用。粮食是国家的生命,没有粮食,一切富国强兵的计划都无法付诸实现。从生产上看,谷物只能播种一次收获一次,而消耗起来却是每日每时都在进行。如果生产的粮食,仅够吃光用尽,这样的国家是没有能力统一天下的;只有不仅注重谷物的生产,而且还重视对谷物的贮藏,手中有着充足的粮食储备,甚至能够食用不尽,这样的国家,才能吸引百姓,无敌于天下,成就王业。所以,粮食的生产与积累是富国强兵的首要任务。

历代的君主,虽然政令有所不同,但都能够管理好社会,控制住百姓,就因为他们都做到了粮食丰足,国家富裕。而其中深层的原因更在于他们都推行利民政策,富民之要是利民,利民是人君的天职:"先王者,善为民除害兴利,故天下之民归之。所谓兴利者,利农事也。所谓除害者,禁害农事也。"实行利民政策的实质就在于利农。农民是创造国家财富的主体,农业发达和农民富裕是国家富强的标志,农民的破产则意味着社会危机和国家财政的动摇,甚至有孕育着农民反抗的危险。所以,"粟者,王之本事也,人主之大务,有人之涂,治国之道也"。国君务必把振兴农业、改善农民的生活作为施政的头等大事,采取兴农措施和利民政策,以稳定农村生活秩序,使农民安心定居而不逃亡,生活有保障,这是国富的必要条件,也是作者提出效法先王以利农、务粟为兴利除害之本的根据。

紧接着,作者笔锋转向,再从反面重复缺粮的严重后果:"上不利农则粟少,粟少则人贫,人贫则轻家,轻家则易去,易去则上令不能必行,上令不能必行则禁不能必止,禁不能必止则战不必胜、守不必固矣。"民以食为天,国君负有保证粮食的重任。如果国君不重视发展农业生产,粮食生产就会减少,粮少民贫,则危乡轻家、凌上犯禁,打仗就难取胜,国防就难巩固。此论环环相生,步步深入,无一不贯穿富国强兵的要旨。实际上,这段话所揭示的道理,与本篇首段观点相同。如果我们了解了前文的正面道理,便可明白作者这里所提出的反面理由。

总之,发展农业生产直接关系着裕国富民。在富民的基础上实现国富,在国富的基础上实现国强、战胜敌国,是《管子》所提出的社会经济发展战略目标,寄托着作者的最高治国理想。

二十、内　　业

【解题】

《内业》是一篇论述修养内心和保持精气功夫的哲学论文。在思想内容上与《心术》上下、《白心》各篇有相互联系之处。内业,即修行内圣之功夫。作者认为这种功夫是建立一切功业的基础。所以,如何获取内功,是本篇的中心内容。值得注意的是,作者开始用"精气"来说明道,这是当时新的学说。

本文主要论述以下内容。一、精气是生命和意识之本原。作者认为,人所有的"精"是从天得来的,人所有的"形"是从地得来的,精及形配合恰好,人就生存,不然人就死亡。一个人具有的精气越多,他的生命力就越旺盛,智力就越高。就生物而言,一个生物具有的精气越高,它的生命力就越大。二、保持身体内精气的基本方法。首先要使内心虚静,不为"忧乐喜怒欲利"所扰乱,"彼心之情,利安以宁,勿烦勿乱,和乃自成",否则,就会"内困外薄,不蚤为图,生将巽舍",即精退出,生也退出,那就是死去。其次,不要以外界的事物扰乱自己的感官,不要以自己的感官扰乱自己的心,保持住心里原有的"精气",心里原有的"精气"越多,越能吸收外界新来的"精气",精气充足,身心都得到发展,而且能更加清楚明白地认识天地万物的变化。最后,注意饮食得当,不要过饥过饱,"大充,伤而形不臧,大摄,骨枯而血沍"。

本文作者虽然提出饮食运动对于生命的作用,但其重点全在于身体内部的功夫,故名《内业》。

凡物之精,比则为生①。下生五谷,上为列星。流于天地之间,谓之鬼神;藏于胸中,谓之圣人。是故此气②,杲乎如登于天③,杳乎如入于渊,淖乎如在于海④,卒乎如在于己⑤。是故此气也,不可止以力⑥,而可安以德;不可呼以声,而可迎以意⑦。敬守勿失,是谓成德。德成而智出,万物毕得⑧。

【今译】

物的精气,一旦结合起来就有生机。在下面就产生出地上的五谷,在上面就是天体的群星。流动于天地之间称作鬼神,藏在人的心里就使其成为圣人。因此,这种气有时好像光亮地升在天上,有时好像幽暗地藏入深渊,有时好像柔润地浸在海里,有时好像高峻地立在山上。但是,这种气不可以用强力留住它,却可以用德性来安置它;不可以用声音去呼唤它,却可以用心意去迎候它。如能恭敬地守住这种气而不失掉,这就叫"成德"。德有成就就能产生出智慧,因而对万事万物也就能够全部掌握和理解了。

【注释】

① 比:合,结合。原文为"此",据石一参说校改。　② 此气:承上文"凡物之精"而言。本文把精与气看成性质相同的东西。此,原文为"民",据《管子集校》改。　③ 杲(gǎo):明亮。　④ 淖:《管子集校》注:"淖,汋润也。"　⑤ 卒:通"崒"。卒(崒)乎:高峻、高大貌,后文"卒乎"同。　⑥ 力:强力。　⑦ 意:原文为"音",形近致误,下句"修心静意"同。后文"意以先言,意然后形","意"字原文亦误为"音"。而《心术》下正作"意以先言,意然后形",故均改。　⑧ 毕得:原文为"果得","毕(畢)"与"果",形近致误,据《管子集校》改。

【评析】

"凡物之精,比则为生",本篇作者提出一个大问题,也是迄今学者们一直争论不休的问题,即"精"是什么东西。作者在下文是这样解释这个问题的:"精也者,气之精者也。"所谓"精"就是气中最精微、最细密的东西,也就是说,"精"来自于"气"。那么,气的含义是什么呢?在传统观念中,气的含义约有以下三种。

第一,自然界实存可感的气。《说文》:"气,云也。"《左传》昭公元年:"天有六气。"杜预注曰:"阴阳风雨晦明也。"如此等等,都指这一类。这是气的基本含义。

第二,指人和动物的呼吸和生命力、活力。《玉篇》:"气,息也。"即呼吸出入之息。《礼记·祭义》:"气也者,神之盛也。"郑玄注曰:"气谓嘘吸出入者也。"而这种呼吸之气,与人和动物的生命是息息相关的。呼吸就是生命,呼吸停止,生命也就完结了。

第三,有精神、信念、智慧等意义。如孟子的"浩然之气",或一般所说正气、邪气、理直气壮之气,都属这一类。

气的这些含义不仅存在于古代,到了现代仍然保留着,为人们所沿用。"精"来自"气",它的作用何在?作者接着告诉我们,五谷得精而丰硕累累,群星得精而璀璨无比,人心得精而成为圣人,天地之间得精而隐显鬼神,总之,万物因得精而充满生机。由此而看,气中最精微、最细密的东西是包含"精华""精灵"之意,不可测量、不可捉摸的精神之精,且又包括具体的物质之形。因此要对"精"作出明确的定义,是件困难的事,尤其精神是无法用言辞来作具体描述的。从整篇文章看,作者把精、精气、气甚至道都作为相同的、可以互代的概念来使用。

然后,作者又告诉我们如何使精气留存于心的方法,他说不能用力量强制,也不能用声音呼唤,只能靠修养自己的德行,功夫到一定地步,精气就会不召自来,精气充实于心,并且将它保持住,这就叫作"成德"。进入"成德"的境界,那就不是凡夫俗子,而是智慧可以遮天盖地,无所不知、无所不能的大圣人。

凡心之刑①,自充自盈,自生自成。其所以失之,必以忧乐喜怒欲利。能去忧乐喜怒欲利,心乃反济②。彼心之情③,利安以宁,勿烦勿乱,和乃自成。折折乎如在于侧④,忽忽乎如将不得,渺渺乎如穷无极。此稽不远⑤,日用其德。夫道者,所以充形也⑥,而人不能固⑦。其往不复,其来不舍。谋乎莫闻其音⑧,卒乎乃在于心;冥冥乎不见其形⑨,淫淫乎与我俱生⑩。不见其形,不闻其声,而序其成,谓之道。凡道无所,善心安爱⑪。心静气理,道乃可止。彼道不远,民得以产⑫;彼道不离,民因以知。是故卒乎其如可与索,眇眇乎其如穷无所。彼道之情⑬,恶音与声,修心静意⑭,道乃可得。道也者,口之所不能言也,目之所不能视也,耳之所不能听也,所以修心而正形也。人之所失以死,所得以生也;事之所失以败,所得以成也。凡道无根无茎,无叶无荣。万物以生,万物以成,命之曰道。天主正,地主平,人主安静。春秋冬夏,天之时也;山陵川谷,地之材也⑮;喜怒取予⑯,人之谋也。是故圣人与时变而不化,从物而不移⑰。能正能静,然后能定。定心在中⑱,耳目聪明,四肢坚固,可以为精舍⑲。精也者,气之精者也。气,道乃生⑳,生乃思,思乃知,知乃止矣。凡心之形,过知失生。

【今译】

　　心之所形,本身由气所充,充则盈,盈则生,生则成,无须依靠外物。其之所以会失本心,皆由于忧、乐、喜、怒、嗜欲和贪利。能排除忧、乐、喜、怒、嗜欲和贪利,心又可以回到平和的状态。心的特性,需要安定与宁静。保持不烦不乱,心的平和就能自然形成。这些道理,有时好像清晰地就在身边,有时好像若有所失,寻找不到,有时又好像虚无渺茫,不知其所尽头。实际上考索它并不很远,因为人们天天都在享用它的德惠。道与形从不分离,人不能固守。它走开后就永远不回,来了又不肯留处。模糊地没有人听出它的声音,却又闪光式显现在人的心里,昏暗地看不见它的形状,却又滋滋润润与我共同生长。看不见形体,听不到声音,却总有秩序地使万物生长着,这就是道。凡是道都没有固定的停留场所,而以善心为定所。心静而气顺,道就留住在这里。道并不在远处,百姓就是靠它生长的;道并没有离去,百姓靠它得到知识。所以道无迹象,然仓猝之间可循心理寻求得到;道又渺无端涯,似乎追寻不出它的所在。道的本性,讨厌声音语言,只有修心静意,才能得道。道这个东西,是口不能言传,目不能察看,耳朵也听不见的,它是用来修养内心和端正形貌的。人失去它就会死亡,得到它就能生长;事业失去它就要失败,得到它就能成功。道,没有根也没有茎,没有叶子也没有花朵。但万物由于得到它才产生,由于得到它才成长,所以把它叫作"道"。天在于正,地在于平,人在于安静。春秋冬夏是天的时令,山陵川谷是地的自然物材,喜怒取予是人的谋虑。所以圣人顺时应变,而不为时之所化,任随事物变迁而终不转移自己心之所主。能正能静,而后才有安定。有一颗安定的心,那就能耳目聪明,四肢坚固,就能作为"精"的留住场所。所谓"精",就是天地之精气。气,通达开来就产生生命,有生命就有思维,有了思维就有知识,既有知识则自知止于至善。凡心的形体,求知过多,则失其生机。

【注释】

① 刑:通"形",形体。　② 济:完成,成就,引申为平和。③ 情:性质,特性。心之情:指心的特性。　④ 折折:通"晢晢",清晰,明亮。　⑤ 稽:考索,寻找。　⑥ 形:形体。此指心的形体,承上文"凡心之刑(形)"而言。下文谓"谋乎莫闻其音,卒乎乃在其心"是其证。"道者,所以充形也",意谓道是用来充实心的形体的。　⑦ 固:固定。人不能固:言一般人不能固守其道。　⑧ 谋:通"媒"。谋乎:昏暗不明貌。　⑨ 冥冥:幽深之貌。　⑩ 淫:侵润。淫淫乎:犹言不断浸

润的样子。　⑪ 安:假为"焉",于是。　⑫ 产:生长,生存。　⑬ 彼道之情:原文为"被道之情","彼"误为"被",据《管子集校》改。　⑭ 静意:原文为"静音",据石一参说改。"修心静意,道乃可得":言人必须保持虚静方可得道。　⑮ 材:原文为"枝",据《管子集校》改。"天之时也"与"地之材也"并列为文。本书《枢言》谓:"天以时使,地以材使",可为旁证。　⑯ 喜怒:此指对人喜与对人怒,意即欢迎与排斥,故称"人之谋也"。　⑰ 从:通"纵",任随,听任。"从物而不移":意谓任由事物变迁而自己并不转移。《管子集校》注:"物迁而从之,圣本不移。"《心术》下作"应物而不移"。应,即许诺,义与此近。　⑱ 定心:安定之心。定,指安定。　⑲ 精舍:《管子集校》注曰:"精之所舍。"即精的住所之意。此言"能正能静,然后能定"的"定心",可以为精的住所。　⑳ 道:通"导",通达。

【评析】

以上说到内心保持精气就成为圣人,这跟《心术上》《白心》篇所讲得道者为圣人,意思是一样的。不同的是作者本篇开始用"气"来说明"道",认为"道"就是"气"或精、精气、灵气。比如他说:"凡道无所,善心安爱;心静气理,道乃可止。"又说:"能正能静,然后能定。定心在中,耳目聪明,四肢坚固,可以为精舍。"前句是说,道无固定处所,碰到善心就安居下来,内心安静,气不紊乱,道就可以留处心中。后句是说,心能正静,便可安定,安定下来,不但耳目聪明,四肢坚固,而且可以成为精的住所。可见,道与精都留居于安定的心中,它们的性情都喜静恶燥。又说:"夫道者,所以充形也。"《心术下》说:"气者,身之充也。"可见,道与气都有充实形体的功用。作者再说:"灵气在心,一来一逝,其细无内,其大无外。"《心术上》说:"道在天地之间也,其大无外,其小无内。"道与灵气都是其大无外,其小无内,所占空间完全重合。之所以以"道"名之,是取其万物因以生成之意:"万物以生,万物以成,命之曰道。"在中国古代哲学史上,作者第一次用"精气"说来说明世界的统一性,虽然这种精气论仅概括表述了气构成天地万物的思想,但相比老子关于道无形无名的说法,作者的理论无疑赋予道以实在性与可知性,换句话说,他对道的表述要比老子的说法具体与直观。

道家主静,"心静气顺,道乃事止","修心静意,道乃可得","心能执静,道将自定",这个"静"字是多么有用与重要,它是道家求取真知的前提,是修道的原则与方法,离开这个"静"的原则,道就无法成就。可以说,这个"静"字包括了道家作功夫的方法、境界与层次。"静"字有两层含义。其一,指一个人要"虚其心",排除内心的个人情感与成见,它很像佛家所说的"空",但这个"空",绝对不是指现实存在层次上的"无",它是精神性的。其二,指对事物的认识是一个"感而后应"的反应过程。不应先入为主,先物而动,"静则得之,躁则失之"。这种修道的"静"功,就像"母鸡孵蛋"的执着精神,母鸡一门心思,无比耐心地守护着它的宝贝鸡蛋,任你踢它,赶它,它都不理睬,哪怕天塌下来,它都不管。如此功夫,可谓"静心"。

静心而能得道。"天主正,地主平,人主安静",类似这种天地并举的提法,综观《管子》全书,不乏其例。作者认为,天、地、人各有其行为运行的规律,尽管天是独立于人之外的客观之物,但它又同人的活动有着密切的联系,在它们的关系内,人的认识要与"天道"和谐一致。"能正能静"是获得"精气"留存心中的条件。"藏于胸中,谓之圣人",获得"精气"的人则被称为"圣人",作者把"能正能静"与"圣人"联系在一起,说明"天人合一"是其认识的基础。"人道"与"天道"是有差异和矛盾的,但作者认为这种矛盾不是不可超越的,他企图引导人们超越这一矛盾对立,由"静心"而"得道",即由"天人合一"而成为"圣人"。所以,在理论上,"人道"与"天道"在作者这里是完全可以统一的。作者正是身处乱世,面对"天道"与"人道"的分裂,才明确提出并力图解决这一问题的。

道家亦主寡欲、无知。老子说:"少私寡欲,绝学无忧。"绝学就是不要一切学问,什么知识都不执着,人生只凭自然,作者说:"凡心之形,过知失生。"过分追求知识,就要丧失生命,作者对知识的容纳程度比老子进一大步,但他又说:"知乃止矣。"这句话的分寸极难掌握,用白话解释,即知识达到"至善"的程度,就应当停止。何谓"至善"呢?可以说是"增之一分则多,减之一分则少"的完美程度,这种"程度",乃是作者十分重视的方法论的原则,求知突破了"度"的界限,必然给自身和他人以及整个社会带来重大危害,作者为什么强调"知乃止矣",道理就在此。

作者并没有看到人的需要本身是不断发展的,更没有看到知识是推动社会生产力向前发展的一个根本因素,没有看到人类智慧和文明进步恰是实现这一发展的根本条件。当然,人类社会的全面发展与进步,并不总是同步的,有时甚至是脱节的、矛盾的,作者看到了这些矛盾现象、脱节现象,但不知如何调整它们。这是时代的局限,作者在当时是无法获得这些知识的。

一物能化谓之神,一事能变谓之智。化不易气,变不易智,唯执一之君子能为此乎①。执一不失,能君万物。君子使物②,不为物使,得一之理。治心在于中,治言出于口,治事加于人,然则天下治矣。一言得而天下服③,一言定而天下听,此之谓也④。形不正⑤,德不来;中不静,心不治。正形摄德⑥,天仁地义,则淫然而自至神明之极⑦,照乎知万物⑧。中义守不忒⑨,不以物乱官,不以官乱心,是谓中得⑩。有神自在身,一往一来,莫之能思。失之必乱,得之必治。敬除其舍,精将自来⑪。精想思之,宁念治之,严容畏敬,精将至定⑫。得之而勿舍,耳目不淫。心无他图,正心在中,万物得度⑬。道满天下,普在民所⑭,民不能知也。一言之解,上察于天⑮,下极于地,蟠满九州。何谓解之?在于心治⑯。我心治,官乃治;我心安,官乃安。治之者心也,安之者心也。心以藏心⑰,心之中又有心焉。彼心之心,意以先言⑱。意然后形,形然后言。言然后使⑲,使然后治。不治必乱,乱乃死。精存自生,其外安荣⑳,内藏以为泉原,浩然和平,以为气渊。渊之不涸,四体乃固;泉之不竭,九窍遂通。乃能穷天地,被四海。中无惑意,外无邪灾。心全于中㉑,形全于外,不逢天灾,不遇人害,谓之圣人。

【今译】

　　接应于物,则化物而不为物所化,就叫作"神";接应于事,则事百变而不易其所守,就叫作"智"。物变而自己的气不变,事变而自己的智不变,这唯有坚持不变的君子才能做到吧。不变而不失,就能统治万物了。君子使用万物,不受物欲支配,是因为掌握了不变的原则。内在有一颗治理好的心,说出来就会是治理好的话,交给民众的就是治理好的事,这样天下也就会治理好了。所谓"一言得而天下服,一言定而天下听",就是这个道理。外形不端庄的人,一定是内德没有养成;内在不虚静的人,一定是心没有治好。端庄外形,修饬内德,如天之仁,如地之义,那就能逐渐到达神明的境界,完全地认识万物。内心虚静而不生差错,不让物欲扰乱五官,不让五官扰乱内心,这就叫"中有所得"。本来,"神"存心中,不过一往一来,难以猜测,但心中失去了神就纷乱,得到了神就安定。认真地把心中的物欲清除干净,"精"就会自然到来。养精安神记住它,宁息外念清理它,抱着认真而畏敬的态度,"精"就会极为安定。得到"精"而不舍弃,耳目等器官就不会迷惑了。内心别无所图,只一个平正之心在里面,对待万物就会有正确的标准。道充满天下,并且普遍地存在于人们身边,人们却不能认识它。只要有一句话的了解,就能够上通于天,下达于地,而且布满在九州。怎样了解呢?就在于心能平定。我的心能平定,五官就会平定;我的心能安静,五官就会安静。平定要由心,安静也要由心。心中包含着心，心里面又有个心。那个心中之心，先有意识，然后再说出话来。有了意识，然后理解具体形象，理解形象，然后有话可讲。有了话，然后有使唤调遣的作用，有了使唤调遣作用，然后可以治理事物，不能治理，必然造成混乱，混乱则就会造成灭亡。精存于心，人就自然生长，其外表就会安闲而光亮，内部的包藏是一个不竭的泉源，浩大而和平，形成气的渊源。渊源不枯竭，四肢才能坚强；泉源不淤塞，九窍才能通达。这样就能完全认识天地，广及四海。心中没有迷惑不清的东西，体外就不存在邪恶的灾祸。心在内部保持健全，形体在外部保持健全，不逢天灾，不遇人害，这样的人就叫作圣人。

【注释】

① 执一：坚持专一。执，保持或坚持。一，指专一，意谓不变。② 使物：役使万物。 ③ 一言得：指一言得当。 ④ 此：原文为"公"，据《管子集校》改。 ⑤ 形不正：指外形不端正。形不正，德不来：谓外形不端正，原因在于内德不修。 ⑥ 摄德：修饬内德。⑦ 神明：本文神与精、气、道皆通。神明之极：谓神明的最高之境。⑧ 照乎知万物：指明彻认识天下事物之意。 ⑨ 中义守："义"字疑为衍，故译文不作解释。 ⑩ 中得：谓内有所得，指得道言。 ⑪ 精：此处精与神乃同义词。 ⑫ 至定：极为安定之意。 ⑬ 度：标准。⑭ 民所：百姓的住所。 ⑮ 察：通"际"，意为推及、到达。 ⑯ 治：平定。原文为"安"，据《管子集校》改。 ⑰ 心以藏心：前"心"，指心；后"心"，指精或神。 ⑱ 意以先言：谓意识在语言之前。原文为"音以先言"，据《管子集校》改。下文"意然后形"指有了意识然后再理解具体形象。此"意"字原文亦作"音"，同改。 ⑲ 使：命令，使役。⑳ 安荣：安，指安详不躁；荣，指光亮有生气。 ㉑ 全：谓不缺不损，犹今言之健全。

【评析】

修道全在于用功，功夫最重要，也是最难的事，想修道的人，应该先要彻底了解真正的方法。所以,作者一而再、再而三地向人们说明修道方法。

本段有三个要点。"化不易气,变不易智,唯执一之君子能为此乎",是第一步修心养气的要点。"敬除其舍,精将自来",是第二步修习内养的要点。"正形摄德,天仁地义,则淫然而自至神明之极",是第三步修心成就的要点。

首先要解决第一步"专一"的问题。世事千变万化,人们对具体事物不可能都了解,但修道的君子能进修到专一的地步,便可同天地日月一样,什么都能看见,都能了解,任凭万物变化,君子能超越一切,制裁万物,能化物而不为物化,能应事而不为事累。气是生命的泉源,是生发智慧的主体,专心一意地坚守住气,修道便可成功。这是第一步修心养气的要点。

其次,假如一个人能够做到"化不易气,变不易智",也就差不多可"敬除其舍,精将自来"了。但很可惜,谁又真能修心养气而达到专一的地步呢?思想的纷烦、情感的变化、辛苦的劳动、生活的忙碌,常使自己的心灵营营困扰,疲乏不堪,心就像一间房子,其间存放着各种杂物,这些杂物好比人的物欲杂念,精气是不会进入这样的房间的,所以,必须将这些杂物全部清除干净,保持心的虚静,虚静指什么都没有,好比一张纯洁素白的纸。如果修到这种程度,精气就自然而然进入心中,心里只有精气,别无他念,可以说到了"专一"的境界。这是第二步修习内养的要点。

但是,精气进入心中,并非就能留存得住,精气博大精深,"一往一来",不可测度,还须修养"内德","正形摄德,天仁地义"。所谓内德,指心要像天地那样宽大为怀,包容万象。仁就是爱他人,不是爱自己,人对于自我,往往有一种无意识、本能的自爱,如果没有一种自觉的爱人的文化责任感,便会丧失爱人的意识,自爱而不爱他人,最终会自我毁灭。义就是要端正自我,人由于有无意识、本能的自爱之心,而产生自我姑息、怜悯、包庇的意识,而放松自我修养、自我磨炼,对人则由于无宽容之心而十分严厉,因此,义要求注重自我的内心修养。天以阳生万物,是仁的文化精神的显示。地以阴成万物,是义的文化精神的显示。天地生成万物,公平无差,并不计较回报,这就是"天仁地义"的自然精神。仁义是中国文化中最高的道德原则和人生理想。实际上,我们仔细想一想,就可明白,气是不会停留在某一部位的,如果说可能,那已经不是气,而是气囊了,心里留存着一个气囊,当然是不可能的事,所以,所谓修道,其真谛是在于获取"天仁地义"精神。这便是第三步修心成就的说法,即"自至神明之极"的内圣界。到达内圣境界的人,必定生命旺盛,心智聪明,形容润泽,肤色光亮。

以上都是讲修道的本体。所谓本体是内心的修养,如何修道。修道的作用,是出而外王,转入用世之道,即"能君万物"而"天下治矣"。这是修道的作用。下面还会谈到。

人能正静,皮肤裕宽①,耳目聪明,筋信而骨强。乃能戴大圜②,而履大方,鉴于大清,视于大明。敬慎无忒,日新其德,遍知天下,穷于四极。敬发其充③,是谓内得。然而不反,此生之忒。

凡道,必周必密,必宽必舒,必坚必固。守善勿舍,逐淫泽薄④,既知其极⑤,反于道德。全心在中,不可蔽匿,和于形容⑥,见于肤色。善气迎人,亲于弟兄;恶气迎人,害于戎兵。不言之声,疾于雷鼓。心气之形,明于日月,察于父母。赏不足以劝善,刑不足以惩过。气意得而天下服⑦,心意定而天下听。

抟气如神⑧,万物备存。能抟乎?能一乎?能无卜筮而知吉凶乎?能止乎?能已乎?能勿求诸人而之己乎?思之,思之,又重思之。思之而不通,鬼神将通之。非鬼神之乃也,精气之极也⑨。

【今译】

人如能达到正心静意的境界,外形就表现为皮肤丰满,耳目聪明,筋骨舒展而强固。进而能够顶天立地,目光如同清水,观察如同日月。认真谨慎地做事与说话,而不出差错,德行将与日俱新,天下四极,无所不知。这样恭敬地充实其内在的精气,就叫作内心有得。然而有的人不是这样地要求自己,那是生活中的差错造成的。道,一定是周全而细密、宽大而舒和、坚实而且强固的。能做到守善而不放弃,驱逐淫邪,去掉肤浅,完全理解守善的最高准则,就能返回到道德上来。健全的心在内部,外表是无法隐蔽的,自然地表现在形体容貌上,也表现在肌肤颜色上面。善气迎人,相亲如同兄弟;恶气迎人,相害如同刀兵。这种没有说出的声音,比惊雷击鼓还传得快。这种心和气的形体,比日月更为明亮,比父母了解子女更为透彻地体察事情。赏赐不一定能够劝善,刑罚不一定能够惩过,而能正心养气,天下就可以心服,能安心意定,天下就可以听从。如果做到专心一意于气,就能像神明那样,把万物完全收存在心中。问题是世人能做到专心吗?能做到一意吗?能够做到不用占卜而预知凶吉吗?能够要停就停吗?能够要完就完吗?能够做到不求于人而靠自己解决问题吗?思考又思考,再反复思考,思考而不通,鬼神将来帮助你完成思考。其实这不是鬼神的力量,而是精气的最高作用。

【注释】

① 裕宽:丰裕宽舒。 ② 大圜:指天。下句大方,指地。古人谓天圆地方。 ③ 充:指充实内部的精气。 ④ 泽:通"释",读音亦作"释"。 ⑤ 既:尽。 ⑥ 和:疑为"知"字之误。译文作"知"解。 ⑦ 气意得:与下句"心意定"含义相近。得指得当,定指安定。此二语,皆谓内心修养之重要。 ⑧ 抟:古"专"字,即专心。下文"能抟

乎"的"抟"字同。原文均作"搏",据《管子集校》改。抟气,指专心一意养气。 ⑨ 极:最高,此指精气的最高作用。

【评析】
由内圣出而外王,是道家和儒家的共同理想。但是所谓"圣"一词的含义,两家不同。儒家的"圣"主要指个人的品质(非政治的),圣王是修养最完善的人,即个人达到道德高尚的顶峰。道家的"圣"则主要是基于他的理解力而不是道德高尚,圣人的任务是理解"道",以便在一个变化的世界中能适得其所地生活。在道家的思想中,"道"是变化中的永恒存在,"道"虽然无法用语言来描述,但"道"是一个整体,它体现在一切事物之中,万物变化并没有什么终点或者目标,它们只是按照某种有规律的方式自然发生,人应该知道这种变化的规律,以便适应它们。

由于"圣"的内涵不同,儒家与道家的修养途径也不同。儒家的修养过程可分为内、外两个方面。前一方面即所谓"内省",依靠自己的努力,后一方面是效法楷模(即已成功地进行自我修养的个别人)的态度和行为。对儒家来说,后者是更有效的一条途径,所以在儒家的许多经籍中都暗含着这一设想,它们经常描述有修养之人充当他人仿效的楷模,赞扬道德楷模在改变人们行为方面的功效。这种方法在中国古代,尤其在教育方面,产生深远影响,可以说,整个古代中国历史中充满了供人们效法的楷模,比如,关羽是忠诚的楷模,舜是孝顺的楷模。

在道家思想中,"德"是存在于个体中的"道","道"与"德"的关系被描绘成类似于未经雕刻的一块木头与被加工成的木板的那种关系。"德者道之舍"(《心术上》),作为每个人的"道","德"是内在的,要认识内在的"道",即"德",唯一的途径是内省,用现代语来讲,就是认识主体的内在修养。作者提出"精气"说,其意义在于开拓了认识主体修养的方法,因为在当时,人的聪明智慧被认为来自于神附在人体上的作用,"如是则神明降之,在男曰觋,在女曰巫"(《国语·楚语》)。"精气"说则认为,生命是精气与形体的结合,形与神是一致的,智慧不是由于神的降临,而是由于人们认识主体的修养。我们知道,客观事物往往是复杂而多变的,一事当前,由于认识的差别而所见各异,只有依赖于人的自我意识的选择性和定向性,才能排除干扰,获得正确和完整的认识。自我意识的自觉注意,取决于内在修养的功夫,"精气"说就是通过意识进行内在修养。作者还强调,一个修道的人,不仅要保持内心原有的精气,还要发展内部的精气,"精气"是主体与客观对象相互沟通而产生智慧的源泉。这种观点完全排除了人对神的依附,推进了中国认识论的发展。

内在修养的任务是寻求"道"所给予的启发,顺从"道"的指导。作者告诉人们,谨慎地保持"正静"而不出差错,是拥有与发展内部精气的途径,其方法如前所说,第一是效法天。天对于人,可以说是有利而无害,天生养、保护人类,为人类之庇护所,无论富贫、善恶,天都以大公无私的精神公平相待,任人自然地生活,不加干预,这些都是天对人的有利之处。天不据有人类,不发号施令宰制人类,不教化人类,这些都是天对人的无害之处。人类因此而能各适其性、各遂其生地生活。天的伟大之处还在于,天生养人类,不炫其功,不据其功,和光同尘,终不自以为伟大。我们人生在世,岂不应效法天这种广大为怀、无为不争、公正平等的伟大精神?用一个字概括这种精神,就是"正",即不偏不倚。第二是守静。保持心灵的宁静,让心灵处于平静安然的状态,犹如午夜的星空、深秋的湖水,不怀任何欲念与成见,去掉一切浮躁的、急功近利的情绪,耐心而仔细、专心而一意地观察理解事物的发展变化,高度集中注意力,以达到"忘我"的程度,就能完全把握客体,掌握宇宙万物之规律,而这都是精气的作用。"正静"的境界,体现出作者的修养论和认识论。

作者相信,达到这一境界的人,便能成为全知全能的圣人。圣人如同天地一样高大和完美,人们希望有这样的圣王出来治理天下,这样的圣王会给人们以最大的自由。这种自由并非指允许个人控制自己命运意义上的自由,因为没有一个人可以这样做,它是指没有外界强制或压制意义上的自由,意在避免既有的制度会阻止人们按照自己的本性自发地行动。"气意得而天下服,心意定而天下听",这样的政府将是最长久的政府。显然,这样的圣王是理想中的,作者生活在多事之秋,从他的向往中,却能反照出当时现实人生中的矛盾和痛苦。

四体既正,血气既静,一意抟心,耳目不淫,虽远若近。思索生知①,慢易生忧②,暴傲生怨③,忧郁生疾,疾困乃死④。思之而不舍,内困外薄⑤,不蚤为图,生将巽舍⑥。食莫若无饱,思莫若勿致⑦,节适之齐⑧,彼将自至。

凡人之生也,天出其精,地出其形,合此以为人。和乃生,不和不生。察和之道,其情不见⑨,其征不丑。平正擅匈⑩,论治在心⑪,此以长寿。忿怒之失度,乃为之图。节其五欲,去其二凶,不喜不怒,平正擅匈。

凡人之生也,必以平正⑫。所以失之,必以喜怒忧患。是故止怒莫若诗,去忧莫若乐,节乐莫若礼,守礼莫若敬⑬,守敬莫若静。内静外敬,能反其性,性将大定⑭。

凡食之道:大充⑮,伤而形不臧;大摄⑯,骨枯而血沍。充摄之间⑰,此谓和成⑱,精之所舍⑲,而知之所生。饥饱之失度,乃为之图。饱则疾动⑳,饥则广思㉑,老则长虑㉒。饱不疾动,气不通于四末㉓;饥不广思,饱而不废㉔;老不长虑,困乃遫竭㉕。大心而敞㉖,宽气而广,其形安而不移,能守一而弃万苛㉗,见利不诱,见害不惧,宽舒而仁,独乐其身,是谓云气㉘,意行似天。

凡人之生也,必以其欢㉙。忧则失纪㉚,怒则失端。忧悲喜怒，道乃无处。爱欲静之，遇乱正之㉛，勿引勿推，福将自归。彼道自来，可藉与谋，静则得之，躁则失之。灵气在心㉜，一来一逝，其细无内，其大无外。所以失之，以躁为害。心能执静，道将自定。得道之人，理丞而毛泄㉝，匈中无败㉞。节欲之道，万物不害㉟。

【今译】

　　四体都端正，血气都平静，一心一意，耳目不受物欲的迷惑，那么，对于遥远的事物就像近旁的事物一样了解。思索产生智慧，懈怠疏忽产生忧患，急暴傲慢产生怨恨，忧郁产生疾病，疾病严重导致死亡。一个人不停地思虑，就会困于内忧，迫于外患，如不尽早想办法，生命就将离开他的身躯。吃东西不宜过饱，思虑不宜过甚，调节得当，生命自会到来。

　　人的生命，是天给予他精气，地赋予他形体，二者结合而成其为人。二者和则有生命，不和则没有生命。观察"和"的规律，它的实情不为人所能看见，它的征象亦无从类比，却能使平和中正充满胸际，融化在心中，这就是长寿的根源。忿怒过度了，应当想办法消除，节制五种情欲（耳、目、口、鼻、心），除去两种凶事（喜、怒），不喜不怒，平和中正就能充满胸际。

　　人的生命，一定要依靠平和中正，丧失生命的原故，必定是因为喜怒忧患。因此，节制忿怒莫过于诗歌，消除忧冈莫过于音乐，控制享受莫过于守礼，遵守礼仪莫过于保持敬慎，保持敬慎莫过于虚静。内心虚静，外表敬慎，就能恢复本性，本性也将大大地得到安定。

　　饮食的规律：吃得过饱，要伤胃而身体不好；吃得太少，会骨枯而血液寒滞。吃得数量适中，才能实现舒和，使精气有处停留，智慧也就能够生长。如果饥饱无度，那就要想办法解决。太饱了就要赶快活动，太饿了就要停止思考，老年人更要少动脑筋思考。吃饱而不赶快活动，血气就不能通流于四肢；饥饿而不停止思考，吃饱也不能消除饿意;老年人不珍惜思虑,衰体就加速死亡。心胸宽广而阔大,意气宽舒而开阔,形体安定而不游移,能坚持一心一意而不为外物所骚扰,见利而不受引诱,见害而不生恐惧,心胸宽舒而仁慈,自身能独善其乐,这些就叫作"运气"的功夫,而且意念的流行也好像升行在天空一般。

  人的生命,必定要依靠欢畅。忧愁与恼恨必然会失去生命的正常程序。内心有忧悲喜怒,"道"就无处可容。有了贪欲就要平息它,有了杂乱的想法就要纠正它。不要人为地引来推去,幸福将自然而然地降临。道是自然到来的,人可以凭借道的到来而予以谋虑,虚静能够得到道,急躁就会失去道。灵气在人的心里,一来一逝,它小得可以说其小无内,它大得可以说其大无外。人失掉灵气的原故,是由于受急躁所害。如果心能够平静,道自然会安定下来。得道之人,邪气会从肌肤毛孔中蒸发排泄出去,胸中不存在郁积败坏的东西。能实行节制物欲的道,就可以不被万事万物危害了。

【注释】

① 思索:思考。思索生知:谓智慧产生于勤思。知,通"智"。 ② 慢:懈怠,疏慢。 ③ 暴傲:凶暴、残暴,骄傲、傲虐。 ④ 困:困窘,困迫。疾困乃死:言生病时间长久,人被折磨而至死亡。 ⑤ 薄:借为"迫",窘迫。内困外薄:言内外交困,受到内忧外患的胁迫。 ⑥ 巽(xùn):同"逊",离开,退出。生将巽舍:言生命将不安其所而死去。 ⑦ 致:同"至"。 ⑧ 节适:节,指合宜之度。适,亦指适合而言。"节适之齐":齐,假为"剂",意指恰如其分的调剂。犹言调节合度。 ⑨ 情:原文为"精",据《管子集校》改。其情不见,其征不丑:言其实情看不见,其征象亦无从类比。丑,指类比。 ⑩ 擅匈:擅,指擅专,引申为充满,占据。匈,即胸。 ⑪ 论治:疑为"沦洽"之误。沦洽,即充满、调和之意,译文作"沦洽"解。 ⑫ 平正:《心术》下为"正平",皆指平和中正而无喜怒忧患之意。 ⑬ 敬:指敬慎,犹言认真恭敬。 ⑭ 性将大定:"性"的含义姑且与"精"相同。大定,意即大为安定。 ⑮ 大充:谓过饱。大充,伤而形不臧:言饮食过饱则受伤而形体不好。

不臧,即《诗·邶风·雄雉》中"何用不臧"之"不臧",意为不善。　⑯ 大摄:摄,指敛抑。大摄,即过于节省。饮食过少,则骨髓不荣而血液流动不旺,故谓骨枯而血沍。沍(hù),指寒滞。　⑰ 间:中间。"充摄之间":承上文大充、大摄而言。大充为过多,大摄为过少,此即言饥饱适度。　⑱ 和:舒和。"和成",指血气和而形体成。　⑲ 舍:住所,留处。精之所舍,而知之所生:指饮食调和,可以养其精而益其智。　⑳ 疾动:犹言速动,意谓抓紧时间活动,以利于消化。　㉑ 广思:读为"旷思",即停止思考。旷,指废止。　㉒ 长虑:珍惜思虑,即不要轻易动用脑筋。　㉓ 四末:四肢之末。气不通于四肢之末,意指塞滞。㉔ 废:《管子集校》注曰:"废,止也。"　㉕ 困:《说文》:"故庐也。"此处借喻为老人躯体。困乃遬竭:言老年之躯体速死。据《管子集校》,"遬"同"速"。　㉖ 敞:原文为"敢",据《管子集校》改。"大心而敞"与"宽气而广",并列为文。　㉗ 苛:骚扰,烦扰。　㉘ 云:意同"运"。㉙ 欢:欢畅,犹言心情舒畅。　㉚ 纪:纲纪,引申为秩序,程序。下句"端"字指端绪,也有秩序、程序之意。　㉛ 遇:通"愚"。愚乱,即邪乱、烦乱。　㉜ 灵气:指道言。此处之灵气"其细无内,其大无外",《心术》上则云:"道在天地之间也,其大无外,其小无内",所论大致相同。　㉝ 理丞:理,指肌理。丞,读为蒸,意即蒸发。此言从皮肤纹理中蒸发出来。毛泄:毛,指毛发,原文为"屯",据《管子集校》改。泄,指排泄。此言从毛孔中排泄出去。　㉞ 败:败蚀,腐败。匈中无败:言得道之人,其体内郁积败蚀之物,皆从肌理毛孔中蒸泄出去,故不积留胸中而无败。　㉟ 节欲:节制嗜欲。

【评析】

俗话说"三句话不离本行"。道家谈修道,必要谈养生,对道家来说,养生也就是修道。前面讲到修道三要点,由"化不易气,变不易智"而"精将自来",到达"自至神明之极"的内养之道,已有所成,但从养生角度观察,又有两个要点必须做到,方能构成"入于内圣"的完整系统。首先要心情舒畅,其次是饮食得当。这两点看似简单,其实不易。它的内涵,用一个字来概括,是"和",即指心、身两方面均达到和谐、调和之境界。

作者说:"凡人之生也,天出其精,地出其形,合此以为人。和乃生,不和不生。"春秋战国时期,和是作为对客观事物的多样性的认识。所谓和,指的是诸多对立要素的相济相合。《国语·郑语》记载:史伯在回答郑桓公"周其弊乎"时说:"夫和实生物,同则不继。以他平他谓之和,故能丰长而物归之。若以同裨同,尽乃弃矣。"史伯寓人于自然,异质事物的多样统一或结合,这便是和。和才能生发新事物,使百物丰长;相同事物的相加,既不能产生新事物,也不能发展。所以作者提出:"和乃生,不和不生。""和"体现在心理方面,是心情舒畅。"凡人之生也,必以其欢。"这个"欢"字,意指心情舒畅,尹知章注:"欢则志气和,故生也。"心里有忧悲喜怒,精气不会停留,生命就失去正常秩序。要去掉这些情绪,有多种方法,如"止怒莫若诗,去忧莫若乐,节乐莫若礼",作者认为诗歌、音乐、礼仪的熏陶,可以使人的情绪发生变化。这种看法很符合儒家的观点,在儒家看来,《诗》《礼》《乐》都是道德教育的工具,人要满足欲望,《诗》《礼》《乐》能予以调节,而且它们有另一种功能,就是使人文雅,在这个意义上,它们能使人的情感得到净化、雅化。

然而从根本上看,这些方法都是短暂的。道家在方法论上相当彻底,例如,老子赞成这样的方法:"绝圣弃智""绝仁弃义""绝巧弃利""绝学无忧",等等。况且养生最关键在于静心,所以,根本的方法还是主"静"。作者指出:"守敬莫若静","心能执静,道将自定"。内心充满欲望,必然会躁动不安,只有去欲,人心才能静如幽谷之溪流,达到和谐之自然状态。人欲有两种,分为自然之欲与人为之欲。自然之欲是生存之欲、生理需要之欲;人为之欲是指发自人的欲念,或生于人的心志,因有人为的因素在内,故称人为之欲。人为之欲包括物欲、名欲。作者强调去欲,是指去掉人为之欲,而不是去掉自然之欲。作者认为,人为之欲有害于身、心两方面。在身体方面,如果纵情声色,贪图口腹之欲的满足,始则削弱官体之机能,继则伤损身体健康,使人很快衰老,终则加速死亡。从心理方面讲,人为了满足欲望,往往不择手段,巧取豪夺,盗窃抢掠,而一旦有了富贵、名位,便容易骄纵傲慢,按照自然法则"持而满之,乃其殆也",所以人心要知足。知足是对欲念无限贪求的制止,是釜底抽薪的办法,如果只是在行动上知止而无内心的知足,这种知止必定是暂时的,是被动而非自愿的,是为避祸不得已而为之,因此,一旦有可能,仍会继起贪心。只有内心知足,才会彻底止欲,不再贪心,才"能守一而弃万苛,见利不诱,见害不惧"。到此地步,自然内静外敬,心平气和,心情舒畅。表现在外表上,则是生命力蓬勃旺盛,身体平安润泽,四肢九窍强健灵通。

"和"体现在身体方面,要饮食得当。饮食的规律,是做到"舒和",不能多吃,也不能少吃。饮食太饱,会伤胃而身体不好;饮食过少,营养不足而产生贫血。这些都会导致体内之气不流畅,不利于养生,所以饮食要适中。古人认为,饮食之道与人体之气有很大关系,如《吕氏春秋·重己》篇指出:"味众珍则胃充,胃充则中大鞔,中大鞔则气不达。"王夫之也认为:"食之于人,乃以生气,气清则理晰,气浊则理隐,气充则义立,气馁则义丧;诸能使气浊而不充者,岂但伤生,而抑以戕性矣。"(《读四书大全说》卷五)他把饮食养生之道同精神修养上的养气之道联系起来了。

心、身两方面都进入"和"的境界,一定是健康、长寿之人,因为"和"体现着"柔",柔软的身体象征着活力。比如一个两三岁的儿童,骨软筋柔,得病易愈,受伤易合。相反,人到了老年时,生命力衰竭,骨头和筋都很生硬,抵抗力弱,愈合力也弱,那是因为生硬的体格不易使体内的精气流通。所以,修道的人,一生都要保持"和"的状态。

二十一、弟　子　职

【解题】

《弟子职》是一篇记述小学教育条目的文章。本篇所记,主要是学堂的学则,多洒扫应对进退之事。第一节为学习的志向、态度与品德修养,可视作本篇的总则。以下分为数项规条,即早作、受业、对客、馔馈(侍奉先生就食)、用餐(学生集体就食)、洒扫、执烛、请衽、复习等。郭沫若认为:"《弟子职篇》当是齐稷下学宫之学则,故被收入《管子》书中。"(见《管子集校·弟子职篇》)此说合符历史背景。

《汉志》将本篇列入《孝经》类,朱熹《仪礼经传通解》卷十收入本篇,则其价值可知。

先生施教,弟子是则①,温恭自虚,所受是极②。见善从之,闻义则服③。温柔孝悌,毋骄恃力。志毋虚邪④,行必正直。游居有常⑤,必就有德。颜色整齐,中心必式⑥。夙兴夜寐,衣带必饬。朝益暮习,小心翼翼。一此不解⑦,是谓学则。

【今译】

先生授教,学生遵照学习,谦虚恭敬,所学才能彻底掌握。见善就跟着去做,见义就身体力行。性情温和孝顺,不要骄横而自以为是。心志不可虚邪,行为必须正直。出门居家都要遵守规矩,要与有德之士交友。容颜、外表保持端正,内心必然合于规矩。早起晚睡,服饰必须整齐。朝学暮习,总是要小心谨慎。专心遵守这些要求而不懈怠,这就是学习规则。

【注释】

① 则:效法。弟子是则:谓学生当以先生所教授者效法之,意即遵照而学习之。此段总言学生学习的规则。　② 极:尽,最大限度。所受是极:谓既受师教,就应尽心学好。或指学习彻底之意。　③ 服:行。《尚书·说命中》:"乃言惟服。"此指身体力行。　④ 虚:虚伪。虚邪:谓虚伪不正。　⑤ 游居:游,指出游。居,指居家。游居有常,谓出门居家皆须遵守规矩。　⑥ 式:法式,规范。　⑦ 一:专一。一此不解:犹言专心一意于此而不懈怠。解,通"懈"。此,指上述规则。

【评析】

本篇比较详细地记述了春秋战国时期,小学生在学的规则与纪律。

我国古代学校教育,起源很早。大约在商代,贵族已有学校,到西周,已有比较完备的学校制度,有所谓小学和大学,这在许多讲"周礼"的书上都有记载,如《大戴礼记·保傅》《公羊传》《白虎通·辟雍》。记载较为详细的是《礼记·内则》:"六年教之数与方名。……九年教之数日。十年出就外傅,居宿于外,学书记。……朝夕学幼仪,请肄简谅。十有三年学乐、诵诗、舞勺。成童(注:'十五以上。')舞象,学射御。二十而冠,始学礼,……博学不教,内而不出。"

当时把贵族儿童教育分为三个阶段:(一)六至九岁在家中学习,学习简单的数字、方名、干支等。(二)十岁"出就外傅,居宿于外",便是入小学,就像现代的寄宿学校。学校"教之以洒扫、应对、进退之节,礼乐、射御、书数之文"(朱熹《大学章句序》)。(三)十五岁为成童,以学习音乐、射御为主。这时该已入大学,音乐、射御正是大学的主要课程。到二十岁举行"冠礼"后,便为"成人"。

本篇为小学教育的条目,学生年龄当在十至十五岁之间。这里须说明一点,"小学"这个概念,在古代中国的不同历史时期,有不同的内涵。早在周代,"小学"与"大学"对举,是指为贵族子弟而设的初级学校。但从西汉到清末,几乎与整个封建社会相始终,"小学"都是指一种学问,即指研究中国语言文字的学问。

古人称学生为"弟子",中国古代老师看待学生,如同自己的儿子。中国的文化,师生有如父子,所以历史上有"一日为师,终身为父"的情况。君道、臣道、师道,是中国古代文化中的三道,其中师道精神塑造了中国人尊师重道的观念。老师称学生为弟子,弟等于兄弟,有手足之情,子又等于自己的孩子,所以称学生为弟子,再传称门人。弟子职,是学生在求学中所要遵守的规则。

中国古代教育思想中有一个突出特点,就是非常重视立志,他们把立志放在学习的首要位置。所谓"志",即"心之所之"(《论语·为政》),指意志、志向,包括思想态度。尤其汉代以后,教育家不仅十分重视立志,而且把立志与勤奋、成就结合起来,形成一种规律性的认识:立志而后勤奋,勤奋而后有成。如诸葛亮在《诫子书》中明确指出:"才须学也,非学无以广才,非志无以成学。"又如明代王守仁说:"凡学之不勤,必其志之未笃也。"都强调学习必先立志。朱熹甚至将立志比喻为人之饮食,很是重要,他说:"立志要如饥渴之于饮食。"作者提出"志毋虚邪",就是讲志。一般来说,立志是儒家强调的话题,如孔子将立志作为进德的初阶,他自己已有"十有五而志于学"(《论语·里仁》)的立志进德的经验。孔子认为人的人格力量要比权势大得多,"三军可夺帅也,匹夫不可夺志也"(《论语·子罕》),是其著名格言。所以,他把培养人格作为教育的重要任务。他又认为人格力量来源于意志。他说:"为仁由己。"(《论语·颜渊》)"吾欲仁,斯仁至矣。"(《论语·述而》)孔子所说的志,是指在道德理性支配下的意志,故他强调"志于道""志于仁"(《论语·里仁》)。除了孔子,孟子、荀子无一不重视立志。而在秦汉之前,对于意志力量的重视程度,很少有超过孟子者。孟子认为一个人的心性品德修养的功夫,首先在于"尚志",有人向他请教："何谓尚志？"他回答说："仁义而已矣。"（《孟子·尽心上》）孟子对于人格力量的强调，莫过于对具有"浩然之气"气概的崇尚，他说："夫志，气之帅也；气，体之充也。夫志，至焉；气，次焉。故曰：持其志，无暴其气。"（《孟子·公孙丑上》）孟子所说的气，是一种充满于四体的磅礴之正气，一个人有了这种正气，就能刚正不阿，威严凛然。要养好气，则必先持志，所以，孟子十分重视在恶劣的条件下进行意志的磨练："苦其心志，劳其筋骨，饿其体肤，空乏其身，行拂乱其所为。"（《孟子·告子下》）孟子对志的看法，是孔子"仁"思想的进一步发展。

先秦道家与儒家的主张不同，他们从"法自然"的角度，倡导"弱其志"。老子说："是以圣人之治，虚其心，实其腹，弱其志，强其骨，常使民无知无欲，使夫智者不敢为也。"（《老子》第三章）老子认为，人的意志是以强勉力行为特征，即通过人为去达到一定的目的，这是不符合自然规律，而应予以否定的东西。从整体看，先秦儒家重视意志的自觉性原则，道家则重视意志的自愿性原则。作者虽属道家思想流派，但他并不否定"志"，而是强调"志毋虚邪，行必正直"，"见善从之，闻义则服"，体现儒家重视道德理性的思想。而且从整篇看，这种思想表现更为明显。

"温恭自虚，所受是极"，作者告诫学生：谦虚才能学到知识。因为不虚心求学，必然眼光狭小，骄傲自大，古人很早就讽刺这种人为井底之蛙，韩愈后来由井蛙为喻发展到以人为喻，说："坐井而观天，曰天小者，非天小也。"（《原道》）以坐井观天来讽刺那些目光狭小而又不肯虚心求学的人。与之相反，深受古人赞颂而传为佳话的事例是"程门立雪"（《宋史·杨时传》）。杨时年已四十岁，为了向当时的大学问家程颐求教，在程颐闭目端坐时不肯打扰，宁愿侍立不去，直至门外的雪积到一尺多深，程颐才发现。由此可见杨时尊师重道、虚心求学的精神。这种精神直至今日仍为人们所颂扬，并成为人们学习的座右铭，即"虚心使人进步，骄傲使人落后"。

人生需要朋友。法国谚语："人生无友，恰似生命无太阳。"中国古人云："君子诎于不知己而信于知己。"(司马迁《史记·管晏列传》)讲的都是朋友的重要性这个道理。由于人生对朋友的渴求,亦愈益显示择友的重要性。古人对这点早有明确认识,古人说:"得贤师而事之,则所闻者尧、舜、禹、汤之道也;得良友而友之,则所见者忠信敬让之行也。"(《荀子·性恶》)认为朋友的影响并不亚于老师,他们都能起到熏陶和潜移默化的作用,故有"良师益友"的成语。简单说,朋友有两种:益友和损友。"大凡敦厚忠信,能攻吾过者,益友也;其谄媚轻薄,傲慢亵狎,导人为恶者,损友也。"(《朱子大全》)与益友交往,好比拥有一笔宝贵的精神财富,西人所谓"财富不是朋友,而朋友却是财富",终身受益无穷。交上损友,即对自己有害的朋友,学到无益的东西,非但无用,反而有害。作者主张"必就有德",要选择贤德的人作为朋友,贤德的人能够使朋友心地善良,而且也能规劝朋友改过自新。反之,假如结交谄媚的小人,既听不到他的规劝之言,而且可能会怂恿朋友去做坏事,这样就会损害朋友的身心品格。所以,对于谨慎择友的道理,《孔子家语》中就有这样一个形象的比喻:"与善人居,如入芝兰之室,久而不闻其香,即与之化矣。与不善人居,如入鲍鱼之肆,久而不闻其臭,亦与之化矣。"这个比喻,至今仍闪烁着真知的光彩。

此节可视为本篇的总则,作者在讲完"一此不解,是谓学则"之后,再给我们申述了许多学生在学的规矩与纪律。下面就是对这个总则的申述。

少者之事,夜寐早作。既拚盥漱①,执事有恪②。摄衣共盥③,先生乃作。沃盥彻盥④,汎拚正席,先生乃坐。出入恭敬,如见宾客。危坐乡师⑤,颜色毋怍⑥。受业之纪,必由长始;一周则然,其余则否。始诵必作,其次则已。凡言与行,思中以为纪⑦,古之将兴者,必由此始。后至就席,狭坐则起⑧。若有宾客,弟子骏作⑨。对客无让⑩,应且遂行,趋进受命。所求虽不在,必以反命。反坐复业。若有所疑,捧手问之⑪,师出皆起。

至于食时,先生将食,弟子馔馈。摄衽盥漱,跪坐而馈。置酱错食⑫,陈膳毋悖。凡置彼食:鸟兽鱼鳖,必先菜羹。羹胾中别⑬,胾在酱前⑭,其设要方。饭是为卒,左酒右浆⑮。告具而退,捧手而立。三饭二斗,左执虚豆⑯,右执挟匕⑰,周还而贰⑱,唯嗛之视⑲。同嗛以齿,周则有始,柄尺不跪⑳,是谓贰纪。先生已食,弟子乃彻。趋走进漱,拚前敛祭㉑。先生有命,弟子乃食。以齿相要,坐必尽席㉒。饭必捧擥㉓,羹不以手。亦有据膝,毋有隐肘㉔。既食乃饱,循咡覆手㉕。振衽扫席㉖,已食者作,抠衣而降㉗。旋而乡席,各彻其馈,如于宾客。既彻并器㉘,乃还而立。凡拚之道:实水于盘,攘臂袂及肘,堂上则播洒,室中握手。执箕膺揲,厥中有帚。入户而立㉙,其仪不贷㉚。执帚下箕,倚于户侧。凡拚之纪,必由奥始㉛。俯仰磬折㉜,拚毋有彻㉝。拚前而退,聚于户内。坐板排之,以叶适己,实帚于箕。先生若作,乃兴而辞。坐执而立,遂出弃之。既拚反立,是协是稽㉞。

【今译】

　　小学生的本分,应该晚睡早起。晨起先清扫席前,而后洗手漱口,做事情要恭敬谨慎。轻提衣襟,小心为先生准备好盥洗之器,先生既已起来,服侍先生洗完便撤下盥器,洒扫室屋摆好讲席,先生就坐,开始讲席。学生进出要恭恭敬敬,如同会见宾客。端正地面对老师坐着,不可随意改变表情。接受先生讲课的次序,必须从年长的同学开始。第一遍这样进行,以后则不必如此。首次诵读必须起立,以后则无须这样。一切言语、行动,以牢记中和之道为准则,古代成大事者,都是这样开始做起。后到的同学入坐,旁坐者应及时站起。如果有宾客来到,学生要迅速起立。接客不可失礼,一边应酬一边行走,赶快进来向先生请示。即使来客所找的人不在,也必须返回来告知,然后回原位继续学习。学习中若有疑难,便拱手请求提问。先生下课走出,学生一律起立。

至用饭时候,先生将食,学生把饭菜呈上。挽起衣袖洗漱干净之后,跪坐着把饭菜呈给先生。摆放酱和饭菜,饭桌摆列不可杂乱。一般上饭菜的程序为:肉食(鸟兽鱼鳖)之前,必先上蔬菜羹汤。羹与肉相间排列,肉放在酱的前方,席面要摆成正方形状,最后摆上饭。左边放酒,右边放浆。饭菜上完即告退下,拱手立于一旁。一般是三碗饭和两斗酒,学生左手拿着空碗,右手拿着筷勺,将酒饭轮流添上,密切关注先生的杯碗是否将空。有多位先生空碗,就按年龄大小,分别一一添加。用长勺就无须跪着送上,这是添饭的规章。待先生食毕,学生便撤下食具,赶快为先生送来漱器,再清扫席前,并把祭品收起。先生准许之后,学生才能开始进餐。按年龄长幼坐好,坐位要尽量靠近饭桌。饭必须用手捧着吃,羹汤不能用手拿拣。两手可以凭靠膝头,不可双肘倚伏桌面。待至饭吃饱,用手拭净嘴边,抖动衣襟移开座位,吃完即起,提衣而离开桌面。稍后再回到席前,各自撤下所食,就像替宾客撤席一样。撤席后要把食器收起,学生再回去垂手站立。有关洒扫的方法:把清水倒进盆内,衣袖挽到肘部,厅堂宽大可以扬手洒水,内屋窄小则要掬手轻泼。手拿簸箕时,箕舌要对着自身,簸箕里要同时放进扫帚。然后到屋里稍事站立,其仪止不能出差错。拿起扫帚就要同时放下簸箕,一般是把它靠在门侧。按照洒扫的规矩做事,必须先从西南的角落扫起。在屋内俯仰躬身进退,扫除时不能碰动其他东西。从前边往后边,边退边洒扫,最后把垃圾聚在门边。再用木板排进垃圾,注意箕舌要对着自己,再把扫帚放进簸箕。先生若此时出来有事,便上前告止。再蹲下取箕帚又站起来,然后出门倒掉垃圾。洒扫完毕仍然返回站立,这样做就合乎规矩。

【注释】

① 拚(fèn)：扫除。《礼记·少仪》："扫席前曰拚。"盥漱：漱洗。此节讲述关于漱洗、正席的规则。　② 恪：恭敬，谨慎。《诗·商颂·那》："执事有恪"，《毛传》："恪，敬也。"　③ 摄衣：轻轻提起衣襟。古人穿长袍，提起衣襟走动是为防止跌倒，并表示恭敬有礼。共：通"供"。共(供)盥：指供设盥洗之器。　④ 沃盥：用水浇手而洗。沃，指浇水。　⑤ 乡：通"向"。"危坐乡(向)师"：即正面对着先生端坐。　⑥ 怍：变动面色。　⑦ 纪：准则。"思中以为纪"：谓言行皆以牢记中和之道为准则。此段兼述学生受业与对客的规矩。　⑧ 狭：当作"挟"，在旁称挟。"挟(狭)坐则起"：意即旁坐者起身避让之。　⑨ 骏：迅速。刘玄《毛诗笺》："骏，疾也。"　⑩ 让：通"攘"，排斥，抗拒，此处引申为失礼。　⑪ 捧手：犹拱手。下节"捧手而立"同。　⑫ 错：同"措"，安放。后文"错总之法"中的"错"字同此意。此段记学生为先生呈食之礼。　⑬ 胾(zì)：细切之肉。　⑭ 胾在酱前：指摆设菜肴时，肉菜在前，酱碟在后。　⑮ 浆：原文为"酱"，据朱熹、洪颐煊说改。古时饮宴之后，以酒漱口称酳，以浆(水)漱口称漱。　⑯ 豆：古代食器。虚豆：犹今言空碗，为添饭方便，学生手里需拿着一只空碗。　⑰ 挟：通"梜"，筷子。匕：饭匕，取饭之具，即如今之饭勺。　⑱ 贰：再，重复。此处意指添饭。　⑲ 嗛：假为"歉"，《说文》："歉，食不满也。"朱熹云：食尽曰嗛。此处指碗中之饭吃空。唯嗛之视：之，读为"是"，即要求学生密切注视先生碗中的饭吃完，以便添饭。下文有"同嗛以齿"，嗛亦为"歉"，谓先生的饭碗同时吃空，则按其年龄循序为之添饭。　⑳ 柄尺：指饭勺柄长盈尺。柄尺不跪：谓饭勺柄长，跪而进食不便。　㉑ 祭：指祭品，古时每食必祭。敛祭：指饭后把祭品收拾起来。原文为"板祭"，据《管子集校》改。　㉒ 尽席：《管子集校》注："所谓'食坐尽前'，恐污席也。"此节说学生进食的规矩。　㉓ 捧擥(lǎn)：以手捧执。　㉔ 隐(yìn)：凭倚。隐肘：谓两肘凭靠案上作大伏状，有失礼仪。　㉕ 㕧：《集韵》："㕧，口旁曰㕧。"此处指用手擦之，为拭其不洁。　㉖ 振袵：抖振衣襟，指食毕离席时，恐衣襟被别人别物所压，故需抖动，再站

立离席。　㉗ 抠:提。抠衣:提衣而起以示尊敬。　㉘ 并:当为"屏",意为藏。并器:指收藏食器。　㉙ 立:指稍事站立。入户而立:指一事未完成,恐先生另有他命,故站立等候之。此段记拚扫之规则。　㉚ 贷:通"忒",差错。《诗·曹风·鸤鸠》:"其仪不忒。"　㉛ 奥:室内西南角称奥,此为古时尊长所居,也是祭神的方位。　㉜ 磬折:背折如磬,此指在室内洒扫时屈折腰背的形态。　㉝ 彻:损坏。拚毋有彻:谓扫地时不得损坏他物。　㉞ 协:合也。是协是稽:谓如此则符合洒扫规则。

【评析】

《弟子职》篇的文字,以四字句记事为主,明白通达,都很容易懂得。本节讲述了学生早作、受业、对客、馈馈、就餐、洒扫等几项具体事宜,也很好理解。但其中有一个重点须特别注意,那就是"凡言与行,思中以为纪"。

古人对少年学子的教育,除学业之外,还有非常重要的一面,就是强调学生在日常生活中的饮食起居、行为举止、礼貌仪态、良好习惯的教育培养,要求从小具备良好的心理品质,养成良好的行为习惯,因此,对学子的言语、行动都有明确规定,教育他们必须做到符合礼仪规范。

如本节中的早作,规定学生首先要养成晚睡早起的习惯,清晨起床,铺好床垫,洗手漱口。然后小心翼翼,轻提衣襟,为先生准备好盥洗之具。待先生洗毕,马上洒扫教室,摆好讲席。先生讲课,学生必须安安静静、端端正正在座聆听,绝不能左顾右盼,瞻前顾后,更不能随便改变表情,这都是极不礼貌的行为,对待先生如同贵宾一样,一定要谦恭尊敬。

作者严格要求学生的一举一动、一言一行都做到恭敬礼让,体现出极为重视学生学会做人的教育思想,即"明人伦",用现代语来说,就是重视行为礼貌教育和品德教育,儒家通常把这一条放在教育的首位,尤其是早期教育。

我们知道,中国古人极为重视"礼",中国素称"礼仪之邦"。秦汉之前,儒家已经很重视礼仪教育,他们把礼仪教育作为德育的基础,所谓"兴于诗,立于礼,成于乐"(《论语·泰伯》)是儒家的教育要旨,即把诗礼乐作为实现教育目标的一种必要途径。而在推崇礼仪教育的程度上,即便是孔孟,也比不上荀子,荀子对"礼"的重视,达到前无古人。荀子视礼为修身和治国的根本,"人无礼则不生,事无礼则不成,国家无礼则不宁"(《荀子·修身》),所以,他主张"隆礼",即使在家庭以内也要隆礼,他对家庭成员的地位、礼仪、仪容和行为都一一定出规范。如规定父子的仪容和行为:"士君子之容:其冠进,其衣逢,其容良,俨然,壮然,祺然,蕼然,恢恢然,广广然,昭昭然,荡荡然,是父兄之容也。其冠进,其衣逢,其容悫,俭然,恀然,辅然,端然,訾然,洞然,缀缀然,瞀瞀然,是子弟之容也。"(《荀子·非十二子》)意思是说,作为父亲的仪容,帽子要戴得靠前,衣服要宽大,面容和善,俨然有不可犯之貌,但又要显出安泰宽舒,大方洒脱,精明坦荡,这是为人父兄的仪容。帽子戴得靠前,衣服宽松,容貌谨厚,谦逊温柔,和气端正,绵弱恭敬,平淡而又有点拘谨,这是为人子弟的仪容。父子相处尚有如此繁琐的礼节规范,更不必说与他人相处了,可见荀子对"礼"的要求近乎苛刻。作者虽然没有如此细苛的规定,但其重视礼仪的教育思想与荀子完全相同。他们的言论,都反映出那一时代的礼仪要求。

一个学生如果不懂得进退应对、席位尊卑固然失礼,但他整天都讲礼节,礼节繁缛,也会惹人厌烦,所以,作者提出"思中以为纪",要求学生了解举止言语的中和之道,而进行调整。

中和之道是礼的精神的最好体现。从概念上讲,"中和"具有不偏不倚、无过无不及和兼容两端的意思,它既指事物存在的最佳状态,也指处事原则和方法。孔子的弟子有子说:"礼之用,和为贵。"(《论语·学而》)礼的作用以中和为贵,人或事之间发生矛盾与偏差,都要靠礼来中和与调整,整个社会的秩序也需要礼来维护,从本质上讲,法律起着礼的作用。假如没有礼,社会将会混乱不堪。所以,礼的作用,是将事物调节到和谐的状态。"过"(过分的调整)与"不及"(调整不到位)都是儒家所反对的两种倾向。所以,对人、对事,都要了解它的中和之道,努力去中和它,去调整它。

真正领会礼的精神的人,必是仁义之士。孔子说:"君子之行也,度于礼。"(《左传·哀公十一年》)"礼所以制中也。"(《礼记·仲尼燕居》)"人而不仁,如礼何?"(《论语·八佾》)荀子说:"曷谓中?曰:礼义是也。"(《荀子·儒效》)他们都从心底里拥护礼,崇拜礼,并不是那种只知叩头礼拜的表面行为,他们无论何时何地,都非常自尊自重,待人处事都非常恭敬虔诚,心胸宽广博大,包容一切,具有这种生活态度的人,他们的言语、行动自然而然合符中和之道。所以,中和之道并不只是表面客气与礼貌,而主要是内心对待生活的真诚与仁爱的流露。

暮食复礼。昏将举火,执烛隅坐①。错总之法②,横于坐所。栉之远近③,乃承厥火。居句如矩④,蒸间容蒸⑤。然者处下⑥,捧椀以为绪⑦。右手执烛,左手正栉。有堕代烛⑧,交坐毋倍尊者⑨。乃取厥栉,遂出是去⑩。先生将息,弟子皆起。敬奉枕席,问所何趾⑪。俶衽则请⑫,有常则否。先生既息,各就其友。相切相磋,各长其仪⑬。周则复始,是谓弟子之纪⑭。

【今译】

晚饭时仍然要遵守这些礼仪。黄昏时分准备点燃火把,学生举着火把坐在屋的一隅。安放柴束的方法是:横放在所坐之地。要看着"烛烬"的长短,对火把进行接续,如法在原处安放上去。柴束之间要留有可容一柴的空隙。燃烧的灰烬落下,要捧碗来接装火绪余灰。用右手拿着火把,左手修整"烛烬"。一人疲倦另一人马上接替,轮番交坐不可背向尊者。最后把余烬收拾起来,把它们倒在外面。先生将要休息,学生都要起来服侍。恭敬地奉上枕头,问先生足向何处。第一次铺床要问清楚,以后不必再问。先生已经休息,学友相会,互相切磋琢磨,增进各自所学的义理。

【注释】

① 烛:火把,火炬。古代照明以薪柴麻秸等物燃火,成为火把或火炬。此处非指蜡烛。此段言弟子执烛之规则。　② 总:薪柴或麻秸成束称"总"。　③ 枊:指烛烬,即火把燃烧剩下的部分。远近:意同长短。　④ 句:《管子集校》注曰:"谓着烛处。"即旧烛与新烛两端相接之处。　⑤ 蒸:即剥下麻皮的麻秸。蒸亦释为细薪。　⑥ 然:即"燃",《说文》:"然,烧也。"　⑦ 绪:烛烬。　⑧ 堕:通"惰",疲怠。　⑨ 交坐:意即两人替换执烛。倍:通"背"。　⑩ 去:弃。　⑪ 趾:脚,足。　⑫ 俶(chù):开始。俶衽则请,有常则否:意指学生第一次为先生铺床安席则要请示,有了常规则不需再问。　⑬ 仪:通"义",指义理。　⑭ 纪:纪律,守则。

【评析】

本节作者继续讲述学生执烛、请衽、复习等几项具体事宜,是上节内容的延伸。从这些内容中,我们可注意到敬重师长,是贯穿始终的核心。这个核心蕴含着一种精神,那就是中国文化中的"尊师重教"精神。在中国古代社会里,甚至直到几十年前,有的地方仍旧留有这样的风气:如果一个学生中了状元,做了大官,回到家乡,看到他的老师,一样地要跪拜行礼,如同当年从师时一样,即便老师没有功名与地位,学生对老师的恭敬仍然不改变。

这种尊师重教的精神,从先秦时代就开始倡导了。从孔子到荀子的先秦儒家,都主张尊师重教,孔子曰:"三人行,必有我师焉。"荀子对教师的认识与重视程度,则远远超过同时代的其他人。他把天、地、君、亲、师相提并论,肯定教师在社会中的重要作用和较高地位。他说:"天地者,生之本也;先祖者,类之本也;君师者,治之本也。"(《荀子·礼论》)教师与天地并列,与君亲(亲即祖)并称,教师便成为社会中最崇高的权威。当然,反过来,荀子对做教师的要求也极为严格。

荀子对教师的认识,以及其他教育思想,虽然未被秦所采纳,却受到汉代以及后世整个封建时期统治者的重视,深刻影响了中国古代教育。

与现代教育相比较,无论是先秦儒家或作者,他们对学生提出的礼仪要求,都太繁琐与细苛,当然不适合今天的时代,但是他们所倡导的尊师重教的精神,仍然是现在所需要与缺乏的。老师上课拿报酬,学生读书为学位,彼此都像商业行为,互不相干,这种现象现在并不少见,什么师生感情,什么师生道义,好像都被发展商品经济挤跑了,这是现在不正常的文化现象。老师如何真正对学生负责,学生如何真正尊敬老师,是文化道德的事,值得去认真研究,即如何建立和复兴适合时代的中华民族的尊师重教精神。

再进一步观察全篇,无论作者讲述哪一项事宜,都极其注重保持整个学堂的和谐秩序。一个组织得很好的学堂,是一个和谐的统一体,每一个学生在其中都有适当的位置,发挥相应的作用,人人都感到同样的满意,彼此没有冲突。在这样的氛围里,我们仿佛看到,每一个学生都在恭敬、勤奋、认真地读书。这也是中国传统教育思想的一个特点,注重普遍和谐而缺乏竞争的观念。

作者在前文强调做人要以中和之道为准则,古代教育思想家都把和谐视为社会生活中最为可取的观念。由此,在教育上必然要求个人加强内心品德修养,根除一切偏激过正之情,压抑可能带来纷争的个人欲望,养成忍让、谦和的处世态度,使个人消除非分的物质需求和名利之争,并由此而达到清心寡欲、安贫乐道的精神境界。这样,一个人的身心就达到和谐。一个社会也是如此,其中各式各样的人的一切欲望和情感,都表现到中和的程度,这个社会的内部就达到和谐,安定而有秩序。而竞争之心,在传统的教育思想中始终被普遍和谐的气氛所笼罩,"知足常乐""安分守己""逆来顺受""与世无争"成为育人的传世规训。

忍让、谦和,本来也是美德之一,但是过犹不及。历史上,儒家始终为孔学而感到骄傲,为信奉孔学及所拥有的进取精神而感到自豪,他们看不到并否定存在其他的生活方式。对自己已获得的东西感到满足之后,自然就变得保守起来。他们没有竞争,也不需要竞争,这种保守心理久而久之成为中华民族的一种心理定式。至今,大多数的中国人仍具有保守心理,这是中华民族一种顽固的传统势力,反映出传统教育思想的一种沉淀,它直接影响着人们的基本生活方式。

《弟子职》讲述了很多古代教育学生的具体做法,它使我们再一次聚焦于这个问题:国民素质的培养首先是从教育界开始的。

二十二、巨　乘　马

【解题】

本文是《管子·轻重》的首篇。篇名"巨乘马",义不可通。按"策"字,古代或作"筴","筴"辗转误写为"箧""筐""匡""巨""臣",别本此篇篇名作"臣乘马""匡乘马",疑皆"策乘马"之误。"策乘马"取自文内"此有虞之策乘马也",此三字本文凡四见,可为证明。"乘"意为计算,《周礼·天官·宰夫》"乘其财用之出入",即今算法之称谓;"马"指计算时用的筹码;"策"指计划或筹谋。"策乘马"三字连文就是指经济谋划的策略。

本文与其他《轻重》诸篇一样,主要都是讨论财政经济问题。其具体内容可分为两部分。第一,"国无储在令"。作者认为,国家没有粮食储备,是因为君主滥发徭役,横征暴敛,没有考虑到农业生产的重要性,故政令失宜成为"盗暴之所以起,刑罚之所以众"的重要原因。第二,运用经济谋划策略的目的,是为达到"使农夫寒耕暑耘,力归于上;女勤于纤微,而织归于府",即一切人力皆为国家而劳作。作者认为,国君做到"不夺民时"之后,应采用"高下之策",由国家控制粮食价格,在操纵粮价不断涨落过程中,使百姓所有生产成果皆归入国家掌握之中。

桓公问管子曰①:"请问乘马。"管子对曰:"国无储在令②。"桓公曰:"何谓国无储在令?"管子对曰:"一农之量,壤百亩也,春事二十五日之内。"桓公曰:"何谓春事二十五日之内?"管子对曰:"日至六十日而阳冻释③,七十五日而阴冻释④。阴冻释而秋稯⑤,百日不秋稯,故春事二十五日之内耳也。今君立扶台⑥,五衢之众皆作⑦。君过春而不止,民失其二十五日,则五衢之内,阻弃之地也⑧。起一人之繇⑨,百亩不举;起十人之繇,千亩不举;起百人之繇,万亩不举;起千人之繇,十万亩不举。春已失二十五日,而尚有起夏作⑩,是春失其地,夏失其苗,秋起繇而无止,此之谓谷地数亡。谷失于时,君之衡籍而无止⑪,民食什伍之谷,则君已籍九矣。有衡求币焉⑫,此盗暴之所以起,刑罚之所以众也。随之以暴⑬,谓之内战。"

【今译】

齐桓公问管仲:"请问经济谋划问题。"管仲回答:"国家没有财物贮备,原因在于法令。"桓公说:"为什么说国无贮备的原因在于政令呢?"管仲回答:"一个农民只能耕种百亩土地,而宜于春耕的时间是二十五天。"桓公说:"为什么宜于春耕的时间是二十五天呢?"管仲回答说:"冬至后六十天,向阳的地方开始解冻,到七十五天时,向阴的地方也都解冻。解冻后才可以种谷,超过冬至后一百天,就不适合种谷了。所以,适于春耕的不过二十五天而已。现在,君王您修建扶台,国内五方(东西南北中)的农民都来服劳役。一直过了春天您还不下令停止,农民就失去了春耕的二十五天。这样全国五方之地统统变成野草丛生的荒地。征发一个人的徭役,一百亩地就无人耕种;征发十个人的徭役,千亩土地就无人耕种;征发百人的徭役,万亩土地就无人耕种;征发千人的徭役,十万亩土地就无人耕种。春季已经失去二十五天,夏天再继续征发徭役,就会使春天误了种地,夏天误了耘苗,如果秋天再无休止地征发徭役,这就叫作粮食、土地不断地丧失。种谷延误了农时,君主敛取永无止境,农民口粮约占收成的一半,则被君主征收去十分之九。再加上官吏收税还要求交纳现钱,势必导致盗贼暴乱蜂起,刑罚有增无已。如随之再以暴力镇压,便会出现内战。"

【注释】

① 桓公问管子曰:《轻重》诸篇,大都采用桓、管问答为文,这里和其他诸篇,都是作者假托桓、管问答,并非真人真事。桓公:齐桓公,春秋时期齐国国君,任用管仲为相,在经济和政治上进行了一系列改革。管子:管仲。　② 令:指政策法令。　③ 日至:古代夏至、冬至均可称为日至,此指冬至。　④ 七十五:原文为"七十",无"五"字。按冬至后约六十天,即农事节气中的雨水,向阳的地方开始解冻,至七十五日为惊蛰,向阴的地方也都解冻,农事节气按十五日为一节,现据《管子集校》补。　⑤ 秋:系"萩"的古写,指种植。　⑥ 扶台:假托当时朝廷将要兴建的一种豪华建筑物。　⑦ 五衢:指五方。衢,谓四通八达之道路。下文"五衢之内",犹言东西南北中五方之内。　⑧ 阻弃:荒弃。阻,读为"苴",枯草、野草。　⑨ 繇(yáo):同"徭",徭役,劳役。下文"十人之繇""百人之繇""千人之繇"同。　⑩ 有:通"又"。有(又)起夏作:意指春之后又征发夏季之劳役。　⑪ 衡:官名。周有川衡、林衡,春秋时,齐国以此名税敛之官。　⑫ 求币:指要求现钱而不收实物,迫使农民把粮食卖掉,换成货币缴纳赋税,多经受一次商人的中间剥削。　⑬ 暴:暴力,此指国家镇压人民的暴力。

【评析】

本文从经济谋划的策略上来谈论理财之道,其中有三个要点。第一,政令失宜,是造成"谷地数亡""籍而无止"的重要原因。第二,经济谋划的目的,是要在"不夺民时"的基础上,运用"高下之策",最大限度地剥夺农民、女工的生产成果。第三,为实现第二个要点所运用的具体操作方法。

从第一要点来讲,作者首先强调一个问题,即"国无储在令",令即号令,号令即国家的政策法令,它体现了政权的力量。作者对于号令极为重视,认为号令是轻重之术中最大要素之一,号令具有控制商品流通和物价的无所不能的作用。所以,"令"字在本书中,共出现八十多次。在每一项国家经济措施中,作者都不忘记凭借号令的作用。"国无储在令"就是产生于这个思路的观点。

作者认为,国家缺乏粮食储备,原因在于没有运用政令管理好粮食工作,如果国家运用得当的号令管理粮食,粮食贮备完全可以丰足起来。"国无储在令",此处这个"令"字,实际指不得当的政令,关键在"不得当"三字。用今天的话讲,就是国家没有根据实际情况,发布有利于国家的政令。那么,如何发布得当的政令?或者说,如何不发布不得当的政令?拿管理粮食工作来讲,首先,人君要意识到粮食在国家经济中所占据的极为重要的位置。粮食是人们的命根子,是国家谋强图霸的物质基础,粮食与货币是两种构成当时人们生活经纬的东西。如果没有粮食,一旦遇到荒年,百姓就会遭遇流离失所的痛苦。如果发生战争,有十分之一的人从军作战,就需要有十分之二的人提供粮食和军械,实际上等于有十分之三的人脱离农业生产,也就等于粮食歉收了三分之一,这样,即使是丰年,也等于遇到了凶年。如果战争持续三年,就等于一个大荒年。当时是战乱时代,农业技术又极为低下,荒年和战争都是人们无法避免的灾害。作者在本书多篇文章中重复这点,就是突出储备粮食的重要价值。实际上,无论古代还是现代,只要以农立国,粮食问题、农民问题,就始终是统治者施政的头等大事。其次,要了解粮食生产的实际情况。一个农民耕种一百亩土地,一年当中,适宜于春耕的时间只有短短的二十五天,如果劳民不止,不让农民在这段时间内进行春耕,"起一人之繇,百亩不举",征发一人的徭役,一百亩土地就无人耕种,结果"谷失于时",秋后就没有粮食收获。因为科学技术非常不发达,粮食丰歉主要受自然条件影响,在这种情况下,如何掌握和利用农时,就成为一件十分重要的事情。

在这里需要特别注意"谷失于时"中的"时"字所涵盖的意义。中国古书中说的"时",有时指时令或季节,有时也指机会。但这里的"时"不能光从字面上看,作者在书中亦多处强调"时"。在《孟子·梁惠王上》中,孟子与梁惠王谈论王道政治精神时,其中也特别指出"不违农时,谷不可胜食也"。作者和孟子都指出这个问题,难道因为齐桓公和梁惠王都昏庸到连农时都不懂吗?这倒未必。身为一国君主,岂能不知不能在隆冬冰雪的时候去播种插秧,不能在盛夏烈日时节才去种植瓜果?既然如此,强调"农时",岂不失去意义?所以我们先要了解当时的历史背景,才可懂得其中真正的道理。

在春秋战国时期,天下的各国诸侯,为了达到他们不断扩张领地、称霸天下的目的,都实施急功近利的谋强图霸的政策,大量剥夺老百姓的生产时间和劳力,不管百姓是农忙还是农闲,是在插秧还是在收割,都滥用民力。包括齐国的齐桓公在内,为了修造宫室等设施,国君们不顾农时,征调大批劳力去从事非农业建设。所以,作者说到这件事,实际是触及当时天下都存在的严重社会问题。了解了这些情况,我们就可知道作者多处强调保障农时的道理所在了。

土地不是任何时候都可以出产粟米布帛,只有在一定的季节才适合财富的生产,农民在此"一定的季节"没有时间种田,秋后就收不到谷物,而国家的各种横征暴敛,仍然要求农民负担,这就迫使农民不得不举借高利贷,遭受双重掠夺。如果国君还不考虑百姓负担的这种实际情况,再不断加重赋税和徭役,必然引起百姓的怨恨、不满和反抗,甚至令他们铤而走险,聚啸山林,结果导致暴乱蜂起的恶果。

国君如果真正懂得了以上的道理,就不会下达延误农时、籍而无止的命令。所以说,"国无储在令"。

桓公曰:"善哉!"管子曰①:"策乘马之数未尽也②。彼王者不夺民时③,故五谷兴丰。五谷兴丰,则士轻禄,民简赏④。彼善为国者,使农夫寒耕暑耘,力归于上,女勤于纤微而织归于府者,非怨民心伤民意,高下之策⑤,不得不然之理也。"

【今译】

桓公说:"讲得好!"管仲说:"这就是因为没有充分利用谋划经济的理财方法。那些成就王业的君主,从不耽误百姓的农时,所以能五谷丰登。但五谷丰收后,战士往往轻视爵禄,百姓也对奖赏满不在乎。那些善于治理国家的人,就力图使农民寒暑劳作的成果归于君上,使妇女勤于纺织而成果归于府库,这并不是想要伤害民心民意,而是国家控制粮价涨落的必然结果啊!"

【注释】

① 管子曰:原文无此三字,据《管子集校》补加。 ② 未尽:原文为"求尽",据文意校改。策乘马之数未尽:意指没有充分利用策乘马的理财方法。"数"通"术",意指方法,在《轻重》诸篇中多指理财之法。 ③ 夺:侵夺,意指耽误农时。 ④ 简赏:轻视赏赐。简,意为简慢,轻视。 ⑤ 高下:指物价高低。高下之策:国家通过操纵物价涨落而施行的理财政策,这里指控制粮食价格的政策。

【评析】

如果做到"不夺民时",再用以"高下之策",也就差不多实现了"力归于上""织归于府"的目的。前面讲了当时普遍存在"谷失于时"的问题,这里再从另一角度指出,历史上凡是成就王业的君主,从来不耽误百姓的农时,所以,粮食才得以丰收。由此,作者认为国家要限制非农业用工,保证"不夺民时",以利农业生产。这个观点没有在本文详谈,散见于书中其他文章,我们也将在后面具体文章中再作评析。

但是,仅仅做到"不夺民时",还达不到"力归于上""织归于府"的目的,在这点上,作者与孟子的思想大相异趣。孟子以"谷不可胜食"为目的,作者则认为,五谷丰收之后,如果国家不采取"高下之策"管理粮食,结果必然引起士兵、百姓轻禄简赏之心,这对于国家非但无益,反而有害。所以,作者在紧接上段后的第一句话是:"策乘马之数未尽也。""未尽"二字包含着作者不同于孟子的看法。

不同之处是,作者认为善于管理国家的君主,在不夺民时之后,要立即运用"高下之策",使农夫、女工在不夺民时的条件之下,所有由耕织而得来的生产成果,都不得不大部分落入国家府库之中,而不能让它流散在外面。这样就是发挥了"策乘马之数"的作用并达到目的。

国家之所以要不夺民时,并非想造成"士轻禄,民简赏"的自由放任的局面,而是要扩大国家财政税源,"使农夫寒耕暑耘,力归于上,女勤于纤微而织归于府",即达到一切人力皆为国家劳作的目的。这里,还要注意"不得不然"四个字,"不得不然"的意思,是说百姓在国家实行高下之策即物价政策下,无论你愿意或不愿意将自己的劳动果实绝大部分归于国家,都摆脱不了"力归于上""织归于府"的命运,此申言"高下之策"的威力。

桓公曰:"为之奈何?"管子曰:"虞国得策乘马之数矣①!"桓公曰:"何谓策乘马之数?"管子曰:"百亩之夫,予之策②:'率二十五日为子之春事③,资子之币④。'泰秋⑤,子谷大登,国谷之重去分⑥。谓农夫曰:'币之在子者以为谷而廪之州里⑦。'国谷之分在上,国谷之重再十倍⑧。谓远近之县、里、邑百官,皆当奉器械备⑨,曰:'国无币,以谷准币⑩。'国谷之朴⑪,一切什九⑫。还谷而应器⑬,国器皆资⑭,无籍于民。此有虞之策乘马也。"

【今译】

桓公问:"具体怎么做呢?"管仲回答:"虞国懂得运用谋划经济的理财方法。"桓公说:"什么叫谋划经济的理财方法?"管仲说:"对于种百亩田的农民们发布命令说:'以二十五天为限是你们从事春耕的时节,国家发给你们贷款。'等到大秋农民粮食大量上市,国内粮价下降了一半。这时又通告农民说:'你们过去得到的贷款,要折成粮食向各级官府偿还。'这样,国内的粮食就有一半掌握在国家手里,就可使粮价提高二十倍。并且责成各级官府均须上交兵器和用具,同时通告说:'国家没有货币,可用粮食折成货币购买。'由此国家就可在粮价的涨落中,取得九倍的赢利。经过偿还粮食来支付器械的货款,国家的器物都得到供应,而无须公开向百姓征收赋税,这就是虞国谋划经济的做法。"

【注释】

① 虞国:指传说中虞舜建立的国家。 ② 予:原文为"子",据文义改。予之策:指发给拥有百亩之地的农民一个书面通知。策,简书。 ③ 二十五:原文为"二十七",据上文"春事二十五日"校改。 ④ 资:资助,供给,此指发放贷款。 ⑤ 泰秋:大秋。泰,大。原文为"春",据《管子集校》改。 ⑥ 去分:降低一半。分,指一半。 ⑦ 州里:指地方行政机关。廪之州里:指向地方官府的仓廪缴纳。 ⑧ 再十倍:二十倍。再,意同二。 ⑨ 器械:指兵器和用具等。 ⑩ 准:水准,根据,引申为折合。以谷准币:言以涨价二十倍之谷折成货币购买器械。 ⑪ 圹(huǎng):指物价。此指由政府实施轻重之策影响后的谷价。 ⑫ 一切:一律,一概。什九:十分之九。指在国内谷价中,一律上取十分之九。据上文,国家先在秋收谷贱时以半价收藏粮食,藏则重,故在半价基础上涨价二十倍,实为上涨十倍(0.5×20=10),除原价外,获利九倍。故称"国谷之圹,一切什九"。 ⑬ 还谷:指农民借钱还谷。应器:原本为"应谷",据文意改。应,支付,支应,指以粮食支付器械的货价。 ⑭ 国器皆资:国家所需的各种器械皆得供给。资,指供给,供应。

【评析】

策乘马所要达到的最终目的,上段已在理论上说明。而运用于实际经济管理中，又有三个具体步骤必须做到，才是策乘马的整体构成。

首先提出"率二十五日为子之春事，资子之币"第一步骤。作者认为，国君要在春耕到来之际，为农时准备充足的财力，即以发贷形式，向农业增加投入，促使农民抓紧生产，以利于春耕的进行。

有偿的借贷，自然要归还。在夏秋粮食大量上市时，便将贷款折成粮食，由各级官府负责催促归还，这样国内就有将近一半的粮食积储在国家手里，这便是跟着而来的第二步骤："币之在子者以为谷而廪之州里。"农业生产具有季节性的特点：春耕，夏耘，秋收，冬藏。秋天，是收获季节，新谷登场，谷场数量达到全年的最高点，按照"物多必贱"的自然法则，粮食增多，价格就要下跌，国君趁此谷多价贱的机会，大量收藏谷物，以待沽高价。所以，国家要求农民在收获之后，用低价的粮食来偿还贷款。高价贷，低价还，国君可坐收数倍之利。此利实质上就是高利贷的利息。

国家备有大量粮食，就能进行第三步骤："国无币，以谷准币。"国家掌握了大批的谷物，聚则重，官府就可以提高粮价，从而取得十倍、二十倍的暴利。谷重而万物轻，然后借口"国无币，以谷准币"，向民间贱价收购器械财物。"以谷准币"，意思是用粮食顶钱，把粮食作为货币来看待，迫使手工业者用粮食作为支付兵器和用具的"等价物"，这样，他们除了接受高价粮食之外别无选择。

由此看来，"还谷而应器"的过程，先是国家以币准谷，掠夺农民手中因受季节性影响而跌价的粮食，再以国家铸造、发行货币权力作为后盾，通过行政干预，垄断粮食价格，又以谷准币，利用通过国家囤积居奇而暴涨至二十倍价格的粮食掠夺手工业者所生产的器械用具。如此，一转手间，遂使百姓在不知不觉中受到双重剥削。

最后，达到"国器皆资，无籍于民"——作者引以为豪的目的。以无籍而用足，是作者在财政经济政策中的中心主张。"无籍于民"一类的文句，在本书中屡见而不一见。其实，这句话的内涵，作者在本书多篇文章中，已经自作答案，不须我们另加发挥。这里，我们对此主张所持理由略作分析。作者的主张来自税弊论的思想,他认为强行征籍,因违背人们的心愿而有种种弊端,所以,反对强求征籍。其弊约有三端。其一:"以室庑籍,谓之毁成。以六畜籍,谓之止生。以田亩籍,谓之禁耕。以正人籍,谓之离情。以正户籍,谓之养赢。"(《管子·国蓄》)齐桓公曾想征收树木税、人口税、房屋税、牲畜税时,作者极力反对,不同意随意增加税收。他指出,征收房屋税就等于拆毁房屋,征收人头税就等于抑制人们的情欲,征牲畜税就等于宰杀牲畜,征树木税就等于砍伐树木。作者认为,以此籍民妨碍了国民的生产力。其二:"今人君籍求于民,令曰十日而具,则财物之贾什去一。令曰八日而具,则财物之贾什去二。令曰五日而具,则财物之贾什去半。朝令而夕具,则财物之贾什去九。"(《管子·国蓄》)向人民征税,限期十天交齐,等于人们的财富减少十分之一;限令八天交齐,等于人们的财富减少十分之二;限令五天交齐,就等于去掉一半;限令当天交齐,等于去掉十分之九。这段话多用譬喻,是说征税期限愈急,人们便急于压价脱货,如果限令当天交清,可能迫使货价降到十分之九,商品贬值愈多,百姓损失的财产也就愈多。作者认为,以此籍民是强夺百姓的财产。其三:"今君之籍取以正,万物之贾轻去其分,皆入于商贾。"(《管子·轻重甲》)国君采取直接征收货币税的政策,百姓为交税而急于抛售手里的产品,往往降价一半,而另一半的钱便落入商人手中。作者认为,以此籍民实际为损民而益商。

由于以上这些弊端,作者认为籍求于民,不是理想的好办法,所以主张实行轻重之术以代之。但是,轻重之术虽然在形式上"但见予之形,不见夺之理"(《管子·国蓄》),避免造成百姓心理上的对抗情绪,但实际上,它对百姓的剥削则更胜于夺。所以,这实质上是一种隐蔽而欺骗的税收政策。

二十三、乘马数

【解题】

本文是《巨乘马》的续篇,其内容与前篇相衔接。"乘马数"即经济谋划的理财方法。作者从国家财政收入、对劳动力的安排、控制物价变化和确定税收政策等方面,论述了"开阖皆在上"的重要性,并且为此提出了种种经济谋划的方法。

作者认为,君主要管理好国家,必须运用经济谋划的理财方法,否则,就不能有效地控制经济领域,国家就将会丧失经济权益。所以,这里提出四种理财方法。一、根据年成丰歉,"岁藏三分",以保证国家储备粮食。二、在"岁凶旱水泆,民失本"的特殊情况下,则应增建"宫室台榭",鼓励消费,提供一定数量劳动力的就业机会,避免出现"民被刑僇而不从于主上"的严重后果。三、了解各种物资的价格变化规律,尤其粮食"独贵独贱"的规律,控制物价变化,掌握市场流通大权。四、根据农民占有土地的肥瘦、美恶不同情况,确定不同等级,分等征收租税,做到"田策相员""相壤定籍",使"民之不移也,如废方于地"。

桓公问管子曰:"有虞策乘马已行矣,吾欲立策乘马,为之奈何?"管子对曰:"战国修其城池之功①,故其国常失其地用②。王国则以时行也③。"桓公曰:"何谓以时行?"管子对曰:"出准之令④,守地用人策⑤,故开阖皆在上⑥,无求于民⑦。"

【今译】

　　齐桓公问管仲:"虞国已经实施经济谋划的策略,我也想施行它,该怎么办?"管仲答道:"好战的国家,致力于城池工程的修建,所以,那些国家不能充分利用土地。成王业的国家则按照因时制宜的原则做事。"桓公:"怎样才能做到按因时制宜的原则行事?"管仲回答:"发布平准的号令,既掌握好土地的利用,又及时掌握物价政策,因而经济上开放收闭的主动权全在国家,无须求索于百姓。"

【注释】

　　①战国:指好战的国家。　②地用:土地的利用。　③王国:成王业的统一国家。时行:按因时制宜的原则行事,如生产上不夺农时、流通上及时掌握物资与物价等,皆其具体内容。　④准:意犹平准,引申为平衡。出准之令:意即发布调节物资供求与市场物价的号令。　⑤守地用人策:守,指掌握或控制。地用人策,指农业生产和物价政策。农业生产为土地之利用,故称地用;物价政策为人力的安排,故称人策。　⑥开阖:开放和关闭,此指控制市场的两大措施。开阖皆在上:言一切经济上开放与收闭的主动权,完全掌握在国家手中。　⑦无求于民:不直接求索于百姓。此与《巨乘马》"不籍于民"的含义略同,皆指国家调节与操纵市场物价,取得巨大收入,故可不直接征税于民间。

【评析】

本文围绕"经济谋划的理财方法"进行议论,这个主题和《巨乘马》篇有连续的关系。本文衔接《巨乘马》的内涵,再加以发挥,是对前篇的继续和展开。因此,文章一开始便以前篇的事例为基础讲起。"桓公问管子曰:'有虞策乘马已行矣,吾欲立策乘马,为之奈何?'"虞国,是作者在《巨乘马》篇中极为推举的国家,盛赞其真正懂得运用"策乘马"。所以,桓公在这里提出要仿效虞国,实行经济谋划,却不知从何着手。

作者认为，在不同时代实行经济谋划，其策略应随之而异，不能生搬硬套，而要根据国家的特点和具体国情，灵活应用，善于变通，才能取得成功。比方说，在战国时代，当时好些国家几乎随时随地都在作战，所以，他们最重要的国事，是加紧修筑城池，把人力物力都投入于这方面，用今天的话讲，就是投资军队，加强备战。当然，在这种国家里，农民多被征发去从事国防工事，无暇耕种，所以田园都荒芜了，土地不能充分利用。

作者赞许的是天下统一的情况，"王国则以时行也"，即成王业的国家按照因时制宜的原则行事。消除战争，天下统一，是实现了王业的国家，所以称作"王国"。怎样才是按照因时制宜的原则行事呢？作者概括为"出准之令，守地用人策"，这个"准"字，与我们现在说的标准不同，而是指物价的折算和调整。这两句话的意思是，发布平准的号令，既掌握好土地的利用，又及时掌握物价政策。其中关键是"地用""人策"两项内容。土地和民力是财富的源泉，"地用"是指如何管理和使用好土地和民力二者，重在"不夺民时"，以免失其地用。"人策"重在"守四时之朝夕"，是要国家根据物价高容易聚集物资、物价低容易泄散物资和囤积物资价格会上涨、发售物资价格会降低的规律，一定注意把物价调整到合适的程度上。

"霸国守分①，上与下游于分之间而用足②。王国守始③，国用一不足则加一焉④，国用二不足则加二焉，国用三不足则加三焉，国用四不足则加四焉，国用五不足则加五焉，国用六不足则加六焉，国用七不足则加七焉，国用八不足则加八焉，国用九不足则加九焉，国用十不足则加十焉。人君之守高下，岁藏三分，十年则必有三年之余⑤。若岁凶旱水泆⑥，民失本⑦，则修宫室台榭，以前无狗后无彘者为庸⑧。故修宫室台榭，非丽其乐也⑨，以平国策也⑩。今至于其亡策乘马之君,春秋冬夏,不知时终始,作功起众,立宫室台榭。民失其本事,君不知其失诸春策,又失诸夏秋之策也⑪。民无檩卖子者数矣⑫。猛毅之人淫暴,贫病之民乞请,君行律度焉⑬,则民被刑僇而不从于主上⑭。此策乘马之数亡也。"

"乘马之准⑮,与天下齐准⑯。彼物轻则见泄⑰,重则见射⑱。此斗国相泄,轻重之家相夺也。至于王国,则持流而止矣。"桓公曰:"何谓持流?"管子对曰:"有一人耕而五人食者,有一人耕而四人食者,有一人耕而三人食者,有一人耕而二人食者。此齐力而功地⑲。田策相员⑳,此国策之时守也。君不守以策,则民且守于下㉑,此国策流已㉒。"

【今译】

"成霸业的国家只能控制财富的一半,君主与民间总是游动在半数之间来保持国用充足。成王业的国家,一开始就留有储备,财政如有一成亏空,就动用储备来弥补这一成,缺二补二,缺三补三,缺四补四,缺五补五,缺六补六,缺七补七,缺八补八,缺九补九,缺十补十。国君只要控制物价的高低,做到每年贮备粮食十分之三,十年就有相当于三个财政年度收入的节余。如果遇上水旱灾年,百姓无法务农,国家就修建宫室台榭,让那些连猪狗都养不起的人来做工为生。所以,修建宫室台榭,并不是为了观赏玩乐,而是施行国家的经济政策。至于那些不懂得施行经济谋划策略的君主,一年到头,不分年始年终,劳民动众,建筑宫室台榭。百姓无法进行农业生产,那些君主不懂得,这样既丧失了春耕的时机,又丧失了夏耘和秋收的时机。百姓没有饭吃而出卖子女,这是事所必然。勇猛刚毅的人犯法抗令,穷困有病的人讨饭求助,君主如果动用法律制裁,百姓则宁受刑杀也不肯服从君主。这都是没有实行经济谋划的必然恶果!"

"经过经济谋划的物价标准,应当同各诸侯国的标准保持一致。各类商品,价格偏低则泄散外流,偏高则别国倾销取利。这便是争夺经济权益的国家互相倾销商品,理财家互相争利的由来。至于成王业的国家,控制住国内市场流通就可以了。"桓公问:"什么叫控制流通?"管仲回答:"有一人耕种养活五口人的,有一人耕种养活四口人的,有一人耕种养活三口人的,有一人耕种养活两口人的,他们都是花同样劳力种地。国家做到征税办法与耕作者的收入状况相适应,这就是理财政策在按时进行控制了。如果君主不用政策去控制流通,富民商贾就会在下面暗中操纵,这样,国家的理财政策就落空了。"

【注释】

　　① 霸国:原文为"朝国",据《管子集校》改。霸国,指成霸业之国。分:指一半,即"地用(土地财富)"的一半。　② 上与下:上指朝廷,下指百姓。原文"与"字误为"分",据《管子集校》改。上与下游于分之间而用足:即上下各取其半之意。　③ 守始:指掌握财富产生的开始。④ 国用:指国家财政费用。　⑤ 三年:原文为"五年",不合文意,岁藏三分,十年自当为"三年之余",故据文义及《管子集校》改。　⑥ 凶:有猛烈意。凶旱:指大旱。泆:通"溢",有雨水过多意。水泆:指大水。⑦ 失本:指丧失了农业生产的条件。本,指农业。　⑧ 庸:佣工。以前无狗后无彘者为庸:意为国家雇用贫困的农民为佣工,以工代赈。彘,即猪。前无狗后无彘者,指门前无狗,房后无猪,陷于极度贫穷的农民。　⑨ 丽:同"觍",观看。非丽其乐:指非为观赏之乐。　⑩ 国策:国家的经济政策。　⑪ 夏秋之策也:原文为"夏秋之策数也",据马非百说删去"数"字。马曰:"此处'数'字乃'策'字之注文,写者误以入正文者。《汉书·律历志》注引苏林曰:'策,数也。'即其证。"　⑫ 民无糟卖子者数矣:原文为"民无糟卖子数也",据《管子集校》改。　⑬ 律度:法律制度。　⑭ 僇:同"戮"。刑僇:犹言刑杀。　⑮ 乘马之准:指经过经济谋划的物价水平。准,指标准,此指物价标准或水平。　⑯ 齐:齐一,一致。与天下齐准:言与各诸侯国的价格保持标准一致。

⑰ 泄:外流,抛售,此指物价低,则商人运出商品,泄散于外国抛售。
⑱ 射:积聚,射利,指物价高,则商人运进商品,倾销于本国射利。
⑲ 功地:从事农业生产。齐力功地:言同样花费劳力耕种土地。 ⑳ 田策相员:田,指耕作者所获得的收入。策,指国家征收农业税的办法。员,意犹运。相员,即相辅而行。田策相员,指国家征收农业税的标准"策"要与农民收益"田"相辅而行。 ㉑ 民且守于下:原文"下"作"上",据《管子集校》改。此民指富民商贾而言,指富民商贾在下面操纵物价。 ㉒ 国策流已:言国家的理财政策落空。流,指流失。

【评析】

作者在上文比较了"战国"与"王国"的国情,认为战国"常失其地用",荒废农业生产,不足为取。此处,作者继以"霸国"与"王国"作对比,认为霸国仅能掌握土地财富(地用)的一半而已,亦不如王国。作者以为,王国之所以优越于其他国家,其重要标志在于它具有雄厚的经济储备,王国必定是富裕之国。这便是作者赞赏王国的原因。

注重国家储蓄后备是作者经济谋划的一个重要方面,也是他理财思想的重要内容和一贯主张。作者在书中反复申述这一观点。这里再以王国为例,重申国家必须大量储藏粮币的意义。

"王国守始",这里作者用"守始"二字,点出王国治国理财的高明之处。其高明就在于懂得经济谋划的方法,所以一开始就重视国家储备。我们知道,粮食和货币是当时国家经济命脉的两大部分,尤其是粮食,已不是单纯"民之司命"(《管子·国蓄》)了,而是具有特殊的政治经济意义。因此,对于粮食的积累和储备方法,书中提到好几种,如岁藏法、借贷积蓄法、货币购储法,等等,约达十种,本段讲的是第一种岁藏法:"岁藏三分,十年则必有三年之余。"这是一种积累的比数。国家按年份好坏、生产情况,征收和储备粮食。同时,"人君之守高下","高下",指物价高低,亦系指物价政策而言。君主利用价格作用,在流通领域中运用掌握物资、操纵物价的方法,取得高利,国家每年积累财政收入的三分之一,十年就有相当于三个全年财政收入的储备。有了钱财,保持"国多财""仓廪实",才能管理好国家,如《国蓄》篇说:"春以奉耕,夏以奉芸,耒耜械器,种穰粮食,毕取赡于君。"民众需用的耕种工具、种子,尤其在荒年,都依赖国家供给。再如本篇说:"若岁凶旱水泆,民失本,则修宫室台榭,以前无狗后无彘者用佣。"作者认为,在特殊情况下要鼓励消费,提高消费可以增加穷人就业机会。如果国家直接拨付给灾民钱粮,不索取任何劳酬(劳动力),这种做法是消极的,所以采取召集灾民从事经济事业,哪怕从事那些平常被视作奢侈的"修宫室台榭"之类的经济行为也好。国家用储备的粮食以工代赈,维持较多的劳动就业,能够防止动乱,安定社会秩序,"故修宫室台榭,非丽其乐也,以平国策也"。这是国家通过政治号令来调剂余缺的一个事例,亦即实施"地用人策"之结果。

  反过来,有的国君既不懂得运用经济谋划的方法,还一年四季不停顿地征发劳役,使用民力,结果当然是国库空竭,社会动乱,君位也坐不安稳。因为土地和民力这两个因素的作用都是有限的,土地生财有一定的时间限制,如果国家在农忙季节征用民力,就会打断农业生产过程,破坏农业生产活动的进行,造成经济损失,引起百姓的不满。再者,民力也不能无限支出,劳动时间延续到一定长度,劳动力就会疲倦,如果君主对劳动力的榨取不加限制,百姓大量的劳动时间就会被挤占,生产活动就会受到影响,民力尽竭,百姓的农业生产和国家的财政收入都不可能搞好。所以,用现在的话讲,作者认为,国家不重视发展经济,却不断向民众索取财富,最终必然导致巨大的政治危险。

  接下来,作者就国际贸易方面谈论经济谋划,其方法也是因时而异。比如在列国分立时,首先是在一般情况下,关注本国与诸侯国的商品比价,然后确定本国的商品价格,要使本国的商品和别国商品保持一样的轻重,即价格大体相同。其次是根据"物轻则见泄,重则见射"的规律,来调节物价的高低和物资的多少。别国的物价低,我国的价格高,货物就会流向我们,别国轻视的商品我们重视,就有可能造成独霸市场的局面。别国市场上多的商品,市价肯定低,我们就要购进,以泄散其物资,等别国这种商品匮乏时再推向市场,卖高价,从中射利。总之,是看准国际市场形势,抓住有利时机,乘其他国家不防备,充分利用价格的高低从中获利。如果经济谋划方法不当,有可能本国的重要物资(如粮食)外流到他国,或者本国的物资被他国泄散,结果就被他国赚去金钱。因而一定要握住"泄"和"射"的时机,以便通权达变,使物价经常处于平稳均衡的状态。一般来说,善于运用经济谋划的人就能严守价格流通政策,这样,非但本国的物资不容易被别国泄散,相反,还可以抓住时机泄散别国物资,并进而射利。

对于王国,那就不存在国家之间相互倾销商品、相互争利的问题。因为天下统一,只要控制住国内市场的流通就行,或者说,只要把国内物价调整在合适的程度上。但这里有一个关键问题,就是物价变化与农民负担的租税关系极为密切,因为粮食是万物的主宰者,其价格变动规律是"独贵独贱",即粮食价格的涨落与一般商品价格的涨落相反,所谓"谷重而万物轻,谷轻而万物重"。国家要把粮食抓在手中,并有效地控制粮价的涨落,才能把握住其他一切商品的流通。相反,如果君主不能控制物价,商人就会投机取巧,国家财利便会流失。可见国家富裕主要依赖于粮食生产,而要想发展粮食生产,必须提高农民的积极性,提高积极性的最好办法是使农民能得到他们劳动的一部分果实,如果农民能够分得一部分劳动果实,他们就觉得劳动有了奔头,自然会尽力劳动,不再怠工。所以,作者提出一种使农民生活和生产发展得到保证的公平课征原则——"相壤定籍",即中国古代经济发展史上一项重要的租税制度的改革。本书在《小匡》篇中提到"相地衰征",实际上,与"相壤定籍"文稍异而意实同,可以说"相壤定籍"是对"相地衰征"用实例所作的解说。我们将要评析的下面这段文字,主要就讲这件事。

桓公曰:"乘马之数,尽于此乎?"管子对曰:"布织财物,皆立其赀①。财物之赀,与币高下。谷独贵独贱。"桓公曰:"何谓独贵独贱?"管子对曰:"谷重而万物轻②,谷轻而万物重。"公曰:"贱策乘马之数奈何③?"管子对曰:"郡县上臾之壤守之若干④,间壤守之若干,下壤守之若干。故相壤定籍,而民不移⑤;振贫补不足⑥,下乐上。故以上壤之满补下壤之虚⑦,章四时⑧,守诸开阖,民之不移也,如废方于地⑨。此之谓策乘马之数也。"

【今译】

桓公说:"经济谋划的办法就到此为止了吗?"管仲答道:"对布帛和各种物资,都要规定价格。商品价格的涨落应与货币购买的高低相反,而粮食的价格则是独贵独贱的。"桓公说:"粮食价格独贵独贱是什么意思?"管仲回答道:"粮价高则百物贱,粮价贱则百物贵。"桓公说:"怎样实施经济谋划的办法呢?"管仲回答:"郡县掌握住所辖地区内上等土地、中等土地和下等土地的数目,根据土地的好坏来确定收税标准,这样百姓就不致外流了;赈济贫困而补助不足,百姓就将感激君王。因此,国家用上等土地提供的盈余,补下等土地的空虚,控制四时的物价变化,掌握市场的收放大权,百姓便不会外流,有如把方形的东西放在地上一样稳当。这就叫作经济谋划的具体办法。"

【注释】

① 赀(zī):此指价格。"布织财物,皆立其赀。财物之赀,与币高下",皆为"乘马之数,尽于此乎"的直接答语。　② 而:意同"则"。"谷重而万物轻,谷轻而万物重":皆言粮食地位的重要。在这里,作者把粮食从财物(泛指一切商品)中抽出来,说"谷独贵独贱",是因为当时粮食不仅是社会上最重要的生活资料,以一般商品的形态存在,而且还往往是以一般等价物即货币的形态出现,也就是《策乘马》篇所说的"以谷准币"。　③ 贱:通"践",实践或实行。　④ 上臾之壤:上等肥

沃的土地。朕,通"腴",肥沃。下文"间壤"与"下壤",即指中等与下等土地。　⑤ 相壤定籍:根据土地的好坏来确定税赋标准。"相壤定籍"与本书《小匡》"相地而衰其征"、《大匡》"案田而税"意思相同。　⑥ 振贫:通"赈贫",赈济贫苦百姓。　⑦ 虚:原文为"众",据《管子集校》改。　⑧ 章:同"障",控制,干预。章(障)四时:即干预四时的物价变化。　⑨ 废方于地:把方形之物放在平地上,比喻安定不移。"废",古通"置",放立,摆。方,指方形东西。

【评析】

首先,我们要了解"相壤定籍"的含义是什么。"相壤定籍",《管子集校》注曰:"言视其土地之肥硗而定其租籍之差等也。""定籍犹衰征矣。"《小匡》篇中提的"相地而衰征",《管子集校》注曰:"相,视也。衰,差也。视土地之美恶及所出,以差征赋之轻重也。"这两个解释,用现代语言来说,都是按照土地肥瘠和产量的不同,分别确定征收租税,所以说,这两句话文稍异而意实同。

其次,我们再要了解当时封建主横征暴敛和按土地面积课征租税的不公平的情况。在西周时期,实行"公田"制度,即领主把小部分土地分给各家各户耕作,作为份地(也叫私田),同时,令耕者在另外较大部分土地——公田上进行无偿劳役。分得土地的人,必须在公田上把活干完后再治份地。在份地上各户是独力耕作,收获归己的。在这种土地制度下,领主所获收的土地租,就是农民在公田的劳动产品,这叫作劳役地租。但是,公田和份地分开,公私有别,人总是先考虑自身利益。农民在份田上精耕细作,用心经营,在公田上劳动没有积极性,应付差事,得过且过,领主所收的劳动产品就少了。这样,领主往往设法加重耕田以外的徭役,或进而向份地进行征敛,或夺取农民的牲畜,这就必然引起农民的反抗,轻则对公田的耕作更加消极,重则逃亡他乡。这种情况在诸侯国都不同程度地存在着。

因此,公田制度逐渐消亡。以后领主对授予农民的土地,一律按固定比率征收实物租,实物租制度由此产生。这种地租制度比以前有所进步,对农民和领主都有利,因为农民按固定比率纳租,多生产可以多得,生产得到发展,领主所得的地租也会增加。但实行实物租制度,如果不分土地美恶,一律按土地面积和同一租率计租,那是很不公平的。因为如果上中下三等土地都按中等土地每亩同一租率计租,则上等地将得到优惠,而下等地将难以承受租额负担。从本段可以看出,作者提出"相壤定籍",正是针对当时这一不公平制度进行的变革。

实行"相壤定籍"是建立在两项改革的基础之上。一是公田制度消亡,打破公田与份田的划分,把"公田"直接分给各农户耕种,耕地都成为农户的份地,进行一家一户的个体生产。二是根据土地肥瘦测定粮食产量,根据农民实际收益多寡,来确定征税的税率和是否增减租赋。这两项改革都是有利于农业生产和发展,因而具有进步的意义。

这一进步意义,在于它提出了差额征收土地税的公平原则及其必要性。作者认为,农民负担繁重租税,这对于安定民心和发展农业生产都是很不利的。因为土地有肥瘦、美恶的不同,它负担租税的能力是不同的。如果对于肥力不同的土地课征同等的租税,那是不公平的,将使耕种劣等土地的农民负担过重,以致难以生存。所以,作者提出实行"相壤定籍"的方法,认为这是公平合理的办法,能"使民不移",鼓励农民安心生产。实行"相壤定籍",由劳役地租改为实物地租,意味着农民对土地的占有权增加了(份地扩大),有更多的产品可供自己支配了(多产多得),经营自主权扩大了,有较多的活动余地去安排自己的劳动时间,支配自己的作业品种。总之,农民对封建主个人的人身依附关系比以前松弛了,积极性也就相应提高了。这都说明作者认为让农民获得一定的土地或获得自己的一部分劳动成果,是使他们一家人自觉地抓紧农时努力生产的必要条件,这实际上是进行生产关系的变革。由此而观,要提高人们的生产积极性,克服公私有别,或者缩小公私差别,恐怕不进行相当程度甚至根本性的生产关系变革,让人们得到真正的实惠,是难以奏效的。

至于"相地"与"定籍"如何实行,这种租税政策对于发展农业生产的效果如何,就不具体说了。

二十四、事　　语

【解题】

本文是一篇论述经济政策的短文。全文内容可分为两项,中心思想皆为"积蓄"。第一项论述"泰奢之数不可用于厄隘之国"。作者反对奢侈散财,提倡大力储备粮食物资,从而才能"用人""劝下"。第二项提出"不定内不可以持天下"的主张。作者批判"因诸侯权以制天下"的观点,认为必须依靠本国经济力量,量入为出,集中储备,等到"国有十年之蓄",就能达到"制天下"的目的。

本文首句为"事之至数可闻乎",因即以"事语"为篇名。这种命名方法在先秦著作中比较常见,当时一般习惯就以篇首的一两个字或数个字作为题名,或以其中的某一事为题名。本篇属于第一类情形。

桓公问管子曰:"事之至数可闻乎①?"管子对曰:"何谓至数?"桓公曰:"秦奢教我曰②:'帷盖不修③,衣服不众,则女事不泰④。俎豆之礼不致牲⑤,诸侯太牢⑥,大夫少牢,不若此,则六畜不育。非高其台榭,美其宫室,则群材不散⑦。'此言何如?"管子曰:"非数也。"桓公曰:"何谓非数?"管子对曰:"此定壤之数也⑧。彼天子之制,壤方千里,齐诸侯方百里⑨,负海子七十里⑩,男五十里,若胸臂之相使也。故准徐疾,赢不足⑪,虽在下也,不为君忧。彼壤狭而欲举与大国争者,农夫寒耕暑耘,力归于上,女勤于缉绩徽织,功归于府者,非怨民心伤民意也,非有积蓄不可以用人,非有积财无以劝下。泰奢之数,不可用于厄隘之国⑫。"桓公曰:"善。"

【今译】

　　齐桓公问管仲:"治理国家的最好办法,可以说给我听吗?"管仲回答说:"什么叫最好的办法?"桓公说:"秦奢告诉我:'帷幕和帐篷不修饰,衣服不大量添置,妇女的纺织刺绣技术就不会发展。祭祀之礼不用牲,比如诸侯用牛、羊、猪三牲,大夫用羊、猪二牲,六畜就不会繁育。不建造高大的楼台和华丽的宫屋,各种木材便得不到利用。'这种说法对吗?"管仲答道:"这不是办法。"桓公问:"为什么说不是办法?"管仲回答:"这是定地管理的方法。天子直接管辖的是方圆千里的土地,列国诸侯为方圆百里,靠海的子爵为七十里,男爵为五十里,就像身体上的胸臂一样互相为用。所以,各地发展的快慢,就可以得到平衡调剂,虽然远离中央,也不会给君主带来忧虑。但是,地域狭小而又想与大国争强的国家,必须使农夫寒暑劳作,所得归于君主;使妇女勤于纺织,成果归于府库。这并不是想要伤害民心和挫伤民意,而是因为没有积蓄就不能役使别人,没有余财就不能鼓励臣下。过分奢侈的办法,不适用于幅员狭窄的国家。"桓公说:"好。"

【注释】

　　① 至数:最佳的方法或措施。至,意指最善或最好。　② 秦奢:作者假托的人名。后文之"佚田"同。　③ 帷盖:车四周的帷幔和帐篷,泛指装饰品。　④ 泰:通达,精通,引申为发展。　⑤ 俎(zǔ)豆:古代祭祀时盛装祭品的礼器。　⑥ 牢:古代祭祀用的牺牲。太牢有牛、羊、猪三牲,少牢只有羊、猪二牲,皆指古代祭祀时所用牺牲的等级。　⑦ 群材:泛指各种建筑木材。散:放出,引申为使用。　⑧ 定壤:壤,指土地。定壤,似即定地管理之意。据《管子集校》,自"此定壤之数也"句至"彼壤狭而欲举与大国争者"句止,系别篇脱简羼入于此,

故所问非所答。 ⑨ 齐诸侯:指列国诸侯。 ⑩ 负海:靠海。 ⑪ 赢:赢余,富裕。 ⑫ 厄:原文为"危",形近致误,据《管子集校》改。厄即狭窄。

【评析】

齐桓公即位之初,国库空虚,兵力不足,劳动力严重流失,而且齐国与周边国家关系紧张,因为齐桓公的前任齐襄公,是个腐化残暴的国君,他自己最后也被杀死于严重的内乱之中。齐桓公一即位,就决心拨乱反正,振兴经济,加强军备,重振旗鼓,进而称霸天下。他启用管仲为辅国重臣,急于想实现自己的政治目标,故问计于管仲:"你能把治理国家的最好办法告诉我吗?"管仲反问他:"什么叫最好的办法?"桓公说,有人给他出主意,衣着要华美讲究,出门乘坐的车子要装饰得豪华漂亮,居住的宫殿楼台要建造得雄伟高大,祭祀的排场要体面而隆重,这样,就能促使相关的行业发展起来。用现在的话讲,就是鼓励消费,用高消费来刺激生产。这个办法对于管仲并不陌生,《侈靡》篇里就列举了很多高消费对国家发展的好处。但是,管仲认为,这个办法只有在国家积蓄非常充裕时才行得通,现在齐国还是一个小国、穷国,如果施行此法,只会使国家陷于更加贫困的境地,从而导致国家更加危险。因为一般来讲,社会发生动乱,根源一定在于生活贫穷,经济衰落。

管仲认为,现在最好的办法,是先使国家富裕起来。这个观点很实际,好比一个家庭,穷得连饭也吃不饱,哪会有钱去高消费?只有想办法先使家庭经济宽裕起来,才能满足家庭成员的需要及其享受,过上安乐、和睦、健康的生活。一个国家也是如此,首先要解决老百姓最重视的问题。民以食为天,如果让百姓吃饱饭,他们自然乐于听从君主的命令;反过来,百姓缺吃少穿,他们就不会听任君主的役使,有财利才能驱动百姓。现在要设法积蓄钱财,用利益去诱导百姓,让他们为君主出力。

所以，管仲向桓公提出主张："农夫寒耕暑耘，力归于上，女勤于缉绩徽织，功归于府者。"这段话里有两个含义：第一要开源，发展生产；第二要节流，厉行节约。首先，"农夫寒耕暑耘，……女勤于缉绩徽织"。要求农夫不分寒暑，一年四季，拼命干活，以增加生产。当时规定平均每人耕种三十亩地，一个八口之家的农夫就需要耕地二百四十亩，比孟子所说"百亩之田，勿夺其时，数口之家，可以无饥矣"（《孟子·梁惠王上》），每户百亩之田多出一百四十亩。不过孟子说的每户百亩，只是指保证"八口之家可以无饥"，《管子》说的每人三十亩地，则是为了"国有余藏，民有余食"（《禁藏》），即包括必要劳动和剩余劳动两部分。其次，厉行节约，要求老百姓将所创造的财富"力归于上""功归于府"，绝大部分上交给国家，自己所剩无几。

这个办法使农民增加了劳动强度，尤其八口之家，不一定个个都是劳动力，这样，有劳力的人负担更加沉重，但却增加了生产，国家得到更多财利。当然，农民也有了实惠，他们能有饭吃，这一点相当重要，因为当时是战乱时代，各国诸侯为了达到他们不断互相征伐、争雄称霸的目的，都滥用民力，不管老百姓正在插秧或者收割，都乱用劳力和田地，农民的耕种得不到保障，粮食收成当然也没有保障。管仲这个办法，使农民能够不违农时，得以播种、收割，有了自己的口粮，还能盈余上交，当然是件极不容易的事。

桓公又问管子曰："佚田谓寡人曰：'善者用非其有①，使非其人，何不因诸侯权以制天下②？'"管子对曰："佚田之言非也。彼善为国者，壤辟举则民留处③，仓廪实则知礼节。且无委致围，城肥致冲④。夫不定内，不可以持天下。佚田之言非也。"管子曰："岁藏一⑤，十年而十也。岁藏二，五年而十也。谷十而守五，绨素满之⑥，五在上。故视岁而藏⑦，县时积岁⑧，国有十年之蓄，富胜贫，勇胜怯，智胜愚，微胜不微⑨,有义胜无义,练士胜驱众⑩,凡十胜者尽有之⑪。故发如风雨,动如雷霆,独出独入,莫之能禁止,不待权与。故佚田之言非也。"桓公曰:"善。"

【今译】

　　齐桓公又问管仲:"佚田告诉我:'善于治国的人,能够运用本来不属于他的东西,能驱使不属于他的人力,为何不借助诸侯国的援助来控制天下?'"管仲回答说:"佚田的话不对。善于治理国家的人,总是通过开垦荒地使百姓安心定居,做到粮食充裕才能使百姓遵守礼节。而且国无积蓄,将会遭到敌人围困;城防不坚固,就易于受到冲击。国内不安定,就不能控制天下。可见佚田的话是不对的。"管仲接着说:"每年储备粮食收获的一成,十年就是十成;每年储备粮食收获的两成,五年就是十成。十成粮食由国家掌握一半,再用蔬菜补助民食,就可以保住这五成常在国家手里,并根据农业年景好坏进行储备,年复一年地积累,国家若有十年的积蓄,就可以做到以富制服贫,以勇制服怯,以智制服愚,以精细制服不精细,以有义制服不义,以训练有素制服乌合之众,所有致胜的因素全部具备。于是发兵如风雨般猛烈,行动如雷霆般迅速,行动自如,无坚不摧,根本不需诸侯的帮助。所以,佚田的话是不对的。"桓公说:"好。"

【注释】

　　① 用非其有:运用非其所有的资财。下文"使非其人",即使用非其所有的人力。　② 权以:通"权与",援助、借助之意。权读为"劝"。　③ 壤辟举:同本书《牧民》篇"地辟举"。"壤辟举"与"仓廪实"二语,都强调加强本国实力的重要性。　④ 城肥:城不坚固。　⑤ 一:粮食收获的一成。　⑥ 绨素满之:疑即本书《揆度》篇"夷疏满之"。夷为剪取,疏指菜蔬。夷疏满之,意即以瓜菜来补足口粮。《管子集校》云:"凡从夷从弟之字古皆通用。其素疏二字通用者,惟有果疏之疏古通用素。"　⑦ 视岁而藏:根据年景丰歉而决定贮备多少。　⑧ 县时:县,

同"悬",指累时。　⑨ 微:精妙,精细,周密。　⑩ 练士:训练有素的士兵。驱众:驱遣未经训练的普通民众。　⑪ 十胜:概括表示所有制胜的方面。

【评析】

在这一段里,作者又讲了句政治哲学的名言,便是"壤辟举则民留处,仓廪实则知礼节"。相类似的话,《管子》在第一篇《牧民》中就开宗明义:"国多财则远者来,地辟举则民留处。仓廪实则知礼节,衣食足则知荣辱。"富而好礼,正是《管子》书中经常提到的重要观点。其中"仓廪实则知礼节,衣食足则知荣辱"两句,精辟地说明了物质与精神的关系,成为千古流传的至理名言。

看到这句名言,联想起一个有趣的现象。在《管子》书中言"礼"之处极多,如管仲教导桓公事天子以礼,率天下诸侯相处以礼,但是他自己受封七千五百户,爱好豪华,奢侈无度,财富可和其他诸国的国君相比拟,却又被认为非礼之"奢",即超过身份限度的奢侈豪华的生活,被指责为不知礼,他所被批评的行为,正是《管子》书中所强调的应该守礼之处。这种现象虽然会让人觉得讽刺,但在历史上也并非罕见。这是题外之话。

这里作者要告诉大家的意思是,只要粮仓中贮存丰足的粮食,每个人就会自然地具备廉耻之心,或者说,人们在生存所必需的物质得到满足后,才能知礼节,也需要知礼节。这一点,孟子也同样看到了:"圣人治天下,使有菽粟如水火。菽粟如水火,而民焉有不仁者乎?"(《孟子·尽心上》)先使百姓安定,才可能讲礼义廉耻,开辟教导孝悌仁义的道路,即只有百姓的安定才是道德教导的根本。说明这时人们已拥有这样一种观念:百姓的社会道德意识是直接跟随经济的增长而进步的。这是一个有价值的观点,放到现代社会里仍然有用。比如在社会上或在政治方面,仅仅强调空洞的精神,惠而不实,以此驱使人们卖力干活,很难长时间生效,必须配合某些实质的奖励才有真正的效果。

那么,怎样才能"壤辟举""仓禀实"呢?首先,大量开发荒地,扩大耕种面积。作者认为,"夫不定内,不可以持天下",安定巩固内部是第一要紧之事。古时农业技术极其低下,与南方相比,北方地多人少,农民种田方式通常是洒下种子,一直到收割季节去收割,年景丰歉全在气候,所谓"靠天吃饭",所以,当时的亩产量极低,收成也难以保障。在这种情况下,要发展生产,只有扩大耕种面积,多动用劳力,多播种子,才可能多收粮食。这是尽量利用人力与土地资源的办法。这个办法,美国在近代开发西部地区时也采用过,政府鼓励人们去西部开荒,所不同的是,他们是采取低价出卖田地、土地私有化的政策,如果开荒者能拿出几块美金——当时几块美金可是一笔数目不小的资金,政府就将几公顷田地划归于开荒者。当然,政府还附有其他管理政策,不过目的都是开发荒地,增加生产。

有了粮食,老百姓能够有饭吃,国家仓库里备有余粮囤积,这样,年成好的时候,大家都能吃饱,即使遇到歉收的凶年,国家有余粮赈济,大家也不会有饿死、流亡的痛苦。国家治理到这个程度,老百姓就安居乐业了,如果君主下一道命令出来,全国百姓自然都会乐于服从。

其次,国家要储备丰厚的粮食物资,作者提出"国有十年之蓄"的目标。齐桓公志在"制天下",作者认为只有走自强这条路才能实现这一理想,想依靠诸侯的力量成全自己的霸业,天下没有这样便宜的事情。只有从自己本国想办法,实行集中储备,积年累月,到有十年积蓄,国力就强大起来,那个时候,粮食堆得如同山一样高,经济实力雄厚,军备坚固,民心安定,还有什么不能做到?作者这个理论非常正确,自身强大是唯一的生存与发展之道,国家、个人如此,古代、现代也如此。比如,周代的周太王住在邠地,狄人前来侵犯,太王就拿皮货和币帛去贿赂,可是没有用。又送狄人喜爱的狗和马去讨好他们,仍旧没有收到效果。最后拿珍珠和宝玉去,仍免不了狄人的侵犯。太王实在没有办法,只好迁移到岐山下面去住,并不是因为岐山比邠更好,而是在邠地,周人被好勇斗狠的胡人欺凌,不得已而迁之。周太王是孟子所尊崇的人,也是周代历史上最光荣的一代,他在被迫迁移后,忍辱负重,勉励后代自立自强,所以后来的文王、武王起来,建立了周朝绵延数百年的政权。虽然周太王胸怀大志,但是当国家弱小的时候,也只能忍让退缩。至于三国时期的刘阿斗、南唐李后主这些人,因为没有治国的能力,最后都免不了被强国吞并的命运。

历史上这类例子不胜枚举,都从反面表明:无论个人还是国家,只有自立自强,凭靠本身的实力,才能发展强大,巩固自己的地位。

二十五、海　　王

【解题】

本篇内容是讲凭借山(铁)海(盐)之利成其王业的问题。

盐和铁是关系国计民生的重要物资。作者提出"官山海"的主张,就是在流通领域内,通过盐铁官卖增加财政收入,充实国力。本文由四个部分组成:第一,管仲向齐桓公提出"官山海"的主张;第二,论述食盐专卖政策之利;第三,论述铁器专卖政策之利;第四,提出无山海资源国家的管山海之策。"官山海"的盐铁官卖政策实质是寓税于价,是一种隐蔽税性质的理财方法。

西汉时期的桑弘羊关于盐铁官营的理论和政策,就是管仲所提出的"官山海"思想的延续,把限于流通领域的政策,更进一步发展到全面控制生产过程和流通过程,并成为此后中国古代政府的基本财政经济政策。

本文内容兼述盐铁两种物资的官营,一半讲盐,一半讲铁,故疑题目脱一"山"字,应作"山海王"为是。

桓公问于管子曰:"吾欲藉于台榭①,何如?"管子对曰:"此毁成也②。""吾欲藉于树木?"管子对曰:"此伐生也③。""吾欲藉于六畜?"管子对曰:"此杀生也④。""吾欲藉于人,何如?"管子对曰:"此隐情也⑤。"桓公曰:"然则吾何以为国?"管子对曰:"唯官山海为可耳⑥。"桓公曰:"何谓官山海?"管子对曰:"海王之国,谨正盐策⑦。"桓公曰:"何谓正盐策?"管子对曰:"十口之家十人食盐,百口之家百人食盐。终月,大男食盐五升少半⑧,大女食盐三升少半,吾子食盐二升少半⑨。此其大历也⑩。盐百升而釜⑪。令盐之重升加分强⑫,釜五十也。升加一强,釜百也。升加二强,釜二百也,钟二千,十钟二万,百钟二十万,千钟二百万。万乘之国,人数开口千万也⑬。禺策之⑭,商日二百万⑮,十日二千万,一月六千万。万乘之国,正人百万也⑯。月人三十钱之籍,为钱三千万。今吾非籍之诸君吾子,而有二国之籍者六千万。使君施令曰:'吾将籍于诸君吾子。'则必嚣号⑰。今夫给之盐策,则百倍归于上,人无以避此者,数也。"

【今译】

　　齐桓公问管仲:"我想征收房屋税,你看怎样?"管仲回答说:"这等于迫使百姓拆毁房子。""我要是征收树木税呢?"管仲回答说:"这等于迫使百姓砍掉树木。""我要是征收牲畜和家禽税呢?"管仲回答说:"这等于迫使百姓宰掉牲畜和家禽。""我想征收人口税,怎样?"管仲回答说:"这等于迫使百姓抑制情欲。"桓公说:"那我如何征集财货来治理国家呢?"管仲回答说:"只有把山海资源专营起来,才是可行的办法。"桓公说:"什么叫作专营山海资源?"管仲回答说:"依靠大海资源成王业的国家,必须慎重地制定寓税于盐的政策。"桓公问:"什么叫做寓税于盐的政策?"管仲答道:"一家十口,就有十个人吃盐,一家百口,就有一百个人吃盐。全月每个成年男子吃盐将近五升半,成年女子吃盐将近三升半,小孩吃盐将近二升半,这是大概的数字。一百升盐为一釜,使盐的价格每升增加半钱,一釜可收入五十钱;每升加价一钱,一釜可收入一百钱;一升加价二钱,一釜可收入二百钱,一钟可得二千钱,十钟可得二万钱，百钟可得二十万钱，千钟就可得二百万钱。万乘之国，人口总数千万人，合算一下，约计一天可得二百万钱，十天可得二千万钱，一个月就是六千万钱。而万乘之国，应纳税的为一百万人，每月每人纳税三十钱，总共才征收三千万钱。现在，我们并未向老人和小孩直接征税，就可获得相当于两个万乘之国的六千万钱的税收。假设君主发布命令说：'我就要对老人和小孩征税。'势必引起百姓强烈反对而怨声载道。现在通过盐来征集收入的办法，就能使成倍的收入归于君主，并且人们无法逃避这种负担，这就是必然的结果。"

【注释】

① 台榭：楼台亭榭，此处泛指房屋。原文为"台雉"，据《管子集校》改。 ② 毁成：拆掉盖好的房屋。 ③ 伐生：砍伐活着的树木。 ④ 杀生：宰杀六畜。 ⑤ 隐情：抑制人的情欲，使不再生育。 ⑥ 官：同"管"，管理，掌握。官山海：指国家掌握管理盐铁的销售和价格。后面之"官山海"义与此同。 ⑦ 谨：严谨，慎重，指严格地采取或实行的意思。正，同"征"，征收，征集。谨正盐策：严格采取以盐来征集国家收入的政策。 ⑧ 少半：比一半少一些。 ⑨ 大女：成年女子。上文之大男，指成年男子。吾子：小孩。 ⑩ 大历：大概的数字。 ⑪ 釜（fǔ）：古代量器。本文所说是百升为一釜、十釜为一钟的计算方法。 ⑫ 重：价格上升。令，原文为"今"，形近致误，据文意改。强：通"镪"，指钱。升加分强：使盐的价格每升增加半钱。 ⑬ 开口：意同本书《问》篇"问国所开口而食者几何人"，谓凡开口而食者皆在其数，故即指人口总数。 ⑭ 禺：合，读作"偶"，古通。策：筹算。禺策之：合计一下。 ⑮ 商：约计。 ⑯ 正人：原文为"正九"，据《管子集校》改。指应征人口税的人。 ⑰ 嚣号：喧嚣呼号，形容百姓强烈不满，一片反对声。

【评析】

本文是《管子》书诸多经济文章中著名的一篇。《管子》一书的突出特点,是极为注重经济问题,并对当时出现的几乎所有的经济现象,均进行了探究。全书有三分之二以上的篇幅论说经济,这不仅在先秦各学派中绝无仅有,即使在整个中国古代经济思想史上也极为罕见。《管子》经济思想的宝贵之处,在它综合摄取了儒、法两大学派的基本经济主张,并加以发展,形成自己独到而具有超前意识的经济观念。在管仲相齐四十余年间,把一个积弱的齐国治理得国富兵强,以区区之齐国,代周王朝统率诸侯,成为春秋前期的"五霸"(齐、晋、楚、吴、越)之首。这当然极不容易,所以孔子也称赞他:"微管仲,吾其被发左衽矣。"(《论语·宪问》)被发左衽,皆当时夷狄的习俗。意思是如果没有管仲,我们早就作了夷狄的俘虏了!

本文系用桓管互相问答,一气呵成,与《揆度》、《轻重甲》《乙》等篇用许多不相联系的短文杂凑而成的情形完全不同,而且原文顺畅,读了容易明白,不用多加解释。这里我们只须注意其中一个要点,那便是"唯官山海为可耳",这句话分解开来,是"官山""官海"两个方面,盐出自大海,铁产于矿山,"山海"代表"盐铁"的意思。"官"者,管也,便是管理的意思,"官山海",就是由国家管理经营盐铁业。

这一段是本篇的第一、二部分。文章一开头,齐桓公就提出要加重百姓税收,增加财政收入。他问管仲:"吾欲藉于台榭,何如?"管仲答道:"此毁成也。""吾欲藉于树木?"管仲答道:"此伐生也。""吾欲藉于六畜?"管仲答道:"此杀生也。""吾欲藉于人,何如?"管仲答道:"此隐情也。"桓公听了管仲这也不是那也不行的回答,不由得急躁起来,紧问道:"然则吾何以为国?"你叫我拿什么来用于国家开支啊?管仲认为加重任何一种税收都会导致不良后果,采取何种方式让百姓交钱是至关重要的事,因此,他坚定而明确地向桓公提出"官山海"的主张。所谓"官山海"的主要内容,就是通过商业活动,从盐铁的国家专卖中来扩大财政来源。这就是中国历史上有名的盐铁专卖政策,它由管仲审时度势,与齐桓公一起研究国家财政经济问题时制定的。

山泽产品丰富,为何选择盐铁为专卖的主要对象?其因有二。

第一，盐铁为古代人们生活与生产的必需品。再好的商品，如果实际不需要，仍然无利可获。而盐铁是当时人们每天都需要的东西。在古代，尤其是春秋初期，自然经济占统治地位，盐铁这两项商品是不能随地生产的，而又为百姓日常生活所必需，非依赖市场供应不可。盐是人们的生活必需品，"十口之家十人食盐，百口之家百人食盐"，谁都不能没有它。铁的应用，已由块炼铁发展为铸铁，用来铸造砍伐工具和农具，生产效率大大提高，为百姓所乐于使用，经营铁器成为当时一个蓬勃向上的新兴行业。

第二，盐铁是当时市场上销售面最广的两项主要商品，其利润相当丰厚。但盐铁这两项山泽产品，从西周末期以来（周厉王专利政策失败后），一直是实行租税制（即国家向私商征收山泽税和关市税），开放私营，大部分收益归于私人，国家收入不多。这样，私商的收入就比农民多数倍，达到"一日作而五日食"的程度（《管子·治国》），所以人们不愿意务农。管仲认为，把这两项重要的资源控制起来，使之不再散落于正在发展的私营商人手中，这比利归私商，而另向百姓征收强制税要好得多。但管仲不赞成周厉王那种将盐铁的生产完全收归官府经营，不让民间插手的做法，主张把生产放给私人，仅由国家来控制流通环节，寓税于价，通过买（向生产者）、卖（向消费者）加价，在人们不知不觉中把厚利拿到手。

在食盐方面，管仲向桓公算了一笔细账：当时男女大小平均月食盐三升，如果提高盐价，每升盐加价半钱，一百升盐可收入五十钱；每升加价一钱，一百升盐可收入一百钱；一升加价二钱，一百升盐可收入二百钱。万乘之国，吃盐的人达千万，如果每升加价二钱，合算一下，恰好一天可得二百万钱，十天可得二千万钱，一个月就是六千万钱。如果采取向百姓征税的办法，每月最多向每人征税三十钱，加起来才不过三千万钱，只及食盐加价的一半。两者相比较，前者既易于避免激起百姓的反抗，经济效果也更好，其利弊不言而喻。

食盐专卖的方法，首先允许盐的生产归私人经营，即准许百姓采伐枯柴，煮海水制盐，所产的盐由国家以收购的方式积存起来。盐的生产虽许民营，但接下来的运输和销售环节全部由国家控制。原有的贩盐商人被排挤出去，厚利即产生于国家自己贩盐、售盐的过程中。

"今铁官之数曰：一女必有一针一刀①，若其事立。耕者必有一耒一耜一铫②，若其事立。行服连轺辇者③，必有一斤一锯一锥一凿，若其事立。不尔而成事者，天下无有。令针之重加一也④，三十针一人之籍。刀之重加六，五六三十，五刀一人之籍也。耜铁之重加十⑤，三耜铁一人之籍也。其余轻重皆准此而行。然则举臂胜事⑥，无不服籍者。"桓公曰："然则国无山海不王乎？"管子曰："因人之山海假之⑦。名有海之国雠盐于吾国⑧，釜五十⑨，吾受而官出之以百。我未与其本事也⑩，受人之事，以重相推。此用人之数也⑪。"

【今译】

"现在再谈掌握铁的理财方法：每个妇女必须要有一根针和一把剪刀，才能从事缝纫；耕田的人必须要有一把犁、一个犁头和一把大锄，才能进行耕作；修理车辆的人，必须要有一斧、一锯、一锥、一凿，然后才能够做他的事。不具备上述工具，而能完成以上事情的人，天下从没见过。如果每根针加价一钱，三十根针的收入，就等于一个人所纳的人口税；如果每把剪刀加价六钱，五六三十，五把剪刀的收入，就等于一个人所纳的人口税；如果一个铁耜加价十钱，三个铁耜的收入，就等于一个人所纳的人口税；其他铁器的价格高低，都可按照上述标准制订。这样，只要人们动手干活，就没有不负担这种税收的。"桓公说："那么，国家没有山海资源，就不能成王业了吗？"管仲回答："可以借助别国的山海资源，加以利用。让有海的国家，把盐卖给我们，以每釜盐五十钱购进,而官府可按一百钱的价格卖出。我们虽不参与人家制盐,但可以接受人家的盐,根据加价的方法来增加收入。这就是利用他人条件的办法。"

【注释】

①刀:此指剪刀。 ②耒(lěi):古代耕器上的曲木柄。耜(sì):古代农具名,形似后来的犁,即耒下翻土的锸。铫(yáo):大锄。 ③辇(niǎn):人拉的车。轺(yáo):古代轻便小马车。辇(jú):古代大马车。 ④令:原文为"今",形近致误,据《管子》别本改。 ⑤十:原文为"七",据《管子集校》改。 ⑥举臂胜事:动手干活,从事劳动。 ⑦假:借用。因人之山海假之:借助于别国的山海资源,加以利用。 ⑧名:通"命",让,使。雠:意为售。 ⑨五十:原为"十五",据《管子集校》改。 ⑩本事:此指煮盐的生产事业。 ⑪用人:利用别国的山海资源。原为"人用",据《管子集校》改。

【评析】

本段,管仲请桓公积极推行铁器专卖制度,具体做法与盐相仿,而稍有区别。

他对桓公说,女红必须要有剪刀和针,农民必须要有犁和锄,修车者必须要有斧、锯等,否则他们无法干活,我们可以按这些工具的重量大小分别加价(加在卖价上),以代征税。如一根针上加一钱、一把剪刀上加六钱、一个铁耜上加十钱,卖三十根针或五把剪刀或三个铁耜,就相当于收一个人一个月三十钱的人头税(这为最高的人头税)。这样做,"举臂胜事,无不服籍者"。形式上没有征税,而实际上凡担任劳动生产的人无不向国家负担租税的。

铁业专卖方面,管仲认为铁矿的所有权应归国家,但不必封禁,最好的办法是铁器的生产实行国家控制下的民营,利润与国家分成,"量其重,计其赢,民得其七,君得其三"(《管子·轻重乙》),就是说,这里包括原料税与成品税两类:私人开矿冶炼后,官私分成,铁作为原料,按重量(所谓"量其重")给国家白拿三成,以充租用矿山之税;铁器制成后由国家统一收购,计算铁器制造者所得利润(所谓"计其赢"),也按三七分成的办法,以三成扣还国家,作为专卖税。这种三七分成的办法在盐上面没有,只发生在铁上面。国家统购之后,再加价统销。

盐铁两项商品实行专卖政策,所采取的形式可归纳为民制、官收、官运、官销八个字。在中国历史上,这种专卖制度为管仲所创立。从齐桓公欲向百姓直接征税,与管仲提出"官山海"的主张相比,后者无疑有更深的用意。管仲认为,君主要了解民情,了解普通百姓都有"予则喜,夺则怒"(《管子·国蓄》)的心理,得到好处就高兴,受到剥夺生怨恨,过分剥夺则怒,"政之所兴,在顺民心,政之所废,在逆民心"(《管子·牧民》),要获得百姓的拥戴,只有采取"见予之形,不见夺之理"(《管子·国蓄》)的方法。因此,他主张实行隐征,即征敛中不让百姓感到是夺,通过官营盐铁,以盈利代替税收,因为每家都要用铁吃盐,实际上"无不服籍",却看不到夺。在当时,盐铁专卖既为国家增加了财政收入,政府不必另筹税源作为国用,又发展了民间的盐铁业,保障了人民在生活和生产上的需要,其积极作用显而易见。

"官山海"的另一层用意,是在一定程度上抑制商业发展。中国自古以农立国,农业的稳定与发展,主要取决于能否将足够数量的劳动力固着于土地之上,如果商业过分发展,商人获利丰厚,农民必"悦商贩而不务本货"(《管子·八观》),影响到农业。"官山海"政策既缩减了商贾之利,又能获取利润充实政府财政,同时,不致因从事农业和工商业获利多寡不均而导致贫富不齐,属于一举而多得。

二十六、国　　蓄

【解题】

本文比较全面地概括了"轻重"理论的内容。篇名出自文中首句"国有十年之蓄",故称"国蓄"。

作者认为,国君应该依靠政权的力量,充实本国的经济实力,为达到这个目的,国家要把关系国计民生的粮食和货币牢牢控制在手中。这样,一方面使"大贾蓄家"不能继续操纵市场,巧取豪夺,导致贫富不齐;另一方面,国家也就有条件利用手中所掌握的粮食和货币,通过市场、价格以及信贷等手段,调节财政收支。作者还着重强调,能否广泛地运用轻重理论,做到"利出一孔",这是关系国家存亡的重大政治问题。

作者关于市场、价格等方面的分析,在中国经济思想史上很有影响,关于储存粮食等主张,也一直为历代有作为的理财家所重视。此外,他所推崇的广泛采用"寓税于价"的主张,也一直是历代统治者用为增加财政收入的重要手段。

国有十年之蓄,而民不足于食,皆以其技能望君之禄也①;君有山海之金②,而民不足于用③,是皆以其事业交接于君上也④。故人君挟其食,守其用,据有余而制不足,故民无不累于上也⑤。五谷食米,民之司命也⑥;黄金刀币,民之通施也⑦。故善者执其通施,以御其司命⑧,故民力可得而尽也。

【今译】

　　国家有够用十年的粮食贮备，而百姓的粮食还不够吃，他们就想用自己的技能去求得君主的俸禄；君主拥有山海出产的大量收入，而百姓的用度仍不充足，他们就想以自己的事业来换取君主的金钱。所以，君主倘能控制粮食，掌握货币，依靠国家的积余来调节民间的不足，百姓就没有不依附君主的。粮食，是人们的命根子；货币，是人们的交易手段。所以，善于治理国家的君主，掌握住人们的流通手段，并用以操纵人们命根子的粮食，就能使民力最大限度地得到使用。

【注释】

　　①望：仰望，期待。禄：俸禄。　②山海之金：专营盐铁的货币收入。　③不足：原文为"不罪"，据《管子集校》改。　④交接：交往，此处言百姓以其事业换取君主的钱币。　⑤累：捆绑。古"累"通"系"，此处引申为控制。　⑥司命：古代把主宰生命的神叫作"司命"，这里指人们生存和命运的决定者。　⑦刀币：古代的刀形货币，主要流通于齐国，这里泛指货币。通施：有时指流通，有时指流通手段。　⑧执其通施（yì）：掌握住货币的铸造和流通。施，移，流动，流通。御：驾驭，操纵。御其司命：指控制粮食市场。

【评析】

　　本文是《管子》书中现存《轻重》十六篇之一。比较这些文章，可以发现，本文在体例上有一个明显的特点：十六篇中有十四篇皆为问答形式，并多以具体故事（虽不一定都是真实之事）为叙述对象，独本文与《轻重己》篇不用问答体，且以一般原理、原则为叙述对象。本文在内容上也有一个明显的特点，就是在其他诸篇中，往往有若干段落与本篇完全相同，或大同小异，如本篇"国有十年之蓄"一段见于《轻重乙》篇，"使万室之都必有万钟之藏"一段见于《山权数》篇，等等，不一而足。此外，本篇中所有单词独句及各种特别术语散在其他诸篇者，几乎比比皆是。马非百先生对《轻重》篇有深入独到研究,他认为:"窃意本篇乃全书之理论纲领。其他诸篇所提出之种种具体问题及其讨论与解决问题之种种办法,或则就此纲领中之原理原则加以补充发挥,或则提出与纲领相反之意见,或则将此纲领中之特别术语加以解释。"(《管子轻重篇新诠》上册)这个意见的正确性已由《轻重》诸篇的内容所证实。

本段突出强调粮食与货币是两个重要因素。粮食与货币在古代社会与现代社会的概念不同。这里需要说明一下货币和粮食在当时社会经济中的地位和作用。当时货币虽然已经充分发挥了物品交换的媒介作用(货币的基本职能),"黄金刀币,民之通施也",然而还没有发展到"货币拜物教"的程度,人们首先需要的是粮食而不是货币,货币仍被认为是"握之则非有补于暖也,食之则非有损于饱也"(参见本篇)的东西,而粮食则不然,"五谷者,民之司命也"。在自给自足的自然经济生活中,有货币固然好,没有货币,只有粮食,人们照样能够生活。所以,粮食不仅是人们生活不可缺少的必需品,而且也是当时在物质资料生产中占绝大比重的东西。正因为如此,作者才认为国家必须大量储藏粮币,一个善于治理国家的君主,一旦掌握了人们的命根子粮食,再掌握了经济的交易手段——货币,就能控制百姓,使民力得到最大程度的发挥。

夫民者信亲而死利①,海内皆然。民予则喜,夺则怒,民情皆然。先王知其然,故见予之形②,不见夺之理,故民爱可洽于上也。租籍者,所以强求也;租税者,所虑而请也③。王霸之君去其所以强求,废其所虑而请④,故天下乐从也。利出于一孔者⑤,其国无敌;出二孔者,其兵半诎⑥;出三孔者,不可以举兵;出四孔者,其国必亡。先王知其然,故塞民之羡⑦,隘其利途⑧。故予之在君,夺之在君,贫之在君,富之在君。故民之戴上如日月,亲君若父母。

【今译】

人们是看重爱己之人而拼命求利的,普天之下莫不如此。百姓总是给他利益就欢喜,夺取他的利益就生气,这也是人之常情。先王懂得这个道理,所以在给予人们利益时,一定要形式鲜明;在夺取人们利益的时候,则要求不暴露内情。这样人们的感情就和君主融洽了。额外的杂税是君主强求于下面的,正常的租税是百姓有所准备而愿意交纳的。成就王霸之业的君主,要取消强求于人的额外税,保留人们有所准备而愿意交纳的正常税,这样,天下的人就乐于顺从君主了。经济权益由国家统一掌握,这个国家必然强大无敌;分两家掌握,军事力量将削弱一半;分三家掌握,就无力出兵打仗;分四家掌握,其国家势必灭亡。先王懂得这个道理,所以杜绝民间谋取高利盘剥,切断他们获利的途径。总而言之,予之、夺之完全取决于君主,贫之、富之同样完全取决于君主。只有这样,人们才会尊奉君主有如日月,亲近君主有如父母了。

【注释】

① 信亲:信任亲近的人或爱己之人。死利:死于财利,或拼命追求财利。　② 见:同"现"。见予之形,不见夺之理:给予的情形要显示出来,夺取的痕迹则不能暴露。　③ 虑:谋虑,预料。所虑而请:指有所准备而交纳的。　④ 废:放置,引申为设置。　⑤ 利出于一孔:财利从一条渠道流出,这里引申为经济权益完全由封建国家统一掌握。　⑥ 半诎(qū):诎即"屈",言"利出二孔"者军力将削弱一半。原文为"不诎",据文意改。"兵不诎"为褒义,"兵半诎"为贬义,故以作"半诎"为是。　⑦ 羡:多余,盈利。原本为"养",据《管子集校》改。⑧ 隘:通"厄",阻止,隔绝。隘其利途:指切断民间求利的出路。

【评析】

作者不同于儒家,孔、孟等主张以仁义约束人们的求利活动;也不同于法家,商、韩等完全否定仁义的积极作用。作者则充分肯定经济条件对人们的思想的决定作用。除了提出"仓廪实则知礼节,衣食足则知荣辱"的著名论断,强调要以富民治国为目标外,作者也十分重视经济活动对于人的心理乃至情绪的影响,他说:"民予则喜,夺则怒,民情皆然。"就是对人的心理反应作深入细致的观察。民众有好得恶失的心理,国君在财政予夺操作中,要适应民众这种心理,付给民众之事要有声有色,比如《轻重乙》说,管仲对将士搞"预赏",一个上午花光了国家全年的地租收入,高达四万二千斤黄金。后举兵攻莱,"鼓旗未相望,众少未相知,而莱人大遁"。由于掌握了人的心理,就调动起积极性,极大地提高了将士的战斗力。而向民众征收财物的时候要尽量隐蔽,这样民众只感到得到了利益,在不知不觉中被夺走了财物,没有明显地感受到被剥削,因而就与国君感情融洽,这是作者针对民众心理而提出的崭新观点:"见予之形,不见夺之理,故民爱可洽于上也。"也是作者租税思想的内容之一——寓税于价,即通过国家掌握经济权益,掌握物价,控制流通,把税收隐藏到商品里,实行间接收税,使纳税者看不见,摸不着,不至于造成心理上的对抗情绪,达到征利于无形的目的。

不单单注重表面形式,作者也坚决反对随意增加税种。作者把赋税分作两种,一种是强制性税收,即"征籍"收入;一种是非强制性税收,即"租税"。前者主要指关市之征,即工商税、房屋税、牲畜税、人头税、户籍税等,作者认为,征收这样的赋税是"租籍者所以强求也",一定会遭到人们的怨恨和反对,造成"上下相疾"的矛盾。后者主要指土地税和各种租金,作者认为这种租税是百姓自愿的,是"租税者所虑而请也"。各种山泽为国家所有,租赁开采理应交纳租金,自不待言,但为什么说交纳土地税是百姓自愿的呢?这是因为春秋战国时期土地私有制虽已盛行,但西周以来,"溥天之下,莫非王土,率土之滨,莫非王臣"的观念仍为百姓所信奉,种地纳粮,理所当然,所以把交纳土地税看作是"所虑而请"的自愿行为。如果实行强制征籍,无异于"硬夺",这会因违背民众的心愿而产生种种弊端。

作者对财政问题的认识是相当深刻的,他认为国家是否富足,财力是否雄厚,直接关系到社会治乱和国家存亡。他反复指出:"先王以守财物以御民事,而平天下也。""非有积蓄不可以用人,非有积财无以劝下。"(《事语》)只有有了雄厚的财力物力,才能战胜敌国,只有有了雄厚的财力,才能发号施令,发挥君主的作用。

所以,为了增加财政收入,作者提出"利出一孔"的宏观控制论观点,他说:"利出于一孔者,其国无敌;出二孔者,其兵半诎;出三孔者,不可以举兵;出四孔者,其国必亡。先王知其然,故塞民之羡,隘其利途。"这段话的意思是,一切经济权益和财政大权,都应掌握在国君手里,由国君进行宏观控制。如果国君统一掌握控制了经济权益,国家就强盛无比,反之,国家就会财力不足,更甚者,国家将要灭亡。这里所说的"利出于一孔",除国家宏观控制外,还包含有国家的政治干预和国家经商的意思,主张将原归豪富所得利润尽可能地归到国家手里,所以,它不同于《商君书》中所说的"利出一孔",《商君书》所说的"利出一孔",主要指"利出于农战",在农战中有功的才能得到赏赐和爵禄,不能从其他渠道(如世袭)得到利禄。

反过来,如果不实行"利出于一孔",而是利出多孔,就将出现"万乘之国必有万金之贾,千乘之国必有千金之贾,百乘之国必有百金之贾,非君之所赖也,君之所与"(《轻重甲》),用现在的话讲,就是社会上出现亿万富翁、千万富翁、百万富翁,这些拥有雄厚经济实力的巨商,非但不是国君所能控制得了的人,而且还要与国家争夺经济权益与政治权力。先王懂得这个道理,所以坚决杜绝大贾豪强盘剥百姓、掠夺应归国家的财利的途径,国君也一定要按照这样做法,将利权牢牢掌握在手,坚持财力统一管理,不让社会上出现富商大贾。这又从反面强调了"利出于一孔"的重要性。

"予之在君,夺之在君,贫之在君,富之在君。故民之戴上如日月,亲君若父母。"国君掌握了利权,能够叫人得,叫人失,叫人贫,叫人富,国君靠什么统治百姓？就是靠这些东西。百姓凭什么仰望国君、事奉国君呢？也是因为国君手中有这些东西。所以，做君主的人，手中不能失掉这些东西。

凡将为国，不通于轻重，不可为笼以守民①；不能调通民利，不可以语制为大治②。是故万乘之国有万金之贾，千乘之国有千金之贾，然者何也？国多失利③，则臣不尽其忠，士不尽其死矣。岁有凶穰④，故谷有贵贱；令有缓急，故物有轻重。然而人君不能治，故使蓄贾游市⑤，乘民之不给，百倍其本。分地若一，强者能守；分财若一，智者能收。智者有什倍人之功，愚者有不赓本之事。然而人君不能调，故民有相百倍之生也⑥。夫民富则不可以禄使也，贫则不可以罚威也。法令之不行，万民之不治，贫富之不齐也。且君引錣量用⑦，耕田发草，上得其数矣；民人所食，人有若干步亩之数矣；计本量委则足矣⑧。然而民有饥饿不食者何也？谷有所藏也。人君铸钱立币，民庶之通施也。人有若干百千之数矣。然而人事不及⑨、用不足者何也？利有所并藏也。然则人君非能散积聚，钧羡不足⑩，分并财利而调民事也，则君虽强本趣耕，而自为铸币而无已，乃今使民下相役耳，恶能以为治乎？

【今译】

想要治国的君主，不懂得轻重之术，就不能有效地控制百姓；不能调剂民间财利，就不配谈论以法度来实现国家大治。一个万乘之国出现拥有万金的大商人，一个千乘之国出现拥有千金的大商人，为什么会导致这种现象呢？就是国家财利大量流失的结果，从而形成臣子不肯为国尽忠，将士不肯尽力效死的局面。年成有丰有歉，所以粮价有贵有贱;国家征税法令有缓有急,所以物价有低有高。如果君主未能进行治理,富商就竟相追逐于市场,利用百姓的困难,牟取百倍的暴利。相同的土地,强者就能掌握;相同的财产,智者就能获利。往往智者可以得到十倍的利益,而愚者却连本钱都捞不回来。但是君主对此不能进行调剂,致使民间财产出现百倍的差距。人太富了,就不受利禄的驱使;人太穷了,就不怕刑罚的威严。法令之所以不能贯彻,万民之所以不能治理,是由于社会上贫富不齐的缘故。君主通过计算全国粮食所需数目,就能掌握应该耕种和开垦土地各有多少。人们所需口粮,按照已知耕种面积,来计算生产和估量贮存,应该是足够吃的。然而百姓仍有吃不上饭的,这是什么原因呢?因为粮食被少数人囤积起来了。君主铸造发行的货币,充作民间的交易手段,已经计算好每人需要几百几千的需要量。然而仍有人用费不足,无钱可花,这是什么原因呢?因为钱财被少数人积聚起来了。君主如果不设法使囤积的财物流通出来,调剂余缺,分散集中的财富,以调节人们日常生活所需,那么,即使君主加强农业,督促农耕,无休止地铸造货币,其结果只是造成人民互相奴役而已,怎么能说国家已经治理好了呢?

【注释】

① 为笼:笼络,控制,即组织国家对经济的控制。 ② 制:法度。 ③ 国多失利:国家财利大量流入"千金之贾""万金之贾"手中。 ④ 凶穰(ráng):歉收与丰收。 ⑤ 蓄贾:资本雄厚的大商人,意同"富商"。 ⑥ 生:生产,引申为财富。民有相百倍之生:意即民有相差百倍的财富。 ⑦ 镂(zhuì):古代计数用的筹码。引镂量用:意即拿起筹码计算需要。 ⑧ 计本量委:计算生产,估量贮存。本,这里指粮食生产。委,贮存。 ⑨ 人事:同"民事",指人们日常生活的用费。 ⑩ 钧:同"均",均衡,平衡。

【评析】

承接上文"予之在君,夺之在君,贫之在君,富之在君。故民之戴上如日月,亲君若父母"的原则,说明君主一定要掌握控制国家的经济、财政大权,否则就不能长保基业,坐稳江山。由此而引出此处"凡将为国,不通于轻重,不可为笼以守民;不能调通民利,不可以语制为大治"的一段。掌握了经济大权,固然极其重要,然而用好这个大权,更加重要与不易。如果国家管理得一塌糊涂,邪臣充斥朝野,百姓被迫起来造反,最终还会丧失这个大权。这类例子很多,齐国的齐襄王就是其中一例。这里,作者提出一个卓越见解:治理好国家的关键,在于国君是否"通于轻重",即国君必须精通"轻重",懂经济,否则就难以治国。"通于轻重"的关系如此重大,那么,何谓"轻重"呢?

为了切实了解作者轻重理论的内涵,首先需要解释"轻重"这个名词的最初含义及其引申义。

"轻重"一词,最早见于《国语·周语》。当周景王因患钱轻而准备铸大钱时,单穆公反对说:"不可,古者天降灾戾,于是乎量资币,权轻重,以振救民,民患轻则为之作重币以行之,于是有母权子而行,民皆得焉。……今王废轻而作重,民失其资,能无匮乎?"《太平御览》卷四七二《富》下引《太史公素王论》也说:"管子设轻重九府,行伊尹之术,则桓公以霸。"《史记·管晏列传》亦有此说。可见"轻重"一词在战国时期已为人们所熟知。其本意是指大钱分量重,小钱分量轻,仅言钱币的分量大小而已。

到西汉时期,贾谊为了改变当时货币混乱现象,上谏汉文帝《除盗铸钱令》时说:"铜毕归于上,上挟铜积以御轻重,钱轻则以术敛之,重则以术散之,货物必平。"(《汉书·食货志》下引)即国家统一掌握铸币权和铸币原材料,再用货币来调节商品流通,稳定物价。如果钱轻物重,币值下降,就回收货币,以减少流通的货币,反之就发放货币,以此来平稳物价。此时所说的"轻重",已引申为货物的多寡、贵贱在人们心理上所反映的"轻重",而不再是钱币本身重量的问题。至于轻重理论,最早出自何人,已无从确证。在先秦诸子的经济思想中都有关于轻重理论的论述,而以《管子》的论述最为详细,所以,一般都认为它是创始于《管子》,而发展为后世的一种经济理论体系。

了解了"轻重"这个名词的内涵后,便可进一层来看轻重理论的内容。

轻重理论是《管子》经济思想的基石,其内容极为广泛、复杂而独特。凡是与社会经济生活有关之事,无不包括在内。作者也曾把轻重理论运用到政治、军事及其他方面,但这不是主要内容,主要是讨论财政经济问题。它有两方面的内容:其一,形成商品贵贱的原因;其二,控制商品货币流通的方法。其一,作者认为,"岁有凶穰,故谷有贵贱",年景有丰有歉,粮食就有贵有贱,这指农产品在各季中的价格天然地有高低之不同,是形成商品贵贱的客观原因。再者,"令有缓急,故物有轻重",国家征税法令有急有缓,物价就会有低有高,这是人为造成的物价波动。这是说,商品价格的波动像钟摆的运动一样,是自发或人为地不断由重到轻(即由贱到贵)或由轻到重(即由贵到贱)的反复过程,市场随之出现物价涨落、价格不稳的状况。国君如果不及时进行调节,富商们就会趁机哄抬价格,牟取暴利。比如,收税日期近了,农民需要钱缴纳税租,这时,商人愿给多少价钱,农民就只好照价出卖产品,所以,这就造成了贫富悬殊的情形。

作者反对社会上出现贫富悬殊,认为贫富差别是社会在发展进程中难以避免的现象,由于个人能力、勤惰、智愚及机遇的不同,在社会财富的分配中所获得的份额不可能相等,所谓"智者有什倍人之功,愚者有不赓本之事",就是这种现象。但贫富悬殊则会导致"法令之不行,万民之不治"的危险局面,作者考虑到由于贫富悬殊而引发政治危机的可能,所以主张"贫富有度",即将贫富差别控制在合理的范围内。这里作者从国家治乱的角度来看待贫富悬殊问题,不失为政治家的眼光。

其二,作为国君,一定要不失时机地"散积聚,钧羡不足,分并财利而调民事也",国家通过政治权力控制货币、商品,以调节"轻重"关系,实行"敛轻散重"的物价政策,平衡物价,抑制兼并,打击商人贵族,这样就能限制贫富悬殊,达到巩固君主统治的目的。这是控制商品货币流通的方法。这里需要弄清楚,作者强调国家控制商品货币流通,并不是专为获取财政收入,才人为地调节物价,而是在首先肯定物价必然自发波动的客观基础上,才人为地调节其轻重关系,从而运用它来为封建财政服务。这个见解很超前,因为他看到了市场价格的均衡运动。这点后面还要谈到。

轻重理论的原则,大致就在这两个方面。轻重理论绝不仅仅是一种治国的理想,国君如果熟悉它、精通它,并能在各种经济活动中灵活运用,必定得益巨大。我们在下面将看到作者继续沿着这个思路作进一步发挥。

岁适美,则市粜无予①,而狗彘食人食。岁适凶,则市籴釜十缗②,而道有饿民。然则岂壤力固不足而食固不赡也哉?夫往岁之粜贱,狗彘食人食,故来岁之民不足也。物适贱,则半分而无予③,民事不偿其本④;物适贵,则什倍而不可得,民失其用。然则岂财物固寡而本委不足也哉?夫民利之时失,而物利之不平也。故善者委施于民之所不足,操事于民之所有余。夫民有余则轻之,故人君敛之以轻;民不足则重之,故人君散之以重。敛积之以轻,散行之以重,故君必有十倍之利,而财之扩可得而平也⑤。

【今译】

年景遇上丰收,农民粮食卖不出去,连猪狗都吃人食。年景遇上灾荒,一釜粮食高达十贯钱,而且道有饥民。这些难道是因为地力本来不足、粮食根本不够吃而造成的吗?这是因为头一年粮价太低,连猪狗都吃人食,致使第二年的粮食不够了。物价便宜的时候,按原价四分之一也卖不出去,百姓连本钱也收不回来。物价昂贵的时候,出十倍的高价都买不到手,人们的需要得不到满足。这些难道是因为东西本来就少、生产和贮存不足所造成的吗?这是因为错过了调节人民财利的时机,致使物价大幅度地波动起来。所以,善于治国的君主,总是在民间物资不足时,把库存的东西卖出去;在民间物资充裕时,把收购的事情掌握住。民间物资充裕,商品价格就低,故君主应以低价收购;民间物资不足,商品价格就高,故君主应以高价抛售。这样,买得便宜,卖得昂贵,君主不但有十倍的盈利,而且会使物价通过调剂而趋于稳定。

【注释】

① 无予:无法送出,即卖不出去。 ② 缰(qiǎng):钱贯。十缰,指十贯钱。 ③ 半分:古代"分"指一半,"半分"即四分之一。"分"原本是"力",据《管子集校》改。 ④ 事:此指生产而言。民事不偿其本:言人民的生产赔本。 ⑤ 朸:货物的价格。

【评析】

前面提到"五谷食米,民之司命也;黄金刀币,民之通施也"用来说明"善者执其通施,以御其司命,故民力可得而尽也"的原因。现在更进一步,阐述粮食和货币是对经济进行宏观调控的两个最主要的杠杆,作为更详细的说明。

比如说,遇到丰收年景,粮食多得卖不出去,连猪狗都吃粮食,遇上灾年,一釜粮食价格高达十贯钱,饿殍载道。粮价上下波动,不利于国君统治百姓:粮价过低,老百姓连本钱都收不回来;粮价涨高,老百姓出高价都买不到,需要得不到满足,自然怨声载道。这是自然经济无法避免的现象。如何解决这些问题呢?原因并不是地力不足,粮食生产不出来,而主要是因为国君没有及时采取调控措施,该收的时候没收,该放的时候不放,"民利之时失","物利之不平",引起粮食多寡不均,价格上下波动。有一个办法能解决好这个问题,而且使"君必有十倍之利,财之朸可得而平也",即国家可以获得巨额利润,增加财政收入,市场的粮食价格也因而平衡、稳定。

具体做法,就是灵活运用轻重理论的原则,"委施于民之所不足,操事于民之所有余"。一般来讲,市场上商品多了,价格就下降,这种情形是"轻";市场上的商品少了,价格就上升,这种情形是"重"。因此,当民间粮食价格较低时,国家通过财政开支,把市场的粮食收购进来;当民间粮食不足,价格较高时,国家把积存的粮食抛出去。由于市场粮食有余,老百姓肯于低价出售,"故人君敛之以轻";由于粮食不足,老百姓只得高价买进,"故人君散之以重"。国君抓住时机,通过收购或抛售商品,来调节市场物价的下降或上升,其结果有三大好处,除了上面说到的国家获得巨额利润,平衡、稳定市场物价两条以外,还有一条,即有益于社会商品流通。这种做法,就是具体运用轻重理论的事例之一。

凡轻重之大利,以重射轻①,以贱泄平②。万物之满虚随时③,准平而不变④,衡绝则重见⑤。人君知其然,故守之以准平。使万室之都必有万钟之藏⑥,藏繦千万⑦;使千室之都必有千钟之藏,藏繦百万。春以奉耕,夏以奉芸。耒耜械器,种穰粮食⑧,毕取赡于君。故大贾蓄家不得豪夺吾民矣。然则何?君养其本谨也。春赋以敛缯帛,夏贷以收秋实⑨,是故民无废事而国无失利也⑩。

【今译】

运用轻重之术的巨大利益,就在于先用较高价格收购价格下跌的商品,然后用低价抛售的办法,来避免物价的暴涨。各种物资的余缺随时令而有不同,注意调节则维持正常不变,失去平衡,价格就会腾贵。君主懂得这些道理,所以总是采取调节市场的措施。使拥有万户人口的城市,一定存有万钟粮食和千万贯钱;使拥有千户人口的城市,一定存有千钟粮食和百万贯钱。用以供应春季耕种的需要,用以供应夏季耕田的需要,一切农具、种子和粮食,都仰赖君主供给。所以,富商大贾就无法对百姓们巧取豪夺了。为什么这样做呢?是因为君主对农业生产异常重视。春耕时放贷,用以敛收丝绸;夏锄时放贷,用以收回秋粮。这样,百姓既不会荒废农事,国家也不致受到经济上的损失。

【注释】

①射:射取,此指收购。以重射轻:言在物资有余的时节,国家用较高价格购进廉价滞销的商品,以改变价低滞销现象。 ②泄:疏泄,此指推销。以贱泄平:言在物资不足的时节,国家以低价推销的办法,以免物价暴涨。 ③时:时节,季节。原本为"财",据《管子集校》改。 ④准平:国家调剂市场供求以稳定物价的措施。 ⑤见:通"现"。衡绝则重见(现):指市场失去平衡则会出现物价腾贵。 ⑥万钟之藏:收藏粮食很多。 ⑦藏繦千万:贮备钱币很多。 ⑧种穰:种子。穰,原本是"馕",据《管子集校》改。 ⑨秋实:秋粮。 ⑩国无失利:国家财利不受到损失。

【评析】

然而,国家通过商品与货币一收一售、一收一放的手段获得高额商业利润,这还只是运用轻重理论的一半,另一半"蓄积",才是更重要的先决条件。即国家必须掌握一定数量的谷物和货币,只有掌握货币和谷物,才能控制整个市场,这是说国家必须有雄厚的物质做基础。反之,没有这个基础,要运用轻重之术,只能是"无米之炊""纸上谈兵"。因此,国无大小,还得先有蓄积,"使万室之都必有万钟之藏,藏繦千万;使千室之都必有千钟之藏,藏繦百万"。作者在各篇中再三强调储币贮粮的必要性,认为储备充足的粮币,是基本的国策,原因就在于此。

"凡轻重之大利,以重射轻,以贱泄平。万物之满虚随时,准平而不变,衡绝则重见。"此处的"衡",是指商品价格不断围绕一个重心而上下摆动的均衡运动,绝对稳定的价格是不可能也是不必要的,须在价格一高一低之中求其准平。国君在人为地促使价格波动的过程中可以获得"大利",这一对市场价格的均衡运动的认识是作者轻重理论的核心,说句俏皮话,这就是作者生财的秘密法宝吧!任何货物上市的规律都是"轻"则"散",散指本地的商品外流他处,"重"则"聚",重成为抢销目标,即远地的同类商品输入。因此,国君对付这种局面时,就得采取措施,当市场上的商品因过剩而价格下跌时,为防止投机商人进一步压价,国家就要提高价格,以略高于市场的价格收购,使物价回升,这是"以重射轻";当市场上的货物因短缺而价格上涨时,奸商往往囤积居奇,哄抬物价,国家就得以较低的价格将所掌握的货物投放市场,抛售同类商品,使价格下跌,这是"以贱泄平"。不过要小心,在处理这些问题时,必须抓住时机,要在恰当之时进行,如果过早或过晚,快了或慢了,都不能取得预期的效果。

同时,行"轻重之大利",虽然贵为一国之君,也要按照"守之以准平"的原则,绝不能例外。这好比你拥有大量财富,可以行慈善之举,救济贫苦大众,也可以去贩毒,不顾危害人们生命,而牟取暴利,一善一恶,全看你选择哪种做人的原则。对国君来说,如果不按照"守之以准平"去做——以调节市场商品和物价的平衡,而是利用手中的统治权,垄断全国绝大部分的粮食和货币,大量收敛贮藏,制约市场供求状况,主宰市场价格的高低。贮藏量的增多,势必造成大量商品退出流通过程,减少流通领域中的商品数量,市场由供过于求或供求平衡,趋向供不应求,出现商品短缺,物价随着积聚的剧增而迅速上涨,物以稀为贵,这就为高价销售创造了条件。国君这样做,实际上就控制了市场供求关系的变化,犹如独家经营的供应商,用现在的话来说,就是国内第一大垄断商,以全国的财力垄断市场,操纵物价,其获利之巨、盘剥百姓之重,不言而喻。因此,什么是"守之以准平"的深意?"安民"便是。

凡五谷者，万物之主也。谷贵则万物必贱，谷贱则万物必贵。两者为敌，则不俱平①。故人君御谷物之秩相胜②，而操事于其不平之间。故万民无籍而国利归于君也。夫以室庑籍③，谓之毁成；以六畜籍，谓之止生④；以田亩籍，谓之禁耕⑤；以正人籍，谓之离情⑥；以正户籍，谓之养赢⑦。五者不可毕用，故王者遍行而不尽也⑧。故天子籍于币，诸侯籍于食。中岁之谷，粜石十钱。大男食四石，月有四十之籍；大女食三石，月有三十之籍；吾子食二石，月有二十之籍。岁凶谷贵，粜石二十钱。则大男有八十之籍，大女有六十之籍，吾子有四十之籍。是人君非发号令收啬而户籍也⑨，彼人君守其本委谨，而男女诸君吾子无不服籍者也。一人廪食⑩，十人得余；十人廪食，百人得余；百人廪食，千人得余。夫物多则贱，寡则贵，散则轻，聚则重。人君知其然。故视国之羡不足而御其财物。谷贱则以币予食⑪，布帛贱则以币予衣。视物之轻重而御之以准⑫，故贵贱可调而君得其利。

【今译】

粮食是万物之主。粮食价格贵，万物必然贱；粮食价格贱，万物必然贵；粮价和物价是相互对立的，不能同时一样涨落。所以，君主要驾御粮价与物价的交替涨落，在高低变化之间进行掌握，即使不向百姓征收额外税，国家财利也会归于国君。要是征收房屋税，会造成毁坏房屋；要是征收六畜税，会限制六畜的繁殖；要是征收田亩（附加）税，会破坏耕种；要是征收人口税，会断绝人们的情欲；要是征收户籍税，无异于优待富豪。这五者不能全面实行，所以，王者只能有选择地、部分地采用上述办法。因此，天子是靠运用货币来"征"得收入，诸侯则是靠控制粮食来"征"得收入。中等年成，每卖出一石粮食，如果国家加价十钱,成年男子一月吃粮四石,就等于每月负担四十钱的税;成年女子一月吃粮三石,就等于每月负担三十钱的税;小孩一月吃粮二石,每月负担二十钱的税。荒年粮贵,买粮一石加价二十钱,就等于成年男子每月纳税八十钱,成年女子每月纳税六十钱,小孩每月纳税四十钱。这样,君主无须下令挨户征税,只要严格掌握粮食的生产和贮备,男女老少就没有不纳税的了。一个人储存粮食,十个人可以宽裕;十个人储存粮食,一百人可以宽裕;一百人储存粮食,一千人可以宽裕。凡是商品都是多则贱,寡则贵,抛售价格就下降,囤积价格就上涨。君主懂得这个道理,就根据国内商品余缺的状况来控制自己的财物,粮食贱就用钱买粮食,布帛贱就用钱买布帛,按照货物价格高低来维持其稳定。这样,既可以调节价格,君主又能够得到好处。

【注释】

① 为敌:对立。不俱平:价格涨落不能一致。　② 秩相胜:交替相胜,此指粮价与物价交替涨落。　③ 室庑(wǔ):房屋。庑,指大的房间,或大堂屋下的左右廊房。　④ 止生:禁止生殖,此指限制或禁止牲畜家禽的饲养繁殖。　⑤ 禁种:此指按田亩征收赋税,则农民将避税辍耕,等于禁止耕种。这里所说"以田亩籍,谓之禁耕",应与上文"征籍者,所以强求也;租税者,所虑而请也"参酌理解,"租税"如指正常的农业税,"以田亩籍"则是指农田附加税。　⑥ 离情:绝离情欲。《海王》篇称此为"隐情","隐"指收闭,"离"指绝离,意思相同。　⑦ 养赢:有利于富家大户。赢,富裕,指富家大户。　⑧ 不尽:不可全用。　⑨ 收啬(sè):征收。啬,收获谷物。　⑩ 廪食:此指储存粮食。　⑪ 以币予粮:用钱买粮。　⑫ 御之以准:用"平准"的办法来进行调节、控制。

【评析】

从本文开头"国有十年之蓄"起,作者都以似异实同、体同用异的表达,说明轻重理论在经济活动中的体现与运用。在本段,又特别以粮食为例,重申轻重理论的一贯涵义。

首先,作者提出五谷与万物的价格存在反比关系:"谷贵则万物必贱,谷贱则万物必贵。两者为敌,则不俱平。"粮贱,万物必贵;粮贵,万物必贱。粮食和万物的比价处于对立的状态,不能同时涨落。在封建社会里,谷物是最为重要的商品,前面已经谈到,当时人们没有货币,只有粮食,照样能够生活,因为谷物是人们生活中不可缺少的必需品,而且国家无钱,可以用粮食抵钱,国家收购纺织品,可以按照定单用粮食来决算,支付货款,意思是把粮食当作货币来看待,这就使粮食具有了两重性:"商品"和"商品货币"的性质。所以,谷物也是一种特殊商品,正因为如此,谷物"轻重"的变化有其自己的特殊规律,即谷物"轻重"的本身起着一种能动作用。作者提出过,农产品在各季中的价格天然地有高低之不同,比如,在粮食方面,丰收年景,农民付出与常年同等的劳动量,能收获更多的谷物,生产成本就低,其价格也就低于常年。反之,灾荒凶年,农民付出与常年同等的劳动量,而获得的谷物却大为减少,成本就高,粮价也就高于常年,万物随谷物之"轻重"而作相反运动。所以,作者提示国君,国家应当掌握并利用粮食与万物价格涨落的规律,在高低变化之间进行操纵,这样,即使不向老百姓强制征收租税,也可以筹集到大量资财。奥妙就在物价除了必然自发波动外,更多的场合是人为地使其波动。如果国家实现对谷物的垄断,就能够完全控制谷物,金属货币的铸造由国家垄断,货币完全控制在国家手里,但谷物的生产却是完全由农民分散进行的,国家如何实现对谷物的垄断呢?我们知道轻重理论的特点,就在于如何主动地掌握对立物的基本矛盾,采用道家的辩证方法,统筹兼顾,不露痕迹地使事物得到较妥善的解决。因此,按照这个特点,国家将所掌握的大批货币直接用于市场上的粮食购销,以控制谷物,通过购进或者抛售,以影响谷物的价格,并制约货币本身的轻重关系,从而影响一般商品("万物")的轻重,经过如此一番操纵,最后达到"万民无籍而国利归于君"的目的。这也是作者反对强制性征税的物质基础。

其次,作者算了一笔细账,告诉国君实行谷物专卖的巨大利益。他认为,官营专卖是人们不易察觉而又能取得财政收入的最佳办法,国家经营的商品以粮食最为重要,《管子》一书中所举国家经营商业的大量实例,大部分和粮食买卖有关。国家通过"轻重之术",掌握粮食并形成粮食的垄断价格,高价出售,增加利润收入。粮食是人们的生活必需品,如果每石加价十钱,男子每月吃四石,就等于交税四十钱,妇女每月三石,就等于交税三十钱。换一个角度计算,"一人廪食,十人得余;十人廪食,百人得余;百人廪食,千人得余",一个人买粮,比十个人交人口税还多,依此类推。所以,只要你吃"商品"粮,不管是谁,都逃避不了纳税义务,人人都在纳税而又意识不到自己在纳税,所以这是个巧妙而隐蔽的好办法。这种通过国家垄断,实行"寓税于价"的办法,作者也同样主张运用于盐铁,要实行"官山海"(《海王》),即盐铁官营政策,在盐和铁制品中加价,比直接征收人头税效果更好。

最后,作者再反复说明商品余缺与价格贵贱的互为因果。"夫物多则贱,寡则贵,散则轻,聚则重"是商品的自然法则。再拿粮食来说,收成之时,大量粮食存于农民手中,粮价低贱,国家要趁此时大量收购,防止蓄商大贾乘机囤积居奇,控制市场价格。到青黄不接时,农民缺粮,国家可以高价出售,既可以救济,又可以赚钱,一放一收,既能控制市场平稳,又可获得高额利润。这个方法,也可以根据实际情况运用于其他商品上,如"谷贱则以币予食,布帛贱则以币予衣",实际上这就是前面所说"以重射轻,以贱泄平"原则的一种应用。

前有万乘之国,而后有千乘之国,谓之抵国①。前有千乘之国,而后有万乘之国,谓之距国②。壤正方,四面受敌,谓之衢国③。以百乘衢处,谓之托食之君。千乘衢处,壤削太半④。万乘衢处,壤削少半。何谓百乘衢处托食之君也?夫以百乘衢处,危慑围阻千乘万乘之间。大国之君不相中⑤,举兵而相攻,必以为杆格蔽圉之用。有功利不得乡⑥。大臣死于外,分壤而功;列陈系累获虏⑦,分赏而禄。是壤地尽于功赏,而税藏殚于继孤也⑧。是特名罗于为君耳,无壤之有。号有百乘之守,而实无尺壤之用,故谓托食之君。然则大国内款⑨,小国用尽,何以及此⑩?曰:百乘之国,官赋轨符⑪,乘四时之朝夕⑫,御之以轻重之准,然后百乘可及也。千乘之国,封天财之所殖⑬,械器之所出,财物之所生。视岁之满虚而轻重其禄⑭,然后千乘可足也。万乘之国,守岁之满虚,乘民之缓急,正其号令而御其大准⑮,然后万乘可资也。玉起于禺氏⑯,金起于汝、汉⑰,珠起于赤野⑱,东西南北距周七千八百里。水绝壤断,舟车不能通。先王为其途之远,其至之难,故托用于其重,以珠玉为上币,以黄金为中币,以刀布为下币。三币握之则非有补于暖也⑲,食之则非有补于饱也,先王以守财物,以御民事,而平天下也。今人君籍求于民,令曰十日而具⑳,则财物之贾什去一㉑;令曰八日而具,则财物之贾什去二;令曰五日而具,则财物之贾什去半;朝令而夕具,则财物之贾什去九。先王知其然,故不求于万民而籍于号令也㉒。

【今译】
　　前面有万乘之国,后面有千乘之国的国家,这种国家叫作"抵国",即强敌在前。前面有千乘之国,后面有万乘之国的国家,这种国家叫作"距国",即强敌在后。国土见方,四面受敌,叫作被大国当作要道和战场来利用的国家。百乘小国处在四面受敌的地位,它的君主叫作寄食之君。千乘之国处于四面受敌的地位,它的领土将被割去大半。万乘之国处于四面受敌的地位,它的领土将被割去少半。什么叫作百乘而四面受敌的寄食之君呢？以一个仅有百辆兵车的小国，处于千乘、万乘大国的威胁包围之中，一旦大国的君主们发生纠纷，相互举兵攻打，必然会把小国当作进攻和防守的工具。即使有战果，小国也不得分享。而小国的大臣战死在外，还需分封土地给他的后裔；将士在战斗中抓到俘虏，还需分发禄赏奖励。结果，小国的土地全部用于论功行赏，国库积蓄全用于抚恤将士的遗孤了。这样的国君只是徒有虚名，实际没有领土。虽然号称拥有百乘的防御力量，其实却无一尺的用武之地，所以称之为寄食的君主。那么，当大国内部空虚、小国财力耗尽的时候，怎样才能扭转这种被动局面呢？办法是：百乘小国，可由国家发行法定债券，然后根据四季的物价涨落，运用轻重之术的调节措施使之趋于平衡，这样百乘小国就能满足自身需要了。千乘之国，由国家统一管理经营自然资源、手工业产品和各种财物的生产，再根据年景的丰歉，运用轻重之术来调节官吏、军队的俸禄，就能满足千乘之国的需要了。万乘之国，要依据年成的丰歉，利用民间需求的缓急，正确运用号令，控制物资供求总的平衡，也就能满足万乘大国的需要了。玉石出产在禺氏地区，黄金出产在汝河和汉水一带，珍珠出产在赤野，这些地区距离周朝的中心七千八百里。山水隔绝，舟车难通。先王因为这些物品产地遥远，得之不易，所以就借助于它们的贵重，确定以珠玉为上币，黄金为中币，刀布为下币。这三种货币，人们掌握它不能取暖，食用它不能充饥，先王是用它们来控制财物，掌握民用，而治理天下的。现在君主向民间征收货币税，命令规定限十天交齐，财物的价格就会下降十分之一。命令规定八天交齐，财物的价格就会下降十分之二。命令规定限五天交齐，财物价格就下降一半。早晨下令限傍晚必须交齐，财物的价格就会下降十分之九。先王懂得这个道理，所以不直接向百姓索取财物，而是通过运用轻重之术的号令左右物价，来征得收入。

【注释】

① 抵国：强敌在前之国。抵，通"牴"，犄角。以前角御敌，示强敌

在前。　②距国：强敌在后之国。距，禽类的爪。以后爪御敌，示强敌在后。　③衢国：地处冲要、四面受敌之国。衢，四通八达的道路。四面都可进入，示四面受敌。　④太半：大半。原文为"少半"，下句之"少半"原文为"太半"，现据《管子集校》改。　⑤大国：原文为"夫国"，据《管子集校》改。　⑥乡：通"享"，享受，分享。　⑦列陈：列阵之士，意即作战的将士。陈，古通"阵"。　⑧税臧：税收积蓄，即指国库的积蓄。殚，净尽。继孤：抚恤战死者的遗孤。　⑨内款：内空，指内部财力空虚。款，空虚。　⑩及：通"给"，补给。　⑪官赋轨符：百乘之国，财政极为空虚时，可由国家发行征借款物的法定债券。赋，发行。轨，合法，法定。符，证件，契券。　⑫朝夕：同"潮汐"，此以潮水之涨落借指物产丰歉和物价起伏。　⑬封：封禁，指由国家封禁而垄断之。　⑭禄：俸禄。国家官吏及军队的俸禄乃古代国家财政开支的重要项目，所以"视岁之满虚而轻重其禄"，也是解决财政空虚的重要措施。　⑮御其大准：掌握物资供求总的平衡。　⑯禺氏：月氏，世居我国西部的一个游牧民族，在今新疆维吾尔自治区境内。　⑰汝、汉：指今河南省境内的汝河和今湖北省境内的汉水。　⑱赤野：地望不详。　⑲握之：以手握之，即掌握。　⑳具：具备，完成，这里指交齐。　㉑贾：同"价"，价格。　㉒籍于号令：此"号令"，非指上文"朝令而夕具"之令，而指运用轻重之术的号令。

【评析】

前文主要论述"轻重理论"在治理国家上所起至关重要的作用，本段则申述"轻重理论"应用于不同国家的具体情形。

本段列举百乘小国、千乘中等国、万乘大国应用轻重理论治国的方法。首先说明夹在两个大国中间的小国，前有千乘之国，后有万乘之国，境况困窘，四周强邻一旦打仗，那就更只有受气、挨打的份儿，即便战争结束，小国非但分享不到任何战果，而且还要将自己的领地、国库的积蓄全用于论功行赏。所以，这种小国实际虚有百乘之国的名称。

在这种不得已的情况下,走哪一条路比较好呢?如果在两个大国之间怨天怨地,希望得到别人的同情来为自己解决困难,那是不可能的事情。只有自强自立,先把内政理好,再可以有所作为,才是唯一的生存之道。

如"百乘之国,官赋轨符,乘四时之朝夕,御之以轻重之准,然后百乘可及也",作者认为,当小国国库极度空虚时,由国家向民间发行法定债券,然后根据不同季节的物价涨落,运用轻重理论的调节措施加以掌握,从中取得利润。债券的使用在春秋战国时期已经是不足为奇的经济行为了。如《管子》中讲到借贷方式主要有两种:一种是发放贷款,就是春天农忙之时,国家发行贷款支援春耕;二是放贷粮食。借贷的好处是,国家利用债权人资格,要求还什么就得还什么,什么时间还就什么时间还,随时操纵着债务方,其中关键是这种办法控制的不仅仅是债务方,更重要的是控制了整个市场物价。

这里,百乘之国的做法是:由国家向民间借钱或借物,国家不是债权人,那如何获利呢?作者认为,这种情况同样可以通过国家政权的力量,掌握"币重而万物轻,币轻而万物重"(《管子·山至数》)的规律,从中盈利。用一个简单的譬喻来说明:国家向民间借钱时,一百元钱能买一百斤粮食,到归还期,一百元钱只能买五十斤粮食了,利用了其间物价涨落之差,这样五十元钱无形之中就被国家取走。全国累计起来,就是一笔数目相当巨大的资金,原因是国家能够采取行政手段和行政命令,规定在何时偿还民间债务。所以尽管国家不是债权人,却依然居于主动地位。

通过这种对轻重理论的应用,可看到轻重理论的特点是特别强调国家政权对整个国民经济实行严格的干涉和控制。它认为封建国家管理国民经济的目标是取得"轻重之势",做到使全国所有人在经济生活方面都是"予之在君,夺之在君,富之在君,贫之在君",也就是要使以国君为代表的封建政权对整个社会经济生活具有绝对的支配权。所以,这种理论的内核,是封建王权与商业精神相结合的产物,二者缺一不可。

对"千乘之国""万乘之国",作者同时提议,应用轻重理论,分别采取"官山海""官天财""以重射轻""以贱泄平"等调控经济的方法与措施,这些措施的应用前面都已谈到。总之,不同的国家有不同的特点,要充分根据本国的条件与优势最大限度地获取利润。国家不管大小,要自立自强,首先要发展经济,增强实力,然后才能慢慢强大,受到别国的尊重。

以上,作者都在讲述如何在流通领域将民间的财富转移到国家手中。最后,作者再次强调货币的重要性。

作者认为,货币好比一杆天平,国家掌握了它来作为平衡经济的杠杆。虽然货币不能穿不能吃,但可以运用它调节民生,使国家得到安定。先王就是这样做的,运用货币"守财物,以御民事,而平天下也"。现在的君主应效法先王,不要随意下令征税,比如:"令曰十日而具,则财物之贾什去一;令曰八日而具,则财物之贾什去二;令曰五日而具,则财物之贾什去半;朝令而夕具,则财物之贾什去九。"税收时间逼得愈紧,迫使百姓出售东西贬值愈多,本来可以卖十元钱的东西,现在为了应急出钱交税,只得降价出售,甚至对方想出几元钱就几元钱卖掉,这等于让百姓损失了钱财。"民予则喜,夺则怒",这是民间的普遍现象,也是君主施政必须谨慎的地方。所以,君主要懂得货币的妙用,用轻重法来解决国家财政问题,"不求于万民而籍于号令",才是上策。

二十七、山　权　数

【解题】

"权数"指治理国家中通权达变的理财之术。对于"山"字，学者论断不一，有的认为是衍文，无义；有的认为，"山"者，财用所出，有关财用所出者，皆可名之为山，本篇及《山国轨》《山至数》皆然。

在本篇中，"权数"仍属于轻重之数，不过带有权变的内容。作者十分重视增加物资和粮食的储备，提出灾歉之年，粮价甚高，国家乘时售粮存币，待半年再行购进；缺粮地区，粮价甚高，国家乘时调运余粮区低价粮食，高价抛出，等等，如此"一可以为十，十可以为百"，皆可为国家增加财政收入。作者还提出在物质上和精神上的具体奖励办法，以促进农、林、牧、副各业的发展。他所反复强调的观点，即国家利用粮食、货币来平衡物价和操纵国计民生的思想，成为中国古代经济思想中的重要内容。

但篇中提出"御神用宝"，认为一只普通乌龟，可以人为地升值为无价之宝，用以抵押军粮或调节市场，则是把"权术"的作用夸大到无所不能的荒谬地步。

桓公问管子曰："请问权数。"管子对曰："天以时为权①，地以财为权②，人以力为权③，君以令为权④。失天之权，则人地之权亡。"桓公曰："何为失天之权则人地之权亡？"管子对曰："汤七年旱，禹五年水，民之无饘有卖子者。

汤以庄山之金铸币，而赎民之无糟卖子者；禹以历山之金铸币，而赎民之无糟卖子者⑤。故天权失，人地之权皆失也。故王者岁守十分之参⑥，三年与少半成岁。三十七年而藏十一年与少半⑦。藏三之一不足以伤民，而农夫敬事力作。故天毁埊⑧，凶旱水泆，民无入于沟壑乞请者也。此守时以待天权之道也。"桓公曰："善。吾欲行三权之数⑨，为之奈何？"管子对曰："梁山之阳靖茜⑩、夜石之币⑪，天下无有。"管子曰："以守国谷，岁守一分，以行五年，国谷之重什倍异日⑫。"管子曰："请立币，国铜以二年之粟顾之⑬，立黔落⑭。物重与天下调⑮。彼重则见射，轻则见泄，故与天下调。泄者，失权也；见射者，失策也。不备天权，下相求备，准下阴相隶⑯。此刑罚之所起而乱之之本也。故平则不平，民富则贫⑰，委积则虚矣。此三权之失也已。"桓公曰："守三权之数奈何？"管子对曰："大丰则藏分⑱，陷亦藏分。"桓公曰："陷者，所以益也，何以藏分？"管子对曰："隘则易益也，一可以为十，十可以为百。以陷守丰⑲，陷之准数一上十，丰之策数十去九⑳，则吾九为余。于数策丰㉑，则三权皆在君，此之谓国权。"

【今译】

齐桓公问管仲："请问通权达变的理财方法。"管仲回答："天以时令是否调和为权变，地以财物多寡为权变，人以能力强弱为权变，君主以政令能否施行为权变。如果天时失常，那么人、地的权变也都无从掌握了。"桓公说："什么是天时失常，人、地的权变也都无从掌握了呢？"管仲回答："商汤在位时曾连续七年旱灾，夏禹在位时连续五年水灾，致使百姓没有饭吃而出卖儿女的。商汤用庄山的金属铸币，来赎救百姓中因无食而出卖儿女的。夏禹用历山的金属铸币,来赎救百姓中因无食而出卖儿女的。所以,天时失常,人、地的权变也都无从掌握了。因此,成王业的君主每年保持十分之三的积蓄,三年多就能有相当一年收入的积蓄,三十七年就能有相当于十一年多一点的积蓄。每年积蓄收入的三分之一,不至于伤害民力,而且会使农民专心农事,努力耕作。即使天灾毁坏土地生产,发生凶旱水涝,百姓也不会死于沟壑或沿街乞讨了。这就是掌握时令、对付天时反常的根本途径。"桓公说:"好。我打算实行'三权之数',该怎么办?"管仲回答:"梁山南面所产的靖茜和山东掖县(今莱州市)一带所产的石壁,是其他地方所没有的。"管仲接着说:"用这些东西换取粮食,每年储备一分(十分之一),行之五年(即储备十分之五或一半),国家储备的粮食价值就会增长十倍。"管仲接着说:"请铸钱币,用两年的粮食积蓄雇人采铜,建立冶铜铸币的场所,但物价的高低则要与别国保持一致。因为商品价格偏高,别国就来倾销射利,商品价格偏低,物资就容易流散。所以要注意比价一致。物资泄散外流,会使国家丧失经济权益,被人射利(取利),也会造成经济生活失调。国家不能防备天时水旱之变,民间只好互相借贷以求自备,就会发生人们私相奴役的事情。这就是刑罚所起和乱国的根本原因。于是,平衡成为不平衡,富裕的人沦为贫穷,国家积蓄将会陷于空虚,这些就是天、地、人三权失常的表现。"桓公说:"掌握三权之数应该怎么办?"管仲回答:"如果大丰收的年份,君主要储藏一半粮食,而歉收之年也要储藏一半粮食。"桓公说:"歉收之年应当补助,哪能储藏一半粮食?"管仲回答:"正因为歉收,则粮价容易增高。歉年一分粮食可以卖到十分的价钱,十分粮食可以卖到百分粮食的价钱,就可用歉年所获粮价的收益留待丰年使用。歉年利用粮价上涨,拿出一分粮食,就能获得十分的粮食收入,丰年粮价下跌,就可用歉年时所得一分粮食的收入,买到十分的粮食,从而净得九分粮食的收益。运用轻重之术策划丰年粮食的经营,则天、地、人三权便都掌握于君主手中。这就是国家的通权达变。"

【注释】

① 时:时令,指时令是否调和。 ② 财:财物,指出产物资的多寡。 ③ 力:能力,指知识能力的强弱。 ④ 令:政令,指政令能否施行。 ⑤ 有卖子者:原文无"有",据《管子集校》补。民之无糟有卖子者:言百姓无饭吃而有卖儿卖女者。糟,指糜粥。 ⑥ 守:与下文"藏"同义,都指贮藏。参:同"叁""三"。岁守十分之参(三):谓每年贮备三成。这样,经过三年零三个月,则贮备之粮即相当于一年的粮食需要量,故谓"三年与少半成岁"。 ⑦ 七:原文为"一",据《管子集校》改。 ⑧ 墍:同"地",即古"地"字。 ⑨ 三权:指上述天权、地权、人权。此处从君主的角度出发,故不言"君权"。 ⑩ 绮(qiàn)茜(qiàn):染绮的茜。绮,赤色缯,即用茜草染过的丝织品。茜,乃多年生蔓草,根红色,可作染料用。原文为"緆",据《管子集校》改。 ⑪ 夜石之币:夜指山东掖县(今莱州市),与莱阳接壤,莱阳产莱阳石,有光泽,一名莱玉。故"夜石"疑为莱阳石。币,同"璧"。 ⑫ 什倍异日:价格上涨十倍于往日。此承上文"岁守一分,以行五年"而言,意即经过五年之积蓄,国家可以掌握社会商品粮食的一半(五分)。有此一半粮食在手,经过囤积涨价,即可使粮价比往日提高十倍。 ⑬ 顾:通"雇",雇用。 ⑭ 黔落:黔,黑色;落,人们聚居的地方,如部落、村落,均可称落。立黔落:指建立冶铜铸币的场所,有如村落,故称黔落。 ⑮ 物:原为"力",疑"物"字残坏,所余部分似"力"而致误,据上下文义改。物重与天下调:谓国家"立币"之后,必须考虑确定物价,此物价高低须与各诸侯国保持堪与竞争的比例。"物重",即指物价,"与天下调",即保持与其他国家比例适当。下文"彼重则见射,轻则见泄,故与天下调",是说明如此处理的原因。 ⑯ 准:相当或等于。准下阴相隶:意即等于使人民私相奴役。 ⑰ 民富则贫:原文为"民富则不如贫",据上文"平则不平"、下文"委积则虚"文例,删去"不如"二字。 ⑱ 分:一半。大丰藏分,阤亦藏分:言大丰收年份时藏粮一半,歉收年也同样藏粮一半。 ⑲ 以阤守丰:以歉年的粮食价格掌握丰收年的粮食购进。 ⑳ 策:簿册。策数:指账面数字,此处为购粮数字而言。 ㉑ 于数策

丰:指乘丰、歉年成变化实行轻重之术。

【评析】

《管子》轻重诸篇的内容主要是讨论财政经济问题。在这组论文中,经常出现"理财"这一个概念。本篇首句:"齐桓公问管仲曰:'请问权数。'"便又是询问通权达变的理财方法,那么这个概念的含义是什么呢? 一般来说,它有两层含义,一指理民之财,一指理国之财。前者属于经济,即是要发展经济,后者属于财政,仅指国家财政收入的增加。作者主张国家干预经济,实行"利出一孔",指利权要操控在国君的手中,把调节国家经济视为最高理想。在理财实践中,作者注重为国而理财,极为强调国家财政收入的增加,从轻重理论和所举的大量例证来看,作者是把财政的目的放在首位,也就是以解决国家财政问题为重点,本篇也是一个例证。

本段讲述国君为何要掌握"三权"的道理及其方法。"三权",这里指"天以天时水旱为权变,地以财物多寡为权变,人以能力高低为权变",在管理国家当中,三权的作用举足轻重,但这三权都可以由国君掌握,所以君权就体现在对三权的掌握之中。历史上曾经发生过这样的悲剧,由于君主没能控制天权,结果百姓没有饭吃而被迫流离失所,卖儿鬻女。这种教训表明,君主一旦丧失对天权的控制,人力和土地财物也就都无从掌握。所以,要掌握三权,尤以控制天权最为重要。

那么,如何来控制天权呢? 对于这个问题,历代英主都采用以储备和积累粮食为要务的办法。我们知道,在古代的历史条件下,粮食是解决人们的吃饭问题的,又是富国强兵的基础,没有粮食,社会就不会安定,政权就不能巩固。实际上,在整个中国封建社会——自然经济占统治地位的社会,重视粮食生产都是极为重要的经济思想,任何一个朝代的建立,都要从恢复和发展粮食生产开始,否则这个朝代就不可能持久。此处,作者认为每年贮藏粮食收入的三分之一,这个数目既不影响百姓的口粮,而且农民还会因有饭吃而提高生产积极性。

他说,粮食积少成多,每年积累粮食收入的三分之一,三年就相当于够吃一年的贮粮,三十七年就能有相当十一年多一点的贮备。到那个时候,即使发生水旱灾情,百姓也不会出现卖儿鬻女的惨景。这就是控制天权的办法。

齐桓公说:既然如此,那想掌握"三权"的理财方法,该怎么做?

于是,作者从掌握天权的办法,转到掌握三权的办法上。还是在粮食上做文章。他说,再用我国的稀有之物去向别国换取粮食,等到国内的粮食有一半控制在国君手中,就可以人为地提价,粮价倍增,从中获取利润。不待齐桓公插嘴,作者紧接着说,还要规定国内物价,不使国内物资外流。因为当时生产力低下,物资极不丰富,即使有货币,买不到东西,货币再多也无用,所以从某种程度上说,拥有物资比货币更有价值。故而在国际物资交易当中,基本上以掌握物资为优。别国的物价高,国内也高,别国低,国内也低。如果别国的物价高而国内低,国家的物资就被别国夺走了,就是国家失权,如果被人家赚去金钱,那就是治国策略不当,所以国内的物价要与别国保持平衡。否则国家无力对付天时水旱变化,一旦遇到灾年,民间只能相互借贷钱财、买卖粮食以维持生计,结果穷人变成富人的奴隶,贫者更贫,富者愈富,富商大贾就要操纵市场,抬高物价,物资皆为他们所囤聚,国家仓廪反而陷于空无,国穷而民乱,这就是君主丧失"三权"的表现。

那么,如何才能牢固掌握"三权"的理财方法呢?齐桓公不无担忧地问。

由国家控制粮食,再由国家垄断铸造货币,以这二者作为杠杆,全面控制社会经济生活,问题就能够解决。这是作者的一贯主张。他告诉齐桓公,国家要保持充足的粮食储备,无论丰年还是歉年,都要每年坚持积累粮食。手中有粮,在歉收之年,一分粮食就可以卖到十分的价钱,十分粮食可以卖到百价。丰年利用粮价下跌,就可用歉年时所得一分粮食的收入,买到十分的粮食,从而净得九分粮食的收益。

归根结底,是否掌握三权,就看国君手中有没有粮食,精不精于轻重之术。

桓公问于管子曰："请问国制①。"管子对曰："国无制，地有量。"桓公曰："何谓国无制，地有量？"管子对曰："高田十石，间田五石，庸田三石，其余皆属诸荒田。地量百亩，一夫之力也。粟贾一②，粟贾十，粟贾三十，粟贾百。其在流策者③，百亩从中千亩之策也。然则百乘从千乘也，千乘从万乘也。故地无量④，国无策。"桓公曰："善。今欲为大国，大国欲为天下，不通权策，其无能者矣。"桓公曰："今行权奈何？"管子对曰："君通于广狭之数⑤，不以狭畏广；通于轻重之数，不以少畏多。此国策之大者也。"

【今译】

　　桓公问管仲说："请问治理国家长久不变的政策。"管仲回答："治理国家没有长久不变的政策，因土地有产量的差别。"桓公说："怎样叫作治理国家没有长久不变的政策，是因土地有产量之别呢？"管仲回答："上等田亩产十石，中等田亩产五石，下等田亩产三石，其余的都属于荒田了。一个农民，一般种一百亩地。上述四种田区的粮价在市场上分别表现为一、十、三十和一百。精通商品流通理财之法的国家，可使百亩土地提供相当于千亩土地的收益，那么，百乘之国就相当于千乘之国，千乘之国就相当于万乘之国了。所以说，土地的收获是有各种不同产量的，治理国家的方法也没有长久不变的。"桓公说："好。如今想要成为大国，进而由大国而统一天下，不懂得通权达变的理财之策，是不能有所作为的。"桓公问："现在怎样实行权变之策呢？"管仲回答："君主要是通晓广狭的理财方法，就不会因为国土狭小而惧怕国土辽阔；要是通晓轻重之术，就不会因为资财少而惧怕资财多的。这就是国家理财政策的最主要之处。"

【注释】

①国制：治理国家长久不变的制度。制，成法，定法，一成不变的制度。　②贾：通"价"。此处四种粟价与上文四类土地（高田、间田、庸田、荒田），恰成反比，意即产量愈高、粮食愈多的地区，则当地粮食市场的价格愈低，否则反之。　③在：观察；明察。其在流策者：即明察异地流通策略者。流策，指商品流通之策。　④量：产量。地无量，国无策：意即土地产量若无差别，则地区粮价即无差异。在此固定不变的情况下，国家也就无法实行理财赢利的政策。

【评析】

一般人拥有了相当的地位和财富后，总希望能有一种恒久不变的办法来保住它。齐桓公虽然身为一国之君，也有人情之常。他因此而请教作者，请他谈谈关于治理国家的长久不变的政策。作者告诉他，没有这种政策，因为土地的亩产量不同呀！齐桓公不明白，又问道：国家没有长久不变的政策，跟土地亩产量不同有什么关系？

作者认为这之间有直接关系，国家的理财政策就是依据不同的亩产量来制定的。因为谷物的亩产量多寡不同，它反映在市场的粮价上就天然地有高低之分，亩产多则贱，亩产少则贵，在这一客观基础上，才可以人为地调节其轻重关系，换言之，国家才可以制定理财政策。

所以，他告诉齐桓公，土地因性质的差别，可按照肥瘦、美恶不同，分为上、中、下三等，余下的是荒地，也就是劣质土地。土质好坏不同，亩产量亦多寡不等，产量高的地方粮价贱，产量低的地方粮价贵，这叫"多则贱，寡则贵"（《管子·国蓄》）。这种价格变化又会造成购买者心理和行为的变化，"轻则见泄，重则见射"，意思是东西多了价格下跌，囤积者大量抛售（泄）反而无人问津；东西少了价格看涨，人们都争相抢购（射）。而精通商品流通的国君应棋高一着，预测到供求价格进一步反向变化，抱着和一般消费者反其道而行之的心理，要"以重射轻，以贱泄平（贵）"，即大量收购低价粮，然后运到粮价高的地区，或者等到粮价贵的时候大量抛售出去,用现在的话讲,就是利用时间或空间赚粮食的差价。要是粮食的数目大,就是一笔可观的钱财,这种理财政策就是因土地亩产量的不同而制定的,它能使百亩地的收益赶上千亩地的收益。由此推之,小国也可以有中等国的收益,中等国也可以有大国的收益。

齐桓公听后很兴奋,他感叹道:真了不起啊!如今想统一天下,非得学会这种赚钱的方法不可!他紧接着又问:要是我马上就实行这个办法,将会出现怎样的局面呢?

作者并不马上回答实行这种办法后的局面如何,而是继续向齐桓公推销他治理国家的最高理想——以增加财政收入为目标的轻重理论。他说:"君通于广狭之数,不以狭畏广;通于轻重之数,不以少畏多。""广狭"和"轻重",以及下面讲到的"徐疾""决塞",都是作者经济思想中各组相对的概念。这番话的意思是,假如您齐桓公具备了理财的能力,就不用因国土窄狭而畏惧国土辽阔,小国可以成为强大之国,历史上商汤以七十里、周文王以百里而称王天下就是例证;也不用因国穷而惧怕富国,物虽少而有轻重之术以贵其价,一可以为十,十可以为百,故穷国也可以成为富国。等到您做到了这种程度,那么,天下就可以运诸您的手掌之中。这就是治理国家之根本策略。

桓公曰:"善。盖天下①,视海内②,长誉而无止,为之有道乎?"管子对曰:"有。曰:轨守其数,准平其流,动于未形,而守事已成。物一也而十,是九为用。徐疾之数,轻重之策也,一可以为十,十可以为百。引十之半而藏四,以五操事,在君之决塞③。"桓公曰:"何谓决塞?"管子曰:"君不高仁,则国不相被;君不高慈孝,则民简其亲而轻过。此乱之至也。则君请以国策十分之一者树表置高④,乡之孝子聘之币,孝子兄弟众寡不与师旅之事。树表置高而高仁慈孝,财散而轻⑤。乘轻而守之以策,则十之五有在上⑥。运五如行事,如日月之终复。此长有天下之道,谓之准道。"

【今译】

桓公说:"好。统一天下,称王海内而垂誉无穷,做到这一点有办法吗?"管仲回答:"有。这就是以经济统计工作,掌握理财方法,调节物价,平衡商品流通,采取措施在物资尚未形成之前,掌握成果在事情已成之后,使财物一变为十,其中十分之九为国家赢利。这便是运用政令缓急和轻重之策的结果。原来一分财物增长为十分,十分增长为百分。再将十分的收入对开,用半数的五分之四为留藏,另外的半数则用于搞理财事业,所有这些,都完全取决于君主运用'决塞'之术了。"桓公问:"什么叫作'决塞'?"管仲答道:"君主不提倡仁爱,人们就不能形成互助的风气,君主不提倡慈孝,人们就会怠慢双亲而不以为非。这是最大的祸乱。君主应拿出上述理财成果中的十分之一,用来树表柱立高门表彰仁孝,并赐乡里孝子以布帛,无论其兄弟多少,一概免除兵役。由于树表柱立高门提倡仁爱与慈孝,这些开支使财货大量进入流通,财物因而轻贱下来,国家乘此轻贱之机运用理财之策掌握它,十分之五的财物又进到国家之手。再运用这五成财物继续按照从前的办法去做,像日月运行那样周而复始。这就是长久控制天下的办法,叫作'准道'。"

【注释】

① 盖:通"盍",意即合。盖天下:即一匡天下的意思。　② 视:意同治理。视海内:言治理海内。　③ 决塞:开放与收闭。本书《七法》篇言:"予夺也、险易也、利害也、难易也、开闭也、杀生也,谓之决塞。"所论皆与放、收之一般涵义相合。此处之决塞,指提倡什么和禁止什么。　④ 树表置高:树表,指树表柱或牌坊之类,置高,指建立高大门间。此皆用作标识,以表彰品德高尚的人。　⑤ 散:散布,施散。散而轻:意为财物由于施散而轻贱。　⑥ 有:通"又"。

【评析】

作者说出有使天下运之于手的妙策,就如同有的放矢,直中红心,说到齐桓公的内心深处,桓公迫不及待地说:好,那用它一统天下,称王海内而流芳千古,能做得到吗?作者说:行啊,就看国君如何理财。如果国君善于理财,则"一可以为十,十可以为百",国家财物数倍增长。比方说,有一百石粮食,每石十元,一共为一千元,经国家廪藏后,粮价涨到每石一百元,一百石粮食合计共得一万元,除去原价一千元外,还可盈余九千元,这没有别的原因,就是善于运用徐疾之数与轻重之术,故可以收到"一可以为十,十可以为百"的效果。这样,原来一分财物所值增长为十分,再将十分对开即五分,留藏四分,其余一分用于下面"树表置高"的开支,另外五分作为国君继续操办各种事业的开支,至于操办什么事业,如何开支,就完全取决于君主运用"决塞"之术了。

什么叫作"决塞"?齐桓公不解。

"决塞",是作者理财政策当中的一种方法。他把事物的矛盾分解为"予夺也,险易也,利害也,难易也,开闭也,杀生也",解决这些矛盾的方法"谓之决塞","不明于决塞而欲欧众移民,犹使水逆流"(《管子·七法》)。开是"决",关就是"塞"。在处理事物矛盾时,恰如其分地开或关,就是决塞的实地运用。在理财过程中,矛盾现象无所不在,运用这一方法也就具有特别的重要性。

作者认为,国家要积极参加干预和调节人民的经济生活,应该限制的必须限制,应该提倡的必须提倡,要诱导人民做什么和不做什么,要把理财与教化联系起来。他说,一个国家的好风气,是要提倡而形成的,假如国君不提倡仁爱,百姓就不会相互帮助,和睦共处,不提倡慈孝,百姓就不敬重自己的父母长辈,这样推广开来,也不会去敬重别人的父母长辈,这就势必招致国家的混乱。因此,国君要提倡仁爱慈孝,从自己本身做起,把国家财政收入中的十分之一拿出来,用于奖励全国的贤士孝子,为他们树表柱立高门,赐予财礼,免除兵役,为百姓树立表率，然后推而广之，扩而充之，时间一长，必能在全国形成仁爱慈孝的风气。到那时候，百姓都乐于相互赠送财物，以免落得"为富不仁"的骂名。这样，财物必因此而流散在外，这是"决"；财物流散则轻，国家可乘其轻而守其流，于是民间财物的十分之五又可以回到国家手中，这是"塞"。运用"决塞"之术的难点在于适度，国君务必注意这点。然后国君再继续运用理财之策操纵这五成财物，如此周而复始，循环不已，就是使财物恒足、天下长久运之于手中的良策。

桓公问于管子曰："请问教数①。"管子对曰："民之能明于农事者，置之黄金一斤，直食八石。民之能蕃育六畜者，置之黄金一斤，直食八石。民之能树艺者②，置之黄金一斤，直食八石。民之能树瓜瓠荤菜百果使蕃衮者③，置之黄金一斤，直食八石。民之能已民疾病者④，置之黄金一斤，直食八石。民之知时⑤，曰'岁且阸'，曰'某谷不登'，曰'某谷丰'者，置之黄金一斤，直食八石。民之通于蚕桑，使蚕不疾病者，皆置之黄金一斤，直食八石。谨听其言而藏之官，使师旅之事无所与⑥，此国策之大者也⑦。国用相靡而足，相操而澹⑧。然后置四限⑨，高下令之徐疾⑩，驱屏万物⑪，守之以策，有五官技⑫。"桓公曰："何谓五官技？"管子曰："诗者所以记物也，时者所以记岁也，春秋者所以记成败也，行者道民之利害也，易者所以守凶吉成败也，卜者卜凶吉利害也。民之能此者皆一马之田，一金之衣。此使君不迷妄之数也。五家者⑬，即见⑭：其时，使豫先蚤闲之日受之，故君无失时，无失策，万物兴丰，无失利，远占得失，以为末教；诗，记人无失辞；行，殚道无失义；易，守祸福凶吉不相乱。此谓君棣⑮。"

【今译】

桓公问管仲:"请问利用教育的理财方法。"管仲回答:"百姓中凡有精通农业生产的,应赏给黄金一斤,相当于八石粮食。有善养牲畜的,赏给黄金一斤,相当于八石粮食。有精通园艺树木的,赏给黄金一斤,相当于八石粮食。有善种瓜果蔬菜并使之生长繁茂的,赏给黄金一斤,相当于八石粮食。有能医治疾病的,赏给黄金一斤,相当于八石粮食。有懂得天时变化,能预测年成丰歉,能预告某种作物歉收或丰收的,赏给黄金一斤,相当于八石粮食。有精通植桑养蚕,能防止蚕不生病的,都应该赏给黄金一斤,相当于八石粮食。要认真听取他们的意见,并且把记录保存在官府,要免除他们的兵役,这是国策中一件大事。这样做可保证国家财用上下消费都很充足,各级积蓄都很充裕。然后给物资流通划定四方限界,通过政令的缓急,来控制万物的流通。采取上述政策,还须任用五种有专门技艺的职官。"桓公说:"哪些是具有专门技能的五种职官?"管仲说:"懂'诗'的可用来记录事物,懂'时'的可用来记年成丰歉,懂'春秋'的可用来记举事成败,懂'出行'的可用来告知百姓行路逆顺,懂'易'的可用来控制祸福与成败,懂'卜'的则可预测凶吉与利害。百姓中凡有上述技能之一者,都应赐给一匹马所能耕种的土地和一斤黄金所能买到的衣服。这是有助于君主不致盲目愚妄的一种措施。这五种具有专门技能的人可以及时发现问题:懂'时'的官,使他在事前更早的时候说明情况,以便君主不致丧失时机,错行理财之策,而带来万物丰盈,要想不丧失经济权益,就须预测将来的得失,作为以后的教训;懂'诗'的官,记人们的言语而免于差错;懂'出行'的官,详述道理的情况而免生误解;懂'易'的官,可以控制祸福凶吉,使不相互错乱。管理这些人是君主的权柄。"

【注释】

① 教数:利用教育的理财方法。教,指教育或教导。　② 树艺:种植树木的技艺。　③ 蕃袞:意犹蕃衍。袞,同"裕",原文为"衮",据《管子集校》改。　④ 已:停止,此处引申为治愈。　⑤ 知时:通晓农

时或天时。 ⑥ 与:通"预",干预,干扰。使师旅之事无所与(预):言对待上述七种专家,不使战争兵役之事干扰他们。 ⑦ 大:原文无,据《管子集校》补。 ⑧ 相揲(dié)而澹:原文为"相因揲而訾",据《管子集校》改。国用相靡而足,相揲而澹:指国用开支由于消费的需要而得到满足,储蓄也有保证。 ⑨ 四限:东南西北,即四境之内。 ⑩ 高下:意犹伸缩。高下令之徐疾:意指根据物资聚散与供求情况,灵活掌握政令之缓急。 ⑪ 驱屏:驱,驱使,驱出;屏,阻止或收藏。驱屏万物:意即发放或囤集物资,操纵市场。 ⑫ 有五官技:"有",读为"又",指又需要五种专门技能的官职。 ⑬ 五家:原文为"六家",据《管子集校》改。上文之一诗、二时、三春秋、四行、五易卜,共为五家。易与卜虽分列,但二者相通,乃属一家。"五家"自应与"五技"的说法相合。 ⑭ 即见:可以及时发现问题,有预见性。 ⑮ 棅:同"柄"。君棅:指君主的权力,此处强调君权,意在对人才的控制。

【评析】

这一段,齐桓公换了一个角度,他说:"请问教数。"用今天的话讲,就是请教利用知识赚钱的方法。作者答复齐桓公说,请国君起用并奖励有七种技术专长的人,即一农业,二牧畜,三森林,四园艺,五医药,六时令,七蚕桑。国君对百姓中具有这七能中任何一能者,进行物资奖励:给予黄金一斤或相当于一斤黄金的八石粮食,并听取他们的技术业务指导,保存并传播他们的生产、管理的经验,免去他们服兵役的义务,不让他们受到军事行动的干扰。这是一项重大的国策。

这里体现出作者的用人原则。与历史上以血缘为基础、以等级为特征的用人方式不同,作者主张不以资历、门第为依据,从百姓中选用人才,对普通人中的贤能之士,都要因才录用,最大限度地发挥其能力。这种求实的用人原则在现代社会仍属难能可贵。我们知道,要管理好整个国家,不是国君一个人所能完成的事,所以选贤任能至关重要。这是具有普遍性的原理,适用于任何一个国家或者组织,一个由大量人员构成的组织,靠一个人的力量来维持和发展是不可能的,不广集人才,团结一致——无论人才与领导者性情相投甚或相违,是很难获得兴旺发达的。这好比三乘四等于十二,而三加四等于七的道理:不同性格的人才,如能有效地组合、搭配在一起,便能发挥出比二者更大的力量。

作者说,国君采用了这些技术专长者的经验,有利于管理国家,再用财物奖励他们,有利于财物流通。钱财因散而轻,因积而重,轻则贱,重则贵,国君在这当中掌握号令的缓急,以敛轻散重,获取大利,由此可供给国家的开支和积累财富。这就是利用知识聚财的办法。

为了办好这些事情,除选用上述七能者之外,还要设立懂得"诗""时""春秋""行"和"易""卜"这五种技能的官员。国君要去发现和奖赏百姓中有此五种技能的人,对于这五种专门人才也要分门别类进行奖励:赐给一匹马一日所能耕种的土地和一斤黄金所能购买的衣服。这些人的作用有些像现代的智囊团,为领导者提供经验,指正得失,出谋划策,使其能知所趋避,不致误入迷途。古人重迷信,缺乏科学知识,认为预先得到指点,就可免于失败。而接受这些人指点的权力,则完全操控在君主手中,故曰"此谓君栖",即管理好这些人应是君主的权柄。这使我们联想起一则故事:已当了皇帝的刘邦,一天和韩信闲谈,谈到其手下诸将各能统率多少士兵。在评论了诸将以后,刘邦问韩信:"我能将多少兵呢?"韩信爽快地答道:"陛下最多不过将十万之众。"刘邦问:"那么你呢?"韩信答:"我是越多越好。"听到这话后,刘邦笑道:"既然如此,你又为什么被我这个只能将十万之众的人所擒呢?"韩信回答得很得体:"陛下虽不善将兵,却具有将将的器量,我之被擒也正是由于此。"这则故事说明:领导者不一定要事事都会,但一定要具备管理人才的本领。项羽之所以败在刘邦手中,两个人的差别首先就表现在管理人才的本领上,这直接关系到事业的成功与失败。这里所说"此谓君栖",包含的就是这个道理。

这个道理很古老,似乎也浅显,可即便在现代社会里,具备这种本领的管理者仍不在多数。所以,对于向往成功的人来说,这个道理仍然值得听取与借鉴。

桓公问于管子曰:"权棫之数,吾已得闻之矣,守国之固奈何①?"曰:"能皆已官,时皆已官,得失之数,万物之终始,君皆已官之矣。其余皆以数行。"桓公曰:"何谓以数行?"②管子对曰:"谷者,民之司命也,智者,民之辅也③。民智而君愚④,下富而君贫,下贫而君富,此之谓事名二。国机,徐疾而已矣⑤。君道,度法而已矣⑥。人心,禁缪而已矣。"⑦桓公曰:"何谓度法?何谓禁缪?"管子对曰:"度法者,量人力而举功。禁缪者,非往而戒来。故祸不萌通而民无患咎。"桓公曰:"请闻心禁。"管子对曰:"晋有臣不忠于其君,虑杀其主,谓之公过。诸公过之家毋使得事君。此晋之过失也。齐之公过,坐立长差⑧,恶恶乎来刑⑨,善善乎来荣。戒也。此之谓国戒。"

【今译】

桓公问管仲:"利用权柄的理财方法,我已明白,要保持国家巩固又该怎么办?"管仲说:"有专门技能的人才已授官任用,懂天时的人才已授官任用,通晓得失的道理、万物始终的人才,君主都已经授官任用了,其余则只须按照正常的方法管理就行了。"桓公问:"什么叫按照正常的方法管理?"管仲回答:"粮食是人们生存的主宰,智慧是人们争取生存的辅助条件。但百姓有智慧,君主就可能愚昧,就好像民富则君贫,民贫则君富一样。这就叫同一事情反映出两个方面。治理国家的关键,在于政策缓急得当。为君之道,在于度量法制适宜,控制民心的方法,在于禁止邪恶产生。"桓公说:"什么叫作度量法制适宜?什么叫作禁止邪恶产生?"管仲答道:"度量法制适宜,要注意量力行事,禁止邪恶产生,就得惩前毖后。这样,灾祸就不会发生,百姓也就无须担心犯罪了。"桓公说："请问怎样才能禁止人心的邪恶？"管仲回答："晋国有臣子不忠于国君，想谋杀君主，这是叛君大罪。对所有犯罪的各家，晋国一律判处他们全家不准再任职事君。这是晋国的过错。齐国对待叛君大罪的人，则按照主从分别定罪。惩治坏的用重刑，表彰好的施厚赏，这就是戒止人心邪恶的做法。这种做法可称之为'国戒'。"

【注释】

① 守国之固：巩固国家政权。　② 以数行：按正常法则管理。数，通"术"，指方法言，但此处与上述专家任官管理的方法相对，当指一般正常方法。　③ 辅：辅佐。古常称宰相为辅，当指最重要帮助。此处"民之辅"与"民之司命"并列为文，言其重要。　④ 民智而君愚：意指国君如不加强人才管理，有知识才能之人将落入民的方面。智力优势在民而不在君，故谓"民智而君愚"。　⑤ 徐疾：缓急。政策缓急得当才有利于掌握人才。"国机，徐急而已矣"，此"国机"谓国事的关键，指对人的政策。　⑥ 度法：度量法制适宜。法制适宜，方有利于管理人才。　⑦ 禁缪：禁止邪恶、奸诈。　⑧ 坐：定罪。坐立长差：即根据罪责的大小主从，分别定罪。　⑨ 来：同"赉"，给予。恶恶：惩恶，即惩罚坏的。刑：指重刑。

【评析】

齐桓公觉得和作者谈论了许多，基本上已经弄懂理财之道，但是如何保持国家的稳固，心里还没有底，便问："守国之固奈何？"

作者向齐桓公提供了两条建议。第一，"度法者，量人力而举功"。第二，"禁缪者，非往而戒来"。前者谓设计各种法度，要注意量力而行；后者谓禁止人心的邪恶，要注意惩前毖后。主要讲国君在制定法律制度时，要根据实际情况，量力行事，执行法律时，要办事合法，赏罚公正，才能管理百姓，掌握民心。

作者认为，要保持国家的巩固，首先体现在立法与执法上。法律是有效管理国家的重要措施，由君主制定，其目的主要在于巩固君主的统治地位,同时也是为了国家有效运行。作者是现实主义者,他十分注重法律的社会效果,故而必然注重从实际出发,因为有法不能行,则法律如同具文。如何有效执行法律从来都是令统治者棘手的问题,作者提出"度法者,量人力而举功",意在强调立法行施,以可以接受和行之有效为出发点,"不为不可成者,量民力也。不求不可得者,不强民以其所恶也。不处不可久者,不偷取一世也"(《管子·牧民》)。

君主在确立法律时,自然要考虑诸多因素,在诸多因素中,以人的作用为最先考虑的。就是说,对于人的了解和掌握应该成为君主立法施政的前提,"夫霸王之所始也,以人为本"(《管子·霸言》),人是君主称王称霸的根本,是农业生产、通商工贸、打仗作战的主力,为此,作者对人的性情有深刻的描述,以下摘录数则,可见一斑:

"凡人之情,见利莫能勿就,见害莫能勿避。"(《管子·禁藏》)

"人主之所以令则行,禁则止者,必令于民之所好而禁于民之所恶也。民之情莫不欲生而恶死,莫不欲利而恶害,故上令于生、利人,则令行;禁于杀、害人,则禁止。令之所以行者,必民乐其政也,而令乃行。"(《管子·形势解》)

"民,利之则来,害之则去。民之从利也,如水之走下,于四方无择也。故欲来民者,先起其利,虽不召而民自至。设其所恶,虽召之而民不来也。"(《管子·形势解》)

"民者,服于威杀然后从,见利然后用,被治然后正,得所安然后静者也。"(《管子·正世》)

这几则引文的意思,主要说人是有欲望的,人的欲望不外乎好利恶害,乐生避死,因此君主施政想要顺利推行,得到民众的配合,必须先依顺人的好恶而行,就要通过法律的先导作用,将个人的好恶与国家运作的目的结合起来,个人因为守法而满足其基本需求,整个国家也得以安定。

法令虽然要符合民众的好恶,但又不能任其自由选择随意而为,君主必须指导方向,再导禁兼施,以厚赏重罚为行政手段配合,所以"夫民躁而行僻,则赏不可以不厚,禁不可以不重……"(《管子·正世》)。

人的好恶千差万别,各有不同,国君欲使民众一心,必须体察民意。"夫民别而听之则愚,合而听之则圣。虽有汤武之德,复合于市人之言,是以明君顺人心,安情性,而发于众心之所聚。"(《管子·君臣上》)每个时代的"众心之所聚"可能并不相同,国君需要审时度势,既顺应时代变化,又顺应民心。

其次,安国必先安民。要使民心安定不生邪恶,必须法令严明,赏罚公正。作者举例说,晋国有臣子犯弑君之罪,这是叛逆,在封建社会里,罪重莫过于此,判一千次死刑也不为过,并还要株连九族。晋国在处理这类事件时,对所有罪犯的家族,不分轻重,一律判决他们终身不能在朝为官。作者认为此举不妥,惩罚的目的是为了让百姓以后做事谨慎小心,不要重犯错误,所以赏罚的关键在于公正。他认为齐国在处理此类事件时,做法比晋国高明,齐国根据罪行轻重作出不同判决,不搞一刀切,该罚的罚,该赏的赏,绝不含糊行事。

作者认为,刑罚过苛即为虐,这不仅达不到正世的目的,其结果"则是诛罚重而乱愈起"(《管子·正世》),导致百姓起来反抗国君。反过来,执法不严,赏赐过度,则使下民放纵行私,巧诈争夺。法律具有扬公道、抑私曲、除暴安良、兴利除弊、辨明是非的社会功能,是扶正祛邪的武器,执法不公邪恶生,社会将出现"盗贼不胜,邪乱不止,强劫弱,众暴寡"(《管子·正世》)的混乱局面。所以,国君一定要了解民心,掌握民心,抓好"度法""禁缪"这两件事,否则一旦失去民心,国家就绝不可能得到巩固。这是一条超越时代的历史规律。

桓公问管子曰:"轻重准施之矣,策尽于此乎?"管子曰:"未也,将御神用宝①。"桓公曰:"何谓御神用宝?"管子对曰:"北郭有掘阙而得龟者②,此检数百里之地也③。"桓公曰:"何谓得龟百里之地?"管子对曰:"北郭之得龟者,令过之平盘之中④。君请起十乘之使⑤,百金之提,命北郭得龟之家曰:'赐若服中大夫。'⑥曰:'东海之子类于龟⑦,托舍于若。赐若大夫之服以终而身⑧,劳若以百金。'之龟为无赀,而藏诸泰台⑨,一日而釁之以四牛⑩,立宝曰无赀。还四年,伐孤竹。丁氏之家粟可食三军之师行五月,召丁氏而命之曰:'吾有无赀之宝于此,吾今将有大事,请以宝为质于子⑪,以假子之邑粟。'丁氏北乡再拜,入粟,不敢受宝质。桓公命丁氏曰:'寡人老矣,为子者不知此数。终受吾质!'丁氏归,革筑室,赋籍藏龟⑫。还四年,伐孤竹,谓丁氏之粟中食三军五月之食。桓公立贡数:文行中七千金⑬,年龟中四千金,黑白之子当千金。凡贡制,中二齐之壤策也。用贡:国危出宝,国安行流⑭。"桓公曰:"何谓流?"管子对曰:"物有豫⑮,则君失策而民失生矣,故善为天下者,操于二豫之外。"桓公曰:"何谓二豫之外?"管子对曰:"万乘之国,不可以无万金之蓄饰⑯;千乘之国,不可以无千金之蓄饰;百乘之国,不可以无百金之蓄饰。以此与令进退,此之谓乘时。"

【今译】

桓公问管仲:"轻重准衡的办法都付诸实施,理财之策是否到此为止了呢?"管仲回答:"没有,还有御神用宝的办法。"桓公说:"什么叫御神用宝的办法?"管仲回答:"城北有人掘地,从地下挖出一只龟来,用它可得到相当于百里土地的利益。"桓公问:"为什么说得到一只龟就能获取相当于百里土地的利益呢?"管仲回答:"让得龟者把龟放置在大盘里面,君主派出使臣,驾十辆马车,携带黄金百斤,到得龟人的家下令说:'国君赐给你中大夫的爵位。'还说:'这龟是东海海神的后代,样子像龟,寄居在你的家里。现在国君赐给你中大夫爵位,终身享用,并且犒赏你黄金百斤。'这龟是无价之宝,须供养在高台上面,每天都要杀四头牛来用血祭祀,以此示为无价之宝。过了四年,齐国出兵征伐孤竹国,得知富户丁家所藏的粮食,足够三军食用五个月,桓公便把丁家主人召来对他说:'我有无价之宝在这里,现在我有出征的大事,想把这个宝物抵押给你,借用你的粮食。'丁氏向北再三拜谢,送上粮食,但不敢接受这个作为抵押的宝贝。桓公对丁氏说:'我老了,我的儿子又不了解这里的前前后后。你现在一定要收下这个抵押品。'丁氏回家后,改建了房屋,铺设垫席,把龟供养起来。过了四年,在兵伐孤竹的时候,即公布丁家的粮食供三军吃了五个月。桓公再规定了一种利用贡龟的理财办法:确定文行(龟之一种)价值为七千金,年龟价值为四千金,黑白子的龟价值为一千金。总计起来,运用贡龟所得收入,相当两个齐国领土的数目之和。运用贡龟的目的,就是当国家发生危难时,把它作为宝物抵押出去,在国家安定的时候就让它在物资流通中起作用。"桓公说:"什么叫流通中的作用?"管仲回答说:"市场物价如果出现投机诈骗的现象,则国无理财之策而百姓生活无着。所以,善于治国的君主,要掌握粮食、钱币两大投机对象以外的物资。"桓公说:"什么是两个投机对象以外的物资?"管仲回答:"万乘之国不可缺少价值万金的库藏龟宝,千乘之国不可缺少价值千金的库藏龟宝,百乘之国不可缺少价值百金的库藏龟宝。利用这些后备的宝物,配合国家政令的缓急,这就叫作乘时调节市场的物价。"

【注释】

① 御神:驾御神,指借神之名以行权变之术。　② 掘阙:《管子集校》曰:"'掘阙'当作'掘阅'。古'阅''穴'通。"掘阙(阅)而得龟,意为穿地之穴而得龟。　③ 检:比;同。此检数百里之地也:言其价值之高。　④ 过:放置。平盘:大盘。　⑤ 起:行,意即派遣或发出。起十乘之使,百金之提:言人多礼重,借以造成声势,表示重视。提,挈,指携带。　⑥ 若:尔,汝,你。赐若服中大夫:言赐予你中大夫的官服。⑦ 东海之子:指海神之子。　⑧ 之:意同"是"。无赀:无价之宝。

⑨ 泰台:高台。　⑩ 釁(xìn):同"衅",血祭。古代用牲畜血涂在器物缝隙的一种祭祀活动。"一日而釁之四牛",也是借重壮大声势,以使人信为神宝。　⑪ 质:抵押之物。　⑫ 赋籍:铺放席子。　⑬ 文行中七千金:原文为"文行中七",据《管子集校》补"千金"二字。文行,疑为一种龟名。依本文"文行、年龟、黑白之子"三个品种来看,文行为龟之最上者,年龟次之,黑白之子则序列第三。　⑭ 行流:进行流通,即参与商品流通。　⑮ 豫:欺骗。物有豫,言市场物价有投机诈骗现象。下文之"二豫",乃兼指对于粮食、货币之投机。　⑯ 蓄饰:指宝龟的积蓄。

【评析】

两人谈话多时,齐桓公大约有些疲倦了,就说,理财的办法差不多就这些了吧,不料作者回答说,不,还有一种重要办法,它叫作御神用宝。

御神用宝是什么意思? 齐桓公好奇地问。

"御神用宝"是指驾御神灵而运用宝物,以实现聚财之道。怎样实现"御神用宝"? 其实方法很简单,也很省力,本段作了详细叙述。齐国北郭有人掘地得到一只普通乌龟,于是大臣让齐桓公下令说:"这是东海海神的后代。"并将之奉为无价之宝而收藏在大台之上,每天要血祭四头牛。四年后,桓公要征伐孤竹国,了解到贵族丁氏家所藏的粮食足够三军五个月食用,便将丁家主人召来对他说:"我有一件无价之宝,现在我有出征的大事,想把这个宝物抵押给你,借用你的粮食。"通过抵押这个神物,桓公获得军需粮食。作者认为,神龟作为无价之宝,在国家危难关头,可以把它作为宝物抵押出去,在国家安定的时候,可以在流通领域中起到调节物价的作用,所以,它是每个国家必须具备的宝物,是理财之策中一种重要的应用方法。

这个故事,今天看起来颇为荒唐:一只普通的乌龟,为什么被君主供奉起来,称之"东海之子",就成了无价之宝,并且为百姓所相信? 其中除了百姓慑服于君主的权势外,恐怕还与古人崇拜自然的习惯有关。古人意识到自然中有许多不可抗拒的力量,有许多未知的力量,便把它们拟人化,并加以顶礼膜拜,因为他们认为这些力量是神秘的,对人的命运有重要影响,比如龟是"东海之子",是神灵的化身,所以要对它跪拜烧香。历史上皇帝多亲自在天坛主持祭天典礼,也是出于崇拜自然的原故。古人相信有这样一个主宰人间的神存在于自然之中,他会调控天气,影响收成,降祸福于人间。

从作者轻重理论的角度来分析,可以把这种理财方法归于"因乘之术"类。作者很重视这种方法,把它视为经济活动中一种重要的谋略,他一再强调:"可因者因之,乘者乘之。"(《管子·轻重丁》)这里,"因"是凭借、利用的意思,"乘"则是抓住、抓紧的意思,主要指凭借、利用一定条件,抓住某种时机,以达到理财致富的目的。"御神用宝",就是利用人们崇拜自然、敬畏鬼神的心理,通过国家的号令,将一只普通的乌龟当作神灵来供奉,使之成为获取厚利的宝物。

此类事例在《管子·轻重》诸篇中为数不少。当然,有些是很难被后人当作有价值的经济思想来看待的,如西晋的傅玄就说:"《轻重》篇尤鄙俗"(《傅子》补遗上),可能就指这类东西。

二十八、地　　数

【解题】

"地"指包括山、水、陆在内的全部地理条件和自然资源状况,"地数"就是指利用这些地理条件、自然资源的理财之策。

本文继续发挥了"轻重"和"官山海"的思想,提出由国家实行对山中矿产的垄断经营和对滨海盐业的产销独占的主张,即发挥国家政策法令的作用和拥有的经济力量,去调节从自然资源中所获物资的价格高低,借以增加国家财政收入。还提出利用齐国本土四通八达、便于通商的地理条件,发展旅游业的理财主张。

本文既重视利用地理条件和自然资源的优势,又极为强调国家集中管理的理财方法,两者不可分开,故以"地数"名题。

桓公曰:"地数可得闻乎?"管子对曰:"地之东西二万八千里,南北二万六千里[1]。其出水者八千里[2],受水者八千里。出铜之山四百六十七山,出铁之山三千六百九山。此之所以分壤树谷也[3],戈矛之所发,刀币之所起也。能者有余,拙者不足。封于泰山[4],禅于梁父,封禅之王七十二家,得失之数,皆在此内。是谓国用[5]。"桓公曰:"何谓得失之数皆在此?"管子对曰:"昔者桀霸有天下而用不足,汤有七十里之薄而用有余[6]。天非独为汤雨菽粟,而地非独为汤出财物也。伊尹善通移[7]、轻重、开阖、决塞[8],通于高下徐疾之策坐起之⑨。昔时也⑩,黄帝问于伯高曰:'吾欲陶天下而以为一家⑪,为之有道乎?'伯高对曰:'请刈其莞而树之⑫,吾谨逃其爪牙⑬,则天下可陶而为一家。'黄帝曰:'此若言可得闻乎?'伯高对曰:'上有丹沙者下有黄金⑭,上有慈石者下有铜金⑮,上有陵石者下有铅、锡、赤铜⑯,上有赭者下有铁⑰,此山之见荣者也⑱。苟山之见其荣者,君谨封而祭之⑲。距封十里而为一坛,是则使乘者下行,行者趋。若犯令者,罪死不赦。然则与折取之远矣⑳。'修教十年㉑,而葛卢之山发而出水,金从之,蚩尤受而制之㉒,以为剑、铠、矛、戟,是岁相兼者诸侯九。雍狐之山发而出水㉓,金从之,蚩尤受而制之,以为雍狐之戟、芮戈,是岁相兼者诸侯十二。故天下之君顿戟一怒,伏尸满野,此见戈之本也㉔。"

【今译】

　　齐桓公问管仲:"利用地理条件的理财方法,可以告诉我吗?"管仲回答:"四海之内从东到西二万八千里,从南到北二万六千里,其中山脉八千里,河流八千里,铜矿山有四百六十七处,铁矿山有三千六百零九处,这就是天下之所以能够划分土地种植五谷,以及制作兵器和铸造钱币的最初来源。善于利用这些自然资源的人,财用有余,不善于利用的,就会贫困。古今在泰山、梁父举行封禅大典的七十二代君主,他们得失的谋略都在于能否利用上述自然资源,这就是国家财用的来源。"桓公问:"为什么说他们的得失谋略都在这里?"管仲回答:"从前,夏桀霸有天下而财用不足,商汤只有薄地七十里,而他却感到用度充足,这并非天单给商汤降下五谷,也不是地专为商汤长出财富,而是由于(辅佐商汤的)伊尹善于运用轻重之术,深知应该提倡什么和禁止什么的策略,精通于运用市场物价的涨落、政令发布的缓急的办法,使一切措施都能适应当时的需要。从前,黄帝也曾问过伯高说:'我想一统天下,有办法吗?'伯高回答说:'请除掉各地矿山上的杂草而树立国有的标记,再努力铲除各地的武装势力,天下就可以合为一家。'黄帝说:'这个道理能进一步讲讲吗?'伯高回答说:'地表面上有丹砂的,下面就蕴藏着金矿;表面上有慈石的,下面就蕴藏着铜矿;表面上有陵石的,下面就蕴藏着铅、锡和赤铜矿;表面上有赭石的,下面就蕴藏着铁矿。这都是山上出现矿苗的情况。一旦发现山有矿苗,君主应当立即把山严格封禁起来,并且举行祭祀活动,在离封山十里的地方,建造一个祭坛,再命令凡乘车者下车而过,步行到此者快步而行。违令者死罪不赦。这样,人们就不敢随便开采了。'如此处理十年之后,葛卢山山洪过后,露出了铜矿,竟被蚩尤接管而控制起来,蚩尤制造了剑、铠、矛、戟等各种军械,一年之中兼并了九个诸侯;雍狐山山洪过后,露出了铜矿,又被蚩尤接管而控制起来,蚩尤制造了著名的雍狐之戟和芮国之戈,一年中又兼并了十二个诸侯。因此,天下各国国君顿戟一怒,造成伏尸遍野的景象,这种矿权分散的结果就是大动干戈的由来。"

【注释】

①地之东西二万八千里,南北二万六千里:这里是形容我国古代幅员辽阔,并非实际数字。本文自"地之东西二万八千里"至"戈矛之所发,刀币之所起也",皆见《山海经·中山经》,但字句略有不同,如下:(甲)"出铜之山"句上,有"凡天下名山五千三百七十"一句;(乙)出铁之山的数字为"三千六百九十",多一"十"字;(丙)"此之所以分壤树谷也"句在"之所以"上有"天地"二字;(丁)"刀币"二字作"刀镪"。上述不同处,有的亦见于其他古籍(如《吕氏春秋·有始览》等),录之以供参考。《管子》原文,不作改动。　②出水者:指山,水的发源地。受水者:指江河、湖海。　③分壤树谷:指分别土地种植五谷。　④封于泰山:古代君主在泰山上所筑土坛举行祭天的仪式,以报答天神之助。禅于梁父:古代君主在泰山举行祭天仪式的同时,还在山下祭地,报答地神之功。梁父,泰山下的小山。　⑤国用:国家财用,犹今之所谓"财政"。　⑥薄:据近人王国维考证,"即汉山阳郡薄县地,

在今山东曹州府曹县南二十余里"(《观堂集林》卷十二《说亳》)。 ⑦ 通移:意谓流通或交换。 ⑧ 开阖、决塞:开与决指开发,阖(合)与塞指控制或收闭。此处都指国家管理经济的手段。 ⑨ 坐起:坐,指据守;起,指开发。皆谓操纵利用上述地理条件。 ⑩ 昔时:原文为"费时","昔"与"费"字形较近,因以致误,据文意改。上文所谓"昔者"的汤与伊尹及此处所谓"昔时"的黄帝与伯高,都是作者假托的历史人物,借以阐述自己的观点。 ⑪ 陶:陶冶,这里指教化。陶天下而以为一家:意指聚合天下人而为一家。 ⑫ 树:即本书《山权数》"树表置高"之树,谓树立标记作为界限。 ⑬ 蚤牙:爪牙,本意为禽兽爪牙,古以此比喻武臣。蚤与"爪"通。《汉书·李广传》:"将军者,国之爪牙也。"此指武装势力而言。吾谨逃其蚤牙:谓君主要铲除地方的武装势力,以便国家统一。 ⑭ 丹沙:朱砂。 ⑮ 慈石:同"磁石",即天然磁铁矿石,这里指地表有一层铁矿石,而地层深处则有铜矿或其他金属矿。 ⑯ 陵石:一说"陵石谓有棱之石。凡火成石均有角度,如花岗石、长石等是也。此种石多产锡铅铜等矿"。 ⑰ 赭:赭石,即赤铁矿。 ⑱ 见荣:见通"现",草类开花为荣。此以草类开花比喻矿苗,这里指发现矿苗。 ⑲ 封:禁。 ⑳ 折取:挖掘,开采。 ㉑ 教:教令,命令。修教十年:谓行此命令仅十年时间,文意含有转折。 ㉒ 蚩(chī)尤:传说中远古时代的另一部落酋长,黄帝之臣,本书《五行》篇记有黄帝得蚩尤并以为掌时之官。但在其他古籍中,蚩尤则以"作乱"闻名。如《尚书·吕刑》称"蚩尤惟始作乱",《史记·五帝本纪》亦有"蚩尤作乱"的记载。本文亦如此。 ㉓ 雍狐:古地名。下文"芮",古国名。 ㉔ 见戈:戈,指兵戈。见戈之本:意即发生战争的根源。

【评析】

齐桓公在位的时候,齐国的领地"南至石梁(在彭城一带),西至酆郭(长安以西),北至令支(地在辽西),东至大海",可谓拥有天然优越的地理条件,国内是一大平原,四面的疆界,都有大山巨川或深海,资源丰富,交通便利,而且这种地形在战略上,既易于防守,外敌又不易入侵。江山美好，齐桓公踌躇满志，既定下以富国强兵、称霸天下为伟大目标，处处都是要用钱的，因此，聚财的念头无时无刻不盘旋在他的心头。这天，他又开始问管仲：利用地理条件的理财方法，可以告诉我吗？

管仲告诉他，国家幅员辽阔，资源丰富，是提供财富的天然资本，但是也可能成为引爆战争的根源，关键看人如何利用这些条件。古往今来，这类经验教训屡见不鲜，比如，曾经有七十二家帝王在这里封泰山，禅梁父。封禅，即封泰山以祭天，禅泰山脚下小山以祭地，是古代帝王接受天命来君临天下的一种宗教仪式，《白虎通义》记载："王者受命必封禅，封者，增高也。禅者，广厚也……天以高为尊，地以厚为德，故增泰山之高以示报天，禅梁甫之阯以报地。"他们当中有的兴旺，有的败亡，原因都在于利用自然资源的做法上。

怎么讲？齐桓公追问。

管仲回答桓公说：一个善于治理国家的贤君，即使只有一部分自然资源，由于治理有方，选贤任能，善待臣民，国家便能富强昌盛，并达到长治久安。可是一个不会治国的昏君，即使霸有整个天下，也不会真正拥有天下的财富，而且更不能永远享用。

接着，他讲了一则故事。从前，夏朝的君主夏桀霸有整个天下，他曾大言不惭地说："我之于天下，就好比太阳一样，除非太阳灭亡，我才会灭亡。"自夸他的政权和太阳一样永恒，但他不会理财，还施行暴政，弄得国乱民穷，百姓都恨透了他，怨愤地说道："你这个如同烈日般的暴君啊！你什么时候才会没落呢？你快快没落吧！我宁愿和你这暴君一同灭亡，也不愿再忍受你暴政的残害了。"（《尚书·商书·汤誓》）一个国君，使百姓怨恨到宁愿和他同归于尽的地步，即使拥有全天下的自然资源，又怎么能摆脱得了败亡的命运呢？

而汤（商朝的建立者）虽然当初只有七十里领地，但他因才用人，任用伊尹执政，传说伊尹是奴隶出身，由于伊尹精通经济，善于理财，努力积聚财力，最后帮助汤攻灭夏桀，建立了商朝。

其实,对于实现天下统一,使各地方势力合为一家这件大事,古代君主也曾为此作过极大努力。管仲告诉桓公,比如,传说中黄帝曾与伯高探讨这件事,伯高向黄帝提出一个很好的建议,由国家把有矿源的山封禁起来,布置祭祀,不让私人自由开采,矿藏归国家所有,国家掌握了这笔财富,用它来消灭地方势力,统一天下。没想到黄帝这个禁令实行十年之后,不幸被另一部落首领蚩尤控制了矿山,他利用矿源制造大量兵器,连年攻打其他部落,结果导致各君主大开杀戒,造成伏尸遍野的惨剧。

这里,管仲借是黄、炎战争的故事,来说明矿权分散的严重后果。黄、炎战争是黄帝神话的重要部分,它主要说黄帝、炎帝是同母异父兄弟,各统治天下之半,但因两个人政见不同,就在涿鹿之野摆阵大战,搏杀激烈残酷,死伤无数,血流成河,最后黄帝战胜炎帝,并占领他的领地。蚩尤为另一部落酋长,是炎帝族的重要组成部分,炎帝兵败后,蚩尤崛起,为炎帝复仇,黄帝再战蚩尤,此为黄、炎战争之继续,战斗较前更为惊心动魄,最后蚩尤兵败被诛。这是中国有文字记述的第一次大规模战争(见《庄子·盗跖》《新书·益壤》)。故事同时印证前面所说利用资源不当,将导致战争祸害的观点。

桓公问于管子曰:"请问天财所出①?地利所在?"管子对曰:"山上有赭者其下有铁,上有铅者其下有银。一曰:'上有铅者其下有鈺银,上有丹沙者其下有鈺金,上有慈石者其下有铜金。'此山之见荣者也。苟山之见荣者,谨封而为禁。有动封山者,罪死而不赦。有犯令者,左足入,左足断;右足入,右足断。然则其与犯之远矣。此天财地利之所在也。"桓公问于管子曰:"以天财地利立功成名于天下者,谁子也?"管子对曰:"文武是也。"桓公曰:"此若言何谓也?"管子对曰:"夫玉起于牛氏边山②,金起于汝、汉之右洿③,珠起于赤野之末光。此皆距周七千八百里,其涂远而至难。故先王各用于其重,珠玉为上币,黄金为中币,刀布为下币。令疾则黄金重④,令徐则黄金轻。先王权度其号令之徐疾,高下其中币而制下上之用⑤,则文武是也。"

【今译】

　　齐桓公问管仲说:"请问天然的资源从哪里来?地下的财利在哪里?"管仲回答:"山地表面上有赭石的,下面蕴藏着铁矿,上面有铅的,下面蕴藏着银矿。另一种说法是:'表面有铅的,下面蕴藏着钰银,表面有丹沙的,下面蕴藏着钰金,表面有慈石的,下面蕴藏着铜。'这些都是山上出现矿苗的情况。如果发现山上有矿苗,应该严加封禁:凡是有敢于挖掘封禁之山的,死罪不赦。有犯令的,左脚踏进,砍掉左脚;右脚踏进,砍掉右脚。这样,人们就不敢触犯禁令了。这正是天地财利资源之所在。"桓公又问管仲说:"以利用天地财利资源立功成名于天下的,是谁?"管仲答道:"是周文王和周武王。"桓公说:"这话怎么讲?"管仲回答:"玉石产于牛氏的边山,黄金产于汝河、汉水的右面洼地一带,珍珠产于赤野的边缘。这些地方与周朝中心地区相距七千八百里,千里迢迢,来去不易。所以,先王衡量它们的贵重程度,规定珠玉为上等货币,黄金为中等货币,刀布为下等货币。国家号令急迫会导致黄金价格上涨,缓和就会影响黄金价格的下降。先王通过号令的缓急,调节中币(黄金)价格的高低,就可起到控制下币(刀布)、上币(珠玉)的作用。周文王和周武王就是这样做的。"

【注释】

　　① 天财:指自然资源。下句之"地利",指地下之财利,亦同属自然资源。　② 牛氏:本书《国蓄》篇谓"玉起于禺氏"。牛氏、禺氏,均"月氏"之同音转译。　③ 洿(wū):同"污",低洼之地。　④ 疾:急迫。　⑤ 制:控制;掌握。高下其中币而制上下之用:意即控制黄金(中币)价格的高低,以制约刀布(下币)、珠玉(上币)价格的高低。

【评析】

齐桓公接着问：如何知道地下的资源在哪里？

管仲说："山上有赭者其下有铁，上有铅者其下有银。一曰：'上有铅者其下有鉎银，上有丹沙者其下有鉎金，上有慈石者其下有铜金。'此山之见荣者也。"这里"山之见荣者"，就是现在所谓的"矿苗"，它指示其下所蕴藏着的矿物，可以根据矿苗和矿物的共生关系寻找矿床。现代专家认为管仲的这一分析极有见地，"铁矿表层高价氧化物呈赭色，铅和银常共生，这是现代矿床学所证实了的。这里讲的除把铜和铁的硫化物混称为黄金或铜金外，大体符合现代关于硫化矿床的矿物分布理论"（杜石然等《中国科学技术史稿》）。由此可知，管仲实际上已经总结出近代矿床学上的所谓矿物共生的道理。

一旦发现矿苗，国家就要立即严格封山，禁止出入，胆敢违令者死罪不赦。左脚踏进，砍掉左脚；右脚踏进，砍掉右脚。国家要采用强制的手段来保障开采权，因为这是地下资源所在，也是统一天下、巩固君主集权最可靠的办法，否则矿产被地方分裂势力所操纵，必将重蹈"顿戟一怒，伏尸满野"的覆辙。

接下来，管仲讲述了一则与夏桀暴政、蚩尤侵夺矿权情形相反的事例，即由国家控制自然资源聚财的成功榜样——周文王和周武王。这两位君主是历史上有名的贤王，深得民心，所以能建立延续数百年的悠久政权，同时又都是理财的行家。

当时，国家对矿产实行垄断，先王根据矿产贵重的程度，制定珠玉为上等货币、黄金为中等货币、刀布为下等货币。三币并行，没有统一的比例标准，使用起来很不方便，所以先王又定黄金为主币，作为衡量标准，珠玉、刀布的交换比例，均以主币为其公量。用今天的话打个不恰当的譬喻，即如规定一枚黄金为五十元的话，规定一枚珠玉为二倍黄金价，即一百元，规定一枚刀布为五分之一黄金价，即十元。这样，使用起来就明确方便了。

国家如果下达急需黄金的号令，黄金价格就会上涨；反之，黄金价格就下降。所以,先王就通过号令的缓急,调节黄金价格高低来聚财,即"高下其中币而制下上之用"是也。

《揆度》篇载:齐桓公问管仲:"阴山那个地方的马匹,可供驾驶兵车之用的有四千匹。每匹马的价格是一万钱,每斤黄金也是一万钱,我只存有黄金一千斤,想用它们去购买四千匹马,该怎么办?"管仲回答他说:"君主可以命令所有纳税的人们,必须按钱数交纳黄金,金价必然上涨四倍。我们就将得到四万钱,这就一变为四了。"

《轻重甲》篇载:齐国把盐卖给邻国,得黄金一万一千多钱,桓公召见管仲问道:"如何用这些黄金呢?"管仲回答:"请您下令规定,凡朝贺献礼或交纳捐税的都必须使用黄金,金价将上涨百倍。运用黄金的高价收入,来折算收购各种物资,一切财富就全都归于您君主了……这就是自然资源丰富国家的事业。"

以上是本书中两则事例,就是"高下其中币而制下上之用"的实践例子。

管仲对周文王和周武王无比赞美,认为历代君主中,没有能比得上文王和武王的理财能力者,所以他们都是后来君主所应仿效的楷模。

桓公问于管子曰:"吾欲守国财而毋税于天下①,而外因天下②,可乎?"管子对曰:"可。夫水激而流渠③,令疾而物重。先王理其号令之徐疾,内守国财而外因天下矣。"桓公问于管子曰:"其行事奈何?"管子对曰:"夫昔者武王有巨桥之粟贵籴之数④。"桓公曰:"为之奈何?"管子对曰:"武王立重泉之戍⑤,令曰:'民自有百鼓之粟者不行⑥。'民举所最粟以避重泉之戍⑦,而国谷二什倍,巨桥之粟亦二什倍。武王以巨桥之粟二什倍而市缯帛,军五岁毋籍衣于民。以巨桥之粟二什倍而衡黄金百万,终身无籍于民。准衡之数也。"桓公问于管子曰："今亦可以行此乎？"管子对曰："可。夫楚有汝、汉之金,齐有渠展之盐,燕有辽东之煮⑧。此三者亦可以当武王之数。十口之家,十人咶盐⑨；百口之家,百人咶盐。凡食盐之数,一月丈夫五升少半,妇人三升少半,婴儿二升少半。盐之重,升加分耗而釜五十⑩,升加一耗而釜百,升加十耗而釜千。君伐菹薪煮沸水为盐⑪,正而积之三万钟,至阳春请籍于时。"桓公曰："何谓籍于时？"管子曰："阳春农事方作,令民毋得筑垣墙,毋得缮冢墓；大夫毋得治宫室⑫,毋得立台榭。北海之众毋得聚庸而煮盐⑬。然盐之贾必四什倍⑭。君以四什之贾,循河、济之流⑮,南输梁、赵、宋、卫、濮阳。恶食无盐则肿,守圉之本,其用盐独重。君伐菹薪煮沸水以籍于天下,然则天下不吾减矣⑯。"

【今译】

桓公对管仲说："我想保住国内的资源不让它流失到国外,并且还要利用天下其他诸侯国的资财,可以吗？"管仲回答说："可以。河水奔腾流速就急,号令急迫(指征集的号令急)则物价就高。先王就是运用号令的缓急,对内据守国财而对外则利用天下的资财。"桓公问："他们是怎么做的？"管仲回答说："过去,周武王曾用过提高巨桥仓粮食价格的办法。"桓公说："怎么做？"管仲答："周武王故意设立了一种'重泉'的兵役,下令说：'百姓凡存有一百鼓粮食的,可以免除此役。'于是百姓便尽其所有来收购粮食,以避免服此兵役。这样一来,国内粮价上涨二十倍,巨桥仓的粮食也随之增价二十倍。周武王用这粮食增价二十倍的收入,去购买丝帛,军队可以五年之中不向百姓征收衣料,用此项收入购买黄金百万斤,那就终身不必向百姓收税了。这就是'准衡'的理财方法。"桓公接着问："现在也可照此办理吗？"管仲回答："可以。

楚国有汝河、汉水所产的黄金,齐国有渠展所产的盐,燕国有辽东所煮的盐,运用这三者也可以相当于周武王的理财之法。十口之家就有十人吃盐,百口之家就有百人吃盐;至于吃盐的数量,每月成年男子将近五升,成年女子将近三升,小孩将近两升。如果每升盐加价半钱,每釜一百升盐就能加价五十钱;每升盐加价一钱,每釜盐就能加价一百钱;每升盐加价十钱,每釜盐就能加价一千钱。君主若下令采集柴草煮海水为盐,等到国家征集食盐达三万钟,春天一到,就可以在盐的'时价'上取得收入了。"桓公问:"什么叫在盐的时价上取得收入?"管仲回答:"在春天农活开始时,命令百姓不得修筑院墙,不得修坟墓,大夫不可营建官室台榭,同时也命令滨海地区居民,不得雇人煮盐。这样,盐价必然上涨四十倍。国君再把已经涨价四十倍的食盐,沿着黄河、济水一带,运到梁、赵、宋、卫等国和濮阳等地,饮食中无盐,人就会浮肿,保卫自己的国家,对于使用食盐特别重视。君主通过砍柴煮盐以取得收入于天下,天下就无法削弱我们了。"

【注释】

① 税:交税,纳税。此以交税为比喻,言财利被别国捞取。 ② 因:借助,利用。 ③ 渠(jù):通"遽",急。 ④ 籴:买粮。贵籴:即提高其买粮价格。《管子集校》注:"武王既胜殷,得巨桥粟,欲使籴贵。巨桥仓在今广平郡曲周县也。" ⑤ 重泉之戍:作者所假托的兵役名称,使人们因害怕服此役而竞相收购粮食。 ⑥ 鼓:古代容量单位。《管子集校》注:"鼓,十二斛也。" ⑦ 最:聚集,此处引申为收集,收购。 ⑧ 煮:煮盐。 ⑨ 咶(shì):通"舐",吃。 ⑩ 升加分耗:指每升盐加价半钱。分,半。耗,读为"好",意为孔,指带孔的钱。 ⑪ 沸水:海水,此据马非百说。 ⑫ 大夫:原文为"丈夫",现据本书《轻重甲》篇"大夫毋得缮冢墓、治官室"文例及《管子集校》改。 ⑬ 北海之众:泛指齐国临海的居民。庸,即佣工。 ⑭ 然:意同"然则"。 ⑮ 循:原文为"修",据文意及《管子集校》改。 ⑯ 不吾减:原文为"不减",据文意及《管子集校》补加"吾"字。

【评析】

齐桓公又问管仲:我想保住国内资源不外流,又要聚集天下的财富,有办法吗?管仲回答他说:有啊!先王就是运用国家权力发布行政命令,来做这件事的。

我们可以看到管仲又在推销轻重之术了,他好像推销员似的,随时随地都在向齐桓公喊:"轻重法,轻重法!"此也可见他急切希望桓公实现富国强兵、称霸天下的苦心了。

他又举出一件事例,来说明过去周武王就是这样做的。武王想用库中一批粮食调换为缯帛,问题在于怎样能够换得更多。由于民间私人存粮也较多,用粮食交换缯帛的比价对粮食不很有利,国家也不好擅自提高粮价,于是,武王就下达一道命令:"现在要征调大批壮丁去戍守边疆,但百姓自家储粮有一百鼓的,可以免除此役。"人们为了逃避兵役,纷纷抢购粮食,使国内粮价一下子猛涨二十倍,武王用涨价二十倍的存粮交换缯帛,换得了足够全国军队做五年军衣用的缯帛。

齐桓公听后很赞成这个做法,他说:那我们现在也这样做,怎样?

管仲说:行!齐国有滨海的优越自然条件,可以煮海为盐,我国产盐,燕国也产盐,楚国产金,这些都是独占的物资,假如管理运用得不好,就会被其他国家所捞取。我国对外贸易,除了粮食之外,主要依靠盐,盐是人人都需要的生活品,所以盐价一上涨,利润极为可观。您齐桓公可以在农历十月至正月的冬季和初春,下令煮海为盐,因为这时候百姓正处在农闲时期,组织大批劳动力煮盐就不致耽误农时。到了正月,存盐三万钟,趁春耕农忙时,再下令不许官吏们修房屋坟地、兴建筑,不许北海的百姓煮盐,盐价必然上涨四十倍。趁盐价上涨,把盐卖到梁、赵、宋、卫这些不产盐的国家去,因为春耕劳动繁重,劳动者"无盐则肿",因而需食用较多的盐,把盐运到这些地方出售,可获厚利。我们赚来黄金,可以在外贸市场上购买粮食,使得粮价上涨,各国的粮食像流水一样进入齐国。我们守住手里大批的盐和粮食不放,"守则重",坐使盐粮涨价,然后再有计划地抛售出去,收回黄金,国家再控制住黄金,使黄金上涨,黄金即竞趋齐国。如此反复运用,齐国愈富而各国愈贫,不就做到了我国资源不流入别国,而天下的钱财为我们所获取吗?

桓公问于管子曰:"吾欲富本而丰五谷,可乎?"管子对曰:"不可。夫本富而财物众,不能守①,则税于天下。五谷兴丰,吾贱而天下贵②,则税于天下,然则吾民常为天下虏矣。夫善用本者,若以舟济于大海③,观风之所起。天下高则高,天下下则下。天下高我下④,则财利税于天下矣。"桓公问于管子曰:"事尽于此乎?"管子对曰:"未也。夫齐衢处之本⑤,通达所出也,游子胜商之所道⑥。人来本者⑦,食吾本粟,因吾本币,骐骥黄金然后出⑧。令有徐疾,物有轻重,然后天下之宝壹为我用⑨。善者用非有,使非人。"

【今译】
　　桓公问管仲:"我想全力发展农业并使五谷增多,可以吗?"管仲回答:"不可以。大力发展农业,可使财富增多,倘若不能经营掌握,它们就会流失到其他诸侯国去;粮食增多,我们贱而别国贵,也将被天下各国捞取。那样,我国的百姓就成为其他诸侯国掳掠的对象了。所以,善于治国的人,要像大海行船一样,去仔细观察风向,天下各国粮价高我们就高,粮价低我们就低。如果天下各国粮价高而我们独低,我们的财利就将流入别国的腰包了。"桓公问管仲:"理财之事就是这些吗?"管仲回答:"不止这些。齐国是一个地处交通要冲的国家,是四通八达的地方,是远方游客和商人的必经之道。外人来到我国,吃的是我们的粮食,用的是我们的钱币,然后,良马和黄金也就提供出来了。发布号令有缓急,物价有高低,只要运用得当,天下所有的财货都可为我所用。所以,善于治国的君主,可以得到本来不属他所有的东西,也可以役使本来不属他管辖的臣民。"

【注释】

① 不能守：指在流通领域之不能守。守，谓经营掌握。意即尽管粮食丰收，但不善于掌握流通中之物价政策，也会在对外贸易中被别国侵夺，故曰"不能守则税于天下"。 ② 吾贱：原文为"巨钱"，据《管子集校》校改。"吾贱而天下贵，则税于天下"，承上文"不能守则税于天下"言，此为说明"不能守"的具体原因。 ③ 舟：原文为"身"，据文意及《管子集校》改。 ④ 天下高我下：原文为"天高我下"，缺"下"字，据《管子集校》补加。天下，指其他诸侯国。 ⑤ 衢处之本：指交通四通八达之国。 ⑥ 游子胜商：游子，即远游作客之人。胜商，即在市场竞争中取胜之商人。 ⑦ 来：原文为"求"，形近而误，现据《轻重乙》篇"入吾国之粟、因吾国之币"文义及《管子集校》校改。 ⑧ 骐骥：良马。 ⑨ 壹：同"一"，意为都，皆。

【评析】

齐桓公继续问管仲：我们只有靠盐和粮食两项生活必需品赚别国的钱财，盐靠天然资源，粮食是要人种出来的，所以，我打算从现在起全力发展农业，使粮食增多，你看怎样？

管仲说：这个办法不太妥当吧，大力发展农业生产，当然是件好事，可以增加财物，倘若不善于经营管理，这些财物还是会流失到其他诸侯国去。比如说，粮食多了，"物多则贱"，粮价就会卖不高，我们的粮价贱，而其他国家的粮价却很高，别国就会来争购粮食，我们的物资就被人家夺走了。古时候，粮食是关系到百姓和军队生死胜败的最主要的战略物资，所以，管仲在对外贸易中总是强调对粮食要尽量守而不泄。办法是把本国的粮食价格提到远高于邻国的水平，使邻国的粮食大批流入本国来，而本国的粮食却因为价高而不致被别国泄出去。这是轻重理论中谈得较多的一种经营谋略，称作"守泄之术"。管仲继续说：国君您要赚各国的钱财，就好比在大海里航船似的，时时刻刻要注意观察风向，把稳船舵。天下的粮价高，我们也高，天下平，我们也平，万万不能听凭粮食无控制地外流，被别国捞取我们的物资，那是要亡国的！

齐桓公听完了管仲这番道理，似乎意犹未尽，又问：既然这样，是不是就没有别的办法赚其他国家钱了？管仲对他说：并不是。齐国除了盛产盐，还有交通便利的地理优势。我们地处交通要冲，四通八达，所以游客富商必然经常到这里来，他们来到齐国，吃我们的粮食，用我们的货币，为了支付这些旅游开销，他们拿出价值昂贵的良马和黄金，这是一笔大收入啊！如果我们再设法让各国游客吃得满意，住得舒服，派专人服务，牲口也替他们喂养饱，不用他们操心费力，游客一定更加乐意来齐国游玩，况且，商人到这里，必然要从事买卖活动，这又多一笔商品流通中的赚头。他们提供的黄金可以在任何国家流通，良马也是国际上极受欢迎的物品，可以用它来交换其他宝物。所以，游客富商来这里，就增加我们的财政收入。用今天的观点说，赢得良马和黄金，好比发展旅游事业，为国家"创汇"。

管仲并非不主张发展农业生产，而是认为发展农业生产和国家贸易管理两者同样重要。如果做到了国内粮食满仓，物产丰富，而管理不善，原有的物资照样会流失掉；反过来，国家粮食紧张，物资贫乏，所谓的国家贸易管理也只是"纸上谈兵"，空话而已。管仲认为，善于管理国家的君主，就能够聚集天下之财富，统治天下之百姓，成就天下之统一，原因在于他懂得并践行了这个道理。

二十九、国　　准

【解题】

《国准》是一篇论述国家如何调节经济的短文。文章虽短，却是《管子·轻重》诸篇中条理最融贯、内容最集中的一篇。

本文和《揆度》《轻重戊》篇略有文字重复。对于国家如何调节经济，作者提出两个要点：第一，"视时而立仪"，即根据时势发展制定相应的政策。作者列举黄帝、有虞、夏、殷、周五代控制资源、调节经济的措施，认为五代之王虽然具体做法不同，却都体现了视时立仪的原则和君主垄断国家经济的作用。第二，"亟变而不变"，作者并不主张完全照搬古人的经济政策，提出应该"兼用五家之数而勿尽"，也提出一些允许民间谋取财利的做法，但在提出"天下同利"时，则强调君主必须"谨操重策""益利搏流"，最后国家才能"臧民之赢"。总而言之，作者的着眼点始终在于由君主集中权力掌握与调节经济。

桓公问于管子曰："国准可得闻乎？"管子对曰："国准者，视时而立仪①。"桓公曰："何谓视时而立仪？"对曰："黄帝之王，谨逃其爪牙②。有虞之王，枯泽童山。夏后之王，烧增薮，焚沛泽，不益民之利③。殷人之王，诸侯无牛马之牢④，不利其器。周人之王，官能以备物⑤。五家之数殊而用一也。"桓公曰："然则五家之数，籍何者为善也⑥？"管子对曰："烧山林，破增薮，焚沛泽，禽兽众也⑦。童山竭泽者，君智不足也。烧增薮，焚沛泽，不益民利，逃械器⑧，闭智能者，辅己者也。诸侯无牛马之牢，不利其器者，毋淫器而壹民心者也⑨。以人御人⑩，逃戈刃⑪，高仁义⑫，乘天固以安己者也⑬。五家之数殊而用一也。"

【今译】

齐桓公问管仲说："关于国家的平准措施，可以说一下吗？"管仲回答："国家的平准措施，是根据不同时代而制定不同政策的。"桓公问："怎样是根据不同时代而制定不同政策？"管仲回答："黄帝那个时代，努力除掉各地的武装。虞舜时代，枯竭水泽，伐尽山林。夏朝的君主治下，焚毁草薮和大泽，不准民间增加财利。殷朝的君主治下，诸侯还没有畜养牛马的槽圈，也缺乏锋利的器械。周朝统治天下时，统一管理有技能的人才，集中贮备各种物资。五个时代具体做法虽然不同，但都体现了视时而立仪的原则。"桓公说："在这五种办法中，借鉴哪种为好呢？"管仲回答："烧山林、毁草薮、焚大泽等措施，是由于当时凶禽猛兽太多。伐尽山林，断竭水泽，是由于当时君主的智力不足。焚烧草薮大泽，不使民间增加财利，既取消工具武器的发展，又阻塞了有智慧才能的人发挥各自的所长，都是为了加强自己。不许诸侯经营牛马畜牧事业，还限制他们制造武器工具，是为了不过多生产武器及各种工具而统一民心。派官吏管理人才，禁止私造武器，推崇仁义道德，是在安定基础上巩固君主的统治。所以，五个时代的具体做法虽然不同，而功用是一样的。"

【注释】

① 视时而立仪：根据不同时代而制定相应的政策。　② 爪牙：比喻武臣。谨逃其爪牙：指铲除各地武装力量，解见本书《地数》篇。　③ 益：增益。不益民之利：不为人们增加更多的利途，意在集中财权。　④ 牛马之牢：畜养牛马的栏圈。　⑤ 官：读为"管"。官能：即统一管理有能力的各种人才。　⑥ 籍：同"藉"，借用，依靠。　⑦ 禽兽众：野

生禽兽繁多。 ⑧逃械器:除掉械器生产。逃,指除掉,引申为取缔。 ⑨毋:原文为"曰",据文意和《管子集校》改。毋淫器:指不可过多生产武器及各种工具。淫,指过度,无节制。 ⑩以人御人:承上文"官能"而言,意谓派官吏管理人才。 ⑪逃戈刃:承上文"备物"而言,意谓取缔刀枪。 ⑫高仁义:推崇仁义。 ⑬天固:原文为"天国",据《管子集校》改。天固,即天然形势稳固,此承上文"周人之王"而言。乘天固以安己:言周朝在天然形势稳固的基础上安定自己的地位。

【评析】

齐桓公和管仲这一次的谈话,主要是讨论国家依据什么来制定经济政策的问题。我们知道,齐桓公对经济问题一直兴趣极浓。这一天,他又问管仲:如何制定国家的经济政策?你能不能讲给我听听?

管仲回答他:能啊,"国准者,视时而立仪"。用今天的话说,即根据时代的发展变化来制定相应的政策。

什么是"视时而立仪"? 管仲向齐桓公列举了几则"视时而立仪"的做法。当然,这些只是"视时而立仪"的做法,不是这样做的目的。

管仲首先回顾过去的时代,列举黄帝、虞舜、夏、商、周五代之王的做法。他告诉齐桓公,由于每个时代的情况不同,所以,那些君主的做法也都不同。黄帝时代,主要想方设法避免禽兽袭击人群;虞舜当政时,枯竭水泽,烧光山林;夏后氏当政时,焚毁草薮和大泽,不愿让人们利用自然资源获利;殷朝时代,禁止诸侯经营牛马畜牧业,限制他们制造武器和工具;到了周朝统治天下时,设官分职,管理财物,典章制度逐渐完备起来。他们的具体做法虽然随世而异,但都体现了视时而立仪的原则。

那么,其中哪一种做法比较好呢? 齐桓公问。

很难比较哪一种好,哪一种不好,管仲说,因为它们各有各的作用,而这些作用都起到加强君主垄断统治的目的,由于这个意义,所以它们之间不存在谁好谁不好的区别。黄帝、虞舜、夏后氏时期,君主主要采取破坏自然物资的做法,因为当时禽兽众多,草木丛生,百姓主要靠打猎、捕鱼、伐木过活,而君主还没有达到充分利用自然物资的水平,如果任由百姓捕杀禽兽,砍伐树木,钱财多起来,民富则君穷,不利于君主的集权统治。殷、周时期,情况有了变化,农牧业、手工业得到发展,人们能够圈养牛马,还能制造多种工具和兵器,但是为了实行集权统治,君主还是采取不许诸侯经营牛马畜牧业,禁止私造刀枪的限制政策。所以,五家的政策不同,但其目的是一样的。

听了管仲以上的讲述,我们可以了解到五王时代为了加强君主垄断统治,制定政策的着眼点不是鼓励发展经济,以增益国家财富,而是保护落后的状况,以平衡的办法维持君主统治的安全。

桓公曰:"今当时之王者立何而可?"管子对曰:"请兼用五家而勿尽①。"桓公曰:"何谓?"管子对曰:"立祈祥以固山泽②,立械器以使万物③,天下皆利而谨操重策④。童山竭泽,益利搏流⑤。出山金立币⑥,存菹丘⑦,立骈牢⑧,以为民饶⑨。彼菹莱之壤⑩,非五谷之所生也,麋鹿牛马之地。春秋赋生杀老,立施以守五谷,此以无用之壤臧民之赢⑪。五家之数皆用而勿尽⑫。"桓公曰:"五代之王以尽天下数矣,来世之王者可得而闻乎?"管子对曰:"好讥而不乱⑬,亟变而不变⑭,时至则为,过则去⑮。王数不可豫致。此五家之国准也。"

【今译】

桓公说:"现今当政的王者,以采取哪种政策为好?"管仲回答:"请您同时吸取前人五种办法中的优点,而不要全盘照搬。"桓公说:"这话是什么意思?"管仲答道:"用祭祀神灵的办法来封禁山泽,以统一制造器械的方法来充分利用万物,使天下同来经营,而君主则要严格掌握物价政策。实行伐尽山林与枯竭水泽的办法,控制财利并掌握流通。开采铜矿铸造货币,保存草地以圈养牲畜,使百姓富饶起来。至于杂草丛生、不适宜五谷生长的地方,可作为饲养麋鹿牛马的牧场。春秋两季,把幼畜供应百姓,把老畜杀掉卖出,通过发行货币来控制粮食,这就利用了无用的土地吸收百姓余粮。这样五种办法的优点同时吸取却又没有全盘照搬。"桓公说:"上述五个时代,已经概括了人们所知的各种办法了。至于以后时代的君主如何,可以告诉我吗?"管仲答道:"重视调查而不至于杂乱无章,当变即变而不留恋过去,时机成熟就应当实行,条件已变就应放弃。治理天下的办法是不能事先安排好的。以上所说,只能是五家的平准措施。"

【注释】

①兼:同时具备若干方面称兼。兼用五家而勿尽:指有选择地采用五种办法的某些部分,不要全盘照搬。 ②祈祥:祈求鬼神以致福。立祈祥以固山泽:即设立祭祀鬼神的坛场,以借此封禁山泽。 ③立械器:与上节之"逃械器"意相对。逃,指除去、取缔,对百姓言;立,指设置、制造,对国家言。 ④重策:物价政策。重指价格,如《山至数》篇"谷之重用币若干","五谷相靡而重去什三",是其例。天下皆利而谨操重策:指允许天下同来经营谋利,但国家必须严格控制物价政策。 ⑤益利:益,读为"隘",通"厄",意为控制。搏流:搏,捕捉,引申为掌握,此指掌握流通。 ⑥山金:山中之铜。金,指铜。原文为"金山",据《管子集校》改。 ⑦存菹丘:原文为"成菹丘",据《管子集校》改。菹,指水草多的沼泽地;丘,指丘陵山地。存菹丘,保存草地,此指根据建立牧场的需要保存部分草地。 ⑧立骈(pián)牢:圈养牲畜,指建立国家牧场,发展牧畜事业。 ⑨以为民饶:饶,富饶,此承上文"存菹丘,立骈牢"而言。由于国家建立牧场,一可以供应百姓肉食,使之享用;二可以供应百姓饲养幼畜。此即下文所谓"赋生杀老",自有使人民富饶的作用。 ⑩菹莱:原文为"菹菜","莱""菜"形近而误,据《管子集校》改。菹莱之壤:即指草地。 ⑪臧民之赢:收取

百姓余财。臧,同"藏";赢,指余利,余财。赢,原文为"嬴",形近而误,据《管子集校》改。　⑫ 以:古通"已"。　⑬ 讥:察问,调查。　⑭ 娈:留恋,思慕。原文为"变",系"娈"形近而误,据《管子集校》改。亟娈而不娈:意指当变即变,不稍留恋过去。　⑮ 去:弃。

【评析】

听了管仲说五家政策无好与不好的区别之后,齐桓公有点茫然。当今的君主,比如说我,到底该采用哪种政策为好呢?他又问管仲。

管仲对齐桓公说:您可以汲取五家的长处,而不要全盘照搬。仅仅吸取一家的长处,会出现片面的错误,如果全盘照搬,死守过去的经验,也是愚蠢的做法。您听说过这样一则故事吗?"宋人有耕田者,田中有株,兔走,触株折颈而死。因释其耒而守株,冀复得兔。兔不可复得,而身为宋国笑。"如果照搬过去的经验,来治理当今的时代,皆为守株之类。好的政策都是汲取了众人智慧的长处,所以,只有兼用五家才是圣明的。

这个道理说起来容易,可是怎么做呢?齐桓公问。

接下来,管仲对"兼用五家而勿尽"进行具体说明。比如,在自然资源方面,五家采取"烧山林,破增薮,焚沛泽",管仲主张保护、利用自然资源,设立祭神的坛场来封禁山泽,权利归国有。

在生产技术方面,五家采取"逃械器"又"不利其器",管仲主张发展生产技术,用生产器械的方法充分利用万物。

在发展经济方面,五家采取"不益民之利",管仲主张允许国内外开展贸易,但由国家掌握经济杠杆。

在畜牧业方面,五家采取"诸侯无牛马之牢",管仲则主张保存草地以及不适合五谷生长的地方,由国家建立牧场,发展畜牧业,使百姓富裕起来。

这些主张从表面上看,似乎都与五家相反,但观其内容,则完全一脉相承,所不同之处,是五家从消极方面着眼,禁止百姓自由经营,谋取财利,以保护贫穷落后的经济状况为其统治的基础;而管仲则从积极方面入手,采取发展经济的措施,而同时又采取由国家统一管理经营的措施,如此,则达到国富而民安的效果。

最后,齐桓公问:你上面所讲的五个时代的情况,已经概括了大家所知道的各种办法,以后的君主该用什么办法?你现在可以讲给我听吗?

管仲回答他说:这个不能预言了,因为一个时代有一个时代的具体情况,政策是随着时代的变化而变化的,以后的君主该如何做,现在无法事先作出决定。不过,有一个道理或许适用于每个时代,即"亟变而不变",它是讲适合于时代需要的,君主要积极实行,不适合于时代需要的,君主则坚决放弃。同时,既不去机械地模仿古代,也不要固执地留恋今天。总之,君主要了解实际情况,根据时势来决定前进还是后退的政策。

两人的谈话到这里暂时结束。从这次谈话中,可以看出,管仲始终在阐述两个要点。第一,"视时而立仪",国家要根据时势制定相应的政策;第二,"亟变而不变",政策不是一成不变的,要勇于创新而不恋旧。后者是对前者的更进一层说明。

参考书目

1. 《管子注》,〔唐〕房玄龄撰,《四部丛刊》本。
2. 《管子注》,〔唐〕尹知章撰,《四库全书》本。
3. 《困学纪闻》,〔宋〕王应麟撰,《四库全书》本。
4. 《管子评注》,〔明〕沈鼎新撰,姑苏聚文堂刊本。
5. 《管子补注》,〔明〕刘绩撰,《四库全书》本。
6. 《管子评林》,〔明〕翁正春撰,《注释续九子全书》本。
7. 《管子辑评》,〔明〕归有光撰,《诸子汇函》本。
8. 《管子通演》,〔明〕朱长春撰,《十子全书》本。
9. 《管子校正》,〔清〕戴望撰,中华书局《诸子集成》本。
10. 《管子义证》,〔清〕洪颐煊撰,《积学斋丛书》本。
11. 《管子杂志》,〔清〕王念孙撰,《读书杂志》本。
12. 《管子识误》,〔清〕宋翔凤撰,《周秦诸子斠注》本。
13. 《管子平议》,〔清〕俞樾撰,《春在堂全书》本。
14. 《管子点勘》,〔清〕吴汝纶撰,《桐城吴先生群书点勘》本。
15. 《删定管子》,〔清〕方苞撰,《抗希堂十六种》本。
16. 《管子纂诂》,〔日〕安井衡撰,日本江户书林刊本。
17. 《管子学》,〔清〕张佩纶撰,华东师范大学图书馆藏本。
18. 《管子纂》,〔清〕张榜撰,华东师范大学图书馆藏本。
19. 《管子校》,〔清〕许光清撰,《丛书集成》本。
20. 《读管子》,〔清〕许玉瑑撰,《诗契斋十种》本。

21. 《管子地员篇注》,〔清〕王绍兰撰,寄虹山馆刻本。
22. 《管子小匡篇节评》,〔清〕刘光蒉撰,《烟霞草堂遗书》本。
23. 《弟子职笺释》,〔清〕洪亮吉撰,《洪北江全集》本。
24. 《弟子职集解》,〔清〕庄述祖撰,《丛书集成》本。
25. 《弟子职古本考注》,〔清〕王绍兰辑,《萧山王氏十万卷楼辑佚》本。
26. 《弟子职正音》,〔清〕王筠撰,《丛书集成》本。
27. 《弟子职注》,〔清〕孙同元撰,《丛书集成》本。
28. 《弟子职解诂》,〔清〕桂文灿撰,《南海桂氏经学》本。
29. 《弟子职补注》,〔清〕王元启撰,《惺斋先生杂著》本。
30. 《弟子职诂》,〔清〕王贞撰,《百本书斋藏书》本。
31. 《弟子职章句训纂》,〔清〕邵承照撰,《安乐延年室藏书》本。
32. 《管子余义》,章炳麟撰,《章氏丛书》本。
33. 《管子评传》,梁启超著,世界书局《诸子集成》本。
34. 《管子新释》,尹桐阳撰,1928年排印本。
35. 《管子校义》,李哲明撰,北京公记印书局1931年排印本。
36. 《管子斠补》,刘师培撰,《刘申叔先生遗书》本。
37. 《管子隐义》,邵瑞彭撰,《邵次公遗著》本。
38. 《管子评注》,张之纯评注,《评注诸子精华录》本。
39. 《中国六大政治家》,梁启超著,正中书局,1947年。
40. 《先秦政治思想史》,梁启超著,中华书局,1936年。
41. 《管子探源》,罗根泽著,中华书局,1931年。
42. 《管子今诠》,石一参著,商务印书馆,1938年。
43. 《双剑誃管子新证》,于省吾著,《双剑誃诸子新证》本。
44. 《管子集校》,郭沫若等著,科学出版社,1956年。
45. 《管子学案》,戴湑著,学林出版社,1994年。
46. 《管子注译》,赵守正著,广西人民出版社,1982年(上册),1987

年(下册)。

47. 《管子通解》,赵守正著,北京经济学院出版社,1989年。
48. 《管子全译》,谢浩范等译注,贵州人民出版社,1996年。
49. 《管子新探》,胡家聪著,中国社会科学出版社,1995年。
50. 《管子研究》第一辑,赵宗正等编,山东人民出版社,1987年。
51. 《管子经济思想》,黄汉著,商务印书馆,1936年。
52. 《管子经济思想研究》,巫宝三著,中国社会科学出版社,1989年。
53. 《管子经济思想研究》,赵守正著,上海古籍出版社,1989年。
54. 《〈管子〉经济篇文注释》,中国人民大学、北京经济学院《管子》思想研究组编,江西人民出版社,1980年。
55. 《管子轻重篇新诠》,马非百著,中华书局,1979年。
56. 《管仲、荀况、桑弘羊、刘晏、王安石的理财思想》,凌大珽等著,中国财政经济出版社,1983年。
57. 《管子与齐文化》,《管子学刊》编辑部编,北京经济学院出版社,1990年。
58. 《中国思想通史》第一卷,侯外庐等著,人民出版社,1957年。
59. 《中国哲学简史》(上),侯外庐著,中国青年出版社,1963年。
60. 《中国哲学发展史》(先秦卷),任继愈著,人民出版社,1983年。
61. 《中国哲学通史》,杨宪邦著,中国人民大学出版社,1990年。
62. 《中国辩证法思想史》(先秦),方克著,人民出版社,1985年。
63. 《先秦学术概论》,吕思勉著,中国大百科全书出版社,1985年。
64. 《先秦诸子杂考》,金德建著,中州书画社,1982年。
65. 《稷下钩沉》,张秉楠著,上海古籍出版社,1991年。
66. 《先秦社会和诸子思想新探》,祝瑞开著,福建人民出版社,1981年。
67. 《道家文化研究》第六辑,陈鼓应主编,上海古籍出版社,

1995 年。

68. 《道》,张立文著,中国人民大学出版社,1989 年。

69. 《中国管理通鉴》,苏东水著,浙江人民出版社,1996 年。

70. 《东方管理名著提要》,孙耀君著,江西人民出版社,1995 年。

71. 《中外古今管理思想选萃》,何奇等编,企业管理出版社,1987 年。

72. 《中国传统管理思想的新探索》,中国企协古代管理思想研究会编,企业管理出版社,1988 年。

73. 《先秦诸子与管理哲学》,樊国华著,新华出版社,1991 年。

74. 《传统文化与现代管理》,李躬圃著,新华出版社,1991 年。

75. 《管理思想探源》,虞祖尧等主编,新华出版社,1990 年。

76. 《中国儒家管理思想》,刘云柏著,上海人民出版社,1990 年。

77. 《中国经济管理思想史》,刘含若主编,黑龙江人民出版社,1988 年。

78. 《中国经济思想史》(上册),胡寄窗著,上海人民出版社,1962 年。

79. 《中国古代经济思想的光辉成就》,胡寄窗著,中国社会科学出版社,1981 年。

80. 《中国经济思想史》,朱家桢著,人民出版社,1994 年。

81. 《中国经济思想通史》(第 1 卷),赵靖著,北京大学出版社,1991 年。

82. 《中国古代经济思想名著选》,赵靖主编,北京大学出版社,1985 年。

83. 《中国经济管理思想史教程》,赵靖主编,北京大学出版社,1993 年。

84. 《中国古代经济思想史讲话》,赵靖著,人民出版社,1986 年。

85. 《中国历史上优秀的经济管理思想》,赵靖著,中央广播电视大学出版社,1987年。

86. 《中国消费经济思想史》,欧阳卫民著,中共中央党校出版社,1994年。

87. 《中国古代六大经济改革家》,吴慧著,上海人民出版社,1984年。

88. 《中国教育通史》(先秦卷),毛礼锐等主编,山东教育出版社,1985年。

89. 《中国教育思想史》(第一卷),孙培青等主编,华东师范大学出版社,1995年。

90. 《中国教育思想通史》,王炳照等主编,湖南教育出版社,1994年。

91. 《先秦两汉儒家教育》,俞启定著,齐鲁书社,1987年。

92. 《中国古代气功与先秦哲学》,张荣明著,上海人民出版社,1987年。

93. 《齐文化纵论》,《管子学刊》编辑部编,华龄出版社,1993年。

94. 《临淄与齐国》,刘斌著,山东大学出版社,1995年。

图书在版编目(CIP)数据

管子直解/周瀚光,朱幼文,戴洪财撰.—上海:复旦大学出版社,2025.1
(中华经典直解)
ISBN 978-7-309-17239-3

Ⅰ.①管… Ⅱ.①周… ②朱… ③戴… Ⅲ.①《管子》-注释②《管子》-译文
Ⅳ.①B226.1

中国国家版本馆 CIP 数据核字(2024)第 027734 号

管子直解
周瀚光　朱幼文　戴洪财　撰
责任编辑/宋文涛

复旦大学出版社有限公司出版发行
上海市国权路 579 号　邮编:200433
网址:fupnet@fudanpress.com　http://www.fudanpress.com
门市零售:86-21-65102580　　团体订购:86-21-65104505
出版部电话:86-21-65642845
上海盛通时代印刷有限公司

开本 890 毫米×1240 毫米　1/32　印张 15.375　字数 400 千字
2025 年 1 月第 1 版
2025 年 1 月第 1 版第 1 次印刷

ISBN 978-7-309-17239-3/B·803
定价:58.00 元

如有印装质量问题,请向复旦大学出版社有限公司出版部调换。
版权所有　侵权必究